KB260323

제국의 신

제국의 신

2008년 7월 16일 초판 1쇄 인쇄
2008년 7월 23일 초판 1쇄 발행

지은이 성공회대학교 신학연구원 편저 펴낸이 김영호 펴낸곳 도서출판 동연
편집 조영균 디자인 김광택 관리 이영주
등록 제2-1383호(1992. 6. 12) 주소 서울시 마포구 망원동 472-11 2층
전화 (02)335-2630 전송 (02)335-2640 이메일 ymedia@paran.com
홈페이지 www.y-media.com

ISBN 978-89-85467-65-0 03200

제국의 신

성공회대학교 신학연구원
편저

동연

'제국의 신'에게 생명의 촛불을…

우리에게 신은 누구인가? 야훼인가 바알인가. 히브리 사람들의 신인가, 블레셋 사람들의 신인가. 유대인의 신인가, 아니면 이방인들의 신인가. 제국의 신인가, 제국에서 신음하는 백성들의 신인가. 그들은 서로 다른 것인가, 같은 것인가. 이 책은 반어법으로 '제국의 신'을 제목으로 선택했다. 현실과 실체가 다르고 현상과 진실이 괴리되어 있는 역사 상황에서 우리는 지금 '제국의 신' 앞에서 여전히 좌절하고 있기 때문이다.

그런데 역사는 '제국의 신'이 지배하고 있는 상황으로부터 새로운 시대를 열어 가고 있다. '경제, 경제' 하고 떠들면서 맘몬의 환상을 보던 그 몸부림을 곳곳에서 들어 올린 "촛불"의 함성에서 볼 수 있다. 가장 부드럽고 연약하여 하나하나를 보면 초라하기 짝이 없는 촛불들이 모여 커다란 횃불이 되어서 "촛불"의 큰 숲이 마침내 "제국"의 어둠을 밝혀내고 있다. 아무리 힘으로 누르고 물대포로 촛불을 꺼버린다 하더라도 정의를 사랑하는 사람들의 마음속에 이미 굳게 자리 잡은 촛불은 영원할 것이며, 한반도 곳곳에서 밝혀진 이 빛은 사라지지 않을 것이다. 그 촛불은 죽음과 고난의 긴 역사를 넘어 깊은 어둠을 이겨낸 민주주의의 빛이기 때문이다.

이 시대 역사의 중심은 무엇일까. 역사의 중심은 제국이 아니었다. 역사의 중심은 제국의 힘도 권력도 군사력도 아니었다. 역사의 중심은 촛불을 들고 어둠을 밝히려는 아주 '소박한 마음'이었다. 그런데 역사가들은 유럽이 세계사의 중심이며 유럽의 역사가 곧 세계사라고 생각했다. 유럽 이외에는 역사도 문화도 없었다고 주장했다. 그러나 지금 세계는 동양을 바라보고 있다. 안드레 군터 프랑크는 『리오리엔트』(1998, 한국어번역판 2003)에서 일찍부터 세계의 중심은 유럽이 아니라 동양이었고 지금 세계경제에서 아시아의 시대를 열어 가고 있다고 말한다. 여기서 우리가 간과해서는 안 되는 것이 동양의 '마음'이 가지는 깊은 가치와 희망이다. 동양의 마음이나 사상을 말할 때 우리는 선뜻 제자백가 사상을 떠올리거나 우리나라의 훈고학 전통을 상상할 수 있을 것이다. 그런데 우리가 역사를 깊이 들여다보면 물 위로 나타난 사상보다 훨씬 더 깊은 역사의 흐름을 볼 수 있다.

그것은 단순한 '사상'에 그친 것이 아니라 처음에는 아주 미미한 것처럼 보였을지 모르지만, 하나의 '흔들림'에서 거대한 '폭풍'으로, 하나의 '소리'에서 엄청난 '함성'으로 그리고 하나의 '작은 나무'에서 온 산을 뒤덮는 '숲'으로 변화했다. 그것은 한 곳에만 머무르지 않고 작은 골짜기를 타고 새로운 강물로 그리고 마침내 모든 것을 아우르는 바다로 모이게 되었다. 그것은 삶 그 자체였고 '행동'이었다. 그것이 촛불의 바다를 만들어 낸 원동력이었다.

역사는 제국으로 시작했다. 로마에서 마드리드에서 몽골에서 런던에서 그리고 세계 곳곳에서 작고 큰 제국의 역사가 지배해 왔다. 제국의 역사는 언제나 '승리'의 나팔과 함께 패배자에게는 엄청난 굴욕을 요구했다. 패배자에게는 남는 것이 아무 것도 없었다. 그리고 그때마다 신은 제국의 승리를 찬양했고 축복하는 것처럼 해석되었다. 그런데 역사를 뒤집어 보면 역사는 제국의 승리를 실체로 하지 않고 패배자의 좌절에서 찾는 아주 작은 희망의 불씨에서 시작하고 있다는 사실이다. 그 불씨는 사람과 사람들 속으로 이어져 하늘과 땅을 넘나들면서 거대한 희망으로 새 역사를 만들어 간 것이다. 여기에서 중요한 것은 그것이 바로 역사의 '생명'이 되어 역사의 활력으로 타올라 왔다는 것이다. 마치 그것은 깊은 산속 아주 외진 곳에서 미미하게 시작하는 물길과 그 속에 담긴 '생명'으로 시작하여 끊기고 이어지며 밟히고 구부러지면서도 길고 긴 여정을 통하여 새로운 '생명'을 잉태하는 시냇물이며 강물 같은 것이었다. 누가 처음부터 바다를 말했겠는가. 그들이 부딪히면서 결코 포기하지 않고 하나하나 모여서 새로운 물길을 만들어 가면서 마침내 바다를 이룬 것이 아니었는가.

지금도 제국은 움직이고 있다. 그리고 그 제국은 더욱 강대한 힘처럼 우리 앞을 압도하고 있다. 신은 여전히 제국의 신으로서 제국의 힘에 눌려 있는 무력한 신으로 보인다. 제국의 신은 제국의 힘에 의하여 돈과 권력과 인간의 꿈까지도 지배하고 있는 것처럼 위장되어 있다. 그리고 우리는 여기저기에서 그 제국의 신을 노래하며 경배하고 찬양한다. 그런데 촛불의 그 작은 불빛으로도 자세히 들여다보면 그곳에는 신이 있는 것이 아니라, 제국만이 있고 제국의 힘과 탐욕이 도사리고 있는 것이다. 그러나 우리는 지금 과거 역사의 제국이 얼마나 거대한 '위장된 허상'이었는가를 알 수 있다. 제국은 결코 영원하지도 위대하지도 거룩하지도 않았다는 것을 보여 주고 있다. 제국에는 '생명'이 없기 때문이다.

그러나 문제는 여전히 우리 앞에는 '제국의 신'이 굳건하게 자리 잡고 있다는 사실이다. 그리고 그 '제국의 신'이 실질적으로 또 아주 효율적으로 세계를 지배하고 있다는 사실이다. 이러한 '제국의 신'에 대한 저항도 있었다. 16세기 루터의 종교개혁운동이나 영국의 교회개혁운동 등은 '제국의 신'에 대한 저항이었다. 그들은 교회의 권위를 위하여 권력으로 군림하는 '제국의 신의 성서'를 민중에게로 돌려주려 했고 신학의 새로운 길을 열기 위하여 투쟁했다. 그럼에도 불구하고 이들에게는 역시 '그 제국'을 대치하는 '다른 제국'이 자리 잡게 되었다. 내용과 형식은 달랐을지 모르지만 제국의 속성은 결코 변할 수 없었다. 이것이 인간의 한계일 수도 있고 영원히 '제국'의 틀을 벗어날 수 없는 역사의 한계일 수도 있을 것이다.

김지하는 '금관의 예수'를 이야기하면서 금관을 쓰고 있는 예수로 하여금 어떻게 그 금관을 내려놓고 '제국의 신'이 아닌 민중의 예수로 돌아갈 수 있도록 할 수 있는가를 고민했다. 구티에레즈는 '가난한 사람들의 신'을 찾으려고 남미의 사회구조와 경제체제의 문제에서 '제국의 신'이 전승하여 온 지배와 착취의 역사 문제를 제기했다. 아프리카의 신학자들은 '흑인의 신'을 여성신학자들은 '여성의 신'을 '제국의 신' 자리에 놓으려고 투쟁했다. 우리나라에서는 '민중의 신'을 찾으면서 '제국의 신'에 저항했다.

오늘 우리는 새로운 지구시대와 정보시대에 살면서 더욱 다양하게 인간과 사회를 변형시키는 '제국의 신' 문제에 직면했다. 여기에서 우리는 엘리야의 신 체험을 상기하면서 '제국의 신'에게서 무겁게 짓누르고 있는 '제국'의 틀을 벗겨야 할 것이다. 그리하여 승리자에게 더 큰 축복을 주며 그 길이 영광의 길처럼 보이도록 만드는 '제국의 신'이 아니라 패배자에게 오히려 새로운 희망을 주어 그 패배가 패배가 아니라, 새로운 승리의 가치라는 신념을 만들어 주는 신을 안내해야 할 것이다.

이 책은 '제국의 신'의 실체를 밝힘으로써 역사 속에 살아 있는 '생명의 신'을 연구하려는 학자들의 소박한 연구결과를 모은 것으로서 이 시대의 "촛불"이 되고자 한다.

이 재 정 | 성공회대학교 신학과, 조직신학

제 1 부

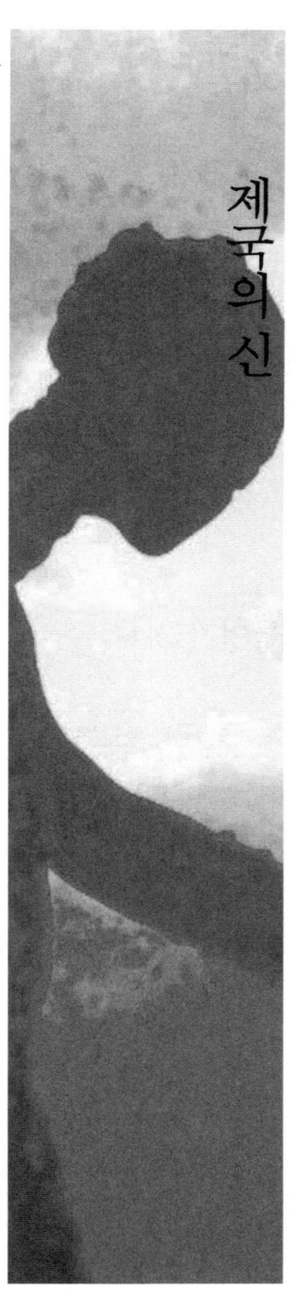
제국의 신

제국과
기독교의 역사

손 규 태 | 성공회대학교 신학과, 명예교수

들어가는 글

세계의 고등종교들은 예외 없이 제국들과 관계를 맺으며 자기의 정체성을 확보해 나갔다. 종교들은 제국과의 호혜적 관계에서 다양한 혜택을 누릴 수 있으나 자기의 고유한 정체성을 상실하는 대가를 치르기도 하며, 제국들과의 대립적 관계에서 박해를 당하기도 하지만 자기의 고유한 정체성을 보존해 나가기도 한다. 말하자면 한편으로 제국과 종교의 호혜적 관계에서 그 종교의 신은 제국과 군주의 수호자가 됨으로써 종교는 제국의 권위와 통치수단의 도구로 전락하게 된다. 그 반대로 제국과 종교의 대립적 관계에서 그 종교의 신은 제국의 심판자가 됨으로써 제국의 반대세력들인 약소국가들이나 식민지 세력의 지원자가 되기도 한다.

그런데 성서의 신은 어떤 제국이나 제왕이나 인간적 세력에게 속박

되지 않은 존재라는 것을 그가 만물과 인간의 창조자라는 것을 증언함
으로써 확인해 준다.

"태초에 하나님이 천지를 창조하셨다. …… 하나님이 당신의 형상
대로 사람을 창조하셨으니, 곧 하나님의 형상대로 사람을 창조하셨
다. 하나님이 그들을 남자와 여자로 창조하셨다."(창 1:1, 27)

그리고 그 분은 천지만물의 창조자일 뿐만 아니라 그것의 질서의
창조자이기도 하다.

"낮도 주님의 것이요, 밤도 주님의 것입니다. 주께서 빛과 해를 창조
하셨습니다. 주께서 땅의 모든 경계를 정하시고, 여름과 겨울도 만
드셨습니다."(시편 74:16~17)

야훼 하나님은 이집트의 이시스 신이나 바빌로니아의 신처럼 그 제
국 지배자의 신이거나 그 지배자를 대변하는 신이 아니었다.

또한 성서의 신은 제국이나 제왕에게 속박된 신이 아닐 뿐만 아니
라 그들에 의해서 노예화되고 지배당하는 약소민족이나 민중들을 해
방하는 신이다. 그 대표적 예를 우리는 출애굽기에서 볼 수 있다. 야훼
신은 제국과 제왕의 신이 아니라 억압받는 민족과 민중들의 신이 되어
그들을 노예에서 해방하는 분이다.

"주께서 다시 말씀하셨다. 나는, 이집트에 있는 나의 백성이 고통 받
는 것을 똑똑히 보았고, 또 억압 때문에 괴로워서 부르짖는 소리를

들었다. 그러므로 나는 그들의 고난을 분명히 안다. 이제 내가 내려가서, 이집트 사람의 손아귀에서 그들을 구하여, 이 땅으로부터 저 아름답고 넓은 땅, 젖과 꿀이 흐르는 땅, 곧 가나안 사람과 헷 사람과 아모리 사람과 브리스 사람과 히위 사람과 여부스 사람이 사는 곳으로 데려가려고 한다. 지금도 이스라엘 자손이 부르짖는 소리가 나에게 들린다. 이집트 사람들이 그들을 학대하는 것도 보인다. 이제 나는 너를 바로에게 보내어, 나의 백성 이스라엘 자손을 이집트에서 이끌어 내게 하겠다."(출 3:7~10)

이렇게 볼 때 세계의 고등종교 중의 하나인 유대교나 그 뿌리에서 탄생한 기독교는 제국세력과는 대립관계에 있었으며 그들의 신인 야훼신은 특정 제국의 세력과의 신이 되거나 유착되지 않고 독립적이며 독존적인 신이었다. 그는 오히려 힘없고 약한 이스라엘을 자기의 파트너로 선택했고(그래서 너희를 나의 백성으로 삼고, 나는 너희의 하나님이 될 것이다. 그러면 너희는, 내가 주 곧 너희를 이집트 사람의 강제노동에서 이끌어 낸 너희의 하나님임을 알게 될 것이다. ―출 6:7), 그 중에서도 제왕이나 귀족을 상대하지 않고 버림받은 '땅의 사람들'이나 민중들을 자기의 구원의 대상으로 삼았다.

제국과 기독교의 종합(콘스탄티누스의 모델)

로마 황제 데오클레티안과 그의 후계자들에 의해서 감행되었던 마지막 기독교 박해에 이어서 기독교는 새로운 시대를 맞이한다. 로마 제국이 기독교를 말살하려던 정책이 실패한 다음 남은 길은 기독교를 승인하거나 아니면 적어도 기독교에 대해서 관용을 베푸는 것이었다. 이러한 로마 제국의 종교정책은 313년 콘스탄티누스와 리시니우스 황제에 의해서 채택되었다. 말하자면 로마의 식민지인 팔레스타인의 한 작은 마을에서 태어난 예수의 종교는 3백 년이라는 길다면 긴 시간 동안의 어려운 과정을 거쳐서 마침내 당시 세계의 중심이라 할 수 있는 로마 제국의 거의 전 지역에 확산되었을 뿐만 아니라, 여러 차례의 길고 고통스러운 박해들을 거쳐서 마침내 공식적으로 인정받은 종교가 된 것이다.

콘스탄티누스 대제(306~337)의 종교와 교회정책은 종교와 국가 사이의 관계 설정에 매우 결정적이었다. 말하자면 그는 기독교를 통해서 국가교회체제를 만드는 방향으로 정책을 수립해 나갔다. 325년 그의 경쟁자였던 리시니우스를 제거한 다음부터 콘스탄티누스는 가톨릭교회에 엄청난 특혜를 주었고, 자신을 그리스도인으로 자처했으며 자기의 아들들을 기독교적으로 교육하게 했다. 그렇지만 그는 매우 영리하게 이교들을 포용했고 따라서 기독교도나 이교도들이 다 같이 황제에게 충성하게 만들었다.

그러나 로마 제국에 의한 이러한 기독교의 승인은 단순히 기독교 자체의 승리는 아니었다. 이러한 기독교의 승인은 로마 제국이 갖는 내재적 원리에 따라서 전개되었다고 할 수 있다. 다신론적 로마 제국의 상황에서 기독교는 그들과 나란히 병존하는 것을 용인하지 않았다. 다른 종교들이나 사상들에 대해서 기독교는 매우 비관용적이어서 기독교는 313년의 상황을 급속하게 뛰어넘었다. 기독교는 박해받던 종교에서 허락된 종교(religio licita)로, 나아가 로마 제국에 의해서 자신의 유리한 조건들을 만들어가기 위해서 율리안 황제 시대의 과도기 내지는 휴전기를 거쳐서 데오도시우스 황제 시기에는 반격을 통해서 독존적 존재가 되었다. 이러한 기독교의 국가종교화는 로마 제국 안에서는 다른 종교들, 즉 이교적 종교들에 대한 억압을 의미했다. 박해받던 종교인 기독교가 국가 종교가 됨으로써 박해하는 종교가 된 것이다.

　이러한 사태 전개가 기독교의 내적 발전에 미친 영향과 결과는 엄청난 것이었다. 기독교는 상처를 입지 않고 승리한 것은 아니었다.

　일차적으로, 로마 제국과 생사를 건 투쟁에서 얻어 낸 승인과 특권은 기독교로 하여금 그리스·로마 시대에 일반화되어 있던 황제숭배를 받아들이게 했고 따라서 교회에 대항하는 정치세력인 황제의 지배를 용인하지 않을 수 없었다. 이러한 로마 제국의 황제숭배를 용인하게 된 것은 야훼라는 창조신이며 유일신을 숭배하던 기독교인들에게는 매우 심각한 것이었지만 기독교회는 그것이 가져올 치명적 결과들에 대해서 별다른 성찰 없이 받아들였던 것으로 보인다. 이러한 황제숭배의 용인은 그동안 로마 제국의 기독교 박해와 관련된 것으로 보인다. 우선 기독교 지도자들은 끔찍한 박해에서 벗어난 것에 안심했을 것이며, 그 다음 어느 정도 정치적 세력으로 등장한 교회가 그것이 가져올 정체성 상실에 대해서 무감각했을 수도 있을 것이다.

　그 다음으로, 로마 제국 황제는 교회의 내적 통일에 대해서 의심을 가졌었다. 이러한 의심은 로마 제국 안에 존재했던 분파주의들이나 이단들과 관련되었다. 왜냐하면 우리가 잘 아는 대로 당시 기독교 안에는 다양한 신학적 교리적 방향을 가진 분파주의자들과 이단들이 병존했었기 때문이다. 무엇보다도 콘스탄티누스 대제 시대에 심각하게 나타났던 아리안주의 논쟁(318~381), 즉 교리적 논쟁은 교회 자체의 힘으로서는 해결할 수 없었고 결국 황제세력의 중재 내지는 통제를 받아서 해결되었다. 그 결과물로 나온 것이 곧 황제에 의해서 주관된 '니케야 공의회'와 거기서 나온 '니케아 신조'다.[1] 이러한 기독교에 대한 제국의 간섭은 결과적으로 이후 기독교 정체성과 발전에 적지 않은 영향을 주었다.

셋째, 기독교와 고대 문화의 종교적 혼합이 일어났다. 문화사적으로 볼 때 그리스·로마 시대는 기독교화된 시대라고 규정할 수도 있다. 이러한 기독교와 정치적 문화적 종합은 초기 기독교의 도덕적 엄격주의와 타계적 신앙으로부터 일탈하여 세속화되는 방향으로 나가게 된다.

이른바 콘스탄티누스적 전환(Die Konstantinische Wende)이라고 할 수 있는 기독교와 로마 제국의 통합 내지는 종합은 물론 로마 제국의 삶의 전체적 상황을 바꾸어 놓기도 했지만 동시에 기독교의 정체성 변화에도 커다란 영향을 주었다. 기독교는 더 이상 박해받는 종교가 아니라 박해하는 종교로, 더 이상 비 특권적 종교가 아니라 특권적 종교가 된 것이다. 기독교는 더 이상 가난하고 억눌린 민중의 종교가 아니라, 부유하고 군림하는 지배자의 종교가 되었다. 기독교는 더 이상 광야에서 자기를 계시하던 야훼 하나님의 종교가 아니라 궁정이나 거대한 성당에서 자기의 거처를 두고 있는 신의 종교가 되었다. 기독교는 더 이

---

1) 니케아 공의회는 동방교회와 서방교회가 공히 인정하는 일곱 개의 공의회 첫 번째 공의회이다. 이때부터 교회의 공의회는 로마 제국의 직·간접적 간섭과 영향 아래서 제반 헌법, 교리, 도덕, 제의 등 중요한 사안들을 결정하는 수단이 되었다. 일곱 개의 에큐메니컬 공의회들은 다음과 같다. 1차 공의회(장소: 니케야, 일시: 325년, 주된 안건: 기독론), 제2차 공의회(장소: 콘스탄티노플, 일시: 381년, 주된 안건: 삼위일체론), 제3차 공의회(장소: 에베소, 일시: 431년, 주된 안건: 네스토리우스 정죄), 제4차 공의회(장소: 칼케돈, 일시: 451년, 주된 안건: 그리스도의 두 본성론), 제5차 공의회(장소: 콘스탄티노플, 일시: 553년,) 제6차 공의회(장소: 콘스탄티노플, 일시: 680/81), 제7차 공의회(장소: 니케야, 일시: 787, 주된 안건: 성상문제).

상 억압받고 고통당하는 노예들을 해방하는 하나님의 종교가 아니라, 노예들을 두고 부와 영예를 누리는 억압자들과 지배자들의 종교가 되었다.

이렇게 기독교와 로마 제국의 종합을 가져온 콘스탄티누스적 전환 이후 기독교는 특권을 누리는 종교로서 로마 제국 안에서 자신들의 특권을 보존하고 강화하는 제반 법적·정치적 체제를 강화해 나가는 길로 나아가게 되었다. 따라서 로마의 법은 교회의 법을 제정하는 데 기초가 되었을 뿐만 아니라 상호 보완 관계에 있게 되었다. 그리고 교회의 조직과 질서도 지배자의 종교에 상응하게 계층적으로 만들어졌다. 교황을 수장으로 하는 피라미드식의 교회조직과 그것을 보장하기 위한 제반 교회법은 물론 이것을 이론적으로 뒷받침 하는 여러 교리체제가 만들어진다.

제국의 확장과 선교정책의 종합(칼 대제의 모델)

로마 황제 콘스탄티누스 하에서의 제국과 기독교의 종합 이후 기독교는 5세기경 게르만 족들의 침입과 7세기 아랍인들의 침입으로 여러 가지 면에서 어려움을 경험하게 된다. 그 중에서도 아랍인들(이슬람 종교)은 동방 기독교의 중심지였던 소아시아와 북부 아프리카를 장악함으로써 초대교회의 대교구를 형성했던 지역들을 장악한다.2)

---

2) 초대교회의 다섯 개 대교구들은 동방 지역에 속해 있던 북아프리카의 알렉산드리아 대교구, 소아시아의 콘스탄티노플 대교구, 에베소 대교구, 예루살렘 대교구, 그리고 서방 지역의 로마 대교구를 들 수 있다. 이슬람 세력은 그 중에 동방에 있는 4개 교구를 장악했다.

7세기 중엽에 지중해 연안 지역으로 들어온 아랍인들은 강력한 확산력과 전투적 선교 의지를 가지고 두 개의 전선을 통해서 그리스·로마 문화권의 동부 반쪽과 서부 반쪽 가운데 남쪽 일부를 차지하게 된 것이다. 아랍인들은 7세기 이후 동방에서는 동서양의 경계선인 콘스탄티노플(지금의 이스탄불)까지 점령하고 아프리카 북부 전체를 차지한 다음 일시적으로는 크레타, 시실리, 사르디니아, 스페인의 남중부를 차지했다. 이렇게 됨으로써 기독교는 동부 지역과 아프리카 지역의 수많은 교회들을 상실하고 그 중심을 서부에 남아 있던 대교구인 로마로 옮기지 않을 수 없게 되었다. 이슬람의 지배 아래 있던 대부분의 국가들에서 그 이후에도 기독교는 존속되었지만 이슬람 세력에 굴복 당함으로써 기독교는 그 힘을 상실하게 되거나 시간상의 차이를 두고 이슬람에게 완전히 흡수되었다. 지금의 터키 지역이나 북아프리카 지역은 초대교회 당시에는 전부 기독교화된 지역이었으나 당시 회교도들에 의해서 점령당함으로써 오늘날까지도 회교도의 국가들로 남아 있다.

이러한 이슬람의 도전이라는 상황에서 서방에서 정치적·교회적 반작용이 일어났고 그 파급효과는 엄청난 것이었다. 첫째, 가장 중요한 것은 이러한 조건 하에서 전체 서구의 운명이 달려 있던 프랑스와 독일 세력의 강화였다. 왜냐하면 강력한 기독교 세력이었던 스페인의 일부와 이탈리아의 일부가 이슬람에 의해서 장악됨으로써 프랑스와 독일이 기독교의 중심지가 될 수밖에 없었기 때문이다. 둘째, 이제까지의 동방 기독교 지역의 동남부가 이슬람에 의해서 장악됨으로써 로마 교구를 중심으로 했던 서방교회가 기독교의 중심이 됨과 동시에 그곳의 대주교라고 할 수 있는 교황의 권위가 향상하게 된다. 셋째, 신학적으로 자신만이 순수하고 완전하다고 간주했고 나아가서 기독교를 강력하게 평가절하했던 이슬람의 유일신 종교가 기독교와 공존하고 그 반대 세력들의 해체를 통해서 적지 않은 영향을 받게 되었다.3)

서고트 왕국을 유린한 아랍인들이 이베리아 반도(스페인)의 일부를 점령한 이후 이전의 로마 제국의 영토에서 게르만인들의 국가들 가운데서는 단지 두 개만이 남게 되었는데 그것은 곧 프랑크 왕국과 랑고바드 왕국이었다. 그 후 카롤링 왕가가 전체 프랑크 왕국을 차지한 이후 그들은 정치적 도약을 맞이하게 되는데 이것은 또한 교회의 세계적 지위를 약속받는 것이기도 했다. 프랑크 왕 칼 마르텔(Karl Martel)은 732년 투어에서 아랍인들을 무찌름으로써 페레네 산맥 북쪽의 기독교, 말하자면 '서구의 기독교'를 아랍인들의 손에서 구출하는 데 성공한다.

그 후 칼 대제(Karl der Grosse, 768~814)는 프랑크 왕국의 왕으로서 자신의 권력을 이탈리아의 대부분의 지역으로 확대해 나갔다. 그렇게 함으로써 그는 프랑크 제국을 서방의 보편 국가로 확대했고 그것은 서방의 기독교적 국가들의 대부분을 포괄했다. 이렇게 프랑크족의 왕은 서방의 교회의 수호자요 지도자가 된 것이다.

칼 대제의 정복 정책은 중부 이탈리아, 바이에른과 캐르덴, 작센, 아베른 그리고 스페인까지를 그의 영향권에 넣게 된다. 이렇게 카롤링 제국 교회는 대서양으로부터 엘베 강 지역까지 그리고 아이더엘서 갈리글리아노 상류까지 넓혀 나갔다. 칼 대제는 굴복당한 이교도들, 중부 독일과 알프스 동부의 프리센인들과 작센인들, 슬라브인들에게 기독교를 받아들이도록 강요했다. 이렇게 볼 때 그의 지배 시기는 유럽에서 가장 중요한 선교의 시기이기도 했다.4)

─────────

3) 칼 호이시, 『세계 교회사』, 손규태 역(천안: 한국신학연구소), 236 참조.
4) 작센인들과의 전쟁 과정에서(772년) 칼 대제는 처음부터 생각했던 것은 아니지만 기독

따라서 칼 대제 하에서 정치적 정복은 언제나 기독교 선교를 전제로 했다. 이러한 정치적 정복과정에서 이교도들에게 선교가 강요되었기 때문에 정치적 항복을 받아들이면서도 기독교 신앙을 거부하는 이방인들에게는 가혹한 형벌이 가해지고 강요된 세례를 거부하는 사람들에게는 가차 없이 사형이 집행되기도 했다. 이러한 제국의 정복 전쟁과 선교 활동의 결합은 이후부터 기독교 선교의 모델이 되기도 했다. 이러한 정복과 선교의 결합을 반대한 경건왕 루드비히 같은 사람은 정복 없는 선교를 추구하기도 했다. 이러한 강요된 선교는 후에 와서 아퀴나스의 토머스 같은 신학자들의 비판의 대상이 되기도 했다.

교회와 십자군 전쟁(교황 그레고리 7세의 모델)

카롤링 왕국의 이상인 국가와 종교의 통일, 국가적 과제로서 정복전쟁과 선교의 종합은 고대 교회의 이상들을 완전히 파괴해 버렸다. 교회가 정치와 결합됨으로써 그것이 가져야 할 본래의 사명들이 상실된 것이다. 박해받던 교회가 박해하는 교회로, 민중들과 약자를 돌보아야 할 종교가 특권층의 종교로, 피안적 종말론적 교회가 차안적 세속적 종교로 변질하게 되었다. 성직자들은 가난하고 억눌린 민중을 섬기는 자들로부터 특권층과 지배자들의 편에 서서 그들을 억누르고 지배하는 세력으로 등장한 것이다. 따라서 교회의 선교는 더 이상 사람들의 마음과 태도를 변화시키는 선교가 아니라, 피정복자들에게 강제로 기독교를

교회를 시도하는데 776년에 작센인들에 대한 강요된 대량 세례가 거행되었다. 그리고 778년 그는 스페인의 사라고사까지 쳐들어갔는데 그것은 순수 정치적 전쟁이었으나 후에 가서 기독교 신앙의 확산과 보호를 위한 행위로 규정했었다. 위의 책, 246 참조.

받아들이게 하는 제국주의적 행위가 되었다.

이러한 카롤링 시대의 제국 우위 상황 하에서 교회의 위상은 10세기 이후 14세기까지는 교황권의 해방과 강화의 시기라 할 수 있다. 그러한 교황권을 위한 긴 투쟁의 과정은 엄격하게 말하면 이러한 제국과 종교, 제국 정책과 선교 정책의 종합에서 빚어진 온갖 부조리와 모순들을 타개하기 위한 운동들이 일어난다. 말하자면 교황권의 독립과 강화는 교회의 개혁운동과도 밀접하게 관련되어 있다는 것이다.

첫째, 의사(擬寫) 이시돌 문서들(pseudisidorischen Dekretalen)을 통하여 황제에게 예속된 교황의 권리를 구출해 내는 것이었다. 교황들은 카롤링 제국의 몰락을 교묘하게 이용하여 정치와 종교의 종합을 해체하여, 교회의 독자성을 확보함으로써 교회의 정치 예속을 극복하려는 시도를 했었다. 이러한 시도에서 교회는 여러 가지 의사 문서들과 위조문서들까지 사용하는데 주저하지 않았다. 그 대표적인 것 가운데 하나가 콘스탄티누스의 헌정문서이다.5) 이러한 시도는 교황권의 강화를 의미하는 동시에 교회의 개혁, 즉 교회의 본래적 과제를 찾는 일과도 연결된다.

둘째, 이 시기에 일어난 클루니(Cluny) 수도원 개혁운동을 들 수 있다. 교황권의 실질적 개혁을 낳게 한 것은 승려집단에서 나온다. 10세기경, 즉 카롤링 제국 말기에 이탈리아와 프랑스에서 일어나기 시작한 수도원적 금욕적 이상들은 특히 부군더 지역의 클루니 수도원에서 성공을 거둔다. 이러한 수도원 운동의 이상들은 다음과 같다. (1) 수도원

---

5) 콘스탄티누스의 헌정이라는 문서에는 콘스탄티누스 대제가 교황에게 온갖 교회의 위엄과 권리들, 화려한 황제의 궁전, 거기에다 반지, 홍포, 홀, 칭호, 교황의 사절들을 위한 지위 등을 부여했다고 나온다. 칼 호이시, 『세계교회사』, 344 이하 참조.

경제의 개혁(수도원 재산을 세속적 지배자들의 약탈에서 보호), (2) 세속적 권력으로부터 수도원의 독립과 교황에게 귀속, (3) 베네딕트 규율의 철저한 수행, (4) 로마적 승려의 종교성 함양(고양된 내면생활의 고양) 등이다. 그러나 이 개혁을 통해서 시몬파(성직 매매자들)와 니콜리아파(대처승이나 축첩한 자들)의 추방 등을 감행했다.

셋째, 독일황제 하인리히 4세와 교황 그레고리 7세 사이의 우위군 투쟁에서 교황이 승리함으로써 교회가 정치적 세력에 속박되는 것에서 해방되었다. 이것은 교황선거에서 세속 세력으로부터의 자유를 획득한 것인 동시에 이른바 평신도(왕)의 서임식의 거부이기도 했다. 한 걸음 더 나아가서 그레고리 7세는 교회의 정치적 지배권을 주장하고 확보함으로써 교황권을 세속적 정치세력인 황제권 위에 올려놓는 데 잠시나마 성공했다.

이렇게 교황권이 강화되고 그것이 세속적 정치권력 위에 등장하게 되면서 또 하나의 새로운 문제가 야기됐다. 강화된 교황권은 세속군주들의 간섭에서 벗어나 독자적으로 십자군이라는 군대를 조직해서 과거에 이슬람 세력에 의해서 빼앗긴 지역을 탈환하는 데까지 나아가게 된 것이다. 십자군적 사고는 일차적으로는 과거의 성지에 대한 순례사상이 그 뿌리에 자리를 잡고 있지만 과거의 기사도 정신의 종교적 변용도 한몫했다. 그리고 또 교황청에 의해서 지원되었던 성 베드로의 군사라는 사고도 여기에 결합되어 나타난다.

서방세계는 과장된 기대로 북적이며 전쟁은 비교할 수 없는 종교적 열광주의를 동반했다. 이슬람을 정복지에서 추방하고 비잔틴과 아르메니아 교회가 교황권에 예속되어야 한다는 것이다. 그러나 이러한 십자군 전쟁들은 실패로 끝났다.

십자군 전쟁은 다시 한 번 순례를 하자는 종교적 행사와 기사도라고 하는 정치적·군사적 행태가 비정상적으로 결합된 것이었다. 카롤링 시대의 세속적 정복 전쟁이 선교와 결합되었다면 십자군 전쟁은 종교적 열정에 세속적 전쟁 전통이 결합된 것이라고 할 수 있다. 여기에서 분명해지는 것은 십자가와 십자군은 언어적으로는 유사성을 갖고 있지만 그 내용은 정반대라고 하는 것이다.

식민지 정복과 선교(콜럼버스의 모델)

15세기 유럽인들은 조선기술과 대양 항해술을 발전시킴으로써 지구상 다른 대륙의 사람들보다 결정적으로 앞서 나갈 수 있었다. 특히 이베리아 반도의 국가들, 스페인과 포르투갈 사람들은 발달된 항해술을 기초로 삼아서 보다 넓은 세계관을 갖고 일찌감치 세계 여러 나라들을 탐험하는 데 성공한다. 저명한 프랑스의 역사학자 부라우델(Ferdinand Braudel)이 말한 것처럼 대양 항해 기술은 유럽인들과 비유럽인들 사이에 대칭관계를 만들고 따라서 세계적 척도에서 유리한 조건을 만들었다. 말하자면 바다를 지배하는 자는 무역을 지배하고 세계무역을 지배하는 자는 세계의 부를 지배하고 따라서 세계 자체를 지배하게 된 것이다(Walter Raleight).

1492년 콜럼버스의 미 대륙 점령은 단순히 유럽인들의 제국주의나 식민주의를 그 목표로 한 것은 아니었다. 콜럼버스는 스페인 바셀로나를 출발하기 전 당시의 스페인 왕 페르디난도와 이사벨라가 참석한 가운데 성당에서 출발 미사를 드리고 출발했다. 그의 출발미사는 성공적인 항해를 위한 신의 축복을 기원하는 자리인 동시에 가톨릭교회의 선교사로서의 파송을 축하하는 자리였다. 그는 출발에 앞서 "하나님께서는 이 세상의 모든 우상들을 쓸어버리고 홀로 통치하실 것이다"라는 성 아우구스티누스의 기도를 암송하면서 항구를 출발했다. 그는 망망대해를 여행하면서 자신들의 안전과 항해의 성공을 하나님께 기도하는 동시에 전 세계의 민족들을 깨우쳐서 그들이 섬기는 우상들을 퇴치하고 하나님을 섬기게 해 달라고 기도했다. 따라서 콜럼버스의 항해는 일차적으로는 스페인 식민지 개척을 위한 것이었지만 다른 한편 가톨릭 신앙을 전파하여 이방인들도 구원을 얻게 하려는 대담한 선교여행이라고 할 수 있다.

미 대륙에 도착한 콜럼버스 일행은 초기에는 여러 가지 어려움도 겪었지만 얼마 지나지 않아서 우수한 무기와 전쟁기술로 원주민들을 쉽게 제압할 수 있었다. 아버지의 전기 및 전설들의 저자인 콜럼버스의 둘째 아들은 새로운 대륙에서 자신들의 지배와 그 정당화의 이데올로기를 다음과 같이 서술하고 있다.

"하나님의 지존하심은 인디오를 우리 손에 넘겨주셨을 뿐만 아니라 그들에게 생필품의 부족과 질병들까지 보내주어서 그들의 숫자가 이전에 비해 3분의 1로 줄어들게 해 주었다. 이것을 통해서 분명해진 것은 오직 하나님의 손과 그의 고귀한 뜻을 통해서 그와 같은 놀라운 승리와 원주민들의 굴복을 가능하게 했다. 왜냐하면 그들에 비해서 우리의 것들이 모든 면에서 우수했다고 해도 그들의 압도적 다수가 우리의 유리한 조건들을 무용지물로 만들었을 것이기 때문이다."[6]

유럽인들의 우수한 무기들로 원주민들을 수없이 학살했을 뿐만 아니라 그들이 가지고 간 질병(매독)으로 면역력을 갖지 못했던 원주민들이 힘없이 죽어갔다. 한 예로 당시 2천 5백만 명의 멕시코 원주민들을 80년이 지난 이후에 1천만 명으로 줄어들었다. 콜럼버스는 이러한 대량학살과 질병의 전파로 원주민들 숫자가 감소하는 것을 하나님의 섭리로 보았다.

1992년 10월 2일, 콜럼버스 미 대륙 점령 500주년 되는 날에 '콜럼버스의 날'을 맞이해서 옛 세계의 지배자였던 스페인과 새로운 세계의 지배자로 등장한 미국은 뉴욕에서 공동의 기념행사를 가졌다. 그 행사의 내용인 즉 바셀로나에 서 있는 콜럼버스 주상과 미국 뉴욕에 서 있는 자유의 여신상의 '혼인식'을 거행하는 것이었다. 이것은 매우 역설적인 행사로서, 정복자를 대변하는 콜럼버스와 자유인을 상징하는 여신상을 결혼시키는 것으로서 낡은 제국 스페인과 새로운 제국의 왜곡된 이중성을 말해 준다. 어떻게 제국주의의 상징적 인물과 자유와 평화의 여신상이 결혼할 수 있는 것일까?

미국과 스페인은 이 행사를 거행하면서 콜럼버스의 미 대륙 발견은 두 개의 각기 다른 대륙, 유럽의 문화와 남미의 문화의 만남(Begegnung)이며 따라서 축하할 일이라는 것이다. 이러한 만남을 통해서 두 개의 각기 다른 문화가 서로 소통할 수 있게 되었고 더욱더 발전하게 되었다는 것이다. 따라서 콜럼버스의 미 대륙 발견은 새로운 세계질서, 폐쇄된 각각의 대륙을 중심으로 한 낡은 질서로부터 새로운 전체 세계질서로 나아가게 된 계기가 되었다는 것이다.

---

6) Spiegel. 1991년 12월 30일자 참조.

여기에 대해서 세계교회협의회 콜럼버스 500주년 위원회는 "신대륙 발견은 두 세계의 만남이 아니라 우월한 민족들이 약한 민족들을 굴복시키고 그들의 운명을 마음대로 규정한 계층적 원리의 승인이다"라고 선언했다.7) 콜럼버스 사건은 두 대륙이나 두 문명이 동등한 지위에서 만난 것이 아니라 문명과 야만으로의 분리이며, 유럽인들의 식민지적 지배와 문화적 편견의 시작이라고 할 수 있다.

또 미국의 저명한 언어연구가이며 반제국주의적 체제비판가인 노암 촘스키(Noam Chomsky)는 여기에 대해서 자유라는 이름을 등에 업은 정복자의 계획된 '제국주의적 야합'이라고 비판하고 레이건 정부의 어리석은 백치놀음을 즉각 중단할 것을 요구했다. 이것은 자유와 민주주의라는 이름으로 오늘날 미국이 감행하고 있는 정복정책을 은폐하는 제국주의적 음모 놀음이라는 것이 그의 주장이다.

문명비평가인 세일(Kirkpatrik Sale)은 그의 책 『낙원의 정복(*The Conquest of Paradise*)』에서 콜럼버스로부터 시작되는 서구문명의 승리는 오늘날 로마의 교황으로부터 시작해서 중국에서 팔리는 코카콜라에 이르기까지 정복자들의 창던지기와 대포 쏘기와는 달리 정신적 승리요, 심리적 정복의 성격을 가진다고 했다. 콜럼버스 이래 유럽인들은 정복당한 다른 대륙의 사람들에게 자기들의 언어를 말하도록 강요했고, 자신들의 옷을 입게 했으며 자신들의 가치관을 심어주었다. 콜럼버스 이래 백인들이 아름답게 생각하는 것이 모두에게 아름다운 것이며, 그들이 맛있다는 음식이 모두에게 맛있는 것이 되었다.

남미의 작가 에두아로 갈레아노(Eduaro Galeano)는 콜럼버스의

---

7) Evangelischer Presse Dienst, *Dokumentation*, 91/44, S.38.

유럽과 다른 대륙의 대칭관계를 다음과 같이 표현하고 있다.

> "유럽인들의 것은 문화며, 여타 대륙의 것들은 민속이고, 유럽인들
> 의 것은 종교며 다른 대륙의 것들은 미신이고, 유럽인들의 것은 언
> 어고 다른 대륙의 것들은 방언이고, 유럽인들의 것은 예술(Kunst)
> 이고 다른 대륙의 것은 수공예품(Kustgewerbe)이다. 콜럼버스 이
> 후 남미의 문명은 '일식(日蝕)의 문명'이 되었다."

반식민지와 선교(라스카사스와 지겐발크 모델)

스페인 사람 콜럼버스와 포르투갈 사람 바스코 다 가마의 지구 탐험여
행들은 해외에 대한 유럽민족들의 열성적인 식민지정책을 추구하게
했고 가톨릭교회에다 예기치 않은 선교지평을 열어주었다. 종교적 혹
은 선교적 동인이 이러한 탐험여행에 중요한 자리를 차지했던 것은 위
에서 언급한 바와 같다. 재산과 부, 특히 금과 이방세계에 대한 욕망이
곧 선교적 열정과 결합된다. 이러한 선교기관들은 대개는 프랜시스칸
이나 도미니칸 등과 같은 수도단들인데 그 중에도 예수회가 선두에 섰
다. 이러한 선교회들은 남미, 동인도, 일본, 중국들에서 활동했고 많은
성과를 거두기도 했다. 17세기에 와서 이러한 선교들은 부진을 금치
못했고, 일본 같은 데서는 완전히 실패하기도 했다.

여기서 주목할 만한 것은 남미에서 라스 카사스(las Casas)에 의해
서 일어났던 선교와 반식민지 운동 모델이다. 그는 학생으로서 1493년
자신의 아버지도 동참했던 콜럼버스의 남미여행으로부터의 귀환을 경
험한 것으로 알려져 있다. 그는 성장해서 스페인 영토 하이티에 있는 금

광에서 일하고 나서 군인으로서 전투에도 참여했다. 그는 아마도 1509
년에 로마에서 사제 서품을 받았다. 그때까지는 다른 젊은이들처럼 평
범한 삶을 살았지만 그의 삶에서 극적 전환을 가져온 것이 몇 가지가 있
다. 첫째는 그가 인디오들에게 가한 불법적 행위들 때문에 고해성사에
서 사죄함을 받기를 거부했다. 둘째로 그가 고해성사에서 사죄받음을
거부한 것은 시락서 34장 21절과 안토니오 데 몬테시노스(Antonio de
Montesinos)의 설교의 빛에서 자기의 삶을 성찰하고 나서이다. 그 순간
부터 그는 인디오들 권리의 수호자인 동시에 스페인의 식민주의자들의
강력한 적수가 되었다. 1516년 그는 추기경 시스네로스(Cisneros)에
게 식민주의자들의 불법적 행위들에 관한 백서를 제출하고 황제 칼 5세
의 자문들에게 선교와 식민지 정책에 관한 계획들을 제시했는데 부분
적으로는 받아들여지기도 했으나 부분적으로는 거부당하게 된다.

1525년 그는 도미니칸 수도회에 입단하고 1542년까지 남미의 여
러 나라들을 여행하면서 식민지 정책의 문제점들과 모순점들을 발견
하고 귀국해서는 이러한 문제들을 해결하려고 많은 노력을 경주했다.

1544년 그는 부유한 교구인 쿠즈코(Cusco)의 반대로 가난한 교구
인 치아파(Chiapa)를 담당하게 된다. 그는 인디오들이 바쳐야 할 조공
과 세금을 감액해 주는 조치를 취했다가 멕시코에서 난관에 봉착한다.
그가 불법으로 벌어들인 모든 재물을 환수해야 한다는 목회서신을 발
표하자 치아파 사람들이 그에게 들고 일어났다. 1546년 그가 멕시코
에서 열린 총회에 참석해서 인디오들의 권익을 보장하는 조치들을 통
과시켰으나 그로 인해서 그는 식민주의자들의 저항에 직면하게 된다.
그로 인해서 그는 주교직에서 물러나서 스페인으로 돌아왔고 그곳에
서 인디언들에 대한 식민지 정책에서 커다란 영향력을 행사한다. 그

후 마드리드에서 1566년 6월에 사망했다.

그는 일생 동안 스페인 식민주의자들과 인디오들이 결혼해서 평화롭게 살 수 있도록 하며, 또 인디오들의 권리가 보장되는 노동조건을 제시했다. 이 시기에 그는 교황에 의해서 하사된 스페인의 소유의 합법화를 받아들였다. 그 다음 시기(1530~1544)에 그는 이론적 작업들에 몰두하는데 저작물들을 보면 정치적 권력과 교황의 권력 사이의 종합을 다루고 있다. 거기에 따르면 원주민 지도자들의 권리가 충분히 보장되어야 한다는 것이다. 그래서 그는 스페인 정복자들을 무력을 통한 지배자로서 비판하고 있다.

그의 말년(1546~1566)에 그는 매우 급진적 자세를 취하면서 스페인의 식민지화를 심판하고 나선다. 따라서 스페인 사람들은 양심에서 모든 잘못을 회개하고 사태를 원상으로 회복시켜야 한다는 것이다. 그는 세풀베다(Sepulveda) 회의의 논쟁에서 인디언들은 야만이라는 논제를 거부하고 모든 인류는 하나라는 논제를 제시한다. 그리고 스페인 사람들은 자연법칙을 위반하는 범죄를 저질렀고 무죄한 인간들을 죽였다는 것이다. 그는 아리스토텔레스의 이론에 의거해서 인간은 태어나면서부터 노예인 사람은 존재하지 않으며 모든 인간은 동등하다는 것이다. 모든 민족은 자신들의 역사, 문화, 종교의 빛에서 판단되어야 한다고 했다.

라스 카사스는 전쟁의 반대자였다. 그는 자신을 방어하는 전쟁만을 승인했다. 그리고 인디언들을 기독교화하기 위해서 굴복시켜서는 안 된다고 주장했다. 그래서 그는 선교를 위해서 식민지화할 수 있다고 해석한 교황의 칙서(Sublimus Deus, 1537년)를 거부한다. 그 칙서에 따르면 복음화만이 식민지화를 정당화한다는 것이다. 그러나 라스 카사스는 신앙은 예수 그리스도의 계명들과 일치하는 방식으로만 선포되어야 한다고 했다.

라스 카사스는 멕시코와 리마에서 국가 전체나 지방 차원에서 인디오들의 권리를 보장하기 위한 법 제정에 커다란 기여를 했다. 많은 민족들 특히 남미의 민족들은 라스 카사스를 자신들 독립투쟁의 선구자로 간주한다. 그리고 그는 전 세계 차원에서 힘없고 억압받는 자들의 옹호자로서 추앙을 받는다. 최근에 그는 해방신학자들(E. Dussel, G. Gutierrez, H. Assmann)에 의해서 예언자로 숭상을 받는다. 그는 동시에 인디오들의 통합을 위해서 일한 토착화의 선구자로 이해되기도 한다. 그의 기본적 통찰은 인디오들이 불법으로 고통받는 데서 발견하는 수난받는 예수 그리스도의 상이다.

그 다음으로 우리가 주목하고자 하는 것은 독일인 선교사 지겐발크(Batholomäus Ziegenbalg)의 모델이다. 지겐발크는 1682년 7월 독일 작센 주(州)의 한 작은 마을에서 태어났다. 부모님은 경건한 분이셨다. 그는 할레 대학에서 당시 루터교 경건주의의 창시자라고 할 수 있는 프랑케(August Francke) 밑에서 공부했다. 당시 독일에서는 프랑크푸르트의 슈페너(Spener)가 시작한 경건주의 운동이 여러 지방으로 확산되어 갔으며, 진젠도르프(Zinzendorf)에 의해서 지도되던 헤렌후터의 경건주의와 함께 할레에서는 위에서 언급한 프랑케의 경건주의 운동이 커다란 종교적 반향을 일으키던 시기다. 이들은 주로 러시아와 신대륙 미국에서의 선교 사업에 깊은 관심을 가지고 있었는데 할레 출신의 지겐발크는 남인도의 선교사로 간다.

1706년 9월 7일 지겐발크는 동료 풀루챠우(Heinrich Plutschau)와 함께 덴마크의 왕 프리드리히 4세의 지원을 받아서 인도의 트란쿠에

바(Tranquebar)로 떠난다. 당시 할레의 선교회는 덴마크 왕 프리드리히의 재정 지원을 받았는데 이러한 정치와 선교의 유착은 여러 가지 문제점을 야기하여 결과적으로는 비판의 대상이 되기도 했다. 두 선교사는 힌두교인들과 덴마크의 인도식민지 관리들의 방해에도 불구하고 1707년 12월에 새로운 신자들에게 세례를 베풀었다. 그들은 인쇄 시설을 만들고 1517년에는 지겐발크가 타밀어로 번역한 신약성서를 출간하기도 했다.

지겐발크를 재정적으로 지원하던 코펜하겐의 선교부의 반대에도 불구하고 그는 선교사업이란 복음을 선포하는 동시에 그리스도인이 된 원주민들의 사회적 권리와 복지에도 관심을 가져야 한다고 생각했다. 그러나 선교부는 단지 선교사들에게 복음만을 설교하기를 바랐으며 토착민 교회는 유럽의 기도교만을 받아들이도록 했다.

그런데 지겐발크는 공공연하게 인도의 브라만 계급 제도(caste)를 비판하고 그것의 개혁을 주장하고 나서서 힌두교의 하층민들을 지원했기 때문에 그는 힌두 집단에 의해서 피살을 당할 뻔하기도 했다. 힌두교인들이 이러한 살해 위협을 하는 것은 보통 일이 아니었기 때문에 덴마크의 선교부에서는 선교사가 이러한 사회정치적 행동을 하는 것을 못마땅하게 생각했다. 그러나 인도의 하층민들에게는 그의 활동이 적지 않은 반향을 일으켰다.

그 결과 토착민 지도자들이나 선교사들 사이에서 지겐발크의 행동을 두고 대립이 생기고 논쟁이 발생했다. 트란쿠에바에서 각기 의견을 달리하던 선교사들 사이의 다툼과 경쟁으로 인해서 1708~1709년 사이에 4개월 동안 지겐발크는 덴마크의 식민지 관리에 의해서 투옥을 당했다. 그리고 1708년에는 덴마크의 군인과 비기독교적 토착민 여인 사이에서 태어난 아이의 세례를 둘러싸고 논쟁이 벌어지고 이 문제가 법정싸움으로까지 번지게 되었다. 이것과 관련된 여러 가지 사건들로 인해서 지겐발크는 다시 감옥신세를 지게 되었다.

그와 같은 일들로 지겐발크는 인도에 나타난 토마스 뮌처라는 별명을 얻게 되었고, 덴마크의 식민지 관료들, 힌두교의 상류층들과 갈등과 대립이 계속되어 결국 1714~1716년 유럽으로 소환되었다. 결론적으로 그는 선교사로서 복음의 정신에 따라서 전통종교인 힌두교의 계급 사회를 타파하는 일에 진력했고, 동시에 자신을 지원하던 덴마크의 식민지 정책에 반기를 들어서 선교사업을 완성하지 못하고 귀국 조처를 당하게 되었던 것이다. 그는 결과적으로 자기의 선교사업의 경험을 통해서 선교 정책은 식민지 정책과 결합되어야 하며, 또한 선교 정책은 토착민들의 사회 정책과도 일치해야 한다는 사실을 깨닫고 깊은 실망에 빠져 고향으로 돌아왔다. 그러나 그가 위로로 받아들였던 것도 있다. 그것은 성공회 선교 단체(Anglican Society for the Propagation of Christian Knowledge)와 협력을 통해서 토착민들의 독자적 교회 형성에 기여했을 뿐만 아니라 개신교 선교사상 최초로 에큐메니컬한 협력의 기초를 놓을 수 있었기 때문이다.

세계화와 선교의 종합(네오콘의 모델)

예수는 부활하여 승천하기 전 제자들에게 다음과 같은 선교 명령을 하달한다.

"내가 하늘과 땅의 모든 권세를 받았다. 그러므로 너희는 가서 모든 족속으로 제자를 삼아 아버지와 아들과 성령의 이름으로 세례를 주고 내가 너희에게 분부한 모든 것을 가르쳐 지키게 하라. 보아라. 내가 세상 끝 날까지 너희와 항상 함께 있겠다.”(마태 28:18~20)

이러한 예수의 선교 명령은 사실상 기독교 복음의 세계화, 다시 말하면 하나님 나라가 전 세계적으로 확대되고 실현되어야 할 것을 말한 것이다. 이러한 복음의 세계화를 향한 예수의 선교 명령은 예수님이 직접 가르친 제자들에 의해서 실현되었다기보다는 이방 선교사로 부름받은 사도 바울에 의해서 관철되었다고 할 수 있다.

이러한 복음의 세계화 명령은 앞서 살펴본 대로 초대교회에서는 로마 제국의 기독교화를 통해서, 중세기에는 유럽의 기독교화를 통해서, 중세기 말에는 남미 대륙의 기독교화를 통해서, 그리고 근세에는 전 세계의 기독교화를 통해서 실행에 옮겨졌다고 할 수 있다. 우리는 앞서서 이러한 선교의 전 과정을 제국과 기독교의 종합, 제국과 선교의 종합을 통해서 살펴보았다. 이러한 제국과 선교의 종합모델은 오늘날에 와서는 제국의 세계화 모델과 결합됨으로써 몇 가지 새로운 양태로 나타난다.

첫째, 정치적 세계화 과정에서 기독교 선교는 이념국가군의 출현과 더불어 한편으로는 새로운 제국으로 등장한 미국과의 동일성을 통해서 다른 한편으로는 또 하나의 제국으로 등장한 소련에 반대하는 형태로 나타났다. 제2차 세계대전 이후 자본주의적 미국과 사회주의적 소련이 세계를 분할하여 점령한 이래 등장한 동서 냉전체제에서는 세계는 두 개의 제국으로 갈라져 있었다. 이러한 동서 냉전체제에서 두 개의 강대국의 이데올로기적 대립과 전쟁에서 대부분의 보수적 기독교는 미국 편에 서서 미국의 반공적 이데올로기의 동맹자와 지원자가 되었다. 이때 기독교가 들고 나온 구호는 공산주의는 무신론적이며 전체주의적이라는 것과, 공산주의자들은 신을 부정하고 따라서 종교를 반대하며 나아가서 교회를 박해한다는 것이었다. 그리고 공산주의는 전체주의로서 스스로가 기독교가 가진 신의 전체성을 탈취했다는 것이었다. 동시에 전체주의는 신만이 가진 전체성, 혹은 완전성을 자신들의 사상과 지도자에게서 보려고 한다는 것이었다.

이렇게 기독교는 아마겟돈 전쟁의 논리에 따라서 선한 국가인 미국을 지원하고 악한 국가인 소련과 동구라파 국가들의 공산주의에 반대하는 활동을 하는 것이 곧 선교적 과제, 기독교 선교였다. 따라서 악마에게 사로잡힌 무신론적이고 전체주의적 세계를 붕괴시키고 그 자리에 복음을 전파하고 교회를 세우는 것이 곧 예수의 지상명령, 즉 선교의 사명을 다하는 것이라고 생각했다.

둘째, 경제적 세계화 과정에서 기독교 선교는 미국의 자본주의적 시장경제를 지원하고, 소련과 사회주의 국가들의 사회주의적 계획경제를 반대하는 방향으로 나타났다. 이러한 경제적 세계화 과정은 자유시장경제의 이론에 근거해서 경제의 필수요소라고 할 수 있는 자본의 통제를 제거하고 무한한 자유를 부여함으로써 경쟁을 가속화하는 방향으로 나가게 된다. 사회주의의 계획경제 체제는 모든 재산을 국유화함으로 자본의 자유를 통제하고, 정치적 자유뿐만 아니라 경제적 자유를 부정함으로서 경제활동을 위축시키고 따라서 사람들의 삶의 질을 향상시키는 데 실패했다는 것이다.

따라서 자유시장 경제 체제야말로 기독교 복음의 자유에 상응하는 것이며 따라서 기독교 선교는 자유시장 경제 체제에서만 성과를 거둘 수 있고 인간들을 행복하게 살 수 있게 한다는 것이다.

맺는 글

오늘날의 세계화는 예수가 제자들에게 명령했던바 "그러므로 너희는 가서 모든 족속으로 제자를 삼아 아버지와 아들과 성령의 이름으로 세 례를 주고 내가 너희에게 분부한 모든 것을 가르쳐 지키게 하라"고 한 그리스도교적 세계화가 아니라 자본주의적 시장경제에 의한 세계화라 고 할 수 있다. 말하자면 그리스도의 복음의 세계화, 즉 세계에서의 하 나님 나라의 실현이 아니라, 자본 즉 맘몬에 의한 세계화가 이루어진 것이다. "하나님과 재물을 같이 섬길 수 없다"고 예수께서 경고한바 하 나님과는 병존할 수 없는 재물의 세계화가 자본주의적 시장경제라는 이름으로 달성된 것이다.

그 결과 하나님 나라의 자유—복음과 그리스도인의 자유가 아니라, 맘몬의 자유—자본의 자유, 즉 자유시장이 승리하게 되었다. 오늘날 대부분의 보수적 혹은 신보수적 기독교인들은 복음의 자유, 즉 그리스 도인의 자유(마르틴 루터)는 자본의 자유, 시장의 자유와 일치되는 것으 로 이해하게 되었다. 말하자면 그리스도인의 자유는 만물로부터의 자 유인 동시에 만물을 섬기는 자유라는 종교개혁자 마르틴 루터의 역설 적 자유 이해는 왜곡되어, 인간의 자유가 아니라 자본의 자유가 중심이 됨으로써, 인간이 오히려 자본의 노예가 되어 버렸다. 말하자면 인간 을 섬겨야 할 자본이 인간을 억압하고 인간을 노예화하는 데로 나갔다 는 것이다(칼 마르크스).

오늘날의 자본주의적 시장경제 체제의 세계화 과정에서 기독교는 사회적 연대성, 가난한 자들을 위한 복음의 세계화의 정신을 망각하고 자본주의 체제에 자신을 일치시킴으로써 기독교의 본래성에서 일탈하여 자신의 정체성을 상실하게 되었다. 그 결과 세계화와 더불어 등장한 오늘날의 기독교의 현실을 독일의 저명한 시사주간지 기자는 다음과 같이 서술하고 있다.

"전능하신 하나님 대신 시장이 등장했고, 이 하나님의 현현은 다우 존스 주가지수(Dow-Jones-Index)며, 그의 성체(聖體)는 미국의 달러고, 그의 미사는 환율조정이고, 그의 나라는 지금 크레믈린의 지도자들까지도 찬양하는 자본주의적 보편 문명이다."8)

---

8) Der Spiegel, 1991. 12. 31, S. 97.

※ 이 글은 2008년 한국기독자교수협의회와 한국교수불자연합회가 공동으로 만든 학술 자료집 『현대사회에서 종교 권력 무엇이 문제인가』에 발표된 글임을 밝혀둔다. 『현대사회에서 종교 권력 무엇이 문제인가』(서울: 동연, 2008) 전문.

21세기에 나타난
새 제국의 도전

김 용 복 | 아태생명학대학원대학교 한국생명학연구원 원장

새 지구제국Global Empire의 출현

이 시대의 징조를 총체적으로 말한다면 새 제국의 출현이다. 구체적으로 이 새 제국은 미 제국(American Empire)이다. 이 제국이 새로운 제국임은 지금까지의 제국과 다를 뿐 아니라 지금도 형성과정에 있다는 점이다.

　인류는 동서고금을 막론하고 제국을 다양하게 경험해 왔다. 서아시아에서 이집트 제국, 바벨론 제국, 그리스 제국, 로마 제국, 오토만 제국, 비잔틴 제국을 경험했고 중국에서는 진(晉) 제국을 경험했다. 근대에 와서는 대영 제국을 비롯한 서양 제국들을 경험했다. 동양에서는 일본 제국을 경험했다. 이 제국들은 지구의 끝까지 지배하려고 했지만 이를 성사시키지 못했다. 그러나 미 제국은 지구적 제국(Global Empire)이 됐다.

미 제국의 지구적 성격은 20세기 말 냉전체제가 해체되면서 분명해졌다. 냉전체제에서는 양국 대립적 권력 관계를 이루었으나 양국체제(Bi-polar Regime)의 해체는 일국체제(Mono-polar Regime)의 출현을 허용했다. 이것이 미 제국의 성격이다.

미 제국의 형성은 지구자본체제(Global Capital Regime), 즉 지구시장체제와 결부되어 있다. 이제는 사회주의 경제체제는 붕괴되거나 해체되거나 자본주의체제에 의하여 깊이 침투되어 버렸다. 국제금융기구(IMF, International Monetary Fund), 세계은행(World Bank), 세계무역기구(WTO, World Trade Organization), G-7 등으로 엮어진 세계 자본시장체제는 미국과 서양 자본의 지배 아래 있다.

최근 이 지구시장은 세계무역기구 체제를 구축하여 가고 있으며, 국제금융기구와 같은 국제기구가 중요한 역할을 담당하고 있다. 특히 세계금융시장에서 벌어지고 있는 투기적 금융 자본이 세계 경제와 지구시장을 좌지우지하고 있는 현실을 경험하고 있다. 이런 투기적 금융 자본의 실체는 지구시장을 지배하는 이윤 극대화의 논리와 이를 위한 무한경쟁의 논리, 결국은 적자생존의 논리를 인간 사회와 우주 속에 가열하고 가속하고 있는 것이다. 지구시장의 모든 부분이 이 투기적 금융자본의 논리를 직·간접으로 받고 있다. 경제학자들은 지구시장 거래의 98% 정도가 금융거래라고 하니 그 영향을 가히 짐작할 수 있을 것이다. 미 제국은 이 지구시장체제를 지속시키고 있다.

미국의 지정학적인 세계 지배는 미국을 지구제국으로 구축하고 있다. 9·11 사태 이후 이 경향은 노골화되었다. 미국은 소위 테러와의 전쟁(War on Terror)을 선포했다. 이 전쟁은 항시적 전쟁(Permanent War)이며, 전 지구적 전쟁(Global War)이며, 동시에 전멸전(Omni-cidal

War)이며 총력전(Total War)이다. 이 전쟁은 미국으로 하여금 전 지구적인 군사적 패권을 장악할 목표를 설정하게 한다.[10] 미국은 원자탄과 같은 가공할 첨단무기, 대량학살무기를 생산했으며 고도의 과학기술을 이용하여 최첨단 무기와 전략전술체제를 구축하기 위하여 천문학적인 자본을 투자하고 있다.

지구시장과 유착된 미국의 지정학적인 제패는 지구적으로 전개되고 있는 과학기술체제(Technocracy)와 융합되어 있다. 지구시장은 초국적 기업, 초국적 자본과 같은 에이전트(Agent)가 과학기술체제를 토대로 지구 전체를 지배하고 있다.[11] 지구시장과 지구지배과정(Global Gervornance)에 대한 정치적 감시(Political Surveillance)와 지정학적 군사질서(Technocratic Military Order)는 지구적 언론(Global Media)에 의하여 누벼지고 있는데, 이 또한 지구적 과학기술체제에 의하여 이루어지고 있다. 오늘 지구제국의 특색은 초첨단 과학기술체의 융합(Convergence)을 그 내면 구성으로 이루고 있다. 이런 지구제국의 현실은 새로운 것이고 인류가 지금까지 경험해 보지 못한 것이다.

지구제국의 내면 역사

미국이라는 지구제국은 그 기원이 독특하다. 2세기 전에 이루어진 신(新)국가 형태로 태어났다. 유럽이 근대에 들어서면서 시장을 확대하

---

10) 전쟁의 본질은 지구제국의 지정학적 정치 하에서 시·공간의 무한 전쟁으로 급속히 변모해 왔다. 그러나 제국의 전지전능한 힘은 결코 '총체적 안보'를 이룰 수 없다. 현대 첨단 군사 기술 —전멸전 무기 시스템과 전능한 힘의 주장 —을 통해 제국의 절대적 힘은 모든 생명체를 지배하는 폭군을 만든다(마닐라선언, 2005).

11) Barnet & Muller, *Global Reach*, 1975.

려고 신대륙을 점령하고 식민지화했다. 이 과정에서 국가로서의 미국
이 탄생했다. 미국은 토착민에 의하여 세워지지 않았다. 미국은 토착
원주민을 정복하는 체제로서 시작되었다. 이 과정에서 미주 토착민은
학살과 지배의 대상이었다. 이 과정은 인종말살(Genocide)적 차원을
내포한다. 이런 학살적 정복(Genocidal Conquest)은 구약성경의 '여
호수아의 가나안 정복' 설화로 정당화되었고 이것은 기독교적 선민의
식으로 무장했기에 학살이라도 결행될 수 있었다. 이러한 종교이데올
로기는 오늘도 미국의 몸체(Body Politics)에 깊이 내재하고 있다.12)

이런 내면적 정치종교 콤플렉스는 미국이 미주의 땅(Land)을 탈취
하고 정복하는 일을 정당화했고, 이것은 원주민의 문화를 말살했고 그
들의 공동체를 완전히 파괴하는 데 이르렀다. 이 콤플렉스는 미국이
아프리카인들을 노예로 수입해 동물취급했던 일이나, 아시아 인종들
을 차별하는 일에서도 노출되었다. 이것은 아시아에서 한국전쟁과 베
트남전쟁을 하면서도 내면적으로 작동했다. 이 이야기는 미주 원주민
을 정복하는 카우보이(Cowboy against Indians)의 형태로 나타났다.

미국은 새로 조립된 근대국가로 태어났다. 불란서와 영국의 자유주
의적 결합을 배경으로 하여 미국의 헌법이 형성되었다. 특히 미국은
형식적으로 종교적 기반을 정치에서 제거하고 탈종교적 근대국가를
건립했다. 이것이 미국 헌법의 정교분리다. 이것은 유럽의 국가 형태
와는 다른 것이지만 그렇다고 종교를 활용하지 않은 것은 아니다. 미국
헌법은 토마스 홉스의 근대 정치사상의 영향을 받아 생명을 보전하기
위하여 개인과 개인의 자유를 지상의 가치로 정하고 사유재산제도를

---

12) Richard Niehbur, *Kingdom of God in America.*

신주처럼 모시며, 여기서 발생하는 갈등을 조정하기 위하여 레비아단(Leviathan)이라는 마왕과 같은 권력체제를 형성하는 기본법이었다. 이것이 미합중국의 사회계약 내용이기도 하다. 또한 이것이 미국의 정치사의 기원이었다. 나아가서 미국은 자연과학으로 자연을 정복하는 과학 발전의 지상천국을 이루었다. 이것이 오늘의 미국을 구성하는 3대 요소이다. 무한한 자유를 숭상하는 개인주의, 무한한 소유를 보장하는 사유재산제도, 과학 연구를 무한히 할 수 있는 연구와 학문의 자유 등이다.

이제 미국은 지구적 마왕(Global Leviathan)으로 군림하는 새 차원을 전개하고 있다. 이것이 미국을 새로운 지구제국으로 규명하는 내역이다. 이 지구제국은 전 지구를 사유재산체제로 개편하고 자본의 사유재산체제를 지구화하며, 이를 위하여 소위 자유주의 질서(Liberal Order)를 지구 통치 질서로 수립하고 경제적 자유시장체제를 무한히 확대하며 이 목적을 위하여 지구적 군사질서를 형성하고 지정학적 헤게모니를 구축한다. 이런 마왕의 체제는 첨단과학기술체(Technocracy)로 그 직조(Texture)를 구성하고 통합하며 융합한다. 특히 신자유주의는 자연인 개인이 아니라 기업법인의 자유를 무한히 확대하는 것이다. 이 신자유주의는 전통적인 사회정의와 사회복지를 존중하지 않는다. 시장이 모든 문제를 해결한다는 애덤 스미스적인 교리이다.

이 지구제국의 실체를 규명하는 것은 새롭게 시도되어야 한다. 이는 전통적 전제적 제국주의(Traditional Despotism) 이론이나 레닌의 계급주의적인 제국이론(Imperialism)으로는 지구제국의 새로운 차원을 포촉하기 어렵기 때문이다. 미국의 제국주의자들도 미 제국은 과거의 제국과 다르다. 이것은 미국이 세계를 이롭게 하는 제국이라는 메시아적 콤플렉스(Messianic Complex)를 표현한 것이지만 우리가 지적한 대로 지구적 마왕으로서의 미국은 아직도 성장하고 있고 아직도 생성되고 있으며 완전히 지구를 지배하려 하고 있다.

오늘 형성되고 있는 지구제국은,
1) 지구 자본주의체제를 완성해 지구 살림살이를 풍요롭게 한다는 명분으로 자본의 무한한 탐욕을 충족하려 하고 있다.
2) 또한 최첨단 군사력으로 지구적 군사질서를 장악하고 지구적 지정학적 패권을 구축하고 있다.
3) 세계 정치 질서를 자유주의라는 미명 하에 지배하는 질서를 이루어 가고 있다.
4) 이 지구제국은 군사적 차원뿐 아니라 극도의 적자생존론적인 갈등 즉 계급 간, 인종 간, 젠더 간, 민족 간, 강·약자 간의 갈등을 격화하고 폭력화하는 사회적 '폭력의 늪'을 형성하고 있다.
5) 이 지구제국은 과학기술문명으로 세계 민족들의 문화를 와해하고 파괴해 문화적 정체성, 문화적 가치, 문화적 심미성, 문화 정신을 근원적으로 장악해 시장화하고 그 근간을 붕괴시키고 있다.
6) 이 지구자본은 세계 종교 특히 기독교와 밀착되어 있고 맘몬의 신으로 신을 대치한다.
7) 이 지구제국은 그 과학기술체제로 모든 생명체의 소우주적인 지배(Micro-cosmic Control)를 도모하고 있으며, 대우주적 생태계(Macro-cosmic Ecology)를 점령하고 파괴해 가고 있다. 이처럼 지구제국은 총체적 지배를 도모하고 있다.
8) 지구제국은 첨단과학기술체제를 통해 초인간적 세계(World of

Transhumanism)에 진입하고 있다. 인간보다 우수한 존재를 인위적으로 '창조'하여 인간의 결함을 극복하며 '새로운 초인간적 질서'를 구축한다는 것이다.[13]

그리하여 우리는 이를 3두 마왕(3-Headed Leviathan)이라는 은유를 가지고 명명한다.

지구제국에 대한 대응

기독교 에큐메니칼 운동은 '지구제국'이라는 화두를 이 시대의 시운을 결정할 중대한 의제로 삼기 시작했다. 아시아에서는 2002년 마닐라에서 지구화와 테러에 대한 전쟁(Globalization and War on Terror)[14]을 주제로 국제회의를 개최하고 '지구제국'을 에큐메니칼 운동의 이론과 실천의 틀(Primary point of Reference)로 정했다. 그리고 생명평화를 위한 논단(People's Forum on Peace for Life)이라는 운동체를 제안했고 이 운동은 지구적 차원에서 활동하고 있다. 이 제안은 2004년 세계개혁교회연맹(World Alliance of Reformed Churches) Accra 총회에서 수용해 에큐메니칼 선교의 기본 틀로 '지구제국론'을 정했다. 이 과정은 세계교회협의회(World Council of Churches)에서 토론되다가 세계의 의식 있는 신학자들에 의하여 제안되고 WARC가 후원해 지구제

---

13) National Science Foundation, *Convergence of Technologies: Human Improvement*, 2002.

14) Ninan Koshy(War on Terror, CCA, 2002)는 주제 강사로 '제국론'을 제안했고 이 운동의 주역을 담당한다.

국에 대한 마닐라 선언(Manila Declaration, 2006)[후주1]이 선포15)된다.

이 운동은 지국제국에 대응하는 새로운 담론의 출발점이 되었다. 이 운동은 동남아시아, 중동, 남미, 아프리카, 한국을 이으면서 새로운 담론을 시도하고 있다. 2007년 한국 화천에서 3년 동안 계속되던 작업이 완성되어 생명평화헌장(People's Charter on Peace for Life)으로 선포되었다. 남미에서도 아르헨티나의 Nestor Migues 교수16)를 중심으로 지정학적인 담론이 새롭게 전개되면서 '지구제국론'이 분분히 논의되고 있다.

미국에서도 신학자들과 지식인들이 2002년부터 '제국론'에 대한 새로운 토론을 시작했다.17) WARC의 제안을 받아 캐나다의 United Church of Canada는 '제국론'을 2006년 총회 주제로 삼고 중요한 선교적 결정을 했다. 이런 운동은 소위 '제국의 배 속'에서 이루어지고 있으며, 제국의 억압을 직접적으로 경험하면서 논하는 '지구제국론'이 제3세계에서 일어나고 있다. 이것은 상호 수렴·통합되어 보다 보편적인 담론으로 발전할 것이다.

지구제국에 대한 대응은 지구제국의 희생자인 가난한 사람들, 전쟁으로 희생당하는 사람들(여성과 어린이들), 정치적으로 억압당하고 지구시장의 노예가 되어 그 굴레에 사로잡힌 사람들(노동자, 농민, 소비자)의 체험과 생태계에서 희생의 제물이 되어 가는 모든 생명체들에 의하여 이루어지고 있다. 이미 생명체들은 새로운 생명질서를 꿈꾸고 있으

---

15) *An Ecumenical Faith Stance Against Global Empire: For a Liberated Earth Community.*

16) 그의 요한계시록 주석은 중요하다.

17) Union Theological Seminary(New Testament and Empire)와 Drew University 에서 제국(Empire)에 대한 토론이 시작되었다.

며 지구제국의 횡포에 저항하고 있다.

이런 맥락에서 '지구제국'에 대응하는 담론은 세계 종교들이 함유하고 있는 생명의 지혜를 수렴·통합하고, 지구제국에서 희생당해 온 민족들의 문화적 지혜를 새롭게 재흥하며, 온 지구의 모든 생명체들의 삶의 지혜를 배워서 포괄적으로 이루어야 할 것이다. 나는 이 담론을 '생명담론'에서 구하려고 했고, 기독교신학자로서는 갈릴리 예수를 생명의 지혜로 전위하여 모든 생명 지혜를 수렴·통합하면서 예수의 생명이야기(Zoegraphy)를 전개하는 것이 중요하다고 생각한다. 예수는 로마 제국에 저항했고 이전의 제국에 대한 저항 전통을 수렴·통합하면서 새 지평으로서 생명담론을 전개했다. 예수의 생명담론은 지혜의 담론이며 부활의 담론으로서 로마 제국의 지배 이념을 극복하며, 나아가서 유태교의 종교이데올로기에서 해방된 탈유태교적인 담론이었다.

예수의 생명전기와 생명담론

1) 생명담론으로서의 신학은 현대 서구신학의 궤도에서 벗어나서 모든 학문과 접속하고 통섭하는 통전적 담론이어야 한다. 신학이 모든 학문에 군림하기보다는 모든 학문 분야에 봉사하는 생명의 지혜여야 한다. 특히 과학적 서술과 윤리적 담론의 분열을 극복해야 할 것이다. 동양의 생명우주관은 윤리적·철학적 통일을 가지고 있다.

2) 생명담론으로서의 신학은 모든 종교적 감옥에서 벗어나야 한다. 종교가 신앙의 산실이기는 하지만 생명담론의 실천은 생명 현장에서 이루어진다. 생명해방운동 실천의 현장에서 생명에 관한 모든 담론과 교호작용하고 통전적으로 수렴·통합할 수 있어야 한다.

3) 신학은 생명담론의 통전을 위하여 ① 민중신학 ② 여성신학 ③ 종교신학 ④ 생태신학을 통전해야 하며 이를 상호 수렴·통합의 길을 통해 통전적 생명담론을 이루어야 한다. 이 과정은 이미 여성신학에서 상당 수준 이루어지고 있는 것 같다. 민중신학은 동학과 3·1 운동에서 종교사상의 합일적 수렴·통합을 기초로 하고 있으며 서남동에게서 민중신학과 생태신학의 수렴·통합을 예시받고 있다.

4) 통전적 생명담론의 수렴·통합의 과정은 다양하고 역동적이다. 주역의 논리가 좋은 은유이다. 주어진 시운에 따라 음양, 오행, 괘효가 서로 수렴·통합되는 것처럼, 생명의 카이로스(시운)에 따라 다양하고 역동적인 수렴·통합이 이루어져 모든 생명체의 상생 질서를 형성한다. 이것이 생명해방운동의 '오메가 포인트' 즉 모든 생명체가 동거하는 상생 질서의 거점이요 종점이다.

5) 생명담론은 주체적이고 자주적이다. 생명이 주체이기 때문이다. 동시에 생명은 고유한 시공의 방위를 가지고 있고 이 방위는 역동적으로 변한다. 따라서 한국의 생명담론(신학)은 그 자체의 맥락과 시공의 방위를 구체적으로 보유하고 있다. 이 좌표에서 서구의 신학적 유산을 변혁하고 조정하고 걸러서 수렴·통합한다. 서구신학과의 대화가 이 과정의 한 방편이 된다고 본다.

6) 신학적 지향의 전환을 위하여 생명 중심의 새 담론으로서의 신학을 제청한다. 예수의 생명전기와 생명담론으로서의 신학은 기독교라는 종교의 감옥에서 해방된 생명의 예수를 재발견하고 이 이야기를 오늘의 시공적 방위에서 전개하는 것이다. 이는 온 세상에 생명의 충만함을 위한 것이다(Convergence of all living beings for fullness of life). 이것이 한국 신학의 제3의 물결 즉 생명 중심의 신학 즉 생명생태신학, 생명평

화신학, 생명경제신학, 생명정치신학, 생명여성신학, 생명해방신학, 생
명문화신학, 생명종교신학의 통전적 수렴·통합의 길이 될 것이다.

그러나 이제 신학적 담론은 일반적 담론으로 전개되어야 한다. 따
라서 신학적 담론은 '생명담론'이 전개되어 지구제국에 전면적인 대응
을 도모해야 할 것이다.

지구제국에 대응하려는 생명담론은

1) 상생적 생명질서를 위한 비전의 창출

2) 지구 위의 태평의 비전

3) 모든 생명체가 주체적으로 삶을 영위할 수 있는 참여의 살림살이

4) 모든 생명체가 상부상조하는 공동체 질서

5) 모든 공동체가 문화적으로 즐길 수 있는 향연의 비전

6) 몸과 맘이 개체적으로나 공동체적으로나 우주적으로 온전하고
   건강한 생명력 보전의 비전

7) 생명의 지혜를 보전, 발전시키는 지혜로운 삶을 보장하는 담론
   을 추구하는 운동이다.

이를 위하여 우리는 한반도에서의 생명담론을 동학운동과 3·1운
동 그리고 1970년대 운동의 담론을 계승·발전시켜야 할 것이며, 우리
의 주변 강대국의 제국적 실체를 꿰뚫어 보고 그들에게 내재해 있는
생명담론을 추출하며 나아가서 전 세계적으로 전개되고 있는 생명운
동과 대화하며 특히 지구제국의 타깃이 되어 있는 이슬람권 내부에서
창조되는 새 생명담론에 귀를 기울여야 할 것이다.

지구 제국에 대한 신학적 선언 전문[18]

1. 세계 유일 제국에 대한 비판적 분석과 고찰

강대국 미국과 연관시켜 제국이라는 단어를 사용하는 것은 한때 논란이 되었고 다소간 미국의 헤게모니를 비판하는 좌파의 비판에 제한적으로 사용되었다. 그러나 이제는 주류 언론과 주류 정치담론도 '제국'과 'Pax Americana'의 개념을 자주 그리고 두드러지게 언급하고 있다.

세계 유일 제국에 대한 담론

기본적으로 'American Empire' 또는 'US empire'라는 용어를 사용하는 것은 미합중국이 더 이상 단지 하나의 예외적인 초강대국이나 패권국가 아니라는 생각을 표현하기 위한 시도다. 우월적 지배에서 제국의 패권으로 용어가 변화된 것은 의미심장하다. 왜냐하면 무엇보다도 이것은 제국의 중심에 의한 직접적인 정치적인 지배의 고전적 개념을 강조하기 때문이다. 이는 또한 무한한 지배를 위한 탐색이다.

미국은 환경과 의도에 의해 세계사 속에서 최초로 세계적인 유일 제국으로 급부상했다.

지난 10년 동안에 미국은 냉전시대의 확대 배치된 군사기지 체제를 새로운 전 지구적 제국체제로 강화시켜 왔다. 승리주의 이데올로기, 과장된 위기감 그리고 이기적인 군사적 역할에 의해 추동되면서 이 거대한 제국은 세계의 상당부분을 손아귀에 넣고 지배를 강화하고 있다. 제국주의적 지배는 다국적 기업과 언론의 소유자들과 경영자들에게 영향력을 미칠 뿐만 아니라 전 세계 국가와 지역정부 그리고 국제기구에 압력을 행사하고 간섭을 확장시킨다.

---

18) 2006년 7월 마닐라에서 세계개혁교회(WARC)가 주관한 세계 신학자 모임에서 작성한 선언문.

세계 유일 제국에 대한 전망

1991년 소련의 붕괴 이후 소위 '1극체제'에 대한 축하를 포함해서 새로운 미국 지배 체제에 기초한 강력한 요구들과 미국이 '없어서는 안 될 필수불가결한 국가'라는 주장들이 있었다.

'새로운 미국의 세기를 위한 계획'이라는 단체가 2000년 9월에 발표한 「미국 방위력의 재구축: 새로운 세기를 위한 전략, 군사력 그리고 자원」이라는 보고서에서 "미국은 세계 유일의 초강대국으로서 뛰어난 군사력을 함께 갖추고 있고, 세계적인 과학기술 능력과 세계 최대의 경제국이다. 따라서 미국의 세계전략은 미래에 가능한 멀리까지 이러한 유리한 지위를 확장시키고 보존하는 것을 목표로 해야 한다."고 밝히고 있다.

제국의 군사전략

미국에게 더 이상 경쟁할 국가가 없고 미국이 전 세계의 군사적 지배자라는 사실은 자명하다. 미국의 목표는 경쟁국가와 전쟁을 벌이는 것이 아니라 제국의 지위와 제국의 질서를 유지하는 것이다. 제국의 전쟁을 기획하는 것은 재래식 전쟁을 기획하는 것과 다르다. 제국을 상대로 손쉽게 아무런 피해 없이 도전할 수 없다는 사실을 보여 주기 위해 최대한도의 물리력이 심리적 충격을 주기 위해 가능한 빨리 사용될 수 있고, 사용되어야 한다. 제국의 전쟁이 끝난다 하더라도 제국의 질서와 안정을 수립하기 위해서 제국의 군대는 수십 년 동안 주둔해야 한다. 결국 제국의 전략은 제국에 대한 강력한 적대적 도전자의 출현을 막는 것에 초점이 맞추어진다.

미국의 공식적인 정책을 '군사 배치의 전환'이라고 말한다. '전환'의 의미에 대해 발표할 때 관료들은 오랫동안 미국의 군사전략을 지배했던 위협에 기초한 전략을 그들이 '능력에 기초한 전략'이라고 설명하는 것으로 대체하는 것으로 이야기한다. 이는 국방부가 더 이상 명확하게 확인된 적에 의해 야기된 특정한 군사적 위협에 대응하기 위해 군사력을 편제시키지 않고, 대신 지금부터 먼 장래까지 어느 시점에서든 잠재적인 가공의 적에 의해 시작된 상상할 수 있는 어떤 유형의 공격도 막아낼 수 있는 능력을 획득할 것을 의미한다. 다르게 표현한다면 이는 영구적인 군사적 우위의 추구를 위한 명령이다.

공식 문서에 따르면 미국의 전쟁 목표는 근본적으로 변화되어 왔다. 미국은 단지 적을 무찌르기 위해서가 아니라 체제 변화와 점령을 위해 전쟁을 수행한다. 이것은 곧 어떻게 제국을 확장할 것인가에 대한 방법이다.

2002년 3월 둘째 주에 언론에 세부사항이 드러나면서 펜타곤의 야심에 찬 핵 전쟁 계획을 폭로했던, 기밀로 취급되는「미국의 핵 준비태세에 관한 보고서」에서 미국은 핵무기의 역할을 미국 방위의 기초로 재 정의하고, 미국의 군사노선과 전략에서 핵무기의 효용성을 새롭게 강조하며, 전쟁억지력의 진정한 개념을 변화시킨다. '먼저 사용하고 먼저 공격한다'라는 표현이 미국의 핵 비망록에 광범위하게 쓰인다. 놀라운 군사적 발전의 순간에 핵무기를 사용하는 미국의 전투능력은 목적과 목표가 변화하고 확장되는 테러와의 전쟁 상황 속에서 불길한 전조다.

이제 영구적인 전쟁의 실재 상태로 변화된 전쟁에 대한 계속된 위협, 안보에 대한 허위 과장 선전 그리고 지속적인 평화에 대한 약속은 자주 제국 자체의 생존을 위해 제국에 의해 구축되고 유지된다. 비록 명령을 받지 않더라도 많은 나라의 군사 방위예산은 제국에 의해 통제되고 영향을 받는다. 제국은 어떤 특별한 적을 염두에 두지 않더라도 언제든지 어느 국가라도 개입할 권리를 주장한다. 우주 공간에 대한 무제한적인 접근, 일본, 한국, 필리핀을 비롯해 전 세계 나라들에 제국이 가지고 있는 군사기지들과 연구단지들은 제국의 군사적 패권 범위를 보여 준다. 믿을 만한 소식통에 따르면 펜타곤은 전 세계 130개 국가와 군사 동맹이나 조약을 맺고 있고, 전 세계에 800~1000여 개의 군사기지와 시설물을 가지고 있다.

제국의 이데올로기

국제 사회에 대한 제국의 태도가 보여 주는 가장 분명하고 두드러진 특징은 제국의 전제적이고도 독점적인 주장에 있다. 제국은 전 세계를 대상으로 자신의 의사에 맞게 설립하고 싶은 정치적인 정권의 종류를 위해 포괄적인 용어로서 '민주주의'를 사용한다. 아직 민주주의가 정착되지 않은 국가에 민주주의를 가져오는 것은 미국 외교 정책의 규정된 목표로서 요구받는다. 미국 밖의 민주주의는, 미국을 위해, 미국을 지원하거나 미국의 지령을 따르는 정권이다.

자유로운 사회에 대한 가치와 자유의 원칙에 대한 믿음에 의하여 유지되고 있는 미국은 국경선 너머의 영역에 대해서도 견줄 수 없는 책임, 의무 및 역할이 있으며, 이를 미국의 2002년도 국가 안보 전략을 통해 발표한다. 그 어떠한 세력이 미국 헤게모니에 도전하거나 대량 살상 무기를 개발하는 것을 좌절시키기 위해서 미국은 압도적인 군사력을 소유해야 한다고 주장한다. 미국은 억제와 견제라는 낡은 정치 외교 전략을 완전히 수정했다. 미국은 안보에 대한 이해를 보다 광범위하게 확장시키면서 미국을 잠재적으로 위협하는 국가 또는 조직에 대해 먼저 그리고 일방적으로 행동하는 권리를 확보해야 한다고 주장한다. 또한 미국은 정의를 위해 그 힘을 사용하고 사심 없는 목적이 여기에 있다고 주장한다. 이 전략은 세계의 안보와 자유민주주의가 세계 유일의 제국으로서 미국이 지닌 압도적인 힘에 기초하고 있다는 믿음을 반영한다.

몇몇 사람들이 미국의 부드러운 힘(soft power)으로 말하는 제국의 문화적 헤게모니는 사람들이 제국의 역할과 기능, 그리고 현실을 반드시 필요하며, 정상적이고 이상적인 것으로 받아들이도록 만드는 확실한 방법이다. 제국에 대한 구성 주체들(대부분의 국가, 민족, 개인, 기관, 정부)은 제국 이외에는 아무런 대안도 없다고 고백하고 믿도록 생각을 강요당한다. 문화, 전통, 가치관 및 생활양식의 동질화와 전투적 기독교의 확산은 세계에 있는 모든 지역으로 제국을 확장시키는 방법으로 간주된다. 종교적인 근본주의의 출현 또한 제국과 연관된 것으로 인식될 수 있다. 세계 제국의 가치관을 영원히 존속하기 위해 과학기술과 미디어는 제국의 이익에 맞게 유리하게 이용된다.

제국의 경제

경제 지배와 군사적 통치가 불가분으로 결합되어 있는 것처럼, 제국은 2개의 얼굴을 지닌다. 바로 서로 연관되어 있는 세계적인 군사화와 신자유주의에 입각한 자본의 세계화다. 제국의 군사력은 세계 시장의 질서 그리고 안전을 유지하기 위하여 '세계의 경찰'로서 역할을 담당한다.

미국의 국가안보전략(NSS 2002년)을 통해 미국은 세계 전역에 민주주의, 발전, 자유 시장 및 자유 무역을 도입하기 위해 반테러 전쟁이라는 현재의 기회를 이용할 것이라고 선언했다. 소위 '더 좋은 세계'를 찾기 위해서 제국의 깃발을 따르라는 경제적 의제를 분명하게 제시하고 있다. 미국은 심지어 '자유 무역'이라는 개념이 경제학의 근본이 되기 전에 도덕적 원칙으로서 생겨났다고 주장한다. 더 나아가 21세기는 위대한 약속의 시대일 것이라는 점을 이야기한다. 세계화—경제, 과학기술, 문화 그리고 정치 등 모든 영역에서 통합을 가속하는 과정—는 모든 대륙으로부터 시민들을 데려오고 있다. 점점 늘어 가는 전 세계의 모든 국가들은 기본적인 인권에 대한 존중, 자유 시장 경제, 민주적 통치라는 미국의 핵심적 가치를 받아들여야 한다.

그 의미는 분명하다. 미국식 자유시장경제체제와 미국의 세계안보전략 사이에는 밀접한 관계가 있다. 세계화와 제국의 안보는 그 궤를 함께 한다. 필요하다면 군사력을 동원해 강요하는 세계자본주의체제는 제국을 구축하는 데 반드시 필요하다. 비록 과거의 가장 위대한 제국들은 누리지 못했던 세계 유일의 탁월함을 이미 성취했기 때문에 미국은 군사력과 시장에 대한 내정간섭을 통해 그 힘을 세계적으로 사용하는 데 주목한다. 미국이 주도하는 '테러와의 전쟁' 또는 '자유를 위한 전쟁'은 결국 미국에 종속되는 시장을 확대하는 것, 즉 완전한 시장 개방과 어느 곳이든 침략할 수 있다는 것을 목표로 한다.

제국의 세계적인 지배권

미국은 국가 안보의 가장 중요한 전략 목적을 '직접적인 공격으로부터 미국을 방어하고 전략적 접근을 보장하고 전 세계적인 군사력 이동의 자유를 유지하는 것'이라고 2005년 국가방위전략에서 밝히고 있다. 국제법과 다국적 기구 그리고 제도에 대한 실질적인 폐기가 있다. 방위 전략 문서는 "한 주권 국가로서 우리의 힘은 국제적인 공개 토론, 사법 절차 및 테러를 사용하는 약자들의 전략을 채택하는 국가들에 의해서 계속 도전받을 것"이라고 주장한다. 여기에서 국제적인 공개 토론, 사법 절차 및 테러는 동일시된다. 국제법의 제안자는 테러리스트와 동일시된다.

워싱턴은 미국 시민이나 나머지 국제사회에게 거대한 위협을 야기하는 활동에 자유롭게 관여하기 위해 방패막이로 자주권의 원칙을 사용하거나 또는 자신의 관점에서 볼 때 자주권을 책임 있게 행사하지 않는 국가들에게 군사력을 행사하는 데 주저하지 않을 것임을 공식적으로 밝혔다.

선제공격을 통한 예방전쟁 전략은 새롭게 활력을 얻으며 현재 미국 행정부에 의해 나타난 지배적인 국제법 체계에 대한 허무주의와 밀접한 관계가 있다. 이것은 오직 미국만이 미래 세계 질서 속에서 전 지구적 지배권을 행사할 자격이 있다는 생각에 뿌리를 두고 있다. 세계적인 주권국가로서의 개념은 미국이 국제적인 법률을 제정할 것이라는 것(예를 들면, 동맹이나 불럭 형성을 통해)과 무엇이 위기를 조성하는지를 결정하는 것, 적과 아군을 구별하는 것, 그리고 군사력을 사용할 때 독자적인 결정을 내리는 것을 의미한다. 오직 미국만이 군사력을 세계 도처에서 유용하게 사용할 수 있다. 이것은 새로운 세계 지배전략의 기초들 중에 하나로서, 이는 무엇보다 전 세계에 걸친 예방적 군사 개입을 할 수 있는 독점적 권리라는 이념에 의해 실현된다. 특히 국제연합과 같은 국제 동맹에의 참여는 미국이 행동할 수 있는 자유를 제한하는 것을 초래할 수 있기 때문에 거부된다. 군사력에 의하여 세계적인 제국은 세계적인 지배권을 주장하고 그 활동에 있어 세계적인 자유를 유지하고 싶어 하기 때문이다.

2. 지구제국에 대한 신학적 선언

제국 앞에서의 신학

우리는 먼저 제국에 대한 특별한 신학적 접근을 제공하고, 둘째 전 지구적 제국의 시대에 제기되어야 할 핵심적 신학적 진술과 반론을 제안한다.

신학적 접근

우리의 신학적 접근은 제국들과 문화의 역사적 교차로 위에 살았던 갈릴리 예수와 함께 시작한다. 그는 제국의 활동 속에서 모든 형태의 지배에 대한 비판으로서 생명의 복음을 증언했고, 제국에 맞서서 새로운 공동체를 세우기 위한 힘을 역사 속에 남겼다. 여기서 갈릴리 예수의 중요한 신학적 입장은,

(1) 제국에 맞선 구약 성서의 증언

(2) 갈릴리 예수에 대한 신약 성서의 증언

(3) 예수의 십자가 수난

(4) 부활

(5) 새 하늘과 새 땅을 다루는 다섯 진술로 정리할 수 있다.

(1) 제국에 맞선 구약 성서의 증언

예언자 이사야는 모든 인류와 창조물을 새롭게 하는 평화를 모든 나라에 요구하면서, 제국의 지배에 맞서서 일관되게 끈질긴 저항의 입장을 지켰다. 이러한 끈질긴 저항의 노선은 이집트 제국으로부터 해방된 기억과 왕정체제에 대한 반대, 제국과 군국주의에 대한 예언자적 비판 그리고 노예제도를 기반으로 하는 경제체제를 반대하는 안식일과 희년의 선포를 포함한다.

(2) 갈릴리 예수에 대한 신약 성서의 증언

갈릴리 예수는 그의 시대에 제국주의 지배의 상징인 로마에 의한 평화(Pax Romana)에 반대하면서 하나님 나라의 복음을 선포했다. 제국의 지배에 맞서서 그는 제국에 의해 상처 입은 영혼과 몸을 치유하고, 땅 위의 평화를 선포하고, 모든 창조물들의 회복을 기대하면서 새로운 생명을 일으켰다. 예수를 따른다는 것은 많은 것을 의미한다. 그러나 이것은 적어도 제국에 저항하고 제국의 한복판에서 새로운 생명의 공동체를 창조하는 것을 확실히 의미한다.

(3) 예수의 십자가 수난

로마에 의한 평화 아래서 예수의 삶과 선교는 그의 십자가 처형을 초래했다. 그리고 그의 수난은 제국의 정치와 문화에 저항하는 사람들에게 욕설과 조롱, 학대와 고문과 함께 이루어지는 처형이 얼마나 자주 이루어졌는가를 증언한다. 예수를 죽이기로 한 제국의 결정은 제국에 대한 투쟁이 생사의 문제이며, 예수가 선포한 생명의 복음이 죽음을 초래하는 제국의 지배 방식과 근본적인 갈등 속에 있음을 드러내고 있다.

(4) 부활

제국에게는 궁극적인 약속이 없었다. 예수의 생명의 육화, 제국 지배 하의 사랑과 정의, 죽음을 초래하는 제국의 권력을 극복하는 하나님에 의한 그의 부활은 생명의 새로운 공동체들에게 능력과 권위를 주었다. 성령의 공동체로서 예수 그리스도의 몸인 이 공동체는 제국의 지배 한복판에서 생존하고 저항하며 번창하고 있는 공동체들과 운동단체들을 통해서 우리들에게 부활하고 존재한다.

(5) 새 하늘과 새 땅

요한 계시록을 읽으면서, 제국의 희생자들의 시각을 통해, 우리는 모든 역사상의 제국에 대한 심판과 새 하늘과 새 땅에 대한 약속으로서 '바빌론의 멸망'을 이해한다. 역사 속에서 부활한 예수의 능력으로 힘을 얻은 우리는 종교 간의 연대 속에서 생명을 위해 일한다.

- 전 세계 다양한 신앙공동체에서 생겨나고 있는 제국에 대한 투쟁과 함께
- 카스트제도, 다른 사회적 착취 구조 그리고 계급 간의 동맹을 깨트리기 위해 발생한 운동들과 함께
- 전쟁을 일으키고 세계 평화를 파괴하는 미 제국의 지배를 끝내기 위한 미국 내 그리고 전 세계에 걸친 연합체들과 함께
- 지구에 대한 존중을 회복시키기 위한 토착민들의 비전과 함께
- 남성과 여성이 평등한 공동체를 세우기 위해 제국의 가부장적 지배를 무너뜨리려는 사람들과 함께
- 모든 대륙에서 인종차별주의에 대항하는 사람들과 함께
- 소비를 유혹하는 것으로부터 모든 사람들을 해방시키는 새로운 각성과 함께
- 새 가면을 쓰고 등장한 전 지구적인 제국의 출현에 도전하는 새로운 정치 · 경제체제를 실험하는 모든 사람들의 꿈과 노력과 함께

신학적 긍정과 부정

전 지구에 걸쳐 미 제국이 야기한 오늘의 위기 앞에서 우리는 복음의 선포에 대한 새로운 이해에 도달한다. 로마의 지배에 대결했던 갈릴리 예수의 영혼 속에서 우리는 오늘 압도하는 미국 지배의 현실에 맞서는 우리의 목소리를 높이는 것이 필요하다는 것을 깨닫는다.

(1) 절대 권력에 대한 고찰

오늘날 신으로부터 권리를 부여받았다는 생각 속에서 미 제국은 절대적 권리를 주장한다. 그렇게 할 때, 그것은 갈릴리 예수에게서 드러났던 생명의 복음에 반하는 힘이 된다.

미국의 국가 안보 전략 속에서 나타나는 무제한적인 통치권, 아무런 제재 없이 자행되는 국제법의 위반 그리고 고삐 풀린 일방주의에 대한 미국의 주장들에 대해 우리는 반대한다.

(2) 부여된 메시아 의식에 대한 고찰

악으로부터 세계를 해방시키고 구원해야 한다는 성스러운 사명감인 메시아 의식 속에서 미 제국은 부활한 그리스도 속에 있는 하나님의 구원 사역을 침탈하고 있다.

그러므로 그리스도의 이름으로 정치적 지배의 구축을 추구하며, 전 세계적으로 새로운 천년왕국으로서 미 제국의 지배체제를 지원하고 묵인하는 미국 전역과 워싱턴의 많은 지도자들이 지닌 신정주의적·메시아주의적 목표들에 반대한다.

(3) 전쟁에 대한 제국주의 정당화에 대한 고찰

미국에 의한 지배체제에 정의와 선함이 있다고 전제하면서 미 제국은 파괴하고 살해할 수 있는 권리를 주장한다. 모든 사람들을 위한 정의로운 자유의 시여자(施興者)로서 제국의 지위 안에 신과 같은 자만이 있다. 우리는 제국 지배의 상황 속에서 교회와 국가, 전쟁과 평화의 주제를 신학적으로 연구하는 긴급한 임무를 계속해서 수행해 나갈 것을 약속한다.

우리는 제국이 제국의 전쟁과 착취하고 억압하는 계획을 정당화하기 위해서 성서 속의 신학적 언어들을 사용하는 것에 반대한다. 우리는 일부 기독교인들 사이에서 '타자들'에 대한 제국주의적 폭력과 파괴를 정당화하기 위해서 다니엘서와 요한 계시록을 악용하는 일종의 종말론적 메시아니즘에 반대한다.

오늘날 전 지구적 제국 한복판에서 교회의 증언에 좀 더 구체적인 지침을 줄 수 있는 이 신학의 핵심적 주제와 특징들을 에큐메니컬 전략과 실천의 새로운 비전 속에서 선택할 수 있다.

한국 교회 건축의
제국성

이 정 구 | 성공회대학교 신학과, 종교예술

들어가는 글

한국의 기독교는 초기 전래 이후 박해받는 시기를 거치는 동안 예배처소로 한국의 전통 민가를 사용했다. 가톨릭의 명동성당, 성공회의 서울 주교좌 성당, 감리교의 정동교회와 같은 국내 교단의 오래되고 대표적인 교회들은 서양의 선교사들이 스스로 건축의 주체가 되어 서양식으로 이 땅에 이식한 경우이다. 한국 교회건축 토착화의 시작은 1920년대 서울 장안에 서양식 건축물이 한창 축조되던 때와 같은 시기에 세워진 한양절충양식의 교회건축물이라고 할 수 있다. 그 후 이러한 양식이 사라지고 네오고딕을 근간으로 한 양식이 교회건축으로 정착된 이후 서울 근교 신도시를 중심으로 유사 네오고딕으로 대형 교회건축물들이 축조되기 시작했다. 이러한 건축물은 교단에 관계없이 몇 가지 공통점이 있다. 양식적인 측면에서 이 건축물들은 모두 네오고딕을 근간으로 한 유사고딕이지만 각각의 교회들은 서로 차별성을 두고 축조하고 있다. 그 차별성은 대체로 'F-15 전투기, 아폴로 우주선, 유치원, 디즈니랜드, 러브호텔이나 웨딩 홀'과 같은 특이한 혼성 모방적인 키치적 모양을 취하고 있다는 점이다. 외형과 입지는 친환경적이지 못하고 지역사회와 유기적 관계가 희박하며 주변 환경과도 조화롭지 못하다. 미래의 교회는 사회의 변화와 요구에 따라 다양해질 필요가 있는데 임대 교회를 교회건축의 한 장르로 정착시키는 것도 중요하다. 건축보다 중요한 것은 지역사회를 섬기는 교회의 근본 개념과 예전 및 선교 신학을 재정립하는 일이다. 특히 서양 선교사로부터 이식된 근본주의 신학적 성향과 정복 지향적인 선교 신학을 극복하지 못하는 한 혼성모방적인 서구식 키치 건축물들은 지속적으로 축조될 것이다.

이러한 관점에서 국내의 대도시를 중심으로 한 현대식 대형 건축물들이 축조되는 과정을 살펴볼 때 유사고딕으로 축조하는 여러 원인 중에는 건축기술이나 재료와 같은 건축기술공학적인 원인은 거의 없다고 할 수 있다. 유사고딕으로 축조하는 가장 큰 원인은 교회 건축양식에 대한 고정된 관념과 건축 경비라고 할 수 있다. 한국 그리스도교의 초기 수용 과정과 초기 한국 교회 건축의 형태를 살펴보면 토착화의 일환으로 자연스럽게 한양절충양식들이 나타나지만, 주된 양식은 한국 교회 건축양식의 주류였던 네오고딕을 근간으로 하여 변형시킨 유사고딕이 오늘날까지 한국 교회 건축의 형태로 자리를 잡았다는 점이다.

이 글의 주된 목적은 전 세계 기독교계에서 주목할 만큼 이기적이며 편협하고 왜곡된 제국주의적 선교를 수행하면서 교회의 규모로 목회자의 권위를 가늠하는 보수적 성향의 몇몇 중대형 교회들이 신도시

지역에 지점과 같은 지부 교회를 건축할 최소한의 여건만 갖추게 되면 경쟁적으로 유사고딕 양태의 대형 교회 건물을 축조하는 특이하고 기형적인 현상을 비판하는 데 있다. 이렇게 세워진 교회 건물들은 다른 신축 교회 건물의 외형 만들기에 지대한 영향을 주고 있다는 것이다.

서양의 선교사들이 무슨 이유로 네오고딕 형태를 한국에 이식하려고 했던 것인지, 그 신학(사상)적인 당위성이 있었다면 그것이 무엇인지를 살펴볼 필요가 있다. 한편 한국인들은 어떤 이유로 그러한 서양 건축양식을 그대로 수용했는지, 그것에 대한 비판적인 시각은 있었던 것인지, 그것을 수용하게 된 신앙 양태의 특성이 무엇인지와 함께 그 신앙 양태의 특성이 오늘날까지 지속 발전하게 된 원인도 동시에 밝혀야만 유사고딕이 한국에 자리하게 된 제 원인을 총체적으로 밝힐 수 있을 것이다. 교회건축의 형태는 역사적으로 교단과 교파의 교리(신학)와 밀접한 영향이 있다. 연구 목적에서 제시한 서양선교사들이 고딕양식을 이 땅에 이식했던 이유와 국내에 유사고딕이 유행하게 된 여러 가지 동인에 관한 사항은 이 글에서는 기술하지는 않겠다. 이 글은 교회건축사적인 측면에서 국내 교회 건축양식의 변천과정과 유사고딕양식에 관한 양식적인 비판이다. 연구범주는 네오 고딕양식의 초기 건축물이며 가장 대표적인 건축물이라고 할 수 있는 가톨릭 명동성당과 비잔틴-로마네스크풍의 성공회 서울 주교좌 성당의 축조과정을 살펴봄으로써 초기 한국 교회 건축양식에 미친 서양 선교사들의 힘과 선교 신학적 저의를 파악하려고 한다. 명동성당과 성공회 주교좌 성당에 관한 것은 각각 작은 소논문으로 별첨으로 첨부한다. 이것은 외국선교사가 건축의 주체가 되어 한국에 서양 건축양식을 그대로 이식한 것을 비판한 내용이다. 한편 교단에 관계없이 최근에 네오고딕을 기초로 하여 축조된 국내의 변형된 유사네오고딕 풍의 대표적인 대형 교회건축물 몇 개를 임의 선정하여 그 건축물들이 갖고 있는 공통적 양식의 특징을 찾아 비판하려고 한다. 건축사 맥락에서 1900년대 초기 한양절충양식이나 일제 강점기의 교회 건축물들, 그리고 해방 이후 급격히 양적으로 팽창함으로써 짧은 기간에 무수히 축조된 교회 건축물들의 양식 변천과정에 관한 구체적인 것은 이 글에서 다루지는 않지만 대체로 개신교회 건축물들이 이 경우에 해당한다. 단순하게 과거와 현재, 두 점을 연구의 주된 범위로 삼고 콘셉트(concept) 교회로써 미래교회의 이미지를 간단하게 제시해 본다.

고딕의 기원

건축에서 특정한 건축양식의 시종(始終) 기간을 정하는 것은 학자마다 다르다. 시대가 변하여 다른 건축양식이 새롭게 태동되어도 어떤 건축물은 여전히 종전대로 축조되기 일쑤다. 중세 유럽 교회건축의 진수라고 불리는 고딕(Gothic)양식의 시작은 프랑스 파리 근교에 있는 생 드니(St. Denis) 수도원의 원장이었던 쉬제(Abbot Suger)가 수도원 성가대 부분(1140~1144)을 개축했던 그 시점으로 삼는다. 미완성인 채 남아 있었던 피렌체 두오모(Duomo) 성당의 돔을 블루넬리스키(Brunelleschi, 1377~1446)가 설계하여 완성했던 시기(1420~1436)를 르네상스의 시작으로 본다면 대체로 1140년부터 1420년까지를 중세 고딕양식의 시대라고 볼 수 있다. 사상사적인 측면에서는 스콜라주의 학자 로스켈리우스로부터 시작(1090년 경)된 실재론 주장자들과 유명론 주장자들 사이의 논쟁이 아벨라르(Abelard, 1079~1142)를 거치면서 보편주의(Catholicism)가 막을 내리고 개별성을 중시했던 르네상스를 맞이하기 직전의 시점까지로 볼 수 있다. 사상과 예술에서의 르네상스의 시점은 루터의 종교개혁 시작, 혹은 에라스무스나 셰익스피어, 미켈란젤로와 같은 인물이 활동했던 시점으로 삼는 학자들도 있으나 연대기적으로는 크게 다르지 않다.

유사고딕

여기에서 유사고딕(類似 Gothic)이란 용어는 필자가 창안하고 정의한 것으로 중세 유럽의 고딕양식을 복고하려고 노력했던 네오고딕(Neo-Gothic, Gothic Revival)양식을 기초로 하여 고딕의 형태를 부분적으로 변형시킨 다양한 형태의 고딕풍의 건축물을 지칭한다. 유사고딕양식이란 일정한 양식을 갖추고 있지 않기 때문에 실제로 양식이란 이름을 붙이기에는 미흡하다. 네오고딕은 중세 유럽 고딕양식을 원형으로 삼지만 유사고딕은 고딕의 복고양식인 네오고딕이 지니고 있는 일정한 여러 형태들 중에서 한두 가지 특징적인 것만 외형적으로 혼합하여 축조하는 건축물을 지칭한다. 즉 유사고딕은 원래 고딕보다는 오히려 후대의 네오고딕양식을 기초로 하여 변형시키는 경우가 대부분이다. 일반 시멘트 건물 교회 벽체 창문은 고딕식 첨두형으로 만들고 첨탑을 높이 세우는 경우를 말한다. 이러한 유사고딕 형태는 세계 그 어느 나라보다도 한국 교회건축에서 많이 나타나고 있는 현상이다.

과거: 한국 교회건축 약사

1922년 한국 성공회 제 3대 주교였던 영국인 마크 트롤로프(Mark N. Trollope, 주교로 재직 1911~1930)는 서울 덕수궁 내 경학당 자리를 성공회 성당의 입지로 정하기 전인 1914년에 이 입지를 가리켜 "사방 어느 곳에서도 잘 보이는 서울 시내 한 복판에 위치한 곳"[1]이라고 적고 있다. 특히 정동 지역은 주로 서양 선교사들과 외교사절들이 정부로부터 일신의 보호를 받으며 기거했던 특수구역이었다. 1882년 한·미 수호조약 체결 후 1884년 초대 주한공사 푸트(L. H. Foote)가 정동에 있던 민계호의 저택을 구입하여 공사관으로 사용하고 영국공사관과 러시아 공사관이 덕수궁 주변에 자리 잡으면서 정동이 점차 외교 중심지가 된 지역이다. 장로교 선교사였던 언더우드 목사와 알렌, 감리교의 스크랜턴과 아펜젤러, 성공회와 구세군의 선교본부도 정동에 정착했다.

서양선교사들은 정부로부터 신변을 보호받을 수 있는 정동에 거주하면서 이곳을 한국 속에 서양의 기독교 왕국으로 만들어갔다. 이때부터 한국에 서양식 건축물들이 본격적으로 축조되기 시작했다. 대표적인 교파 건축물로서 가톨릭에서는 명동성당(1892), 개신교에서는 장로교 새문안교회(1895)와 정동 제일 감리교회(1897), 성공회 서울 대성당(주교좌 성당 1926)이 한국 교회건축양식에 미친 영향은 지대했다. 이 건축물들은 1890년대부터 1920년대 사이에 국내에 건축된 대표적인 최초의 서양식 교회 건축물들이다. 가톨릭 명동성당은 남산 기슭 '명례방'에 있는 순교자 '김범우'의 집터에 세운 것이라고는 하지만 한국의 풍수설에 역행하여 산을 깎아 건축한 교회이다.

1950년에는 장로교 통합 측의 대표적인 교회라고 할 수 있는 영락교회가 네오고딕양식으로 건축되었으며, 또 합동 측의 충현교회는 1980년에 현재의 교회건물을 건축하기 시작하여 8년 만에 완성했다. 영

---

1) *宗古聖敎會月報*, 63, 1914년 3월호.

◀정동감리교회

◀영락장로교회(통합)
▲충현장로교회(합동)

◀영락장로교회 내부

락교회의 건축양식은 그 후에 한국의 개신교 건축양식에 지대한 영향을 주었는데, 1950년대부터 1970년대까지 약 20년 동안 건축된 교회의 상당수가 네오고딕 풍으로 건축된 것을 볼 수 있다.[2]

1960년대는 한국 신학의 토착화와 세속화 논쟁이 활발하던 시기였음에도 불구하고 60년대에 축조된 교회 건축물들도 대부분 서구의 네오고딕 풍으로 건축되었다는 것은 한국 신학계의 논쟁이 일선 교회 목회자나 신자들에게 영향을 미치지 못하고 신학교 안에서만 일어났던 신학적 이슈였다고 할 수 있다. 1970년대 후반은 네오고딕과 이 양식을 현대적으로 변형한 또 다른 유사 네오고딕, 그리고 현대적 건축물이 동시에 축조되는 실험적이며 현대건축을 향한 교회건축 양식의 과도기였다고 할 수 있다. 교단 및 교파별로 선호하는 정해진 특별한 양식이 있는 것은 아니지만 대체로 장로교회들은 영락교회의 영향을 받아 네오고딕 풍의 건축물을 선호했다.

1980년대 후반부터 가톨릭교회와 몇몇 개신 교회가 현대 미학적 표현주의 건축양식을 취하면서부터 다양한 양식이 출현하고 있음에도 불구하고 뾰족탑 양식으로 각인되어 있는 교회 이미지는 쉽게 변화되지 않고 있다. 여전히 오늘 한국의 교회건축양식의 주류는 유럽이나 미국의 식민지 경험이 없음에도 불구하고 국적이 불명한 혼성모방적인 유사네오고딕 풍의 서구양식이다.

---

2) 새문안교회(1957), 동신교회(1958), 첨탑은 세우지 않았지만 종교교회(1959), 서교동교회(1965), 남대문교회(1969)를 들 수 있다. 이러한 양식의 건물은 1970년대에도 계속 축조되는데 경복교회(1971), 한일교회(1976), 연동교회(1976) 상동교회(1976) 등이 현대미학을 수용한 변형된 네오고딕 풍으로 축조되었다. 동시에 70년대는 제암리교회(1970), 위생병원 안식일교회(1971), 여의도 순복음교회(1972)와 연세대 채플(1972), 새순교회(1975), 산성교회(1978) 등이 현대적인 자유로운 양식으로 축조된 건축물이다.

현재: 신도시 지역[3]

1990~2000년대에 서울 근교에 대단지 신도시가 형성되기 시작했다. 서울의 중산층 다가구가 신도시로 이주함에 따라 서울 시내의 몇 대형 교회들은 교회자체를 신도시로 옮기기도 했다. 그러나 대부분의 대형 교회들은 기업이 분점을 차리듯이 지교회(支敎會)를 신도시 안에 서로 경쟁하듯 신축했다. 특히 신도시들 중에서도 분당과 수지 지역에 위치한 몇몇 대형 교회 건물들(68쪽 사진 참조)은 입지와 건축양식의 측면에서 몇 가지 공통적인 특성을 지니고 있는데 다음과 같이 정리할 수 있다.

첫째, 입지 선정과 건축 과정 중에 심각한 환경파괴를 초래하는 문제다. 최근 축조된 대부분의 대형교회들은 외형이나 건축재료, 규모면에서 입지의 주변 환경과의 조화를 고려하지 않은 채 축조한 경우가 많다. 이것은 교회들이 신도시가 형성된다는 정보를 갖고 투기적 심리로 땅을 선점한 경우와 신도시가 형성되는 과정 중에 지가(地價)가 급등하기 전에 종교부지용도로 매입한 경우이다. 이렇게 매입한 땅은 대부분 거주지보다 지가가 낮은 논과 산, 밭으로 거주지와는 일정거리에 위치해 있다.[4] 경우에 따라 교회입지가 논 한 가운데, 혹은 산등성이에 위치했다는 것만으로 자신들의 교회를 '친환경적'인 것으로 인식하

---

3) 이 부분은 필자의 "한국개신교회의 건축문화와 그 정체성: 분당 신도시 근교의 교회건축 이미지를 중심으로", 《신학사상》(서울, 한국신학연구소), 제122호. 2003 가을호에 실렸던 부분을 시간이 흐름에 따라 전면 재수정 보완했다.

4) 은혜와 진리 교회가 축조될 당시 교회 입지는 산자락이었지만 지금은 대로변에 상가지역으로 탈바꿈했고 수원의 한 교회는 아직도 논 한가운데 있다. 과천 가톨릭 성당은 피렌체의 한 건물을 옮겨 놓은 듯 하며, 분당 가톨릭 성당은 디즈니랜드와 같은 이미지로 전망을 가로막고 있다. 산본 가톨릭 성당과 산본 감리교회 사이에 교회가 있는데, 각기 다른 세 교파의 교회들은 거주지와 먼 대로변에 위치해서 서로 규모와 양식을 경쟁이나 하듯이 서 있다.

는 경우도 있다. 그 지역이 정주지로서 갖추어야 할 설비가 구축되기 전에 축조된 대형교회에서 배출하는 오수는 완전 처리되지 못한 채 불완전한 하수구로 흘러 그 지역의 환경오염의 주범이 되지만 이것에 관한 교인들의 환경도덕 인식은 부족하다.

둘째, 교회론에 관한 문제이다, 신도시에 건립한 몇몇 대형 교회들은 거주 지역에서 상당한 거리에 위치하고 있기 때문에 그 지역사회 및 주민들과 유기적인 관계를 맺기가 어렵다는 점이다. 지금은 거주지역과 상업지역이 확장되어 건립당시보다는 주민들의 동선이 좁혀졌음에도 불구하고 여전히 거주지역과 먼 거리에 위치해 있어서 자동차 없이는 교회출석이 어려운 상황이다. 신도시 초기 입주민들은 주변의 논 한가운데와 산등성이에 위치한 이러한 대형교회를 특정 신앙인들의 이기적인 집단공동체라는 부정적인 인식이 강했다. 거주지역과 상업지역이 확장되면서 주민들의 이러한 인식이 무관심으로 묻혀 있다가 최근 분당 샘물교회의 아프가니스탄 사건 이후 다시 심화되었다. 이것은 '지역 공동체'를 기반으로 하는 전통적이며 변할 수 없는 교회론의 보편적 본질에 반하여 지역성보다는 팽창주의에 본질을 둔 교회론을 근간으로 축조되었다는 점이다. 교회가 대형화됨으로써 불가불 발생할 수밖에 없는 교인들이 부담해야 할 건축헌금까지 생각한다면 '가난한 자'를 섬겨야 할 교회 이미지는 변질될 수밖에 없으며, 이것은 곧 기독교의 정체성에 대한 위기로 이어질 수밖에 없는 것이다.

셋째, 건축과 공간의 토착화 문제이다. 교회건물의 외형부터 예배를 위한 내부 공간에 이르기까지 한국 교회는 한국의 전통문화와의 그 어떤 접목도 없이 축조되고 있다는 점이다. 이 문제는 비단 신도시 지역의 대형 교회뿐만 아니라 최근 신축되는 대부분의 국내 교회건축들

은혜와진리교회, 수원의 장로교회, , 과천
가톨릭 성당, 분당 가톨릭 성당, 산본 가톨
릭 성당, 산본 감리교회(왼쪽 위부터 시계
방향으로)

▲ 신림동 웨딩홀. 혼성모방으로 교회와 러브호텔, 웨딩 홀 등이 닮아 가고 있다.

의 양태도 예외는 아니다. 문제는 한국인의 최소한의 정서조차도 무시된 채 축조되고 공간을 장식한다는 점이다. 한국인이 이러한 공간 체험에서 형성되는 이질적인 종교적 정서는 또 다른 키치적인 양식과 공간을 계속 생산해낼 수밖에 없다.

넷째, 건축의 혼성모방적인 키치적 특성을 들 수 있다. 키치 자체는 예술의 한 장르로써 그 가치가 인정되고 있지만 이것이 혼성모방으로 조화롭지 못하게 삽입될 때 값싼 예술, 싸구려 건축이 된다. 몇몇 신도시 대형 교회의 외형적인 양태는 최근 국내에서 유행하고 있는 디즈니랜드 형태와 유사한 유치원, 러브호텔, 웨딩 홀의 외형들과 공통적인 유사고딕의 특징을 공유하고 있다는 점이다. 중세기 유럽의 고딕은 양식과 공간, 구조에 이르기까지 예전집전이라는 기능 수행에 가장 적절한 양식으로써 당대의 신학적 보편성(Catholicism)을 담아내는 당위성을 확보했었다. 변질된 고딕 풍의 혼성모방적인 키치양식이 유행하고 있다고 할지라도 그것이 오늘날 한국 교회의 보편성을 표현하고 있는 것은 아니다. 보편성은 지역마다 그들만의 전통성에 기초하는 것이다. 세계화 물결 속에서 한국의 정신을 표현할 언어를 개발하는 문제는 비단 교회건축 문제만이 아니라 모든 디자인 분야에서 풀어내야 할 당면한 과제이다.

미래

공간을 기능별로 나눈다면 영적 공간(종교 건물), 지적 공간(교육 건물), 문화 공간(예술·체육 건물)으로 구분할 수 있다. 과거의 교회는 신자들이 모여서 기도하고 하나님께 찬양하며 친교를 나누는 종교적인 예배와 영적 기능만을 수행했던 곳이 아니다. 오늘의 박물관이나 미술관, 음악당과 같은 역할을 동시에 하고 있었다. 교회는 시각 작품으로서 제단화와 성인 조각 물, 그리고 그들의 유품들이 안치되어 있는 상설 전시관이었으며, 스테인드글라스(색 유리창)의 조명은 그 전시장의 신비감을 더해 주기도 했다. 한편 교회 성가대, 혹은 소년 합창단의 그레고리안 찬트와 오르간이스트의 파이프 오르간 연주도 감상할 수 있는 곳이었다. 교회는 당대의 영적, 지적, 문화적 기능이 한 공간에서 동시에 일어나는 집이었다고 할 수 있다. 루브르 궁전의 축조와 함께 1793년 개관한 루브르 미술관이 교회의 과거 기능을 대신하기 시작했던 것처럼, 오늘날에는 학교, 박물관, 미술관, 음악당이 각각 독립적으로 여가문화를 창출하며 동시에 시민의 커뮤니케이션의 장소로서 새롭게 자리를 잡아 가고 있다.

오늘의 교회가 과거의 문화 종합 공간으로서의 기능을 잃은 이후 몇몇 지역 교회들은 지역사회의 열린 문화공간으로서의 기능을 회복하고자 다양한 프로그램을 제시하고 있으나 이미 분업화된 현대 사회에서 교회의 이러한 노력이 얼마나 효과가 있을지는 미지수다. 그럼에도 불구하고 주 5일 근무제에 따른 여가 문화를 교회에서 수용하려는 순 기능적인 노력은 지속되어야 한다. 대형 교회 지향만이 능사가 아니라 오히려 상업 공간 안의 임대 교회를 교회건축의 한 장르로써 정착시켜 가는 것이 바람직하다.

좁은 국토에 천문학적인 건축비를 들여가며 건축하기에 앞서 상업 건물을 잘 활용하면 큰 경비를 들이지 않고도 교회 기능을 수행하기 위한 적절한 공간 분절을 할 수 있으며 상황에 따라 유동성 있는 공간을 창출해 낼 수 있는 이점이 있다. 미래의 콘셉트 교회란 단지 외형적인 양식의 문제가 아니라 친환경적 재료, 주변과의 조화, 지역과의 유기적 관계, 최소의 경비, 한국의 언어로 축조하여 최대의 기능적 효과를 창출할 수 있는 교회에 다름 아니다.

대안적 맺는 말

시기적으로 건축술의 문제가 있었겠지만 한국의 기독교는 전래 이후 박해시기를 거치는 동안 예배처소로서 한국의 전통 민가를 사용했다. 가톨릭의 명동성당, 성공회의 서울 주교좌 성당, 감리교의 정동교회에서 살펴본 것처럼 서양의 선교사들은 스스로 건축의 주체자가 되어 서양의 제국적 건축물을 이 땅에 이식했다. 일제 강점이 한창이던 1920

년대 서울 장안에 서양식 건축물이 한창 축조되던 때에 세워진 한양절
충양식의 교회건축물이야말로 한국 교회건축 토착화의 시작이었다고
할 수 있다.

그 후 이러한 양식이 사라지고 네오고딕을 근간으로 하는 교회건축
물이 축조되어 상당 기간 이러한 양식을 유지하다가 최근에는 이것을
모방한 조악한 유사고딕 형태의 키치적인 제국의 위압감과 지배를 상
징으로 하는 교회건축물들이 전국에 유행처럼 축조되기 시작했다. 최
근 서울 근교 신도시를 중심으로 축조된 대형 교회 건축물을 보면 가톨
릭, 개신교회를 막론하고 몇 가지 공통점이 있다. 양식적인 측면에서
이 건축물들은 모두 네오고딕을 근간으로 한 유사고딕이지만 각각의
교회들은 양식 면에서 차별성을 두고 축조하고 있다. 이런 혼성모방적
인 양식들은 신학적이며 영적 성찰에서 구축된 것이 아니라 대중들이
선호하고 있는 키치(kitsch)적인 정서를 활용한 건물이라고 할 수 있
다. 목회 성공을 가늠하는 척도를 교인 수와 교회건물의 규모가 교회
권력을 드러내는 풍토에서 이러한 대형 교회들은 전국 목회자와 교회
에 미치는 영향이 지대하다는 점에 유의하고 건축적 도덕성을 인식하
여야 한다. 각 교단에 적절한 건축양식과 예전적인 공간을 구성하는
대안은 단순하지 않다. 우선 목회자와 신학자를 포함한 교회 구성원들
의 건축과 예배의 관련성에 관한 인식이 필요하다. 이것은 이와 관련된
교육을 통해서 가능할 것이다.

첫째, 교단이 지향하는 신학과 그것을 담아내는 예전과 예전을 표
현하는 건축은 유기적인 것이다. 건축가 설리번은 "형태는 기능을 따
른다"라고 했다.

둘째는 기성 교회들이 제국적 지배 이미지와 성공과 출세와 독점적

인 교회권력을 보여 주는 대형화 지향에 대한 반성이 있어야 한다. 교회가 지역사회와의 유기적인 관계성 없이 환경을 파괴하면서 축조하는 행위에 따르는 사회적 비난과 교회에 관한 부정적인 이미지는 차치하더라도 이러한 행위 자체가 적 그리스도적이며 비 신학적이고 환경 파괴적 행위임을 인식해야 한다. 모든 교회는 신앙공동체라는 이름 아래 이기적인 신앙 집단으로 전락하는 것에 대한 긴장을 늦추어서는 안 된다.

셋째, 신학교의 교육의 내용과 교과과정 문제이다. 서양 선교사로부터 이식된 근본주의 신학적 성향과 정복 지향적인 제국의 선교신학을 극복하지 못하는 한 혼성모방적인 서구식 키치 건축물들은 지속적으로 축조될 것이라는 점이다. 여기에는 건축가의 자질문제도 있다. 신학이나 예전에 무지한 채 자신의 차별성을 드러내고자 하는 건축가의 표현 욕망과 건축주(建築主)의 키치적인 성향이 결합하는 순간 키치적인 천박함이 제국과 교회 권력의 이미지를 더욱 강하게 창출해낼 것이다.

넷째, 이렇게 천박한 건축양식들에 관해 많은 교인과 시민들이 호감을 갖고 애용하고 있다는 점이다. 이것은 서구 제국에 대한 사대주의 심성에 근간하여 끝없이 특이한 것을 찾아 방황하는 자아의 사회적 불안정성과, 어린 시절의 바람직하지 못한 예능교육 등의 문제가 이제 드러나고 있는 것이라고 할 수 있다. 한국 교회건축은 잠시 한양절충양식이라는 토착화 초기 과정을 거쳤지만 오래 지속되지 못하고 서구의 제국적 건축양식에 밀려 더 이상 양식과 공간 장식 모든 면에서 토착화의 진전을 이루지 못했다. 세계화 속에서 지역성의 정체성을 드러낼 수 있는 문화코드를 창출하기란 쉽지 않지만 그렇다고 덮어둬서는 안 될 과제라 하겠다.

<h1 style="text-align:center">사례 연구</h1>

1. 성공회 서울 교구 주교좌 성당

영국 국교(國敎)인 성공회(The Anglican Church)의 영국인 선교사들은 1892년 본래 덕수궁 터의 한 부분이었던 정동 3번지에 터를 구입하여 선교를 시작하다가, 이곳에 대성당을 건축하기로 계획을 세우고 1917년에 설계하여 1922년 9월 24일에 공사를 시작했다. 그러나 자금 사정으로 인하여 1926년 5월 2일 건축을 일단 마감하고 미완성인 채로 70여 년간 사용했다. 1996년 5월 2일에 기존 건축 면적 532.52㎡ 에 625.97㎡를 증축한 총 1,158.49㎡(350평)규모로 완공했다. 그러나 교세가 커짐에 따라 부득이 작은 예배실과 식당 및 강당 등의 부속 시설을 마련하기 위해 지하 3층으로 건축하고 그곳을 여러 방으로 나누어 사용하고 있는 관계로 성당 내부는 원 도면과 꼭 일치하지는 않는다.

건축 목적과 양식

제2대 주교였던 터너(Arthur Beresford Turner, 주교재직 1905~1911)는 서울에 주교좌 성당을 건축하고자 했으나 실천하지 못하고 은퇴했는데, 그 뒤를 이은 제3대 주교 트롤로프는 1911년 12월 편지에서 대성당 건축 목적에 관하여 다음과 같이 기록하고 있다.

"나는 오래 전부터 우리의 중앙 성당을 서울에 건축할 수 있기를 간절히 바라고 있다(일부는 터너 주교에 대한 기념이 될 것임). 이렇게 되면 일본인, 한국인, 영국인 등 여러 다른 국민들로 구성된 우리의 신자들이 서울에서 서로 각기 흩어져 자기들의 작은 예배당을 지키지 않고 적어도 같은 건물 안에서 예배를 드릴 수 있게 될 것이다."[1]

---

1) Constance Trollope, *Mark Napier Trollope: Bishop in Korea 1911~1930*

▲▶ 성공회 서울 주교좌 성당과 내부 모습

(London: Society for Promoting Christian Knowledge, 1936), 63.

같은 건물 안에서 예배를 드린다는 것은 여러 민족이 한 건물을 사용하지만 민족에 따라 시차를 두어 각각 독립된 예배를 드릴 수 있도록 하겠다는 의미였다. 또 흩어져 있는 작은 교회들을 통폐합한다는 것은 그동안 민족마다의 특성에 따라 자신들의 교회 공간을 장식하고 예배하며 친교 하던 공간을 폐쇄시키겠다는 의미이다. 비록 감시탑을 둔 파놉티콘(panopticon)적 공간2)은 아닐지라도 영국인 주교(bishop)는 중앙 집권의 지배 공간으로서의 대성당 공간을 마련하여 민족에 따라 예배 시간과 공간을 적절히 분배하겠다는 의도였다.

건축할 성당의 규모에 있어서 트롤로프는 "이 성전을 화려 광대하게 건축하려는 것은 서울 교인을 위하여 하는 것이 아니요, 다만 서울 교회가 온 조선 성공회에 모범이 됨을 인함이로다"3)라고 말하고 있는데 모범이 될 교회라면 더욱 검박해야 함에도 불구하고 화려 광대하게 건축하고자 하는 것에는 이 건축물을 통해 교회의 모범이 되는 주교의 권위를 과시하고자 하는 숨은 의도가 있음을 추측할 수 있다. 건축양식 면에 있어서 트롤로프는 다음과 같이 말하고 있다.

"이 건축물은 다음 세대 교회건축가들에게 주는 교회건축 모델이 될 것이다. 그 나라의 오래된 전통 건축은 나름대로 권위를 갖고 있지만 가톨릭 예배를 진행하기에는 어려움이 많다. 최근 벽돌과 돌로 짓는 서양 건축물이 서울뿐만 아니라 곳곳에 세워져 사람들이 사용하고 있다. 이제 필요한 것은 기독교 초대 교회의 건축물처럼 권위가 있으면서 가장 단순하고 순수한 건축양식일 텐데……."4)

트롤로프는 한옥식 성당이 가톨릭 예배를 진행하기에 왜 적합하지 않은지에 대한 구체적인 설명은 하고 있지 않지만, 이것은 그가 1900년에 전통적인 한옥식으로 강화도 성당을 건축하고 그곳에서 가톨릭 예전을 진행해 본 경험에서 나온

---

2) 이상헌, "현대 건축의 담론과 공간의 정치학",『디자인 문화비평 02』(서울: 안그라픽스, 2000), 58.
3)「京城敎會會報」69호(1914. 7.), 朝鮮聖公會月報, 39.
4) Constance Trollope, 위의 책, 65.

말이라고 할 수 있다. 그리고 서울이 일제 강점 하에 일본식으로 급속히 변화하는 것을 보고 대성당이 모든 교회건축의 모델이 되기를 희망하면서 미와 예술의 기독교적 가치를 지닌 건축양식으로서, 그 양식을 로마네스크, 롬바르드 양식이나 노르만 양식으로 건축하기로 결심했다고 전하고 있다(Korean Leaflet Letter. 그리고 Morning Calm. 1921. 3. No. 62).

한국이 일제 강점 하에 있을지언정 최소한 대성당만은 서양식으로 건축하여 보편적(Catholic) 교회건축양식으로 세우겠다는 의도인데, 트롤로프에게 있어서 기독교적 가치를 지닌 보편적이란 의미는 서구 중세교회의 권위적 건축양식을 의미하는 것에 다름 아닌 것이며 이것은 곧 한국에서의 영국인 주교의 권위를 시각적으로 과시하고자 함에 다름 아닌 것이다. 대성당을 로마네스크 양식으로 설계했던 딕슨(Arthur Stansfield Dixon)은 1927년 한국에 방문하여 「조선과 건축」이라는 잡지와의 인터뷰에서 다음과 같이 말하고 있다.

"옛 건축은 그것이 건축된 시대에 진정한 생명이 있다. 그러나 지금은 사멸되어 가고 있다. 그럼에도 불구하고 모든 현대 건축은 옛 건축을 복사하여 보여주는 것 같다. …… 사회적 조건의 변화와 사회의 요구에 따라 새로운 건축은 무의식적으로 자리하게 된다. 건축가는 자신의 노력을 바탕으로 옛 것 중에 하나 혹은 두 개를 선택하여 참고하게 된다. 그런데 트롤로프 주교는 로마네스크 건축을 선택했다. 이 양식은 초기 기독교 시대부터 12세기 초엽까지 유럽에 널리 퍼져 있던 양식인데 특히 동방 오리엔탈 양식이 부가된 로마네스크와 비잔틴 건축과의 관계는 꼭 형제와 같은 것이다."5)

이와 같은 딕슨의 말은 비잔틴, 로마네스크 전문가였던 건축가 비올레 르 뒥(Viollet le Duc, 1814~79)이 "과거의 예술을 공부하는 데 있어서 우리는 아무 생각 없이 과거의 것을 채용한 형식과 전통의 반영이라는 형식을 구분해야 한다.

---

5) A. Dixon, "조선 성공회 건축에 관하여", 「朝鮮과 建築」(서울: 조선건축협회, 1972), 10~12.

형식이란 사회적 요구에 대한 즉각적인 표현이라고 할 수 있다."6)라고 한 것으로
부터 영향을 받은 것 같다.

딕슨이 말하고 있는 사회적 요구란 트롤로프 주교의 요구를 의미했으며, 주교
가 선택한 로마네스크는 중세 유럽의 양식으로서 한국 사회의 요구에 대한 표현이
아닌 영국 사회 혹은 영국인 주교와 수공예 운동가의 개인적인 한국에 대한 문명
화, 서구화에로의 요청이었다고 하겠다.

딕슨과 미술 공예 운동

옥스퍼드 운동의 계승자였던 트롤로프가 원했던 양식은 네오고딕 양식이다.
트롤로프는 특히 자신이 다녔던 랜싱 칼리지(Lancing College)의 채플과 흡사
한 모습의 성당을 원했는데, 그러나 돌로 건축한다는 것은 경비가 너무 많이 든다
는 것과 "낮고 긴 건물은 밖에서 볼 때 별로 바람직하지 못하다"7)는 딕슨의 조언에
따라 서양 초대교회의 순수함과 단순함을 동시에 표현하고 있다는 '바실리카
(Basilica)식 로마네스크' 양식으로 결정하게 된 것이다. 그리고 대성당은 건축
비용 일체를 모두 영국에서 후원을 받거나 모금을 하여 충당한 건물이다.

성공회 서울 대성당을 설계한 딕슨은 영국 버밍엄 지역의 대표적인 미술 공예
가였는데 그는 럭비와 옥스퍼드에서 건축학을 공부하고 고딕을 주창했던 러스킨
(John Ruskin)과 미술공예가 모리스(William Morris)의 영향을 받아 제2세대
로서 영국 버밍엄 지역에서 미술 공예 운동을 이끌던 대표적인 사람이다.8) 특히 딕
슨의 주된 전공은 건축보다는 촛대와 주전자를 제작하는 '은 공예(Silver-work)'
이었음에 주목할 필요가 있다.

딕슨은 윌리엄 레다비(William Richard Lethaby, 1857~1931)가 이끌었
던 '비잔틴 연구 모임(Byzantine Research Group)'에 참여하게 되었다. 그

---

6) Viollet le Luc, *Discourses. Vol. 1*, 451. David Watkin, 1977. *Morality and Archi-
tecture* (Chicago: The Univ. of Chicago Press), 27에서 재인용.

7) Constance Trollope, 위의 책, 65.

8) The Birmingham Guild of Handicraft: "Register of Members", Birmingham
Central Library.

후 딕슨은 버밍엄에 세 개 이상의 교회를 건축했는데 그 건축물들이 서울 대성당보다는 규모가 작지만 같은 로마네스크 양식에 꼭 서울 대성당을 건축하기 위해 준비했던 습작처럼 보인다. 그리고 딕슨은 그의 생애(1929 사망) 마지막 역작으로 서울 대성당(설계 1917, 일부 완공 1926, 완공 1997)을 건축했다.

맺는 글

옥스퍼드 운동 계승자였던 트롤로프 주교는 네오고딕 양식으로 건축하고 싶었지만 비잔틴-로마네스크 전문가이며 수공예 운동가였던 딕슨의 설득9)으로 로마네스크식으로 축조했다. 건축 경비뿐만 아니라 십자가와 성작 및 모든 성물들까지 영국으로부터 봉헌을 받아 딕슨의 검열을 통해 성당에 안치되었는데, 서울 대성당은 고(古) 교회에 적합한 영국의 미술 공예 제품이 수장되어 있는 한국의 유일한 곳이다. 특히 제단 모자이크와 지하성당(crypt)에 안치된 트롤로프의 동판 브라스(Brass), 십자가와 촛대, 종은 영국 미술 공예 운동가들에 의한 산물이다. 한국의 산업화, 서구화, 기독교화라는 소위 유럽인들이 주창하는 문명화의 일환으로 서울에 안치되었다.

미술 공예 건축물과 성물들을 통해 영국 선교사들은 한국에서 자신들의 권위를 시각적으로 과시했고 예배 공간마저 통제하고 지배한 셈이다. 이로 인해 한국 성공회는 토착화의 기회를 상당기간 놓치게 되었고 현재 새로 건축되는 교회 건축 양식, 성물, 예전에 이르기까지 영국의 옥스퍼드 운동과 미술 공예 운동의 그늘에서 벗어나지 못하고 있다. 미 대사관저가 있어 지금도 근접하기에 불편한 정동 3번지를 1920년대 한국의 민중이 이 특별한 지역을 지날 때 이 낯선 서양식 건축물들을 보고 한국의 문명화를 생각하지 않고 서구의 침략 물로 보았을 가능성도 배제할 수 없다.

---

9) "로마네스크 양식이 고딕보다는 덕수궁 터의 스카이라인에 어울리고, 경비가 적게 들며, 한국의 성공회 선교 초기를 상징하듯이 서양 초대교회의 순수하고 단순함을 담지한 이 양식이 적합하다."

2. 가톨릭 명동성당

프랑스 파리 외방선교부가 건축 주체가 되어 축조한 서울 가톨릭 명동성당(18
83~1898)교회를 건축하기 위해 교회 부지를 마련하는 과정에 관한 글이다. 명동
성당 부지 구입에 관한 글은 가톨릭 측에서 이미 발표한 바 있는데, 기존의 발간된
자료를 기본으로 하여 다시 살펴보는 것이다. 시기적으로 명동성당의 부지 구입을
통해 조선 말엽, 개화기 한·불조약 이후 프랑스가 조선에 미친 국력의 영향을 엿볼
수 있을 것이며 부지 구입의 주체였던 프랑스인 백 주교의 종교적 제국성도 엿 보
인다.

부지(터)의 실제 주인

명동성당의 터가 천주교와 인연이 있기 이전, 원래 이 자리는 1874년에 죽은
이조판서를 지냈던 윤정현의 집터였다. 황현(1855~1910)은 그의 『매천야록』에
서 명동성당의 유래에 관해 다음과 같이 말하고 있다.

> "남부의 종현은 명동과 저동 사이에 있는데 지대가 높고 조망이 좋은 곳이다.
> 윤정현의 집이 그 마루턱에 있었는데 10여 년 전 서양인이 이를 구입하여 철
> 거하고서 평지를 만들어 교회당을 세워 6년 만에 공사를 마쳤다……."[10]

고종은 윤정현이 생의 말년에 극심한 생활고에 시달리는 것을 보고 그의 아들
윤태경에게 땅을 특사했지만 아들도 그 큰 땅을 유지할 여력이 없어 땅을 팔아버
린 것으로 전해진다. 이 부지는 1883년부터 김가밀로의 이름으로 부분 매입되기
시작했으며 종현 서당으로 사용되었다. 1887년 성당과 기본 건물을 지을 만큼 큰
대지가 마련되자 백 주교는 고(Coste) 신부를 통해 종현의 산등을 깎아서 1890
년까지 집터로 만들게 했다.

---

10) 명동천주교회, 『명동천주교회 200년사』 제2집; 『명동성당건축사』, 명동천주교회 편
　　(서울: 한국교회사연구소, 1988), 22.

▶▲ 가톨릭 명동성당과 내부 모습

프랑스 외방 전교회의 힘

1883년부터 명동성당 부지 구입은 김가밀로를 시작으로 가톨릭교인들 사이에 사사로이 시작되었는데 본격적인 매입은 1886년 한·불 수호조약 비준 전후로부터 시작된다.[11] 1887년 파리외방전교회의 연보에 실린 백 주교의 보고를 재인용하면 다음과 같다.

"우리는 아직도 건축을 시작하지 못하고 있습니다. 그러나 하느님의 도우심으로 겨울 전에는 시작할 수 있을 것으로 봅니다. 우리가 구입해 놓은 대지는 도시 중심부에 위치해 있으며, 주요한 기본 건물들을 다시 지을 수 있을 만큼 넓은 대지입니다."[12]

---

11) 같은 책, 22에서 재인용.

12) 같은 책, 같은 쪽.

    그러나 부지 매입 과정은 순조롭지 못했다. 명동성당 부지에 관한 정부의 토지 소유권 억류와 국유지 및 풍수지리설 논쟁에 걸친 대지 분쟁이 1890년 구정 무렵까지 계속되었다.13) 이 대지 분쟁은 1888년 1월 한국정부가 토지소유권을 억류하면서 시작된 분쟁이다. "이 땅은 조선왕조 임금들의 어진이 모셔져 있는 영희전의 주맥으로써 국유지이며, 영희전이 내려다보이는 곳에 건축을 해서는 안 된다는 풍수지리설적인 이유 때문이었다."14) 이러한 정부 측의 주장에 대해 가톨릭 측은 "이곳은 국유지가 아닌 사유지이며 풍수지리설에 따른다고 할지라도 종현과 영희전의 주맥 사이에 골짜기가 있어서 종현은 영희전의 주맥이 될 수 없다"라고 주장하고 정부의 조처에 항의했으나 받아들여지지 않았다. 건축일지를 살펴보면 "1885년 3월 5일 러시아 공사를 통해 환지를 제의해 왔으나 백 주교가 불응했으며, 1888년 6월 프랑스 공사 프랑시(Collin de Plancy)가 부임하여 한국정부에 대하여 토지 소유권의 반환만이 이 문제의 합법적인 해결 방안임을 강조하고 조속한 토지문권의 반환을 촉구했다. 이 문제가 아직 해결되지 않은 상태에서 백 주교는 1888년 7월 8일 조선교회를 성모 마리아에게 바치는 봉헌식을 공공연하게 거행했다. 1889년에 토지 분쟁이 일어나자 백 주교는 분도 성인에게 특별가호를 청원하며 새 성당에 분도 성인의 석상과 제대 설치를 서약했다. 그 이듬해인 1890년 1월 21일을 전후로 토지문권이 정부로부터 교회에 반환되었다. 한 달 후 2월 백 주교는 마리아께 감사하는 대미사를 거행하고 곧 벽돌로 주교관을 건축하기 시작하고 같은 달 21일 백 주교는 별세했다." 이상이 건축일지에 기록된 간단한 기록이다. 성당 부지의 매수에서부터 건축 비용의 상당 부분이 파리외방전교회의 재정지원에 의한 것이었고 교우들의 헌금과 노력 봉사도 상당했을 것이라는 추정이다.15)

____

13) 최석우, 『한국천주교회의 역사』(서울: 한국교회사연구소, 1984), 176~79; 『명동성당 건축사』, 22에서 재인용.

14) 같은 책, 23.

15) 같은 책, 24.

19세기 중엽 유럽과 로마 가톨릭의 상황

1870년 나폴레옹 3세는 프로이센과의 전쟁에서 실패하고 1871년 베르사유 궁전에서 빌헬름 1세가 독일 황제로 즉위하기에 이르렀다. 프랑스 군대가 보호하던 교황은 이탈리아 군대의 포로가 되었으며 19세기 후반에 들어 유럽은 무력으로 탄생하는 민족국가가 대두되기 시작했던 무장 평화시대였다.

당시 유럽의 기독교는 가톨릭을 포함하여 공통적으로 노동자를 위한 선교와 구호사업, 교육사업과 더불어 대중의 종교 부흥 운동이 일어났던 시기이다. 로마 가톨릭이 정립된 국가에서는 가톨릭이 곧 국교가 되던 시기였으며, 자유개혁을 주도하고 사면을 선포했던 교황 피우스 9세는 개혁을 주저하는 바람에 반대파들에 의해 가에타로 도망갔다가 이탈리아 혁명이 진압된 후 프랑스와 오스트리아 군대의 힘으로 로마로 다시 돌아왔다. 피우스 9세는 자유주의 운동, 정치, 사상, 신학에서 개혁 성향의 운동에 대해 단호한 반대자가 되어 가톨릭을 치리했다. 이 후 가부장적 교황지상주의, 교황에 대한 극단적인 존경과 감정의 정서가 서부 유럽에 퍼지고 로마에 충성하는 여러 종류의 피우스 단체들이 활약하기 시작했다.[16] 다윈의 진화론에도 불구하고 마리아의 무염시태(無染始胎: 원죄 없는 잉태)가 시작된 것이 1854년이며 1864년에는 철저히 수구적인 교황 회칙을 발표했는데 이것은 반 종교개혁적인 교리의 방어였으며 교회에 대한 그 어떤 비난도 오류에 포함시켰다. 이로 인해 과학자 철학자들이 교회를 떠났고 노동자와 지식인들도 교회를 떠날 수밖에 없는 분위기가 된 것이다. 무엇보다도 교회는 폐쇄적인 계급 구조, 헌신, 겸손, 순종을 요구했다. 즉, 반 계몽주의를 선언한 것이다. 교황청 내 사람들은 교황 지상권과 교황 무류성에 대한 주장과 공의회보다 교황이 우위에 있음을 주장했다. 피우스 9세 후계자였던 레오 13세(재위 1878~1903)는 무류성을 주장하지 않고 교회와 문화사이의 화해에 관심을 가졌다. 특히 사회주의에 반대하여 사유재산제를 옹호했다. 그러나 치리 말년에는 다시 복고적 경향이 가시화되었다.[17] 이것은 백 주교가 신학교육을 받고 파리외방전교회 선교사로 한국에 입국하여

---

16) 한스 큉, 『가톨릭교회』, 배국원 역(서울: 을유문화사, 2003), 202-204.

17) 같은 책, 205-214.

활동할 당시의 로마 가톨릭의 보수적이며 교황지상주의 정서와 유럽의 정치적 상황이다.

백 주교

토지 분쟁은 영희전의 수호신을 어지럽히게 된다는 풍수지리설에 입각한 한국 정부의 주장과 이를 무시한 프랑스 선교사와의 싸움이었다. 정부는 교회 신축 자체를 반대했던 것이 아니라 시내가 내려다보이는 구릉 정상부의 성당 입지 조건에 대한 정부의 반대였다.[18] 백 주교는 이 터는 개인으로부터 구입한 것이며 이 터에서 옛집의 흔적을 볼 수 있기 때문에 국유지가 될 수 없다고 주장했다. 정부가 러시아 공사의 힘을 빌려 종현 토지를 환지하려고 했던 시도가 실패했는데 그 3년 후 1888년 백 주교는 프랑스 공사의 힘을 빌려 정부의 토지 문권의 반환 권을 주장하기에 이르렀고 결국 1890년 1월 토지 문권은 파리외방전교회에 이양되고 말았다. 분쟁 당시 종현의 토지 문권의 법적 소유권자가 정부인지 교회인지를 정확히 밝히는 것에는 여러 가지 문제가 있다. 서양처럼 국가법이 구체적으로 명시되지 못한 당시 한국의 법도 문제지만 정부가 관습에 따라 영희전과 깊은 관련이 있는 풍수지리를 앞세워 토지 환지를 주장한 것에 관해 사제로 한국에서 선교 활동할 당시 많은 박해를 직접 체험했던 백 주교는 어떤 종교적 시각으로 이 문제를 보았을까 하는 점이다.

백(G. M. J. Blanc, 白圭三, 1844. 5. 6~1890. 2. 21) 주교는 프랑스 브장송 교구의 뢰니에서 출생하여 퓌 고등학교 시절부터 사제가 되기로 결심했던 사람이다. 1862년 리용 교구 사제들이 운영하는 알릭스 신학교에 입학하여 외방선교를 희망했으나 나이가 어리다는 부친의 반대로 뜻을 이루지 못하다가 만 20세 되던 1864년 파리외방전교회 신학교에 입학하여 22세인 1866년 12월 22일 사제 서품을 받고 곧 바로 조선 선교사로 임명되었다.[19] 젊다기보다는 어린 나이에 박해가 심했던 낯선 먼 이국에서의 선교를 결심한 것 하나만으로도 백 주교의 강한 외

---

18) 김정신,『한국 가톨릭성당 건축사』(서울: 한국교회사연구소, 1994), 39.
19) 양인성, "백 주교 윰음",『교회와 역사』(서울: 한국교회사연구소, 2006), 13.

국 선교 의지를 읽을 수 있다. 국가적 사회적 동인이 그에게 외국 선교의 의지를 심어주었는지는 알 길이 없지만 백 주교가 신학교육을 받고 한국에 입국했을 당시 로마 가톨릭 교회는 교황 지상주의와 마리아 무염시태 교리가 최고에 달해 있던 시점이었으며 특히 파리외방전교회가 이러한 교황청의 명령이나 영향을 강력하게 받지 않았을 리 없다는 심증이다.

백 주교는 주교 서품(1884. 6. 20) 후에도 젊은 시절 로마 가톨릭의 보수적 신학교육과 억압적 분위기 속에서 교육을 받고 신앙을 훈련한 그러한 경험들이 후에 한국에서 주교로써 교회를 치리하고 사목하는데 영향을 미쳤을 것이라는 점이다. 백 주교가, 주교가 된 당시의 교황은 피우스 9세와 크게 성향이 다를 것 없이 오히려 더 로마 가톨릭을 굳건하게 하기 위해 다양한 회칙을 발표했던 레오 13세(1878~1903)였다. 백 주교는 주교 서품 후 교구장이 된 후 레오 13세처럼 다양한 지침서를 발표했다. 주된 내용은 박해시대를 겪으면서 자신과 동료들의 선교 사명을 재확인하는 내용과 선교 활동 중에 발생하는 불이익에 대하여 대응하는 것이었다. 이 장에서 주목할 규정으로써는 1884년 9월에 개최한 조선 교구 제3차 시노드에서 "정부를 비방하는 말을 신자들 앞에서 하지 말아야 한다"라는 것이다. 토지 매입이 시작된 것이 주교 서품 직전인 1883년부터이며 그 이듬해부터 토지 분쟁이 시작되는 시점이기도 하다. 신자들 앞에서 정부를 비방하지 말라는 것은 선교사들끼리는 비방을 해도 무방하다는 전제가 있다고 할 수 있다. 동역 선교사들의 회의를 통해 선교전략을 세우고 실천에 옮기지만 아직도 종교 자유를 완전히 확보하지 못한 상태에서 정부와 관련된 사항을 외부 발설해서 신자들의 심기는 물론 관리들의 심기를 자극할 필요가 없었을 것이다. 1886년 한·불 조약 체결로 프랑스 공사관이 선교를 적극 후원해 주기 시작했고 이에 힘입은 백 주교는 그 어느 시기의 선임 주교들보다 강력하게 한국 정부와 대응할 수 있었고 교세 확장에 박차를 가할 수 있었다.[20] 특히 주교 교지에 불교 도교 등 타 종교를 이단으로 강력하게 명시한 것을 보면 정부가 주장하던 풍수지리설을 백 주교가 작은 참고조

---

20) 장동하, "개항기 교회 재건 운동과 선교정책", 근·현대 한국 가톨릭 연구단,『한국 근·현대 100년 속의 가톨릭교회』(상)(서울, 가톨릭출판사 2003), 18-24 참조.

차 했을 것이라는 추측은 무리이다. 1886년 윤음은 백 주교의 선교 방침과 관련된 내용보다는 교황 레오 13세의 회칙을 신자들에게 전하고 있다.[21]

1882년 3월 백 주교는 부주교로 재직하면서 남포의 서들 골에 안장되어 있던 다블뤼 주교 등 4명의 순교자 시신을 발굴하여 일본 나가사키로 이장했다.[22] 박해는 한국에서만 있었던 것이 아니고 일본에서도 있었던 일임에도 불구하고 순교자의 시신을 일본으로 이장한 사연을 알 수 없지만 한국에서 순교한 순교자의 시신을 한국 땅에 묻을 수 없다는 발상은 나가사키야 말로 순교자가 묻혀야 할 가치가 있는 땅으로 여긴 것이며 일본이 신앙적인 면에서도 종주국임을 인정한 처사라고 할 수 있다.

맺는 글

철저하게 교황지상주의와 주교 가부장적인 신앙관으로 무장된 백 주교가 한국인, 특히 한국정부를 존중했을 리 없으며 한·불 조약 체결 이후 그의 자세는 더욱 서양 우월주의와 가톨릭 지상주의를 드러냈을 것으로 추측된다. 따라서 '영희전 풍수지리설' 운운함은 무지한 이교도들의 척결해야 할 미신으로 간주했을 것이며 명동성당 부지 구입 계획에 관한 구체적인 사료가 없지만, 백 주교가 1878년 부주교 재직 시 남산 아래 낙동으로 거처를 마련하면서 본격적으로 시작된 점으로 미루어 이것은 이미 계획된 선교정책의 일환이었다고 추정된다.

---

21) 양인성, 같은 책, 13, 주 4 참조.
22) 양인성, 같은 책, 14.

제국의 장벽을 넘어
생명으로

김 기 석 | 성공회대학교 신학과, 종교와 과학

들어가는 글

이 글은 제국이 경계를 설정함으로써 존재하며, 제국을 드러내는 강력한 특징 중에 하나가 장벽이라는 사실에 주목함으로써 시작되었다. 우리가 유적지에서 볼 수 있는 장벽은 과거 제국의 경계선이었다. 그러한 장벽의 본질은 무엇인지, 과거의 장벽이 오늘날에는 어떤 방식으로 존재하는지, 그리고 그에 대한 신학적 입장은 어떠해야 하는지 조명해 보고자 한다.

　이러한 질문에 대한 신학적 탐구의 방법론으로서 '아래로부터의 사고'(bottom-up thinking)로 출발했다. 이 방법은 존 폴킹혼에 의해 제안된 새로운 자연신학의 방법론인데, 형이상학적인 전제 위에서 출발하는 일반적인 신학방법론과 달리 자연의 질서로부터 담론을 출발하는 것이다. 물론 자연 질서를 관찰함으로써 얻어진 통찰이 반드시 사회학적, 신학적 진리로 기계적으로 연결된다는 순박한 전제는 받아들이지 않는다. 하지만 진리는 궁극적으로 하나이며, 하나님이 창조한 피조세계로서 각각 자연의 영역과 인간의 영역이 본질적으로 상통하리라는 신념으로 '아래로부터의 사고'를 채택하고자 한다.

자연 질서 속에서의 경계

물질은 경계를 가지고 있는가? 물질의 가장 기초단위는 원자다. 물론 원자도 원자핵과 전자로 이루어져 있고, 원자핵은 양성자와 중성자, 그리고 이들은 쿼크 등으로 구성되어 있지만 독립적으로 존재하는 물질의 단위로서 가장 기초적인 것이 원자다. 전자는 거의 질량을 갖고 있지 않지만 원자핵을 둘러싸고 빠르게 회전하면서 원자각[1]을 만든다. 이 원자각이 물질의 가장 기본적인 경계라고 볼 수 있다. 질량이 거의 없는 전자가 빠르게 회전하면서 만들어 내는 이 원자각은 마치 구름과도 같이 존재하면서도 존재하지 않는 형태로 가장 기초적인 물질의 경계를 이루고 있다. 하나의 원자에서 질량의 대부분을 차지하고 있는 원자핵의 크기는 놀랄 정도로 작다. 비유하자면 로마의 베드로 성당의 거대한 돔 천정 가운데에 소금 한 알갱이만큼이나 작다.[2] 가상적으로 그려 보자면 소금 알갱이 하나를 주변으로 수십 미터의 지름을 갖고 빠르게 회전하는 전자에 의해서 만들어지는 구름 같은 경계면을

---

1) 원자의 껍질, 어니스트 러더퍼드는 1911년 원자(原子)의 모델을 원자핵(原子核) 둘레에 일정한 궤도(軌道)와 분포를 갖는 전자(電子)들이 껍질처럼 둘러싸고 빠르게 회전하는 모습으로 제시했다. 스티븐 호킹, 『시간의 역사』, 김동광 역(서울: 까치, 1998), 83.
2) 프리초프 카프라, 『현대물리학과 동양사상』, 이성범 · 김용정 역(서울: 범양사, 1998), 81.

가지고 있는 것이 하나의 원자를 확대한 모형이다. 원자들끼리 결합해서 분자가 만들어지는데 이때에는 원자각이 서로 일정부분 맞물리면서 두 개 이상의 원자가 덩어리가 되어 분자를 만든다. 이 경우에는 원자의 경계는 어느 정도 유지가 된다고 할 수 있다. 외부의 입자에 의해 원자각이 깨어지면 원자는 가지고 있던 질량(에너지)을 방사선(radiation)으로 내보내고 소멸하게 된다.

그러므로 물질은 경계가 있어야 존재할 수 있다. 그러나 이 경계가 너무 딱딱한 것이라면 다른 원자들과의 결합은 어려웠을 것이다. 경계(원자각)가 어느 정도 무너져야 다른 원자들과의 결합이 이루어지고, 분자가 형성되는 것이다. 분자가 형성되어야 비로소 물질로서의 특성을 갖는다. 원자 수준에서는 질량은 존재하지만 물질로서의 특성을 가지고 있지 않다. 예컨대 물, 소금, 설탕, 기름 등과 같은 특성들은 분자들이 갖고 있는 물질의 고유한 특성이다. 이 우주에서 물질이 존재하고 물질들 나름대로의 특성이 생겨나려면 원자핵을 둘러싼 전자가 만들어 내는 경계가 필수적인 조건인 셈이다. 전자가 만들어 내는 원자각, 즉 경계가 없으면 물질은 없고 방사선만 존재했을 것이며, 반면 경계가 너무 고정되어 있으면 원자로만 남아 있고 분자로 결합되지 않아서 물질의 특성이 생겨나지 않았을 것이다.

생명의 경계는 어떠한가? 생명의 가장 기초적인 단위는 세포다. 세포는 세포벽을 가지고 있어서 그 내부에 있는 핵과 세포질을 보호한다. 그러므로 세포벽은 생명의 경계라고 말할 수 있다. 지구 생명의 역사는 일반적으로 35억 년으로 추정된다. 이 역사를 통틀어 가장 중요한 사건은 약 20억 년 전에 이루어진 진핵생물의 등장이다.3) 이때부터 생물은 원핵생물(무핵생물)과 진핵생물로 나누어지는데, 전자는 세포내

막(細胞內膜)이 없는 세포나 생물체들로서 세균과 남조류가 대표적인
원핵생물이고, 후자는 세포 속에 세포핵을 가지고 있는 생물을 말한다.
진핵생물만이 우리 인간이나 동물, 식물들과 같은 다세포생물로 진화
할 수 있으므로 만일 이러한 진화가 이루어지지 않았다면 오늘날까지
지구에는 보잘 것 없는 단세포 박테리아들만이 살고 있을 것이다.

그런데 이러한 원핵생물에서 진핵생물로의 진화는 어떻게 이루어
졌는가? 생물학자들은 하나의 박테리아가 다른 박테리아를 잡아먹었
는데 소화시키지 못하고 잡아먹힌 박테리아가 그 안에서 살아남아 공
생함으로써 시작되었다고 추정한다. 우리 세포 안에 있는 미토콘드리
아는 박테리아 같이 생겼으며 어느 정도 독립적인 기능을 하기도 한다.
그러나 수십억 년 동안의 공생연합으로 말미암아 세포를 벗어나서 독
립적으로는 살지 못한다. 물론 미토콘드리아가 없으면 우리도 살지 못
한다.

생명은 경계를 필요로 한다. 세포벽과 같은 경계, 혹은 세포질 안에
서도 세포핵과 그 밖의 영역을 구분하는 경계가 없다면 생명은 살아갈
수 없다. 그러나 진핵생명이 출현하지 못했다면 지구는 박테리아밖에
존재하지 않았을 것이다. 즉, 경계를 이루는 세포벽이 너무 견고해서
다른 생명과 연합되지 못했다면, 지구상의 생명현상은 지금처럼 다양
하게 발달하지 못했을 것이다. 세포벽이 열려서 함께 공생하는 공생연
합을 통해서 생명은 진화할 수 있었다. 생명의 경계가 열림으로써 생명
은 생명현상을 꽃 피워낼 수 있었던 것이다.

---

3) 린 마굴리스·도리언 세이건, 『생명이란 무엇인가』, 황현숙 역(서울: 지호, 1999), 173-
   175.

제국의 경계

제국은 경계를 갖는다. 제국의 안과 밖을 경계 지음으로써 제국을 유지할 수 있는 것이다. 제국의 경계는 바다나 강, 산맥과 같은 자연적인 경계도 있지만, 인공적인 장벽으로도 구축된다. 여기서는 자연적인 경계는 논외로 하고 인공적인 장벽에 대해서만 논하고자 한다. 역사상 출현한 제국들은 모두 성이나 장벽을 쌓아 제국을 방어했다.

로마 제국의 경계였던 장벽은 어찌나 견고했는지 그 흔적은 2천 년이 지난 오늘날까지 남아 있다. 영국을 정복한 로마는 하드리아누스 성벽을 쌓아 스코틀랜드 지역의 픽트족으로부터 제국을 방어했다.[4] 유럽 도시는 거의 예외 없이 성곽으로 둘러싸여 있다. 이는 모두 제국의 방어기지로 그 도시가 건설되었기 때문이다. 이는 언어에도 남아 있는데, 영국의 주요 도시들의 이름 중에는 '체스터'(chester)로 끝나는 이름이 많다.[5] 이러한 지명은 모두 요새를 의미하는 라틴어 카스트라(castra, 후에 영어의 castle에 해당됨)라는 말에서 기원했다. 모두 제국의 요새였고 장벽이었으며 성이었던 것이다.

이러한 장벽이 비단 수천 년 전의 고대제국에만 있었던 것은 아니다. 1910년 이탈리아 제국은 리비아를 침공한다. 그러나 리비아 사막의 유목민인 베드윈족의 저항에 부딪혀 전황은 20년 동안 지속된다.

---

4) 하드리아누스 성벽은 지금도 상당 부분이 잉글랜드와 스코틀랜드 경계 부근에 남아 있는데, 이 장벽은 AD 122년부터 로마황제 하드리아누스가 북쪽의 전투적인 픽트족들로부터 국경을 사수하기 위해 건설했다. 박지향, 『영국사: 보수와 개혁의 드라마』(서울: 까치, 1997), 218.

5) 맨체스터(Manchester), 콜체스터(Colchester), 엑스터(Exeter), 윈체스터(Winch -ester), 글로스터(Gloucester) 등등을 예로 들 수 있다.

그러자 무솔리니는 리비아 사막 수백 마일에 수천 톤의 철조망을 투입하여 장벽을 친다. 이 철조망의 장벽으로 베드윈 저항세력을 고립시킨 제국은 마침내 저항 지도자 요마르 무르타크를 생포하여 공개 처형하고 전쟁을 종결한다.[6] 장벽을 통해 제국의 지배를 관철한 것이다.

제국은 성과 장벽을 세워 제국의 안과 밖을 경계 지웠다. 이 장벽은 일견 방어적 수단으로써 정당성 가진 것처럼 보인다. 물론 장벽들과 성곽들은 외부 세력의 공격에 대비한 방어적 경계이다. 하지만 장벽을 방어적으로 보는 것은 순박한 사고다. 왜냐하면 제국이 세운 장벽과 성은 거의 대부분 원주민에게 빼앗은 땅 위에 세워졌기 때문이다. 제국의 경계를 넘어서고자 하는 제국 밖의 세력들은 제국을 침략하려는 야만족이 아니라, 자신들의 땅과 삶의 터전을 빼앗겨 난민이 된 자들이다. 그러므로 제국의 경계는 침략한 제국주의 세력이 남으로부터 빼앗은 것을 지키기 위한 장벽인 것이다. 제국의 장벽은 단순히 방어적인 것이 아니라 침략을 정당화하고 유지하는 보루인 것이다.

역사적으로 이 제국의 경계는 고정되어 있지 않다. 끊임없이 팽창과 수축을 거듭한다. 역사상 출현한 거대 제국들의 영토를 특정한 색깔로 칠하고 십 년 단위로 그 변화를 표시한 사진들을 활동사진으로 돌려보면 그것은 마치 살아 있는 생물체처럼 보일 것이다. 아메바가 주위의 양분을 흡수하여 자라났다가 환경이 나빠지면 줄어들듯이 제국의 경계는 끊임없이 변동한다. 이러한 변화가 뜻하는 것이 단지 지도상에 표시되는 영토의 문제만은 아니다. 제국의 경계가 움직일 때마다 엄청난 사람들이 희생되었다. 경계가 확장되고 수축된 영역 위에는 제국에

---

6) 영화 사막의 라이온은 베드윈족 지도자로서 신실한 이슬람 신앙인이자 교사이며, 뛰어난 전술가였던 요마르 무르타크의 저항의 생애를 감동적으로 보여 준다.

저항했던 토착민들과 제국의 전쟁에 동원된 전사들의 피가 물들어 있다. 세워졌다가 허물어지고, 허물어졌다가 다시 세워진 제국의 성벽들은 바로 제국의 영토 전쟁에 희생당한 이들의 울부짖음의 메아리이다.

오늘날 제국의 경계들

오늘날의 제국은 무엇인가? 우리는 망설임 없이 미국을 지목하게 된다. 영국 가디언지의 기자로서 워싱턴 특파원으로 활동했던 조나단 프리드랜드(Jonathan Freedland)의 말을 인용해 보자:

> 톰 울프는 오늘날의 미국을 거의 전지전능한 지상 최강의 나라로 묘사하면서, 줄리어스 시저 때의 로마도 지금의 미국보다 강하지 못했다고 쓰고 있다. 이것은 과연 적절한 비교일까? …… 미국의 군사전략 전문가나 외교정책 전문가들이 아니라 영국의 중요한 고대사 연구가들이 내 질문에 답을 해주었다. 그들은 한결같이 로마 제국과 지금의 미국이 너무나 비슷한 점이 많아 충격을 받았다고 말하고 있다. 가장 뚜렷이 닮은 것이 압도적인 군사력이다. 로마는 당시에 가장 잘 훈련받고 가장 예산을 많이 쓰며, 최신 무기로 무장한 병사와 군단을 가진 초강력 국가였다. 그런데 지금의 미국이 그렇다. 미국의 군사예산은 미국 다음으로 군사예산이 많은 9개국 예산을 모두 합한 것보다 더 많으며, 지구 어느 곳에든 번갯불과 같이 빠른 속도로 미군을 배치할 수 있다. …… 지금 세계에 미국의 손끝이 닿지 않는 곳은 없다. 미국 국방부 통계에 따르면 유엔 회원국 190개국 중 132개국에 크든 작든 미국군이 주둔하고 있다.[7]

　　구소련이 해체됨으로써 동서냉전에서 승리한 지금 미국의 영향력
은 전 세계를 지배하고 있다. 미국의 힘은 슈퍼 파워를 넘어서 하이퍼
파워로 가고 있다고 한다. 이러한 미 제국의 경계는 전 세계에 걸쳐서
확장되고 있으며, 그 경계 확장의 과정에 협조하지 않은 아프가니스탄
과 이라크에서 전쟁을 벌이고 있다. 이란과 북한이 그 다음 차례가 될
지 모른다. 아메리카 제국은 그 경계를 확장하기 위해 계속 전쟁을 멈
추지 않고 있는 것이다.

　　그러나 성조기로 표상되는 제국이 과거의 제국과 같은 모습은 아니
다. 오늘날 제국은 어떠한 모습으로 나타나고 있는가? 안토니오 네그
리와 마이클 하트는 제국주의와 제국을 완전히 다른 것으로 구분한
다.8) 이들은 제국주의를 근대 유럽의 국민국가들이 자신들의 경계를
넘어서 식민주의적 지배를 확장시켰던 주권과 질서를 의미한다고 정
의한다. 이는 영토적 경계가 뚜렷한 것이었다. 실로 근대 식민주의 시
대에는 세계지도가 각 유럽 열강 국가들의 고유한 색깔들로 분할될 수
있었다. 즉 영국 영토는 빨간색, 프랑스 영토는 파란색, 포르투갈 영토
는 초록색 등으로 칠해졌다. 그러나 제국은 이와 달리 영토적인 권력
중심을 만들지 않고 고정된 경계나 장벽들에 의지하지도 않는다고 파
악한다.

　　제국은 개방적이고 팽창하는 자신의 경계 안에 지구적 영역 전체를
점차 통합하는, 탈중심화되고 탈영토화하는 지배 장치이다. 제국은 명
령 네트워크를 조율함으로써 잡종적 정체성, 유연한 위계, 그리고 다

---

7) 조나단 프리랜드, "로마 제국, 아메리카 제국", 최병권·이정옥 엮음,『미국, 그 마지막
　　제국 아메리카』(휴머니스트, 2002), 21-22.
8) 안토니오 네그리·마이클 하트, 제국』, 윤수종 역(서울: 이학사, 2001), 15-21.

원적 교환을 관리한다. 제국주의적 세계지도에서 몇 가지로 구분됐던 국가의 색깔들은 제국적인 전 지구적 무지개 속에서 합쳐지고 섞일 것이다.9)

로마나 중국 등 역사 상 흥성했던 과거의 제국들과 달리 오늘날 지구화와 더불어 출현한 새로운 제국 개념의 근본적인 특징은 경계가 없다는 것이다. 과거에는 제국의 군대가 국경의 최전선에서 황제의 권력에 저항하는 토착세력과 전선을 형성했으나, 오늘날에는 고정된 국경이 존재하지 않는다. 제1세계 속에서 제3세계가 존재하고 제3세계 속에서 제1세계가 존재한다.

2005년 7월 7일 아침 8시 40분, 영국 런던에서 출근길을 서두르던 시민들이 가득한 지하철 역 네 곳에서 동시다발적인 폭탄 테러가 발생했다. 56명의 사망자와 700여 명의 부상자들의 피와 폭발물들의 잔해로 제1세계의 한복판을 뒤덮은 이 사건이 사람들을 놀라게 한 것은 단지 폭발의 굉음만은 아니었다. 조사를 통해 밝혀짐으로써 영국 및 제1세계를 경악시킨 점은 4명의 파키스탄계 자살테러범들이 모두 영국에서 태어나 영국식 교육을 받고 자란 영국 시민들이었다는 사실이었다. 제1세계 안에서 자라나고 교육받았지만, 그 자신을 양육한 사회의 한가운데를 향해 자살폭탄을 몸에 두르고 뛰어들은 그들은 정체성은 과연 무엇이라 규정할 수 있을까? 그들은 제1세계에 속했는가, 아니면 제3세계에 속했는가?

제국의 경계가 복잡하게 얽혀 있기 때문에 희생의 양상도 다양하게 나타난다. 미국이 수행하는 이 전쟁에서 미군만이 저항세력과 싸우는

---

9) 같은 책, 17.

것이 아니다. 이라크 전쟁터는 지금 가난한 나라 출신의 용병과 노동자들의 피로 물들고 있다. 이들은 왜 이라크 전쟁터의 한복판에서 제국의 용병과 노동자가 되는 위험을 감수하고 있는가? 돈 때문이다. 페루에서 온 그레고리오 칼릭스토(27세)는 하청 경비원이다. 그는 지난 해 저항세력의 폭탄 공격으로 다리를 심하게 다쳤다. 그 충격과 공포 때문에 수면제 없이는 잠을 잘 수 없다. 그가 만일 미군병사였다면 장애수당과 물리치료, 정신과 상담을 받았을 것이다. 하지만 칼릭토스는 낮은 임금에 위험한 치안업무를 담당한 빈국 출신 하청 경비원(rent a cap)이기 때문에 그에게 주어지는 보상금은 언제 끊어질지 모르는 매월 492달러의 보험금이 전부이다.10) 제국의 전쟁은 이제 가난한 나라의 계약직 고용원들의 희생을 바탕으로 수행되고 있는 것이다. 이라크에는 지금 칼릭토스와 비슷한 처지의 젊은이들 수천 명이 페루뿐만 아니라, 칠레, 온두라스, 콜롬비아, 엘살바도르에서 건너와서 치안업무를 담당하고 있다. 비록 위험하지만 본국의 다섯 배가 넘는 임금 때문에 하청 경비원은 새로운 아메리카 드림이다. 하지만 이들의 아메리카 드림은 종종 신기루가 되고 만다. 남아프리카공화국 국적의 경비원 4명은 2005년 12월 납치된 후에 소식이 끊겼다. 이들을 위한 구조작전도 없었고, 언론도 관심을 기울이지 않았다. 복잡하게 얽힌 제국의 변방에서 제국의 성곽에 기대어 얼마간의 따스한 햇볕이라도 받아보려던 이들의 종적은 이제 찾을 길이 없어졌다.

오늘날 제국의 경계는 단순히 장벽을 통해 안과 밖이 나누어지는 물리적 경계만으로 존재하지 않는다. 제국의 경계는 이제 다양한 형태

---

10) 《한겨레신문》 2008. 1. 30일자 16.

로 존재한다. 과거 로마 제국이 이른바 '로마 가도'를 통해 빠른 속도로 군대와 보급품을 수송함으로써 군사적 지배를 유지할 수 있었다면, 오늘날 미국은 정보 고속도로 형태로 전 세계를 지배한다.11) 인터넷은 미 국방성이 군사 목적으로 이용하다가 탄생한 것인데, 지금은 자본의 지배를 전 세계적으로 확장시키는 핵심적 역할을 담당한다. 세계적으로 연결된 주식시장과 환거래, 선물시장과 원유 거래 등에서 보듯이 인터넷 없는 국제적 상업은 상상할 수 없다. 2007년 말부터 불어닥친 미국의 서브 프라임 사태는 한국을 비롯한 아시아의 증시를 꽁꽁 얼어 붙게 했다. 또한 인터넷으로 인하여 영어는 과거 로마 제국 시대의 라틴어처럼 제국의 언어가 되었다. 전 세계가 영어를 능숙하게 구사해야 생존경쟁에서 살아남을 수 있는 것이다. 제국 아메리카의 변방인 한국도 예외는 아니다. 강남을 진원지로 하여 전국으로 퍼져 나가고 있는 영어과외의 열풍은 바로 변방의 식민들이 제국의 경계 안에 진입하고자 하는 필사적인 노력이다. 변방에 태어났지만 제국의 언어인 영어를 모국어처럼 구사함으로써 난민의 처지로 전락하지 않고 제국의 시민이 될 기회를 노릴 수 있다. 대학교들도 영어 강좌 개설 비율에 따라 경쟁력을 평가받는다. 제국의 논리는 어느 곳이라도 관철되고 있는 것이다.

제국의 경계는 또한 맥도날드와 스타벅스, 할리우드 영화가 있는 곳에 존재한다. 강남의 거리와 가게 안에 앉아 있는 한국의 많은 젊은 이들은 제국의 중심부를 지향한다. 그들에게 제국의 중심부는 우상이다. 이들은 제국의 정체성을 얼마나 구현해 내는가에 따라 선망의 대상

---

11) 앞의 책, 23.

이 된다. 마찬가지로 우리가 카불과 바그다드에서 젊은이들이 맥도날드 햄버거와 스타벅스 커피를 먹고 마시며, 할리우드 영화를 보고 있다면, 그것은 바로 아메리카 제국이 아프가니스탄과 이라크 전쟁에서 승리했다는 뜻이다. 이는 곧 아메리카 제국의 경계가 확장되었다는 증거이기도 하다. 새로 점령한 땅에 성곽을 쌓고 팍스 로마의 깃발을 휘날렸듯이 세계 구석구석에 들어서는 맥도날드와 스타벅스 커피점, 그리고 코카콜라는 곧 팍스 아메리카의 깃발이다.

오늘날 제국의 경계가 복잡 다양화되었다고 해서 물리적이고, 가시적인 제국의 장벽이 모두 사라진 것은 아니다. 2002년 4월 이스라엘 정부는 이스라엘 거주지로 폭발물을 반입하는 것을 막기 위한 명분으로 보안 계획을 발표한다. 그것은 9미터 높이의 콘크리트 장벽으로 요르단 서안의 팔레스타인 자치지구를 빈틈없이 둘러쌓는 계획이었다. 하늘을 나는 새들 외에는 아무도 건너 갈 수 없는 거대한 장벽을 쌓음으로써 팔레스타인 사람들은 외부로부터 완전히 고립되었다. 제1단계 장벽 건설로 인해 팔레스타인은 167Km^{2}의 영토를 이스라엘에게 빼앗겼으며, 1만 8천 명의 팔레스타인 주민들이 장벽에 갇히게 되었다. 이들은 이스라엘 군대가 지키는 지정된 출입구를 통해 통행증을 제시하고 엄격한 검색을 거쳐야만 장벽을 통과할 수 있다. 2004년 7월 국제사법재판소(ICJ)는 "이스라엘의 일방적인 분리장벽 건설은 팔레스타인 주민들의 이동권과 직업선택권, 교육 및 의료권을 심각하게 침해한다"고 지적하면서, 이는 명백한 국제인권법 위반이라고 비판했다. 그러나 샤론 이스라엘 수상은 장벽 건설은 테러를 막기 위한 불가피한 조처라면서 국제사법재판소의 권고 결의안을 무시했으며, 미국 역시 "분리 장벽의 건설은 정치문제"라면서 이스라엘의 손을 들어 주었다.

또한 쿠바의 관타나모 수용소를 둘러싼 철조망도 오늘날 볼 수 있는 제국의 물리적 장벽이다. 이곳의 포로들에게는 어떠한 국제법도 적용되지 않는다. 오로지 전 지구적인 초법적 권한을 행사하는 미국의 주권만이 유일한 질서일 뿐이다. 이 땅에는 곳곳의 미군기지들과 평택 대추리에 쌓은 철조망이 가시적 제국의 경계들을 보여 준다. 가까이는 서울 한복판에 자리 잡은 미국 대사관을 둘러싼 높은 담장과, 주위를 통행하는 시민들을 검문하는 전경들의 검문을 통해서도 제국의 경계는 존재한다.

무엇보다도 오늘날 제국의 물리적 장벽은 국가가 설정해 놓은 국경이다. 그런데 이 국경을 자본은 마음대로 넘나드는데 노동자에게는 장벽이 된다. 토지 및 생산설비와 더불어 노동과 자본은 생산의 가장 기본적인 요소이다. 토지는 본래 움직일 수 없는 것이지만 자본과 노동은 이동이 가능하다. 제국의 논리가 전 지구적으로 지배하는 오늘날 자본은 전 세계 어디든지 자유롭게 이동하면서 이윤을 창출해 내면서 제국의 중심부 속으로 부를 집적시킨다. 하지만 자본은 노동의 이동을 통제한다. 그것은 국경이라는 고정된 경계를 고수함으로써 작동된다. 여권과 비자 없는 노동자는 국경을 넘을 수 없다. 고정된 국경은 과거 제국주의의 경계이다. 탈근대 시대의 자본은 근대적 국경을 자유롭게 넘나들지만 노동은 여전히 과거의 고정된 경계로 묶어 두고 있다. 오늘날 불법 이주 노동자 및 난민의 문제는 바로 이러한 모순에 의해 발생하는 것이다. 국경을 초월하여 전 지구적으로 얻어지는 자본의 이윤은 속속 제국 안으로 옮겨져 제국은 부강해져만 가는데, 제국의 경계 밖에서는 난민들과 일자리가 없는 실업자들이 늘어만 간다.

오늘날 전 세계 곳곳에서 일자리를 찾아 제국의 중심부로 향하는 노동자들의 탈주는 처절하다. 뉴밀레니엄의 희망으로 들떠 있던 2000년 초반, 수십 명의 중국인 노동자들이 일자리를 찾아서 유럽 대륙에서 영국으로 가는 대형 화물차 컨테이너 박스 안에 숨어서 도버 해협을 건너던 중 전원이 질식사하는 사고가 발생했다. 런던의 워털루 역은 프랑스와 영국을 잇는 고속철도인 유로스타의 종착역이다. 저녁이 되자 방금 파리에서 달려온 열차 밑바닥에 숨어 있던 사람들이 하나 둘씩 나타나더니 철길 저편 어둠 속으로 사라져 버렸다. 그들은 시속 300킬로미터로 달리는 열차 밑바닥에 몸을 숨기는 극단적인 방식으로 불법 이주를 감행한 것이다. 오늘날 세계적으로 이주 노동자 수는 1억 9천 100만여 명(2005년 통계)으로 전 세계 인구의 3%를 차지한다. 우리나라도 42만 명 중에서 22만 명이 미등록 이주 노동자이다.[12] 이들은 언제 잡혀갈지 몰라 불안에 떨며 임금 체불, 산업 재해, 폭행 등 비인권적인 상황에 처하더라도 자기의 권리를 주장하지 못하고 있다. 이들은 불시에 들이닥치는 법무부 직원들의 단속을 피하다가 추락사하는 일이 종종 발생하기도 한다.[13] 열악한 노동 환경으로 인한 산업재해와 화재로 목숨을 잃은 일은 비일비재하다.[14] 제국의 국경을 넘다

---

12) 이영, "다문화 이해와 신앙, 그리고 사목적 배려", 《성공회신문》 2008. 1. 20일자.

13) 지난 2008년 1월 15일 오후 중국동포 권봉옥(여, 50세)씨가 자신이 일하던 서울 종로구 연지동의 한 모텔 8층에서 추락사했다. 권 씨는 이날 일하던 중 서울 출입국사무소 단속 팀이 들이닥치자 8층 객실 문을 안에서 잠그고 버티다가 단속반원이 문을 두드리며 객실 관계자에게 마스터키를 가져오라고 소리치는 사이 '쿵' 하는 소리와 함께 추락사했다. 권 씨는 다리를 다친 딸의 치료비 때문에 많은 빚을 지고 있어 불법 체류를 감수하고 일하던 중이었다. 《크리스천 투데이》 2008. 1. 17일자.

14) 2007년 2월 11일 새벽 여수 출입국관리사무소 외국인 보호시설에 화재가 발생하여 불법 체류 혐의로 수용돼 있던 외국인 근로자 10명이 불길 속에 목숨을 잃고 17명이 화상을 입었다. 이들은 잠긴 철문 때문에 불길을 피하지 못하고 먼 타국 땅에서 불귀의 객이 되었다. 또한 2008년 1월 7일 이천 냉동 창고에 화재가 발생하여 40명이 목숨을

가 목숨을 잃은 이주 노동자들은 과거 하드리아누스 성벽을 넘다가 피살당한 스코틀랜드 전사처럼, 리비아 사막을 가로지른 철조망을 뚫다가 총살당한 베드윈 난민처럼 당대의 제국의 경계를 넘다가 희생된 사람들이라는 점에서 공통점을 갖는다.

제국의 경계는 대체로 탈중심화되고 탈영토화되었지만 자본의 이해와 군사적 필요가 있는 곳에서는 여전히 물리적이고 가시적인 경계는 존재한다. 그 장벽의 철조망에는 이주 노동자들의 구겨진 옷자락이 펄럭인다. 구겨진 그들의 삶과 헤어진 가족들의 애환과 더불어……. 과거 제국의 성곽이 피정복민과 제국의 병사들의 피로 물들었듯이 말이다.

경계와 하나님

하나님은 제국의 경계를 지켜 주는 분이신가, 아니면 허무시는 분이신가? 유대-기독교 신앙의 역사적 출발은 출애굽 사건으로부터 시작된다. 출애굽 사건의 연대에 관한 논의나 일회적 사건인가 아닌가의 논의는 여기서의 관심사가 아니므로 접어 둔다. 대신 출애굽 사건의 가장 원 자료로 여겨지는 미리암의 노래를 살펴보자. "야훼를 찬양하여라. 그지없이 높으신 분, 기마와 기병을 바다에 처넣으시었다(출 15:21)." 이 구절은 고대 제국 이집트에서 탈주한 히브리 노예들이 제국의 경계를 극적으로 벗어나면서 춤추며 부른 노래이다. 제국의 경계를 지키던 기병들이 노예 백성 이스라엘을 추격하다가 전멸당한 순간에 터져 나

잃었는데 이중 절반이 이주 노동자들이었다.

온 노래인 것이다. 하나님은 고대 제국 이집트의 경계를 인정하지 않으셨다. 하나님은 모세에게 제국의 심장부와 제국의 경계 밖 미디안 광야에서의 생활을 모두 체험할 수 있도록 인도하셨다. 경계를 넘어선 그의 삶은 마침내 제국의 장벽을 허물고 탈출할 수 있는 길을 찾을 수 있게 했다. 그리하여 모세는 제국 안에서 종살이 하던 이스라엘 백성들에게 자유로운 삶을 살 수 있는 공동체에 대한 꿈을 전파하고 마침내 실천에 옮겨 성공하게 하신 것이다. 하나님께서 인도하시는 해방의 역사는 제국의 경계가 허물어짐으로써 이루어진다.

예수는 경계를 허무신 분이다. 유대 종교의 핵심은 '성별화'(sanctification)이다. 정결예식은 모든 유대인이 반드시 지켜야 할 기본적인 규범이었다. 성별화는 본질적으로 차별과 분리를 전제로 한다. 성(聖)과 속(俗) 사이의 경계 가르기가 필수적이다. 예수는 성과 속 사이의 장벽을 허물었다. 그는 즐겨 먹고 마시며 세리와 창녀의 친구가 됨으로써 성과 속의 경계를 넘나드셨다. 율법학자들과 대사제들보다 세리들과 창녀가 하나님 나라에 먼저 들어간다고 선언했다. 예수는 또한 여성과 남성을 동등하게 대우함으로써 남녀 간에 놓인 차별의 장벽을 무너뜨리셨다. 예수의 공동체 안에서 여성들은 더 이상 얼굴을 가린 익명적 존재들이 아니었다. 그는 또한 유대인과 이방인의 경계를 인정하지 않았다. 예수 당시에 유대인들은 사마리아 사람을 동물과 같은 존재로 여겼다. 아시리아 식민지 통치의 일환으로 유대인과 이방인과의 혼혈로 생긴 사람들이었기 때문이다. 인종의 혼혈은 자연스레 종교와 문화의 잡종성을 낳았고, 소위 순종 유대인들은 이를 눈뜨고 바라볼 수 없었던 것이다. 당연히 구원의 대상에 사마리아 사람은 제외되었다. 그런데 예수는 자신의 이야기 속에서 자주 사마리아 사람을 구원의 주인

공으로 등장시켰다. 사마리아인과 유대인의 경계는 단지 유대 순종주의 안에서만 유효한 것으로 간주했다. 사마리아 우물가에서 만난 여인과의 대화는 성과 속, 남과 여, 유대인과 이방인 사이의 경계, 즉 몇 겹으로 둘러쳐진 당시의 장벽을 한꺼번에 무너뜨린다. 그가 십자가에서 마지막 숨을 거둘 때 성전 휘장의 찢어졌다. 이는 하나님과 이 세상 사이를 갈라놓고 있던 장벽이 무너짐을 은유적으로 표현한다.

그러나 예수가 과연 제국의 경계에 대해서 어떤 입장을 취했는지에 대해서는 간단히 결론 내리기가 쉽지 않다. 당시 로마 제국은 팔레스타인 지역을 삼분해서 유대 지역은 꼭두각시 왕 헤롯을 내세운 대리 통치를 통해서, 그리고 갈릴레이와 사마리아 지역은 총독을 통한 직접 통치를 통해서 다스렸다. 통치 방식이야 어떻든 로마 제국은 제국의 법이 관철되고, 로마 군대가 안전하게 주둔하면서 세금을 거두어 갈 수 있으면 그만이었다. 이점에서 우리는 오늘날의 제국 아메리카와 미국의 닮은 점을 다시 보게 된다. 우리는 성서 속에서 로마 제국의 정당성, 혹은 불법성을 언급한 예수의 직설적인 메시지는 찾을 수 없다. 다만 로마에 세금 내는 것이 옳은지에 관한 질문에 대하여 "가이사의 것은 가이사에게, 하나님의 것은 하나님에게 바치라"는 말씀이라든지, 예수를 체포하러온 병사에게 칼을 빼들고 저항하려한 제자에게 말한 "칼을 쓰는 자는 칼로 망하는 법이다(마태 26:52)"라는 내용들을 가지고 간접적으로 유추해 볼 수 있을 뿐이다. 이러한 말씀을 두고 보수적인 신학은 체제옹호적인 메시지로, 진보적인 신학은 체제저항의 메시지로 읽는다. 제국의 경계와 관련하여 정반대의 해석을 내리는 것이다. 그러나 한 가지 주목해야 할 점은 결국 예수는 제국의 권력에 의해 재판받고, 여느 제국의 반란자들과 마찬가지로 십자가형을 받았다는 사실이다. 그러나 무엇보다도 중요한 점은 이웃사랑과 평화와 자기희생을 강조한 예수의 메시지의 핵심이 분명히 침략과 지배와 착취를 근간으로 하는 제국의 논리와 정면으로 배치된다는 점이다. 제국의 경계는 바로 이러한 제국의 논리를 유지하기 위해 세워진 것이다. 그러므로 예수의 가르침은 궁극적으로 제국의 경계를 부인한다.

오늘날의 제국으로서 테러와의 전쟁을 선포한 미국은 딜레마에 빠져있다. 테러 집단을 근절하기 위한 군비 증강은 오히려 역으로 더 많은 테러범들을 양산할 수 있는 환경을 조성한다. 유럽·북미의 젊은이들이 자신들의 미래에 대한 절망과 유럽·북미에 대한 환멸이 교차하는 지점에서 자살 폭탄 테러범이 독버섯처럼 자라난다. 오늘날 군사비 10억 달러당 1만8,000개의 일자리가 상실되는 것으로 나타났다. 무기 제작과 구입에 쓰는 돈은 다른 산업에 비해 그다지 많은 일자리를 제공하지 못하기 때문이다. 세계의 모든 이에게 알맞은 음식, 물, 교육, 건강, 주거를 공급하는 데 필요한 돈은 연간 170억 달러로 추산되는데 이는 세계가 두 주간마다 무기에 쓰는 금액과 맞먹는다.[15] 하나님의 창조에 깃든 복과 창조 영성의 재발견을 통해 우리의 삶을 보다 아름답고 풍성한 축제로 바꿀 수 있다고 주장하는 매튜 폭스는 이렇게 주장한다. "우리가 예술가를 노동자라고 여긴다면 인구의 15%가 우리 공동체 한 가운데서 음악, 익살, 이야기, 재주넘기, 곡예 들로 우리의 삶을 더 에로스가 넘치게 하리라."[16]

멜 깁슨이 제작한 〈아포 칼립포〉라는 영화는 남미의 밀림 속에서 살아가는 원주민들이 강대한 고대제국의 전사들에게 포로로 잡혀갔다

---

15) 매튜 폭스, 『창조영성 길라잡이 원복』, 황종렬 역(왜관: 분도출판사, 2004), 13.
16) 같은 책.

가 탈출하는 이야기를 다룬다. 한 원주민 노인은 모닥불을 피워 놓고 둘러앉은 어린이들과 젊은 부족민들에게 다음과 같은 옛날이야기를 말해 준다.

슬픔에 잠긴 채로 한 남자가 홀로 앉아 있었다. 동물들은 그 남자 주위에 모여서 이렇게 말했다.

"당신이 슬퍼하는 것을 보고 싶지 않아요. 소원이 무엇인지 우리에게 말해 보세요."

"아주 멀리 보고 싶어."

그러자 독수리가 "내 눈을 가져가요" 하고 말했다.

다시 남자가 말했다.

"강해지고 싶어."

재규어가 "나의 발톱과 이빨을 가져가요. 나처럼 강해질 겁니다."

그러자 남자는 "난 세상의 비밀을 다 알고 싶어" 하고 말했다.

독사는 "제가 다 알려드리지요"라고 대답했다.

남자는 동물들의 선물을 받고 떠났다.

사슴이 말했다.

"저 사람은 소원을 전부 이루었어. 이제 슬픔은 사라졌을 거야."

그러자 올빼미가 말했다.

"아니, 나는 저 사람 눈에서 구멍을 봤어. 우리로서는 채울 수 없는 깊은 구멍. 그 구멍 때문에 저 사람은 계속 무언가를 바라기만 할 거야. 받고 또 받아서 어느 날 세상이 '더 줄게 없어'라고 말할 때까지 말이야."

이 이야기가 말해지는 자리는 밀림 속의 위치한 평화로운 원주민 부락이다. 밀림의 생태계는 한 종이 절대적으로 번성할 수 없는 곳이다. 모든 종들이 더불어 생명을 누리는 장소이다. 더욱이 그곳은 어느 누가 모든 것을 독점할 수 없는 장소다. 아무리 강한 동물이라도 모든 생물을 다 잡아먹거나 지배하는 것은 아니다. 다만 전체 생태계 속에서 먹이사슬의 한 영역만을 감당할 뿐이다.17) 이곳에서 모든 것을 다 소유하고 싶어 하는 남자는 밀림의 법칙을 깨뜨리는 존재이다.

그런데 오늘날 제국은 마치 이 남자의 눈 속에 들어앉아 있는 구멍과 같다. 그것은 더 멀리 보길 소망하고, 더 강해지길 원하며, 이 세상의 모든 비밀을 다 알고 싶어 한다. 위성을 띄워 전 지표면을 24시간 감시하고, 마땅한 적이 사라졌음에도 불구하고 끊임없이 군비를 증강하여 무장을 강화하고, 시민들의 일상생활 속에 정보요원들을 은밀히 잠입시켜 모든 비밀을 다 알아내려 애쓴다. 지구적 영역 전체를 점차 통합하는 탈중심화, 탈영토화된 지배 장치로서 오늘날 제국의 모습은 이 시대의 바벨탑이다. 제국은 전 지구적 소유와 전능성을 획득하고자 하는 인간 욕망의 덩어리다.

유럽·북미 세계와 아시아·아프리카·남미가 혼재되어 있고, 중심과 주변이 뒤섞여 있는 오늘날 제국의 양태는 우리 자신의 모순된 실체를 잘 드러내 준다. 제국의 논리를 부정하면서도 제국의 중심부로 향하는 우리들의 욕망은 제국의 경계가 우리의 자아를 분리하고 있음을 깨닫게 한다. 그런 점에서 오늘의 제국은 뫼비우스의 띠이다. 뫼비우스의 띠는 바깥에서 선을 긋기 시작해도 긋다보면 어느새 안쪽에 도달하여

---

17) 생태계 속의 일정한 지위를 전문용어로 '니치(niche)'라고 한다. 밀림 속의 모든 종들은 각자의 니치를 확보하며 어떤 종이라도 이 지위는 무한정 확장될 수 없다.

있다. 띠의 안쪽을 긋던 선은 어느새 다시 바깥 면으로 향한다. 오늘날 우리는 공동체 속에서, 그리고 우리 자신 속에서 제국의 안과 밖을 동시에 경험한다. 이런 점에서 제국의 경계를 허무는 작업은 단지 타인을 향한 손가락질만으로는 절대로 이루어질 수 없다. 제국의 경계를 잇는 다리를 놓는 일과 제국의 중심으로 향하는 우리 자신의 욕망에 대한 준열한 비판이 동시에 진행되어야 한다.

맺는 글

물질과 생명은 경계(원자각과 세포벽)를 통해서 스스로의 존재를 유지하고 특성을 나타낼 수 있다. 그러나 그 경계가 지나치게 견고하면 이 우주는 각각 하나씩의 원자들로만 채워져 있을 것이며, 생명체는 발전하지 못했을 것이다. 물리세계와 생명현상을 통해서 우리는 경계가 전적으로 불필요한 것은 아니지만 외부와의 소통을 가로막는 장벽이 되어서는 안 된다는 점을 통찰할 수 있다.

역사상 모든 제국은 경계를 가지고 있으며, 장벽을 세워 제국은 안과 밖을 갈라놓았다. 이 장벽은 언뜻 제국의 시민을 보호하기 위해 세워진 방어용으로 보이지만 실상은 원주민의 삶의 터전을 빼앗은 땅 위에 세워진 침략의 산물이며 침략을 정당화하고 유지하는 요새이다. 무엇보다도 제국의 경계로서의 장벽은 난민을 양산한다.

오늘날 미국은 과거 로마 제국 이상으로 강고한 제국이 되어 전 세계를 지배하고 있으며 세계 곳곳에 경계를 확장하기 위한 전쟁을 벌이고 있다. 그리고 오늘날 제국의 경계는 다양한 형태로 우리의 삶 주변에 구획되어진다. 그 결과로 수많은 난민들과 이주 노동자들과 경계

밖으로 밀려난 민중들의 고통이 가중되고 있는 것이 오늘날의 현실이다. 우리는 이제 이들의 고단한 삶이 기쁨과 축제로 바뀌는 그날을 고대한다.

　하나님께서는 경계를 허무시는 분이시다. 이집트의 장벽을 허무셨으며, 예수 그리스도를 통해 당신과 세상과의 장벽, 남과 여 사이의 차별의 장벽, 신성(divinity)과 세속(secularity)과의 장벽, 나와 타자와의 장벽을 무너뜨리셨다. 나눔·평화·생명을 강조한 예수의 메시지와 제국의 경계는 공존할 수 없다. 제국의 장벽은 예수의 메시지로 녹여져야 하고, 원주민에게 돌려져 평화의 공동체의 터전이 되어야 한다. 제국의 경계인 장벽, 그것은 우리 자신의 탐욕의 바벨탑이다. 바벨탑을 허물고 서로 다른 언어들이 생겨났듯이, 이제 제국의 장벽이 무너진 그곳에서 서로 다른 문화권에 속한 지구촌 사람들이 만나서 하나님께서 주신 창조의 기쁨을 경축하는 축제를 벌이게 될 것이다.

찬송가 속에 담긴
제국주의 사상

조 인 형 | 성공회대학교 교회음악대학원, 오르간 전공

찬송가(성가) 속에 나타난 제국주의[1]

제국주의 국가들은 식민지를 건설하면서 종교도 함께 전파했다. 특히

---

1) 제국주의라 함은 다른 나라를 정복·지배하려는 일체의 침략주의적 경향으로 넓은 뜻으로는 정치·경제·사회·문화·군사 등 다방면에 걸쳐 이루어지는 국가나 민족의 침략주의적 경향을 의미하며, 좁은 뜻으로는 레닌의 개념으로 19세기 말부터 시작된 자본주의의 최후 단계를 의미한다. 근대 자본주의 체제를 확립했던 영국은 19세기 중엽에 이르러 세계 전역에 걸쳐 통상권을 지배하고 군사력을 동원하여 영토를 병합해 나갔다. 그리하여 제1차 세계대전이 발발하기 이전까지 자국 영토의 100배에 달하는 55개의 식민지를 경영하게 되어 대영제국의 번영과 진보를 상징했다. 제국주의 국가들이 식민지를 건설하면서 내세운 논리는 자국의 사회경제 질서 유지를 위한 식민지 경영은 식민지에게도 문명의 혜택과 경제적 발전에 유익하다는 것이었다. 그러나 식민지에서 벌어진 실상은 명분과는 전혀 동떨어진 비참한 것이었다. 1914년에는 영국과 프랑스를 필두로 하여 러시아·독일·미국·일본 등 6대 열강에 의해 아프리카의 90%, 남태평양군도의 대부분이 식민지로 전락했다. 제2차 세계대전 이후 세계의 정치·경제적 동향은 레닌의 이론만으로는 설명할 수 없는 새로운 현상들이 나타났다. 그중 식민지·종속국의 대부분이 독립함으로써 식민지주의가 붕괴되고 제국주의가 종말을 맞이하게 되었다.

성공회와 가톨릭이 국교인 영국과 프랑스는 복음 전파라는 기독교의 본질적 사명을 충실하게 이행했는데 기독교 신앙적 측면에서 볼 때 이를 비판만 할 수는 없다. 종교가 제국주의 팽창의 도구로 사용되었다는 주장은 어떤 의미에서 위험한 생각일 수 있으나 전혀 근거가 없다고는 할 수 없을 것이다. 찬송가 속에 은연중에 담겨 있는 제국주의적 사상은 기독교 신앙으로 포장되어 식민지인들에게 별다른 거부감 없이 받아들여지게 된 것이다.

제국주의와 음악의 역할

천주교는 200여 년 전 우리나라의 학자들이 자발적으로 복음을 수입해 옴으로써 이 땅에 전파되었지만 개신교는 개항과 더불어 들어오게 된다. 개신교 중 특히 장로교와 감리교, 성결교가 가장 빠른 성장을 하게 되는데 칼뱅의 장로교는 영국과 미국을 거쳐 들어온 것이고 감리교는 영국 성공회에서 분리된 교단으로 미국을 거쳐 들어왔다. 성결교는 미국과 일본을 거쳐 들어온 것으로 일본에서 교육받은 김상준과 김정빈에 의해 한국 선교가 시작된 교파다. 결국 한국의 대표적 개신교단 모두 영국에 그 뿌리를 두고 있음을 알 수 있는데 19세기 영국은 대표적 제국주의 국가였다.

제국주의 국가들은 경제나 문화를 앞세우고 군사력의 도움을 받아 그렇지 못한 국가들을 식민지화했는데 특히 기독교 국가였던 영국과 스페인, 프랑스와 같은 강대국들은 기독교도 함께 전파했다. 전도는 기독교의 기본적 사명이기 때문에 이를 비판할 수는 없고 비판해서도 안 된다. 그러나 냉정한 시각(즉 비기독교적 시각)으로 보게 되면 종교는 피지배국들의 반발을 최소화할 수 있는 가장 효과적인 도구였다고 보인다. 무신론자들의 주장이긴 하나 '종교는 아편이다'라는 말을 여기에 적용해 볼 경우 제국주의의 위험성과 식민지 국가들의 아픔과 서러움을 잊게 하는 데 종교가 사용된다고 볼 수도 있는 것이다. 순수한 기독교의 전파는 비난받아서는 안 되지만 종교를 앞세운 제국주의적 지배음모가 있다면 이는 비판의 대상이 될 수 있는 것이다.

모든 종교에는 예술행위가 반드시 함께 한다. 기독교회 역시 음악을 포함한 모든 예술의 최고의 아름다움으로 창조주 하나님을 찬양하고 있다. 음악은 다른 예술에 비해 보다 구체적이고 적극적으로 전례 속에 포함되어 있는데 이는 눈에 보이지 않는 '소리'라는 매체를 통해 인간의 눈으로 볼 수 없는 창조주 하나님과 대화할 수 있는 도구로 인식되었다. 미술이나 건축, 문학과 같은 예술이 정적이라면 음악은 매우 동적인 특징을 지니며 인간에게 보다 직접적으로 작용하는 속성을 지닌다. 인간의 오감(五感) 중에서 청각은 인간을 보다 쉽게 흥분시키는 특징을 지닌다. 19세기의 무성 영화는 함께 연주되는 음악의 도움이 없었다면 감동이 별로 없었을 것이다. 아무리 무서운 공포 영화도 음향 효과가 없다면 그다지 무섭지 않다.

인간은 자신의 감정을 표현할 때 소리와 몸짓을 사용한다. 울음이나 웃음소리 모두 음악과 관련되어 있다. 인간은 기쁜 감정을 표현하고자 할 때 노래하며 이에 맞춰 몸을 움직인다. 음악전문가가 아니더라도 우리 대부분은 그럴 줄 안다. 훈련받은 음악가는 음악으로, 화가는 그림으로, 시인은 시로 자신의 감정이나 감동을 표현하는데 이는 인간의 고도로 전문화된 영역에 속한다. 이처럼 음악은 인간의 감정에 매우 직접적으로 영향을 주고 종교는 이를 잘 이용해 왔고 이용하고 있다.

기악(器樂)과 달리 성악은 가사(문학)를 동반한다. 기악곡은 듣는 이의 율동을 유도해 내는데 이는 음악이 사라지고 나면 쉽게 잊히는 경향이 있다. 반면에 성악곡이 동반하는 가사의 내용은 노래가 끝난 후에도 그의 무의식 속에 대부분 남아 있다. 한 나라의 국가(國歌)나 단체가 사용하는 많은 노래 속에는 한 집단이 전하고자 하는 주의나 주장들이 담겨 있다. 이를 통해 나라에 속한 국민들이나 단체 회원들을 하나로 묶고 동질성을 느낄 수 있도록 하는 것이다. 유신 시절 '새마을 노래'가 그랬고 근자의 2002년 월드컵 때 사용된 '대한민국'이 그랬다. 운동권 학생들 역시 음악의 이러한 능력을 잘 이용하고 있음을 볼 수 있다.

교회에는 여러 노래가 있는데 특히 일반 회중의 노래로 찬송가를 들 수 있다. 기독교회가 교인들에게 가르치거나 전하고자 하는 성경의 내용과 신학적 사상들을 음악과 결합시켜 탄생시킨 것이 바로 찬송가다. 찬송가의 장점 중 하나는 별다른 음악적 훈련이나 지식 없이도 쉽게 따라 부르고 기억할 수 있는 구조를 갖는다는 점이다.

인류의 역사는 수많은 전쟁과 갈등들로 점철되어 있다. 구약시대에 주변 국가들에 비해 상대적으로 약소국이었던 이스라엘 민족은 시편을 통해 이집트의 멸망을 기원했다. 종교 개혁자 루터는 코랄이라는 새로운 형태의 회중찬송가의 도입을 통해 거대한 가톨릭 교회를 떠나 루터 교회가 독일 민족 교회로 자리 잡는 데 결정적인 도움을 받았다. 신앙적 각성과 부흥이 요구됐던 18~19세기 영국과 미국의 기독교회는 복음주의 운동을 하면서 복음성가를 매우 효과적으로 사용했다. 이는 기독교에 있어서 회중의 노래(찬송가)가 얼마나 위대한 힘을 발휘하고 있는가를 새삼 인식시켜 주는 대표적 사례들인 것이다.

제국주의적 사고가 온 국가를 지배했던 19세기 중반의 영국은 찬송가를 통해 자국 국민들에게 제국주의의 당위성을 홍보하며 이를 정당화시켰고 식민지 국가 교인들에게는 무의식중에 이를 받아들이도록 했다.

먼저 이에 사용된 음악의 예를 들어 보자. 통일찬송가 79장(피난처 있으니, 곡명: America)은 영국 국가이고 245장(성공회 성가 453장: 시온 성과 같은 교회)은 오스트리아 국가이다. 이 중 뒤의 곡은 하이든이라는 음악사적으로 훌륭한 작곡가의 곡으로 보아 별다른 의미를 두지 않을 수 있다. 반면에 영국 국가의 경우는 분명히 제국주의적 의도가 그 바탕에 깔려 있음을 볼 수 있다. 이 곡은 영국의 미국 식민지 시절 미국 찬송가에 가사가 바뀌어 들어간 것이 한국 교회에 전해진 것이다. 한국 기독교가 예배 중 애국가를 부르는 경우가 거의 없음에도 불구하고 비록 가사는 다르나 영국 국가를 예배 중 부른다는 것은 아무리 바뀐 가사의 의미가 좋다고 하더라도 그다지 기분 좋은 일은 아닌 것이다. 아니 기분 문제가 아니라 우리가 그 나라의 속국임을 무의식중에 선포하고 있는 것으로 본다면 이는 국가 차원에서 심각성을 인정하고 시정해야 할 것이다. 이 경우 가사가 훌륭하다면 이는 살리되 곡조 자체는 찬송가 속에서 삭제하는 것이 바람직할 것이다.

인간이 하나의 관습을 통하지 않고는 살 수 없는 것처럼 음악 역시 하나의 관습을 통해 표현된다. 우리나라의 전통음악이 바로 이러한 관습을 입고 태어난 우리만의 고유한 음악 문화이다. 그러나 개항과 더불어 기독교와 함께 들어온 서구의 새로운 음악은 우리의 음악적 입맛을 완전히 바꾸어 버렸다. 전통적으로 유교 문화권에 속했던 우리 조상들은 음악 자체는 즐길 줄 알면서도 음악가들은 천민 시 했다. 일제 강점기에는 우리의 고유문화를 말살시키려는 일본 제국주의의 영향으로 전통음악은 그 설 자리를 잃어버리게 된다. 6·25 전쟁 후 미군의 남한 주둔과 더불어 들어온 서구의 문물은 '잘 살아보자'는 경제발전 위주의 시각에서 볼 때 무조건 받아들여야 할 대상이 됐다. 미국이 제국주의를 앞세워 우리를 식민지화하려 하지 않았기 때문에 다행이지만 만약 그런 의도가 있었고 시도되었다면 기독교가 좋은 도구가 되었을 수도 있었을 것이다. 나름의 관습화된 문화(음악)를 잃어버린 국가는 존재하기 힘들기 때문이다.

가사는 음악보다 훨씬 더 심각성을 보여 준다. 찬송가 가사 속에 담겨 있는 수많은 단어 중 유독 전쟁과 관련된 어휘들이 많다. 그 예는 우리 찬송가 가사에서 아직도 쉽게 발견된다. 기독교 신앙에서 볼 때 복음의 전도는 가장 중요한 교회의 사명이다. 전도는 아무리 강조해도 지나치지 않다. 그러나 여기에서 문제가 되는 부분은 전도해야 할 대상을 마치 무찔러야 할 적으로 간주하는 자세이다. 전도의 대상은 우리의 이웃으로 우리가 사랑해야 할 우리의 형제자매이지 결코 사탄이나 마귀는 아닌 것이다. 그 대표적 예를 제국주의 국가 교인들을 위한 가사와 피식민지 국가 교인들을 위한 가사로 나누어 아래에 소개해 본다. (논의의 진행을 보다 쉽게 하기 위해 각 제목에 임시번호를 붙인다.)

1) 제국주의 국가 교인들을 위한 가사

① 주의 군사 모으시고 (70성가 202)

② 주의 군사들아 갑옷을 입으라. 구원의 투구와 성신의 검 집어 신덕의 방패가지니 (70성가 282)

③ 거룩한 군사여 싸우러 나가세. 예수의 힘을 입어 적군을 멸하세. 능력의 갑옷을 입고서 싸우러 나가세. 적들과 맞붙어 결전을 할 때에 (90성가 538)

가사: Soldiers of Christ, arise - C. Wesley, 1749.

④ 너 십자가의 군병 주 위해 일어나 기 들고 앞서 나가 힘차게 싸우라 / 주 예수 승리하고 큰 영광 얻도록 그 군대 거느리사 늘 지휘하신다 / 그 나팔 소리 듣고 곧 나가 싸우라 주 없는 원수 맞아 큰 싸움 할 때에 / 주 예수 힘을 주사 이기게 하신다. (90성가 540)

가사: Stand up, stand up for Jesus - G. Duffield, 1858

⑤ 군기를 손에 높이 들고 다 빨리 나아가세 / 진리의 검을 앞세우고 힘차게 싸워 보세 / 온 몸에 갑옷입고서 담대히 나아가세 / 군기를 들고 나가세 / 승리는 내 것일세 / 원수를 정복하고서 인생을 구해 내세 / 죽음을 두려워 말고 앞으로 전진하세. (찬 385)

작사자는 미국의 샤일레 마틴이며 관련 성구는 요한계시록 6:2의 말씀으로 종말론적인 전쟁을 배경으로 하고 있다. 그에 대한 자세한 자료는 없지만 19세기 미국인으로 추정된다. 주님의 성전을 지키는 군사들은 주의 힘주심으로 승리함을 노래하고 있다.

⑥ 다른 군사 피 흘리며 나가서 싸울 때 나 혼자 편히 앉아서 바라만 보리요. 큰 싸움은 시작되어 용사를 부른다. 곧 나가 전쟁마당에 다 어서 나가자. (찬 387)

작사자는 영국의 왓츠 목사로 엄격한 시편 찬송만을 부르던 오랜 전통을 개혁하여 새로운 찬송시의 창작에 공헌했다. 그는 이 찬송을 고린도전서 16:13을 기초로 하여 '불굴의 정신'이란 제목으로 설교했다. 이 설교를 바탕으로 1724년에 그의 설교집 제3권에 덧붙였다. 그는 예배 때 찬송을 부르지 않았는데 부친의 권유로 찬송시를 쓰게 되어, 첫 찬송 시요, 영국 찬송가의 시발점이 된 이 시를 발표하는 계기가 되었다. 또한 그는 600여 편의 찬송시와 여러 분야에 걸쳐 60여 권이라는 서적을 발간하기도 했다.

⑦ 십자가 군병들아 주 위해 일어나 기 들고 앞서 나가 굳세게 싸우
라. 주께서 승전하고 영광을 얻도록 그 군대 거느리사 늘 이김
주시네. (찬 390)

작사자는 미국 펜실베이니아 주 출신인 조지더필드 목사로 부흥사 타잉
(29세) 목사가 불의의 사고로 죽기 전에 "예수를 위해 일어나시오"라는
유언을 남기자 에베소서 말씀에 근거하여 설교를 하면서 마지막 권면으
로 이 유언을 사용했다고 한다.

⑧ 행군 나팔 소리로 주의 호령 났으니 십자가의 군기를 높이 들고
나가세. (찬 402)

작사자에 대해 『신증 복음가』(1919)에서는 B. 타우너가 판권을 취득
하고 M. 알렉산더의 소유라고 했고 헤리엣 워터스라는 추측도 있지만
그의 생애에 대해서는 알려진 바가 전혀 없다. 디모데후서 4:7, 8을 관
련 성구로 믿음의 선한 싸움에 대해 작시했다.

⑨ 나 주의 군병되어 싸움을 이기고 면류관 얻도록 (찬 445)

작사자는 독일 바이마르 출신의 경건한 신앙인이었던 살로모 프랑크이
다. 불우했던 가정환경의 영향으로 대부분의 그의 찬송시에는 죽음에
관한 명상이 밑바닥에 흐르고 있는 것이 특징이다. 이 찬송시는 시편 38:
22 말씀을 토대로 하여 작시되었다.

⑩ 주 나와 함께하면 전쟁도 겁 없고 …… 저 악한 원수들이 ……
내 방패 되시고. (찬 448)

작사자는 영국의 존 어니스트 보드 목사이다. 이 시는 그의 딸과 두 아들
의 견진성사를 위해 쓴 곡으로, 변화무쌍한 인생여정에서 자신의 아이
들을 그리스도께서 늘 지켜 주시길 간구하는 내용을 담고 있다.

전도의 사명은 귀하나 이를 전쟁에 비유한 가사들은 그 내용에 문제가 있는 것이다.

사용된 대표적인 문제 용어를 보면 군사, 군대, 갑옷, 투구, 검, 갑옷, 결전, 군기, 피, 용사, 전쟁, 군병, 승전, 행군 나팔 소리, 방패 등이 있다.

2) 피식민지 국가 교인들을 위한 가사

① 동양에서 서양까지 모든 교인들 합하여 (70성가 18)

② 동양에서 해가 지므로 교우들이 취침할 때 서양에서 그 해 돋으니 기도하게 깨우도다. (70성가 100)

③ 온 세상 모든 교회 한 교회 되리라. (90성가 451)

　가사: The Church's one foundation - S. J. Stone, 1866

④ 나라와 말 역사가 제각기 다르나 온 세상 사람 믿으니 한 형제자매라 / 각 나라 서로 도우며…… 한 형제자매라. (90성가 454)

　가사: Our father! thy dear name doth show - C. H. Richards, 1910

⑤ 각 나라 모든 사람이 복음 듣고서 (찬 264)

　작사자는 미국 매사추세츠 주 태생의 침례교 목사인 사무엘 프랜시스 스미스이다. 그는 학창 시절부터 해외선교에 깊은 관심을 가졌다. 1832년 신학교 재학 중 미얀마의 선교사로 활동하고 있던 저드슨의 희망적인 선교 보고서를 받고 이 곡을 썼다.

⑥ 인류는 하나 되게 지음 받은 한 가족 (찬 272)

　작사자는 홍현설 목사이다. 그는 감리교 신학대학의 학장을 역임하기도 했다. 이 곡은 그가 『개편 찬송가』를 편찬할 때에 한국 찬송가 위원회에

이 경우 전쟁과 관련된 호전적인 내용의 가사는 없고 한 형제자매나 한 교회 등 평화적인 내용의 가사로 일관되어 있음을 볼 수 있다. 특히 평화와 화합을 강조하는 이들 가사의 경우 제국주의적 의도가 없다고 봐도 문제될 것이 전혀 없다.

물론 이 두 종류의 찬송가가 제국주의 국가나 피 식민지국가 찬송가에 구별되어 있는 것은 아니고 한데 섞여 있는데 이러한 점이 이 논의를 어렵게 한다. 즉 '동·서양이 한 형제자매'라는 식의 표현들이 제국주의적 사고가 배제된다면 결코 문제가 될 수 없다. 반대로 아무리 피식민지 국가라 하더라도 복음 전파의 사명과 관련된 내용의 전투적 용어가 교인들에게 신앙적으로 이해되고 받아들여진다면 별다른 저항도 없을 것이다.

번역 가사의 한계성과 극복해야 할 과제

종교개혁과 더불어 독일이나 영국 개신교회가 가장 심혈을 기울여 작업한 것은 바로 성경과 교회 노래의 자국어 번역 사업이었다. 이러한 번역은 자국어(독일어나 영어)의 문학 발전에도 큰 기여를 하게 된다. 특히 영국 성공회의 경우 1830년에 일어난 옥스퍼드 신앙부흥운동(일명 '문서운동')은 19세기 영국 찬송에 지대한 영향을 끼쳤다. 이를 통해 성공회 예전에 대한 정화작업이 일어났으며 훌륭한 중세 예전적 찬송들이 미사에 도입되면서 초기 라틴어나 헬라어, 독일어 찬송들이 영어로 번역되게 된다. 복음적 찬송이 주로 자유로운 내적 경험들을 취급하는데 반해 이러한 예전적 찬송들은 공통된 신자들의 경험의 표현과 더불어 교회의 절기나 예전과 밀접하게 관련되어 있었다.

개항과 더불어 선교사들에 의해 이 땅에 기독교가 전파되면서 당연히 서구의 찬송가들이 함께 소개되었는데 당시에 지배적이던 우리의 한자 문화의 영향과 영어 번역 능력의 부족으로 인해 조악한 번역 작업에 의한 우리말 찬송가들이 소개되었다. 찬송가는 성경과 함께 기독교 신자들의 신앙생활과 예배생활에 필수적인 귀중한 책이다. 성경이 하나님의 말씀이라면 찬송가는 신자들의 응답의 언어라고 할 수 있다.[2] 찬송가의 번역자는 작사자와 마찬가지로 예배의 언어, 신앙의 언어, 신자들의 언어를 제공하는 자라고 할 수 있다. 그렇기 때문에 영국이나 독일 찬송가의 경우 번역자에 대한 기록을 작사자 밑에 함께 기록해 줌으로써 작사자와 동등하게 그 중요성과 작업에 대한 가치를 인정하는데 반해 우리는 그렇지 않은 상황이다(현재 한국 찬송가에는 번역자에 대한 기록이 전혀 남아 있지 않다).

우리가 흔히 번역서적을 읽다 보면 원문과의 대조 없이는 이해가 잘 되지 않는 경험을 하게 되는데 이는 번역에 대한 사명감을 잘 인식하지 못한 결과로 보인다. 단어 대 단어의 번역을 1차적 번역이라 하고 이를 다시 한 번 이해가 가능하도록, 즉 번역되는 언어로서의 자연스러

---

2) 조숙자, 『찬송가학』(서울: 장로회 신학대학교 출판부), 268.

움과 의미 전달의 용이함, 더 나아가 독자의 입장에서 우리의 상황에 맞춰 이해될 수 있을 정도로 의역하는 작업을 2차적 번역이라고 할 수 있는데 이러한 2차적 작업을 거쳐야지만 완벽한 번역이라고 할 수 있는 것이다. 라틴어나 독일어를 영어로 번역한 찬송 가사를 보면 원어가 지닌 시적 아름다움을 영어 가사에서도 거의 완벽할 만큼 아름답게 재현되어 있는 것을 볼 수 있다. 번역된 영어 가사 자체가 한 편의 아름다운 시로 창조되는 것이다.

앞에서 이미 언급했지만 초기 한국 찬송가 가사를 보면 당시 교인들이 이를 잘 이해했는지는 모르겠으나 참으로 조악했음을 볼 수 있다. 그 예를 하나 들어본다.

찬양가 36장 (1894년 한국 최초의 악보 찬송가)	통일찬송가 188장
날위ᄒ야 열닌반셕 날 감초아 줍쇼셔 륵방에셔 샹ᄒ야 물과 피가 나온 것 죄의효험 겹되게 악과 능업시ᄒ게	만세반석 열리니 내가 들어갑니다 창에 허리 상하여 물과 피를 흘린 것 내게 효험되어서 정결하게 하소서

일본에서 인쇄된 이 한국 최초의 악보찬송가는 한국 학자들의 도움을 받아 번역 편찬되었으나 곡조에 가사를 맞추는 작업의 어려움을 토로하고 있고 또한 곡조 대부분이 중국어 찬송에서 따오거나 번역한 것들이어서 난해한 점이 많았음을 알 수 있다. 위 번역을 보면 초기 번역 찬송의 미숙함을 엿볼 수 있다. 한편 동일한 곡조에 새로 번역되어 현재에도 실려 있는 통일찬송가 188장의 가사를 보더라도 아직도 한자 어휘를 그대로 사용하고 있음은 이해가 잘 되지 않는다. 동일한 곡조의

성공회 성가 401장 번역은 아래와 같다.

<table>
<tr><td align="center">90성가 401장</td></tr>
<tr><td align="center">만세반석 주님께 내가 들어갑니다
창에 허리 찔리어 물과 피를 흘리신
예수님의 상처에 나를 숨겨 주소서</td></tr>
</table>

찬송가 가사는 노래하면서 곧바로 이해되는 것이 가장 바람직한데 그런 의미에서 90성가는 바람직한 방향으로 번역되었다고 보인다. 70성가에 실렸던 이 가사는 아래와 같았다.

<table>
<tr><td align="center">70성가 246장(다른 곡조였음)</td></tr>
<tr><td align="center">십자가에 못 박혀 구세하신 예수여
오 주의 보혈만이 속죄에 능하시니
주여 나의 죄과를 씻어주시옵소서</td></tr>
</table>

70성가의 가사 역시 한자 어휘를 사용하고 있는데 이는 90성가에서 대부분 수정되었다.

여기에서 우리가 주목해야 할 점은 번역의 중요성으로 단어 대(對) 단어로 번역하는 1차 번역이 아니라 필요하다면 의역을 하더라도 현재 상황에 맞춰 노래하는 회중이 쉽게 이해할 수 있도록 하는 작업이 중요하다. 2000년 전 유대 땅에서 태어난 그리스도가 오늘날 이 땅에도 오실 수 있음을 깨달아 알아야 한다. 18~19세기 팽배했던 제국주의적 사고가 바탕에 깔려 있는 기독교의 교리나 신학적 주장들이 오늘날 현대 교회에서 수정되었듯이 찬송가의 가사 역시 수정되어야 하는

것이다. 이는 각 국가들의 토착화 운동과 맞물려 현대 교회, 즉 오늘의
한국 기독교가 반드시 극복해 나가야 할 중요한 과제인 것이다.

맺는 글

오늘 '찬송가 속에 담긴 제국주의 사상'을 이야기하면서 한 가지 어려
운 점은 기독교의 가장 본질적 사명인 전도와 관련하여 제국주의와 관
련된 부분을 구별해 내는 것이었다. 독실한 ―약간은 무비판적인 모태
신앙을 지닌 ―신앙인의 입장에서 볼 때 전도 행위를 나무라는 이 글이
경계해야 할 주장이라고 몰아세울 수 있다. 그러나 이 글을 통해 필자
가 서두에서 밝혔듯이 전도 행위 자체를 비판하려는 의도는 아니다.
비난받아야 할 부분은 전도 행위 속에 숨겨져 있는 제국주의적 자세인
것이다.

제 2 부

제국의 신 민중의 신

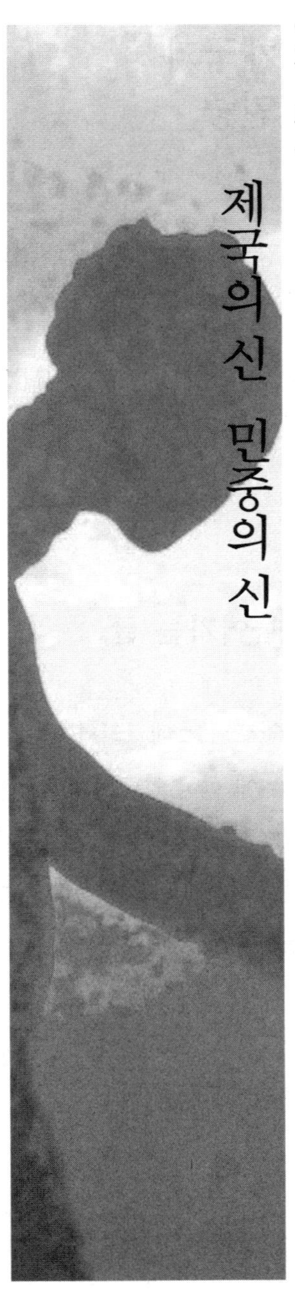

제국과
민중

강 원 돈 | 한신대학교 신학과, 경제윤리

들어가는 글

안토니오 네그리와 마이클 하트의 『제국』[1]이 한국어로 번역, 출판된
뒤에 한국 인문사회학계는 이 문제작을 둘러싸고 뜨거운 논쟁을 벌였
다. 지난 2004년 9월에 열린 맑스코뮤날레의 쟁점토론회에서는 오늘
의 세계를 제국주의의 침략과 약탈이 강화되는 단계로 볼 것인지, 제국
의 탄생과 발전 단계로 볼 것인지를 놓고서 손호철과 정성진을 한편으
로 하고 조정환과 윤수종을 또 다른 한편으로 하는 두 의견 집단들 사
이에서 치열한 공방이 벌어졌다.[2] 만일 앞의 견해를 취한다면, 오늘의
사회운동은 제국주의 세력에 대항하는 국지적 투쟁으로 전개되어야
마땅하고, 이 경우 영토국가의 성격을 변화시키는 것이 중요한 과제가

---

1) 안토니오 네그리/마이클 하트, 『제국』, 윤수종 역(서울: 이학사, 2001).
2) 위의 네 학자들의 글은 맑스코뮤날레 홈페이지에서 다운로드받을 수 있다.

될 것이다. 거꾸로 뒤의 주장을 받아들인다면, 제국의 지배는 대중을 '훈육'하고 '통제'하면서 지구적 차원에서 실현된 것으로 보아야 하기 때문에 사회운동은 제국의 내파(內破)를 위한 지구적 차원의 저항으로 전개되어야 하고, 영토국가를 전제하는 저항의 전략은 공허한 것으로 간주되어야 한다.

필자는 제국을 둘러싼 논쟁이 사회운동의 진로와 운동 주체의 구성에 결정적인 의미를 갖고 있다고 보기 때문에, 이 글에서 우선『제국』의 논점들 가운데 몇 가지를 검토하고, 그 다음 제국의 탄생을 운위하는 오늘의 세계에서 사회운동의 전망과 주체 문제를 나름대로 제시해 보려고 한다.

제국의 탄생에 대한 네그리와 하트의 논거

네그리와 하트의 핵심 논점은 오늘의 세계에서 제국주의는 끝났고 제국이 탄생했다는 것이다.3) 제국은 자본의 대외적 팽창과 실질적 포섭 과정을 통해서 형성되었고, 이 과정의 완성에 대응하는 '주권' 형태이다. 제국은 금융, 생산, 분배, 소비의 지구적 네트워크를 기반으로 하기 때문에 그 자체가 '네트워크 권력'이다.4)

1. 이 네트워크는 자본의 이윤을 위해 작동하는 일종의 자동기계이다. 이 자동기계는 자본주의의 원리에 따라 움직이기 때문에 자연히 자본과 노동의 결합을 전제하지만, 경제의 지구화가 실현된 오늘의 네트워크 경제에서 노동력은 그 이전 시대와는 다른 형태와 성격을 지닌

---

3) 네그리/하트, 12, 18.
4) 네그리/하트, 403 이하.

다. 그것은 포드주의(Fordism) 이전의 숙련노동력도 아니고, 포드주의 시대의 기계화된 노동력도 아니다. 네트워크 경제에서 노동력은 생산 부문과 재생산 부문을 통합한 '사회화된' 노동력이고, 정보 기술의 발달로 인해 고도로 '정보화된' 노동력이다. 네트워크 경제의 중심은 발전된 기술체계이며, 그 주변에 노동력이 정규직, 비정규직으로 유연하게 배치된다. 그리고 네트워크 경제가 자동기계처럼 작동할 때 한편에서는 엄청난 부가 축적되고, 또 다른 한편에서는 가난과 비참이 축적된다. 네트워크 경제에서 배제되어 생존의 기회를 박탈당할 수 있다는 불안과 공포는 네트워크 경제의 '훈육'과 '통제'를 받아들이도록 하는 강박을 낳는다.

2. 자본의 논리에 따라 형성된 네트워크 경제는 단지 자본의 요구에 따라 자연발생적으로 나타난 것이 아니다. 네트워크 경제는 포드주의의 위기에 대응하기 위한 자본의 전략에서 비롯되었고, 이것은 포드주의 체제에 대항하는 프롤레타리아트의 저항에 대응하는 자본의 반작용이었음을 의미한다.[5] 노동의 저항과 이로 인한 축적 위기에 대한 자본의 대응은 오직 국가를 자본의 권력으로 못을 박는 신자유주의적 개혁 과정을 통해서 비로소 실효를 거둘 수 있었다. 국가는 네트워크 경제의 요구에 따라 자본시장의 자유화와 상품 무역의 자유화, 노동시장의 유연화를 법제화하는 데 앞장섰고, 노동 권력을 무력화하는 데 심혈을 기울였으며, 이를 통해 네트워크 경제에 상응하는 주권의 합성을 실현했다. '제국'은 바로 이러한 주권 합성의 과정을 통해 만들어진

---

5) 네그리/하트, 356: "프롤레타리아트의 권력은 자본에 한계를 강요하고 위기를 결정할 뿐만 아니라 변형의 조건과 본성을 지시한다. 프롤레타리아트는 실제로 자본이 미래에 어쩔 수 없이 채택해야만 할 사회적이고 생산적인 형태들을 발명한다."

네트워크 권력이다.

   3. 제국의 주권은 피라미드 구조다. 피라미드의 최상층에는 지구적 차원에서 군사정치적 헤게모니를 장악한 초강대국과 그 동맹세력인 G-7 강대국들, 그리고 이들의 규율을 받으며 지구적 차원에서 군사, 정치, 경제, 금융, 무역 등을 지배하는 초국적 네트워크 기구들[6]이 있다. 이들이 제국의 통합을 실현하는 세력이며, 그들을 움직이는 정치원리는 '군주제'다. 피라미드의 중간에는 네트워크 경제의 핵심 에이전트인 초국적 기업들과 지역경제블록 등이 있다. 이들은 제국의 허리이며, 제국의 명령을 전파하고 구현한다. 이들을 움직이는 정치원리는 '귀족제'이다. 피라미드의 하층을 이루는 것은 제국의 명령을 전파하는 국민국가들, 국민적 차원의 미디어와 종교 기구들, 시민단체들이다. 이 기구들은 국가시민을 대변하고, 그 자체로서는 민주주의적 정치원리에 따라 움직일 수 있다. 제국의 명령과 국가시민의 요구 사이에서 심각한 분열을 경험하는 국민국가를 제외하고서 미디어, 종교기구, NGO 등은 지역, 국가, 세계를 넘나드는 담론을 형성할 능력도 있다. 그러나 이들 장치들이 포섭하는 것은 국가시민의 지위를 가지는 사람들이지, 네트워크 경제에서 프롤레타리아트로 살아가는 사람들이 아니다.[7]

---

6) 이에 속하는 것으로는 이를테면 NATO, IMF, WTO, WB, 국제결제은행(BIS) 등이 있다.

7) 네그리와 하트는 이들을 'people'로 규정했다. 여기서 용어 문제를 검토할 필요가 있을 것 같다. 네그리와 하트는 people이 국가에 포섭된 국가시민들을 가리키기 때문에 이와 구별해서 자본의 포섭 대상이 되는 무리를 지칭하기 위해 proletariat 개념을 설정하고, 노동조합이나 좌파 정당에 의해 조직되지 않은 프롤레타리아트를 가리키는 multitude 라는 용어를 사용한다. 이에 대해서는 네그리/하트, 102과 279 이하를 보라. 우리말 번역본에서는 people을 '민중'으로, multitude를 '다중'으로 옮기는데, 필자는 people 을 그냥 국민으로 번역하고, multitude를 무리 내지는 민중으로 옮기는 것이 더 적절하다고 생각한다. 내 글에서 '민중'이라는 용어는 『제국』의 우리말 번역본과는 다른 뜻이다.

제국의 주권은 따라서 군주제, 귀족제, 민주제의 중층적 혼성과 절합(節合, articulation)으로 이루어져 있다. 이것은 고대 로마 제정의 권력 구조를 빼박은 것처럼 닮았다.[8] 문제는 제국의 현실에서 군주의 명령과 귀족의 이익에 대항하는 평민들의 민주적 요구를 국민국가 차원에서 실현할 수 없다는 데 있다.

4. 자본의 외적 팽창과 실질적 포섭을 완성한 네트워크 경제와 이에 상응하는 제국은 더 이상 바깥을 갖고 있지 않으며, 당연히 중심도 없다. 제국은 제국주의 세력으로 인식될 수 없다. 따라서 제국은 제국주의 세력 바깥의 영역을 확보하고자 하는 식민지 민중의 해방운동을 통해서 타도되지 않을 것이다.

제국이 포드주의 체제에 대한 노동의 저항과 축적 위기에 대응하기 위해 창설되었다는 것이 분명한 것처럼, 제국이 네트워크 경제에 대한 프롤레타리아트의 저항에 의해 해체될 것이라는 것도 확실하다. 제국이 시작을 갖는다면 그 끝도 있을 것이다.

제국이 외부를 갖지 않는다면, 그 제국은 내파(內破)를 통해서만 붕괴될 것이다. 제국은 그 내파를 피하기 위하여 제국의 신민들을 '훈육'하고 '통제'할 것이다. 노동의 규율을 신민들의 몸에 새겨 넣어서 '생체권력'을 강화할 것이고, 판옵티콘(panoptikon)을 방불케 하는 통제 장치를 정교하게 만들어낼 것이다.[9] 신민들을 철저하게 고립시키고 분산시키되 서로 통합되어 있다는 이미지를 연출하기도 할 것이다. 그것이 '스펙터클 사회'의 정치이다.[10] 따라서 제국의 내파를 시도하는 프

---

8) 네그리/하트, 『다중*Multitude*』, 410.

9) 이에 대해서는 미셸 푸코, 『성은 억압되었는가?』, 박정자 역(서울: 나남, 1990), 149 이하를 보라.

롤레타리아트는 통합의 외관에서 틈을 찾아내고 고립과 분산으로부터 단결과 연대로 나아가려는 대항운동을 조직해야 한다.

그 대항운동이 조직되는 곳은 제국의 지배가 나타나는 모든 곳이다. 제국은 중심을 갖지 않지만, 지구 전체에 미만(彌滿)해 있다. 제국은 특정한 장소를 갖지 않는다는 점에서 "그 어디에도 없는 곳(utopia=non-place)"에 있고, 신민들이 그들의 적을 식별하지 못하도록 분산시켜 놓았다.[11] 바로 그렇기 때문에 대항운동은 지구적 차원을 갖는다. 제국의 상층부를 통해 지령되는 위로부터의 지구화는 프롤레타리아트가 주도하는 아래로부터의 지구화로 인해 분쇄되어야 하고, 저항운동은 저항의 지구적 네트워크로 나타난다.[12]

이러한 저항운동을 조직할 때, 프롤레타리아트는 무엇보다도 오늘의 노동력이 '사회화'되고 '정보화'되었다는 점을 망각해서는 안 된다. 그것은 저항운동이 공장 중심의 프롤레타리아트 운동과 그 정치적 조직화 운동으로만 전개될 수 없고, 생활세계적 요구를 수렴하는 사회적 차원을 가져야 한다는 것을 의미한다.[13] 제국이 신민들을 '훈육'하고 '통제'하는 장치들을 무력화시키기 위해서는 '훈육'과 '통제'를 무력화하는 구호와 실천이 필요하다. '전 지구적 시민권', '사회적 임금권', '기술체계에 대한 프롤레타리아트의 주권'이 그것이다.[14] 자본의 전능성

---

10) 기 드보르, 『스펙터클의 사회』, 이경숙 역(서울: 현실문화연구, 1996), 52: "스펙터클에 의해 공언되는 비현실적 통일성은 자본주의적 생산양식의 현실적 통일성이 의존하고 있는 계급분리를 은폐한다."

11) 네그리/하트, 256.

12) 네그리와 하트는 이러한 아래로부터의 지구화를 '대항 전지구화'라고 규정하며(네그리/하트, 277), 그것이 '대항 제국'을 탄생시킨다고 본다.

13) 네그리/하트, 279 이하.

14) 네그리/하트, 502 이하.

에 대항해서 노동의 인간성을 회복하고, 자본의 착취에 대항해서 노동자들의 협동을 구현하고, 자본의 소유권 주장에 대항해서 소유에 대한 자유로운 접근을 요구하는 것이 그 목표다.

네그리와 하트의 논거에 대한 검토

위에서 살펴본 네그리와 하트의 주요 논점들은 많은 점에서 시사적이지만, 나는 제국이 완성된 실재라고 보지 않는다. 나는 제국이 네트워크 경제에 대응하는 주권 합성의 한 경향을 그리고 있는 하나의 시나리오라고 생각한다. 그렇게 생각하는 여러 가지 이유들이 있지만, 몇 가지만 밝히면 다음과 같다.

1. 네그리와 하트의 견해를 따르고 있는 논자들은 제국이 현실 사회주의 국가들이 몰락한 뒤에 매우 빠른 속도로 형성되고 작동하고 있다고 생각한다. 미국의 군사정치적 헤게모니가 지구적으로 관철되고 있는 가운데 금융, 생산, 분배, 소비의 네트워크가 촘촘하게 짜이고, 이를 관장하는 지구적 지배 체제가 성립되고 있는 것을 보고서 제국의 도래를 말하고 있는 것 같다.

그러나 이라크, 이란, 북한을 가리켜 '악의 축'으로 규정한 부시의 2002년도 연두교서나 9·11 테러 이후에 진행된 이라크 전쟁 등은 제국의 탄생을 속단하기가 어렵다는 것을 웅변한다. 이라크 전쟁이 이 지역 석유를 지배하고 약탈하기 위한 미국의 제국주의적 침탈이라고만 규정하는 것은 사태의 전모를 보지 못한 것이다. 미국은 이라크 전쟁을 통해서 중동 석유에 대한 지배권을 강화하는 동시에 유럽연합의 패권 형성을 좌절시키는 열쇠를 얻고자 했다고 분석하는 것이 더 정확한 인식일 것이다. 미국의 북한 정책은 미국의 군사정치적 패권과 경제적 패권에 대한 중국의 잠재적 도전을 봉쇄하고자 하는 계획과 맞물려 있다고 보는 것이 중요하다. 이란과 러시아의 밀접한 관계를 고려하면, 이란에 대한 미국의 적대 정책이 어떤 이유에서 추진되는가를 더 정확하게 파악할 수 있을 것이다.[15]

문제는 미국의 군사정치적 패권이 심각한 도전을 받을 수 있다는 것이고, 이것이 미사일 방어체제 구축 강박으로 나타나고 있다는 것이다. 천문학적 군사비를 퍼붓고 있음에도 불구하고 현재의 미 군사력이 이라크, 이란, 북한 등과 같은 약소국을 침공할 정도에 불과하다는 냉소적인 지적이 나오고 있다는 것을 유념할 필요가 있다.[16] 이라크와 이란과 북한은 그 배후에 있는 거대 세력을 견제하기 위한 희생양으로 선택되고 있는 것이다.[17]

필자는 자본의 팽창과 실질적 포섭이 자본의 권력에 의해 자동적으로 완성되지 않는다는 점을 다시 한 번 강조하고자 한다. 자본이 진출해서 활동하는 바로 그 자리에 그 자본을 보호하는 폭력이 준비되지 않으면 안 된다. 따라서 자본의 외적인 팽창과 실질적 포섭의 완성을 말하기 위해서는 자본의 완성된 네트워크를 유지하는 군사정치적 패권이 지구제국의 기반으로서 현존해야 한다.

필자는 이러한 의미의 지구제국이 아직 성립되지 않았다고 본다.

2. 지구적 차원에서 군사, 정치, 경제, 금융, 무역 등을 관장하는 초

---

15) 이라크, 이란, 북한에 대한 미국의 전략을 개관한 것으로는 이장훈, 『네오콘—팍스 아메리카나의 전사들』(서울: 미래M&B, 2003), 200-246을 보라.

16) 에마뉘엘 토드, 『제국의 몰락—미국체제의 해체와 세계의 재편』, 주경철 역(서울: 까치, 2003), 175.

17) 에마뉘엘 토드, 179.

국가적 기구들은 1990년대에 들어와서 그 어느 때보다도 강력하게 움직이고 있다. 물론 미국 중심의 세계경제질서에서는 그 이전에도 강대국들 사이의 정치적 합의가 괴력을 발휘하곤 했다. 1985년의 플라자 합의 이후 환율절하를 강제당한 일본이 달러화 표시 채권 보유로 인해 천문학적인 손실을 본 것이 그 좋은 실례다. 1990년대에 들어 와서 이러한 현상은 더욱더 두드러진다. 1990년대 초에 국제결제은행의 은행 건전성 기준 변경으로 인해 일본의 금융 시스템이 붕괴될 정도에 이르렀다든지, 1995년 WTO가 발족한 이후에 국제 무역 규범의 제정을 통해서 선발 자본주의 국가들과 후발 자본주의 국가들의 노동자, 농민이 괴멸적 타격을 입었다는 것은 또 다른 본보기이다. 외환위기에 직면한 국가들에 IMF가 신자유주의적 네트워크 경제를 위한 개혁조치들을 강제한다는 것도 잘 알려져 있다.

그러나 초국가 기구들 안에서 국민국가들의 다양한 이해관계들을 조정하는 것이 그렇게 간단한 일은 아니다. 네그리와 하트가 인정하듯이, 국민국가는 한편으로는 지구적 네트워크의 명령을 관철시키는 통로 역할을 하고 있지만, 또 다른 한편으로는 국가시민들의 대의 기구로 작동한다. 이로 인해서 국민국가의 대표들은 국제기구들에서 분열적 사고와 행동을 보일 수밖에 없고, 이러한 분열은 지구적 지배 체제를 안정시킬 수 없는 중대한 요인으로 작용한다. 이것은 지구적 네트워크 권력에 대한 저항에서 국민국가적 차원을 등한시해서는 안 된다는 뜻이다. 설사 지구적 명령 체계에 순응하는 국가가 이에 저항하는 민중을 폭력에 의해 잔인하게 억압한다 할지라도, 민중에 대한 억압은 항구적인 장치일 수 없다. 지구적 네트워크 경제에 편입된 사회들에서는 경제 논리가 정치의 자율성을 구축하는 현상이 극심하게 나타날 수 있지만,

경제적 이해관계들을 조정하기 위한 정치의 필요성은 그 만큼 더 커질 수밖에 없다.

3. 만일 제국이 지구적 네트워크 형성에 상응해서 형성되는 주권 형태의 한 경향이고, 아직 제국이 완성된 실재가 아니라고 한다면, 제국에 대항하는 저항운동은 그 실체가 없을 수 있다. 제국으로부터의 '탈주'와 '노마드적' 생활양식18)에 대한 관심은 프롤레타리아트로 하여금 지구적 네트워크 안에서 첨예하게 대립하는 자본과 노동의 갈등으로부터 눈을 돌리고 생활세계의 미시 정치에 몰입하도록 만들 수 있다. 자본주의 원리에 의해 조직되고 있는 세계에서 자본주의 국가의 문제로부터도 쉽게 관심을 돌리게 할 수도 있다. 물론 나는 자본의 권력이 추구하는 '훈육'과 '통제'에 대한 저항이 생활세계에서 다양하게 전개되고, 개개인의 차이와 욕망이 인정되고 존중되는 포스트 사회의 형성이 의미 없다고 생각하지 않는다. 그러나 이러한 포스트 사회가 '유토피아'(non-place)에 대한 헛발질로는 이루어지지 않고, 도리어 지구 네트워크와 그 지령을 관철시키는 자본주의 국가 안에서 첨예하게 갈등하는 자본과 노동의 대립을 해결할 때 의미 있게 실현된다는 것을 주목하는 것이 더 중요하다.

지구화 시대의 사회운동에 대해서

오늘의 세계에서 거칠고 폭력적인 제국주의적 지배와 침탈이 자취를 감추고 제국의 세련된 지배와 통제가 실현되고 있다고 말할 수 없다는

18) 참조. 네그리/하트, 281 이하, 특히 283: "훈육 시대에는 사보타주가 저항의 근본 관념
   이었던 반면, 제국적 통제 시대에는 도주가 저항의 근본 관념일 것이다."

것은 분명하지만, 지구적 네트워크 경제가 그것의 안정적인 작동을 위해 지구적 지배 체제를 요구하고 있다는 것도 확실하다. 이러한 상황에서 보다 인간적이고 보다 사회적이고 보다 생태친화적인 생활세계를 꾸리고자 하는 사회운동의 전략을 모색하고, 운동 주체의 구성 문제를 생각할 필요가 있다.

1. 오늘의 세계에서 미국의 군사정치적 패권을 저지하기 위한 반전 평화운동은 위로부터의 지구화를 억지하는 매우 중요한 운동이라고 볼 수 있다. 미사일 방어체제 구축에 대한 반대 캠페인은 제국의 출현을 봉쇄하는 무기가 될 수 있다.

반전 평화운동은 자본의 팽창과 포섭 수준이 대외적인 군사정치적 폭력에 의해 결정된다는 것을 인식할 때 더욱 분명한 지향점을 갖게 될 것이다.[19] 그리고 군사정치적 폭력에 의해 뒷받침되는 네트워크 경제는 침략국가와 피 침탈국가 모두에서 민중의 삶을 피폐시킨다는 것을 인식하는 것도 중요하다.

2. 만일 제국이 형성되는 과정에 있다고 한다면, 그 형성 과정을 저지하는 일이 무엇보다도 중요하다. 지구적 네트워크를 운영하는 규범들이 결정되는 곳에서 의사결정 과정에 압력을 가해 자본의 이익을 위한 결정을 좌절시키고, 지구적 차원에서 민중의 이익을 관철시키는 대안적 지구화의 구상을 밝히는 것이 중요하다.[20] 이와 관련된 민중 투쟁의 기록은 매우 길다.

---

19) 이에 대해서는 알렉스 캘리니코스, 『미국의 세계 제패 전략』, 김영욱 역(서울: 갈무리, 2004), 108을 참조하라.

20) 이에 대해서는 제레미 브레처 외, 『아래로부터의 세계화』, 이덕렬 역(고양: 아이필드, 2003), 117 이하를 보라.

위로부터의 지구화에 대항하는 민중의 투쟁은 1995년 멕시코 사파티스타 봉기에서 선도적인 형태를 취했고, 1995년 프랑스 공공부문 총파업, 1996/97년 한국에서 노동시장 유연화에 대항해서 민주노총과 한국노총이 주도한 총파업, 1998년 MAI(다자간투자협정) 저지투쟁 등으로 이어졌다. 1999년 시애틀에서는 WTO 각료회의에 맞서서 전 세계 노동자—민중의 연대투쟁이 벌어져 뉴라운드 출범을 저지했다. 시애틀 투쟁은 신자유주의적 세계화에 반대하는 국제적 동원투쟁의 전형을 창출했다고 평가되며, 2000년 워싱턴, 멜버른, 프라하, 서울, 2001년 퀘벡, 제노바, 2002년 바르셀로나 등지에서의 투쟁으로 이어졌다. 2003년 멕시코 칸쿤에서 WTO 각료회의 결정에 반대해서 자결한 이경규 씨의 투쟁은 이러한 운동의 연장선장에서 파악할 수 있다. 지구적 네트워크의 핵심 에이전트들의 모임인 세계경제포럼(다보스 포럼)에 대항해서 브라질 포르투 알레그레에서 개최한 세 차례의 세계사회포럼은 대안적 지구화를 구상하는 중요한 장이 되었고, 2002년 유럽사회포럼, 2003년 아시아사회포럼과 아프리카사회포럼으로 이어졌다.

이러한 운동들에서 우리는 지구적 차원에서 네트워크 경제가 하나의 추세로 자리를 잡았다고 해서 자본의 논리가 일방적으로 관철되는 지구화를 받아들일 수 없다는 민중의 인식이 확산되고 있다는 것을 읽을 수 있다. 경제논리는 사회논리와 균형을 맞추어야 하고, 이러한 균형을 위해 정치가 복원되어야 한다는 인식은 위로부터의 지구화에 맞서는 양보할 수 없는 구호다.

3. 따라서 지구화 과정의 필연성을 전제하면서 지구적 차원의 지배기구들의 강화에 맞서는 투쟁이 시대착오적이라고 배척하고, 심지어

국민국가를 중심에 설정하려는, 근대성에 매몰된 운동이라고 비난하는 것은 적절하지 않다. 지구적 네트워크 경제를 규율하는 기구들을 민주화해서 민중의 지배 아래 두는 것이 목표라고 한다면, 민중적 국민국가를 형성하고 이 국가를 움직여서 민중의 이익을 국제기구들에 반영하고자 하는 것이 민중운동의 전략일 수 있다.[21] 이것은 단순한 국가주의적 발상이 아니다. 오늘의 세계에서 국제기구들을 구성하는 국민국가들의 실체를 부정하는 것은 허황된 일이다.

국민국가의 민중 통제는 국가 기구를 통해 지구적 네트워크의 명령을 관철시키는 것을 저지할 수 있는 강력한 장치이다. 유럽의 좌파 정권들이 신자유주의적 지구화의 대행자로 전락한 것은 국가가 민중의 통제로부터 벗어나 독립적 실재로 자리를 잡을 수 있었기 때문이다. 이렇게 되면 민주주의는 껍데기만 남게 되고, 민중의 정치는 고사한다. 제국의 형성을 좌절시키기 위해서는 제국을 고립시켜야 하고, 이를 위한 가장 강력한 기제는 민중 정치의 활성화다.

4. 민중 정치를 활성화하기 위해서는 민중을 고립·분산시키는 장치들을 철거하기 위한 투쟁이 필요하다. 네그리와 하트의 논점들 가운데 네트워크 권력이 '훈육'을 잔존시키는 가운데 '통제'를 강화한다는 지적은 정곡을 찌른 것이라고 볼 수 있다. 오늘의 민중은 개인화의 압력 아래 놓여 있고, 생활세계와 그 하부체계들에서 나타나는 문제들을 개별적 차원에서 풀고자 하는 경향을 시나브로 갖기에 이르렀다. 일자리를 구하기 위해 자격증을 취득하고자 하는 개개인들 사이에서 치열한 경쟁이 나타나고, 연봉제를 통해서 직장 내 노동시장이 분단되고

---

21) 이 점에서 필자는 네그리/하트, 209에서 표명된 입장에 반대한다.

노사교섭의 개인주의화가 진행되는데, 민중이 이 문제에 개인적으로 대처할 뿐, 제도와 구조를 변경하고자 하는 집단적 운동을 도모하지 않는다는 것은 민중의 개인화 경향을 알려주는 작은 실례에 지나지 않는다.

민중의 개인화 경향은 멀티미디어를 통해 현실을 이미지로 경험하게 만드는 '체험사회'에서 더욱더 강화된다. 실제로 고립·분산되어 있는 개개인들은 이미지 조작을 통해서 통합되어 있다는 환상을 갖는다. 이것이 '스펙터클 사회'에서 나타나는 문화 현상의 특징이고, 그 본질은 타자로부터의 소외, 자기로부터의 소외이다. 나는 예컨대 붉은악마의 함성을 들을 때, '얼짱', '몸짱' 등의 기호를 볼 때, 이미지를 통한 사이비 통합이 우리 사회에서 매우 크게 진척되었다는 것을 인식한다.

사이비 통합으로부터 진짜 통합으로 나아가기 위해서는 이미지와 환상(illusion)에 대한 문화 투쟁만으로는 부족하다. 이미지와 환상을 통해 현실이 거꾸로 뒤집어져서 나타났다고 가르치는 인지적 의식화 교육만으로도 충분하지 않다. 생활세계와 그 하부체계들에서 나타나는 크고 작은 문제들을 함께 해결하고, 조금 더 큰 이익과 편익을 나누는 실천을 다양하게 함께 조직하는 것이 중요하다. 그러한 실천은 교육과 입시, 미디어, 여성 권익의 신장과 가부장제 문화의 해소, 환경보호, 도·농간 협력과 교류, 지역사회 운동, 작은 것을 함께 나누는 운동, 인종차별 철폐 등 이제까지 정상적인 것으로 여겨져 왔던 것 뒤에 숨어 있는 비정상성을 시정하기 위한 다양한 노력으로 표출될 것이다. 민중의 공동체적 성격은 이러한 실천 과정을 통해 생생하게 체험될 것이다.

5. 네그리와 하트가 제안한 아우또노미아 운동은 설사 제국의 미완성을 주장한다고 해서 그 빛이 바래는 것은 아니다. 전 지구적 시민권

을 요구하고, 사회적 임금을 제도화하고, 기술체계에 대한 프롤레타리아트의 주권을 실현하는 것은 제국의 성립 여부를 떠나서 언제든 요구되어야 한다.

지구적 차원에서 생산과 소비가 이루어지고 있는 오늘의 현실에서 자본의 자유로운 운동에 대항하기 위해서 노동력의 '노마드적' 이동을 요구하는 것은 당연하다. 그렇지 않으면 지역에 묶인 노동자들은 독수리 같이 자유롭게 날아다니는 자본의 공격을 받아서 프로메테우스 같은 비극의 주인공이 될 것이다. 노동력의 자유로운 이동을 보장하면, 자본이 지구적 차원에서 최적 배분될 수 있는 장치가 빠른 속도로 마련될 것이다. 자본이 집중되어 붐이 일어나는 곳에 노동력이 몰려들어 혼란을 겪는 것보다는 지구적 차원의 마셜 플랜을 수립하고 실행하는 것이 더 안전하다는 것을 자본의 대변자들이라고 해서 모를 리 없다.

자본의 축적을 위해 노동절약적 합리화가 진행되는 상황에서는 적어지는 일자리를 나누는 것뿐만 아니라, 생활의 처지를 함께 나누는 것도 당연히 필요한 일이다. 이를 위해서 우선 노동 능력이 있고 노동 의욕이 있는 모든 사람들에게 사회적으로 필요한 노동시간을 최적 분배하는 제도가 만들어져야 하고, 생산노동에 종사할 기회를 가졌거나 단지 재생산 노동에 참여하거나 아니면 노동 능력을 상실한 사람들에게조차도 인간답게 살 수 있는 기본 소득[22]이 부여되어야 한다.

자본이 노동의 산물이라는 것을 알고 있는 문명사회에서 자본의 다양한 현상 형태들이 노동의 통제 아래 있어야 한다는 것은 상식이지만, 그렇지 않기 때문에 오늘의 세계를 야만의 시대라고 부르는 것이 아닌

---

22) 네그리와 하트는 이를 '사회적 임금'으로 규정했다. 네그리/하트, 506 이하.

가? 야만의 시대로부터 벗어나기 위해서는 노동으로부터 자본이 독립해서 노동을 지배하는 일이 극복되어야 하고, 자본 지배의 기반인 소유권 제도가 개혁되어야 한다. 시장 지배와 초과 이윤의 원천이 되고 있는 지적 재산권 제도를 철폐하는 것은 그 무엇보다도 중요하다. 그래야 자본의 현상 형태들에 대한 노동의 통제와 자유로운 접근이 보장될 것이다.

문제는 네그리와 하트의 이러한 선진적인 제안들이 모두 국민국가를 전제하고서만 실현될 수 있다는 것이다.

6. 앞에서 말한 것에 근거해서 조금 더 깊이 생각해 보면, 지구적 네트워크 경제가 발전되고 국민경제와 기업이 지구경제와 유기적으로 결합되는 현실에서 가장 중요한 것은 민중 주권을 강화하는 일이고, 그 핵심은 프롤레타리아트 운동을 활성화하는 것이다. 자본과 노동의 대립은 시장이 존속하는 한 사라지지 않을 것이며, 시장경제의 이 기본 문제를 은폐하거나 이 문제의 뇌관을 제거하려는 시도는 무모하고 무익하다.

자본과 노동의 관계를 규율하기 위해서는 기업, 지역경제, 국민경제, 블록경제, 지구경제 차원에서 자본과 노동이 대등하게 참여하여 함께 결정내릴 수 있는 장치들을 마련하고 이를 제도화해야 한다. 오직 이럴 경우에만 민중은 각각의 경제 수준에서 민주적인 의사결정을 추구하고, 각 수준에 맞는 연대 운동을 유연하게 조직할 수 있다.[23]

중요한 것은 노동과 자본의 결정이 생활세계적 정당성을 가져야 한다는 것이다. 노동투쟁이 경제주의에 매몰되지 않고, 자본의 공세에

---

23) 이와 관련된 기술적인 연구는 여기서 다 서술할 수 없다.

힘 있게 맞설 수 있으려면 프롤레타리아트 운동이 생활세계와 그 하부체계들의 문제들을 해결하려는 다양한 사회 운동들과 네트워크를 형성해야 할 것이다. 그러한 네트워크는 생활세계와 그 하부체계들에서 나타나는 다양한 문제들이 노동과 자본의 해소될 수 없는 모순을 매개하고 있음을 인식하는 것으로부터 자유로울 수는 없다.

지구화 과정에서 민중 주권을 실현하려는 운동 패러다임은 다양한 운동들의 네트워크다. 그러나 그 네트워크는 지구화 과정을 꿰뚫고 있는 노동과 자본의 모순, 그리고 이 모순의 정치적, 경제적, 문화적 표현 형태들에 대한 인식을 토대로 할 것이며, 이 모순을 해결하는 가운데 경제, 정치, 문화 등을 새롭게 형성할 수 있는 정교한 전망을 제시해야 한다. 성차별, 인종 차별, 세대 차별을 계급 차별과 별도로 다루는 입장은 결실을 맺을 수 없지만, 이러한 문화적 문제들을 계급 문제로 환원하는 태도로는 현실을 정확히 반영하는 운동 노선을 정립할 수 없을 것이다.

한 가지 분명한 것은 민중 문제가 경제, 정치, 문화 차원에서 매우 다양한 외관을 취하겠지만, 민중이 자본의 팽창과 실질적 포섭의 대상으로 남아 있는 한, 민중의 주체성을 실현할 수 없다는 것이다. 오직 이러한 대상의 처지를 극복하고 자본에 대한 주인의 지위를 확보할 때 민중은 역사와 사회와 생명의 주체로 굳게 설 것이다.

제국 시대의
민족과 민중

권 진 관 | 성공회대학교 신학과, 조직신학

들어가는 글

하나로 확정된 유일한 신학(the theology)은 이 세상에 없다. 신학 안에는 다양한 신학적 학파가 존재한다. 신학은 다양한 자기 정체성을 가지는데, 그 첫째 이유는 신학자가 처해 있는 상황과 그 속에서의 실천적 지향이 다르기 때문이다. 한국에서 나오는 신학이 일본이나 미국, 유럽에서 나오는 신학과 다를 수밖에 없는 것은 그것의 역사적이고 사회적인 경험들이 다르기 때문이다. 신학은 어떤 사회적 운동과 어떤 실천을 지향하느냐에 따라서 그 신학의 정체성이 결정된다. 그것이 어떠한 신학일지라도 사회운동에 대해서 일정한 입장을 갖지 않는 신학은 존재하지 않는다. 사회·정치적 입장을 가지지 않는 신학은 없다. 이것을 다른 말로 표현하면, 어떠한 신학일지라도 신학은 특정한 사도적 활동을 전제로 하거나 기반으로 한다고 할 수 있다. 여기에서 사도적 전승은 개인으로부터 개인에게 가는 전수가 아니라 집단으로부터 집단으로 이어지는 전수이며 그것은 사회운동적 전수이다.

신학의 정체성을 결정하는 또 다른 기본 요인은 예수 그리스도에 대한 이해다. 신학은 신에 대한 설명이라고 하지만, 기독교 신학이므로 예수 그리스도의 관점에서 신, 인간, 역사, 사회를 보는 학문이라고 하는 것이 더 구체적이다. 그렇다면 신학은 예수 그리스도를 누구로 보느냐, 그가 행한 일이 무엇이냐를 어떻게 판단하느냐에 따라서 신학의 정체성이 드러난다.

한국의 역사, 그리고 그 안에서의 민중운동을 실천적인 기초로 하는 신학이 지금까지의 민중신학이었다. 그러나 이주 노동자들과 외국인들이 한국 사회 속에 실질적으로 참여하고 있는 지구화된 시대에서 오늘날의 민중신학은 더 이상 한국이라고 하는 울타리 안에서의 경험만을 성찰할 수 없게 되었다. 더 이상 민중을 한국의 민중이라는 테두리로 국한할 수 없게 되었다. 민중은 지구적으로 특히 아시아적으로 존재하며, 전 세계 특히 아시아의 민중적 삶이 한국인들의 삶을 일정하게 규정하고 있는 상황에서 민중신학의 울타리를 한국인으로 한정할 수 없게 된 것이다. 오늘날 한국인들은 중국인들의 저임금으로 생산된 값싼 물건들을 소비하고 있고, 남미인과 아프리카인들의 노동착취로 생산된 커피를 마시며 원자재들을 사용하고 있다. 이러한 상황에서 민중신학은 더 이상 한국의 민중의 경험에 기반한 신학이 될 수 없게 되었다. 한국 사람들은 세계의 다른 사람들과의 긴밀한 관계 속에서 존재한다. 이렇게 볼 때 민중신학은 더 이상 민족적 신학이 되기가 어렵다. 그러나 지구화된 상황 속에서 민중신학은 더욱 민중적인 신학이 되어야 할 소지가 높아졌다. 그렇다면 민중은 외국인들을 포함한 다양한 약자들과 소수자들의 연대라고 불러야 할 것이다.

신학적 이론은 실천에 의해서 그 내용이 결정된다(informed by practice). 이것은 민중신학의 기본 방법을 암시한다. 여기에서 실천은 주로 사회운동을 가리킨다. 민중 신학은 예수 그리스도를 중심으로 하고 있으며 예수 그리스도의 관점(그의 생각, 그의 운동)에서 사회운동적인 경험을 성찰한다. 동시에, 민중신학은 사회운동의 경험에 기초하여 예수 그리스도를 이해한다. 민중신학은 예수 중심의 신학, 실천을 성찰하는 신학, 실천에 의해 신학적 내용의 형태가 결정되는(in-formed) 신학이다. 민중신학은 민중의 집단적인 운동을 예수(와 성서)의 관점에서 보며, 동시에 민중운동의 관점에서 예수(와 성서)를 보는 작업으로서 이 양자를 오늘의 민중운동에 공헌하는 방향에서 종합한다.

지구화의 시대라고 함은 로컬은 적어지고, 글로벌이 확대되었음을 말한다. 글로벌의 시장이 전 세계 어디든지 지배하고 있다. 한국의 마켓에 가 보면 미국이나 일본에서 볼 수 있는 상품들이 즐비하다. 그럼에도 로컬은 엄연히 존재한다. 특히 한국과 같이 고난의 역사가 점철되어 있는 나라일수록 그 콘텍스트는 독특하며 그만큼 콘텍스트를 담는 신학이 요구된다. 오늘날 한국이 처해 있는 상황을 가장 잘 설명해 주는 것은 남북한을 둘러싼 갈등과 평화의 문제이다. 현재의 문제는 민족적인 문제이며 동시에 국제적인 문제이고, 이것은 제국과 약소국 간의 문제이기도 하다. 이 글에서 필자가 주로 다루고자 하는 것은 제국 안에서의 민족과 민중의 관계를 어떻게 볼 수 있느냐는 것이다.

민족이 가치적인 면에서 지상적인 것은 아니다. 다만 다수의 민중의 생명을 보호하기 위해서는 민족(방어적 개념, 건설적 개념으로서)이 요구된다. 민족을 말할 때 민중을 함께 고려해야 한다. 민중 없이는 민족은 무의미하다. 민족은 민중을 보호하기 위한 수단의 성격을 가지고 있다. 구약의 율법과 예언서들은 민중의 보호를 우선시했다. 예언자들은 민중을 억압하는 이스라엘 민족의 지배세력을 질타했다. 민족이 민중을 보호할 수 없다면 그것은 존재의 가치가 없다는 것이 구약의 예언자들의 정신이었다. 민중은 그만큼 신의 보호 대상이었다.

오늘날 많은 사람들이 민중이라는 관점이 더 이상 유용하지 않다고 말하고 있다. 그러나 이 연구자는 다음의 몇 가지의 이유로 인해서 민중이라는 개념과 그 관점은 아직 유효하다고 생각한다. 민중은 온갖 약자를 표현하는 총칭 언어이다. 이러한 언어는 아직도 필요하다. 왜냐하면 사회의 어느 영역에서도 약자는 소외되고 있기 때문이다. 특히 교회에서 더욱 그러하다. 약자들이 주체가 되어야 한다. 이것이 민중 신학의 가장 중요한 주제이기도 하다. 민중이 주체가 되어야 한다. 그들의 운명을 결정하고 그들이 속해 있는 사회나 집단에서 대상으로 소외되는 것이 아니라 주체로서 혹은 주인으로서 대접받고 참여해야 한다는 것이다. 이러한 민중이 사회의 각 영역에서 객체가 아니라 참여적 주체가 되는 사회가 오기는 아직도 요원하다. 특히 신자유주의적 자본주의가 지배하는 오늘날의 90 : 10의 사회에서 민중은 교회와 사회에서 더욱더 소외되고 있다. 교회의 목회에서 민중이 주체가 되어야 한다는 것은 바로 평신도, 그중에서 힘없는 민중적 교인들이 다른 교인들과 함께 주체로 교회 생활과 목회에 참여해야 한다는 것을 의미한다.

민중은 가상적으로 통합된 집단을 가리키는데, 그 민중 안을 들여다보면 소수자 집단들을 비롯한 다양한 집단 그리고 더 많은 흩어져 있는 약자인 민중 개인들이 존재할 것이며 이들의 가상적인 연대를 상정할 때 민중을 생각하게 되는 것이다. 그런 면에서 민중은 살아 있는 존재들을 일정한 의미를 가진 존재로 뭉뚱그리는 가상적, 상징적 개념이다. 그런 의미에서 민중은 만들어진 개념이며 상징이다. 과거 70~80년대에 민중은 보다 현실적인 존재로 나타난 것처럼 보였다. 이들은 전태일로, 청계피복 노동자로, 동일방직 노동자로, YH 노동자로, 그리고 그들을 돕는 지식인 종교인 대학생들로 실체를 띄었다. 우리는 이들을 통칭하여 민중이라고 불렀다. 그때도 민중은 가상의 개념에 불과했다. 그러나 그러한 민중이라는 언어는 시대를 이끌어가는 힘을 제공해 주었다. 왜냐하면 민중담론을 이끌었던 민중운동론, 민중신학은 그 당시의 정신을 이끌었고, 우리가 가야 할 미래를 제시해 주었기 때문이다. 그리고 민중이라는 개념이 그 당시의 현실과 운동을 창조적, 미래지향적으로 설명해 주었기 때문이었다.

오늘날에도 여전히 민중이라는 개념이 우리의 현실과 우리의 사회 운동을 위해서, 그리고 오늘의 교회를 위해서 미래지향적으로, 창조적으로 설명할 수 있는 힘을 지니고 있는 상징인가? 먼저, 민중이란 상징적 개념(idea)이 교회를 위해서 아직도 요청되는가? 잘 알고 있듯이 상징은 다른 생명체처럼 태어나서 자라고 늙어 가고 결국 사라져 없어진다. 70~80년대를 지나며 민중이라는 상징은 당시의 문화적 사회적 풍토 속에서 새롭게 태어나서 자라나서 성장했다. 21세기 오늘에 와서 민중이라는 상징은 죽어 가고 있는가 아니면 아직도 자라나고 있는가? 아니면 이제 늙어서 쇠퇴한 개념인가?

우선 민중은 약자를 말한다. 약자는 가난한 자를 포함하지만 사회적으로 소외된 다른 사람들도 포함한다. 또한 기존의 지배질서와 그 질서를 떠받치고 있는 이념으로부터 자유로워지려고 할 뿐 아니라 더 나아가서 정의와 평화를 위하여 고난을 감수하며 저항하는 모든 이들도 여기에 포함시켜야 할 것이다. 그런데 성서는 이러한 사람들을 하나님 나라의 백성이라고 말한다. 이들에게 예수는 동지적인 연대를 느꼈을 뿐 아니라 이 세대와 다음 세대의 주인공이 될 것을 약속하셨다(산상수훈). 모세 오경에서 약자들은 하나님의 특별한 보호의 대상이었다. 신·구약을 통틀어 민중을 보호하는 하나님의 상은 거듭 나타나고 있다. 그러니 민중은 성서를 경전으로 믿는 기독교의 신학에서 필수적인 개념이라고 결론 맺지 않을 수 없다.

민중은 영어로 번역할 때 그 발음대로 minjung이라고 하고 있지만, 이것에 어의상 가까운 영어단어로는 people이나 multitude가 있다. 그 중에서 multitude가 민중의 의미에 더 가깝다고 본다. people은 일치된 집단을 의미하는 것에 반해서 multitude는 다양한 집단들의 연합 즉 다중이라는 의미가 담겨 있다. people은 집단적 행동이 동일성에 기반하지만, multitude는 집단적 행동을 다양성 속에서의 공통성에 기반한다.[1] 이것은 성서에서 다중(多衆)이라는 의미를 가진 헬라어의 '오클로스'와도 가깝다고 하겠다. 그러나 다중이라는 말 대신에 민중이라는 말을 그대로 쓰는 것이 나은 이유는 민중의 중(衆)이라는 말 속에

----

[1] 네그리와 하트는 people은 하나의 정체성을 가진 집단을 가리키고, multitude는 다원적이고 다수적인 집단들의 집합의 의미를 가진다고 보았다. 그리하여 multitude(다중, 민중)는 내부적으로 서로 다른 다양한 사회적 주체들로서 그 구성이나 행동이 동일함이나 일치에 기초하는 것이 아니라, 서로 다른 주체들 사이에 존재하는 공통적인 것에 기초한다고 말한다. 네그리와 하트는 다중으로서의 민중이야말로 민주주의(모든 이에 의한 모든 이의 지배)를 실현할 능력이 있는 유일한 사회적 주체라고 보았다. Michael Hardt, Antonio Negri, *Multitude: War and Democracy in the Age of Empire* (N.Y.: Penguin Books, 2004), 99~100. people은 독일어로 Volk라고 번역되기도 하는데, 여기에서 people이나 Volk는 국민이라는 의미를 갖는다. 즉 동일성, 정체성에서 하나인 집단을 말한다. 그러므로 민중신학을 영어로 theology of people보다는 theology of multitude나 그냥 theology of minjung이라고 번역하는 편이 더 적절하다.

다중이라는 의미가 포함되고 있으며 민(民)이라는 말 속에 하나라고 하는 의미가 포함되어 있기 때문이다. 특히 한반도의 절박한 상황에서 민족이라는 현실을 끌어안아야 하는 우리에게 중립적인 의미가 담겨 있는 다중보다는 민중이라는 말이 더 적합하다고 판단된다.

제국, 민족, 민중

조선에 개신교가 처음 소개되었을 때는 제국주의의 지배에 의해 나라가 멸망하고 나라를 잃은 민중들은 유리방황하는 상황이었다. 위기감과 불안감에 휩싸인 조선의 민중들이 개신교회에 몰려들었다. 그리하여 한국의 개신교회는 민중적, 민족적 성격을 강하게 띠게 되었다. 예를 들어, 한국 기독교는 일제로부터 독립을 위한 3·1 독립운동을 신앙적 사건으로 생각하고 있다. 민족과 민중은 한국의 기독교와 뗄 수 없는 관계였다.

민중신학자 안병무는 한국 역사 속에는 민족은 있었어도 민중은 없었다고 했다. 민족이라고 하는 테두리에 의해서 가리어지고 감추어졌던 민중, 그 민중은 사실상 민족이 위기에 처해 있을 때마다 그 위기에서 나라와 민족을 구하기 위해서 일어났었다. 민족이 위기에 닥쳤을 때 가장 고통당했던 세력도 민중이었다. 나라의 주권을 빼앗겼을 때마다 민중은 저항의 길을 택했고 고난당했다. 그리고 평상시에는 민중은 민족의 이름으로 희생당해 왔다. 역사적으로 볼 때, 민중은 민족의 지배계층의 사치와 영광을 위해 동원되어 왔다. 1960~70년대에는 민족의 부흥을 위해 동원된 수많은 노동자 농민 등 민중계층이 저임금과 비인간적인 노동 환경으로 희생당했다. 이러한 희생을 양산하는 체제에 저항했던 세력들은 탄압당했다. 그런데도 이러한 희생양을 창출했던 박정희가 오늘날 민족의 영웅으로 칭송되고 있다.

민족과 민중은 나뉠 수 없지만, 그렇다고 동일하지 않다. 그동안 민중은 민족의 그늘 속에서 가려졌을 뿐이다. 그만큼 민족(nation)이 역사의 무대에서 주역을 차지했던 것이다. 민중은 조역으로 보였지만, 사실은 민중이 역사의 진정한 주역이었다. 역사라고 하는 강물의 표면 밑에서 도도히 흐르고 있는 거대한 물 흐름이었음을 보지 못했던 것이다. 한국의 역사 속에서 민중과 민중은 공동운명체이지만, 많은 경우 민족을 위해 민중은 동원되고 희생되었다. 민족이 부강해지면 민중의 형편이 나아질 수 있지만, 그렇다고 항상 그랬던 것은 아니다. 아니, 민족이 부강해지면 민중의 형편이 상대적으로 더 나빠졌던 것이 그동안의 경험이었다. 그렇다고 민중이 민족을 배제할 수 없었다. 민족은 민중을 보호하는 외피의 역할도 하기 때문이다. 단일민족으로 구성되어 있는 한반도의 경우 민족 없이 민중이 홀로 설 수 없었다. 민족과 민중은 불가분리의 관계에 있으며, 민족은 민중을 억압할 수도 있고, 보호할 수 있고 중립적일 수도 있다.[2] 때로는 민족과 민중이 구별되지 않을 때도 있다. 그러나 상황의 변화에 따라 민족과 민중이 구분됨이 드러나기도 한다. 극단적인 경우, 민족의 발전을 위하여 민중이 동원되고 희생되었다. 이것은 박정희 시대에 나타났는데, 오늘날의 지구화 상황 속에서 민

---

2) 남북한을 단일민족으로 보았던 것이 그동안의 정설이었다. 그러나 오늘날 많은 민족이 이주 노동자로 한국에 들어와 일하고 있고 한국인과 결혼하여 한국인으로 살고 있다. 예전의 역사 속에서 북방민족과의 혼혈이 있었던 것을 차치하고라도 오늘의 이러한 현상을 볼 때 한민족은 더 이상 단일민족이라고 부르기가 어렵게 되었다. 그러나 아직도 민족의 개념은 유효하며 기본개념으로 서 있다. 왜냐면 이들 이주민들도 한민족의 운명에 절대적으로 의존하기 때문이다. 한국민족은 곧 한국이라는 나라와 동일시되고 있다.

족주의적인 에토스가 되살아나고, 민중의 희생 위에 경제개발을 추진했던 박정희가 다시 추앙되고 있다. 민족의 부강을 위해 신자유주의적 정책을 채택하고 있는데, 이것은 민중을 더욱 열악한 상황으로 몰아넣는다. 그리하여 민중을 다양한 방식으로 수탈하는 신자유주의의 구조 속에서 민족과 민중의 상황과 운명은 확연하게 구별되고 차이가 난다. 특히 빈부 격차의 확대를 매개로 하여 한국 경제가 발전되고 있는 상황은 민족과 민중의 운명이 크게 다르다는 것을 보여 준다. 특히 외국인 이주 노동자들이 한국 사회에 대거 진출하고 있고 한국과 세계가 거의 구별이 어려워진 지구화의 시대에 민족과 민중은 더욱 구별된다.

민족과 민중에 대응하여 제국이 있다. 미국, 중국, 일본 등 제국 혹은 강대국들이 한국민족과 민중의 과거, 현재, 미래에 대단히 큰 영향을 미치고 있는 것이 사실이다. 오늘날 민족은 둘로 갈라져 있다. 제국을 어떻게 보느냐로 민족 내부에서 그 입장이 갈리고 있다. 특히 민중과 민족의 지배자 사이에 입장 차이가 두드러졌다. 그러나 제국에 대응하여 민족과 민중이 같은 입장을 가지고 힘을 합칠 때도 있었다. 제국이 지배하고 막강한 영향력을 발휘하고 있는 오늘날에 약소민족들에게 민족은 긍정적인 의미를 가질 수 있다. 그럼에도 민족은 양면성과 애매모호성을 가진 실체라는 것을 위에서 지적한 바 있다. 제국은 민족과 국가들의 네트워크를 말한다. 많은 민족(ethnos)을 제국 안에 거느리고 그것을 통합하여 강력한 힘을 발휘한다. 물론 그 네트워크 안에 지배적인 민족이 있는 것이 사실이다. 미국은 백인들이며, 옛 로마 제국은 로마인들이었다.

한국의 정치신학이며 상황신학인 민중신학은 민족과 민중의 역동적인 관계를 규명하여야 하며, 동시에 제국과 민족/민중의 관계를 성

서적 관점에서 특히 예수의 이야기에 기초하여 규명해야 한다. 성서에
는 제국, 민중, 민족의 역동적인 관계의 이야기들로 가득 차 있다. 심지
어 이 삼자의 역동적인 관계가 표면에 드러나 있지 않은 텍스트들의
해석도 이것을 고려하지 않고서는 제대로 이해할 수 없다. 동시에 민중
신학은 그 실천적인 근거를 사회운동에 두어야 한다.3) 그리고 사회운
동은 가난한 자의 보호와 해방을 최우선으로 하는 것이어야 한다. 오늘
날 다양한 사회운동이 있지만 그러한 운동 속에는 민중을 보호하고 그
들의 사회정치적 참여를 최우선으로 하는 운동은 많지 않다.

　가난한 자의 입장에서 계시와 성서를 보고 신학을 한다는 것은 신
학적인 방법에서 합리적인 선택에 의해서 결정되어 들어온 것은 아니
다. 그것은 불합리한 입장에서 결정되어 들어온 것이다. 이렇게 불합
리한 것은 신적인 어리석음처럼 보인다. 합리적인 입장에서는 민중에
대한 우선적인 선택은 합리적이지 않으며 부적합한 것이 분명하다. 가
난한 자의 선택은 계시 그 자체에서 온 것이다. 인자(仁者)는 이 세상의
가난한 사람들 가운데 계신다. 한국 대다수 교회들은 이 계시를 받아들
이지 않고 있다는 점에서 반 성서적이고 반 그리스도적이다. 가난한
이들에 대한 관심을 오히려 비 복음적인 것으로 간주하는 교회를 많이
보게 된다. 그러나 우리가 그리스도를 고백할 때, 그리스도가 가난한
자와 함께 했던 나사렛 예수에 가깝게 고백하는 것이 무엇보다도 중요

---

3) 필자는 민중신학자로 활동하고 있지만 민중신학은 이러저러한 것이라고 단정적으로 말
　할 형편은 되지 못한다. 한국에는 다양한 입장의 민중신학이 있다. 포스트식민주의자들,
　포스트모던주의자들, 민중교회 목회자들, 한국과 동양의 전통사상에 기울어져 있는 신
　학자들 중에 민중신학자로 자신의 정체성을 밝히는 경우가 많다. 이들 모두 다양한 입장
　에서 민중신학을 건설하고 있다. 그러므로 본 필자를 포함하여 어느 누구도 민중신학은
　이러한 것이라고 단정적인 언급을 하기 어려운 상황에 놓여 있다는 것을 밝히고자 한다.

하다.4)

　가난한 자들에 대한 관심을 비 복음적으로 보게 된 것은 기독교가 가진 자들의 편에 섰기 때문이었다. 사실, 기독교는 4세기 이후 로마 제국 하에서 지배 종교가 되었다. 그리고 16세기 이후 가장 부강한 서구의 종교. 제국의 종교가 되었다. 그런데 조선의 경우, 이러한 제국의 종교인 기독교가 다른 제국인 일본에 저항하는 강력한 도구의 역할을 해주었다. 조선의 그리스도인들은 서구 제국의 힘 일부(조선의 독립과 개화를 도와주었던 서구 기독교)의 도움을 받으며 일본제국주의에 저항했다. 3·1 독립운동은 조선 기독교와 천도교 등이 중심이 되어 이루어진 운동이었다. 그러나 한국 교회의 구미(歐美)에 대한 의존적인 태도는 이때 형성된 것은 아니었던가? 이름난 사립학교들이 미국인 선교사들에 의해서 지어졌다. 오늘날 한국의 대부분의 보수 교회들이 가진 대미 의존적인 자세가 이러한 역사적인 배경 속에서 나온 것이다. 한국 기독교는 서구 제국에 약할 수밖에 없는 태생적인 한계를 안고 태어났다. 요즘 북한에 대해 위협적인 태도를 취하고 있는 미국을 지지하며, 북한에 대한 지원 및 화해의 노력을 무산시키려 하고 있는 일부의 한국교회의 모습은 태생적인 조건들을 극복하지 못한 사례가 아닌가 한다.

제국, 민족, 민중의 역학 관계에 대한 성서적인 검토

본 연구자는 구약과 신약을 제국과 약소국 사이에서의 민족과 민중의 파노라마로 읽어야 한다고 주장한다. 성서 특히 구약은 물론 신약까지

---

4) Jon Sobrino and Ignacio Ellacuria, *Systematic Theology: Perspectives from Liberation Theology* (New York: Orbis Books, 1993/96), 144.

도 민중적, 민족적 운동의 과정을 보도하고 있다. 성서를 내용적으로 보면 민족과 민중 그리고 제국의 관계 속에서 야훼신앙이 진전 발전되었다는 것을 알게 된다. 십자가의 사건도 제국과 민중, 그리고 민족의 관계 속에서 나타난 고난과 사형의 사건으로 읽어야 한다. 이것을 사상하여 추상적이고 보편적인 희생과 사랑의 사건으로 본다면 그 의미의 중요한 부분을 잃는다. 예수는 하나님의 나라 운동을 전개했다. 하나님 나라는 약자들의 정의를 위한 운동이다. 예수의 하나님 나라 운동은 제국과 민중과 민족의 콘텍스트 속에서 선포되었고, 또 그것의 관점에서 이해되어야 한다. 예수의 하나님 나라는 제국에 반대되고, 민중을 보호하는 사회적 프로그램의 성격을 띠었다. 예수는 이러한 콘텍스트를 배경으로 하여 하나님의 나라 운동을 했으며 이것으로 십자가에 달렸다.

예수의 공생애는 로마 제국 하의 시기였다. 이미 로마의 황제 아우구스투스(BC 27~AD 14년 동안 로마를 지배)가 전 세계를 지배하고 있었고 팍스 로마나를 구가하고 있었다. 팍스 로마나는 힘에 의한 평화였으며 이것은 다른 민족과 민중에게는 엄청난 죽음, 착취, 재앙을 가져다 주었다. 마태복음에는 예수가 공생애를 시작하기 전 광야에서 마귀로부터 세 가지의 시험을 받았다고 나온다. 하나는 돌이 떡이 되게 하라는 것이고, 예수의 응답은 사람이 떡으로만 사는 것이 아니라는 것이었다. 두 번째의 유혹은 거룩한 도시의 성전 꼭대기에서 죽음을 무릅쓰고 뛰어내려서 하나님의 천사들이 받아 주는가를 시험하라는 것이었다. 예수는 하나님은 우리가 시험할 대상이 아니라는 대답을 주었다. 마지막으로 마귀는 예수에게 제국의 질서(평화)와 영광을 보여 주면서 사탄을 섬기면 그것을 주겠다고 한다. 예수는 이를 사탄이라고 지명하며 물리쳤다. 예수의 가장 큰 적은 제국의 힘과 영광 속에 깃들어 있는 사탄의 힘이었다. 예수의 하나님 나라 운동은 이러한 제국의 사탄과 싸움으로 이어졌다. 이 제국은 부와 물질을 숭상하며, 신을 조롱하고, 힘으로써 질서를 일으킨다. 이러한 제국의 원리는 영적인 원리이며 그것은 사탄에서 유래했다.

한반도는 제국과의 관계 속에 존재해 왔고 앞으로도 그러할 것이다. 조선은 제국의 간섭과 지배의 위협 아래에 존재하는 작은 민족이다. 이것은 한반도의 지정학적인 형편에서 어쩔 수 없는 운명이었다. 이스라엘의 역사적 운명과 조선의 운명은 매우 유사하다. 지정학적으로, 이스라엘의 전략적인 가치는 상업과 군사적으로 중요했다. 이스라엘은 이집트로부터 아시아로 그리고 아시아 즉 메소포타미아와 시리아로부터 이집트로의 상업적, 군사적 통행로였다. 조선 반도는 일본의 대륙 진출의 교두보이자 통로였고, 중국과 러시아의 대양의 진출로였다. 최근 냉전시대에는 남북한의 분계선이 미·소 양대 세력의 최전방 대치점이 되었다. 조선인들은 대국들, 제국들 사이에서 대리전을 치르기도 했다. 이것이 한국전쟁이다.

한반도의 문제는 제국들 간의 문제가 된다. 북핵 문제를 놓고 6자 회담을 열고 있는 것도 단적인 예다. 미국, 일본, 러시아, 중국, 남북한. 이러한 구도에서 나오는 긴장과 모순의 해결은 중동사태의 해결과 더불어 21세기 인류문명의 가장 중요한 문제 중 하나다. 일제의 조선반도 지배도 가쓰라-태프트 밀약과 같은 일본과 미국의 협약의 산물이자, 일본의 제국주의적인 침략 진출의 산물이었고, 남북한의 분단도 미·소 양대 제국 간의 힘의 균형과 타협의 산물이었다. 그리하여 한반도의 분단은 민족과 제국 간의 문제가 되어 버렸다. 조선의 역사는 조선 민족 내부의 개혁과 반개혁의 갈등과 대결, 그리고 조선과 제국과의 긍정적 혹은 부정적인 관계성 속에서 규정되었다.

이스라엘이 남북으로 갈라져서 서로 형제국가이면서도 적대관계를 가졌었다는 것은 우리 조선의 경우와 너무나도 유사하다. 조선이 중국, 일본, 러시아 등 강력한 제국들 사이에 끼어 있었듯이 이스라엘도 남서쪽으로는 이집트, 동북쪽으로는 메소포타미아의 세력인 아시리아(BC 9세기)와 신 바빌론(BC 612~538), 그리고 페르시아(BC 6세기), 마케도니아(BC 332~198), 로마 등의 제국들 틈에 끼여 있었다. 이러한 지정학적인 배경 속에서 남북 이스라엘이 야훼 신앙 전통을 공유하며 자신을 지켰듯이, 조선의 남북은 단군 자손이라고 하는 전통을 서로 나누었다. 이런 면에서 성서는 우리 조선에게 더 많은 계시적인 내용을 제공해 주고 있다.

성서기자들은 이 남북이 하나의 공동체임을 고백하고 있다. 열왕기는 남북조 왕국의 역사를 연대별로 기록했고, 역대기는 남왕국의 역사만을 기록하며, 북왕국 역사는 남왕국과 관계된 부분만 거론했다. 다윗 시대에는 다양한 적을 굴복시켰다. 블레셋(Philistines), 암몬(Ammon), 모아브(Moab), 에돔(Edom), 아람－다마스쿠스(Aram-Damascus), 아람－소바(Aram-Zobah) 등 이스라엘과 유대의 동북쪽에 있는 이들 주변 나라들을 정복하고 굴복시켰다. 이러한 헤게모니는 솔로몬 시대에 흔들리기 시작했다. 솔로몬 시기에 아람-다마스쿠스가 분리되어 나갔고, 에돔도 저항하기 시작했다. 모아브는 계속 남북조 이스라엘의 지배 하에 있었다가, 아합이 죽고 나서 폭동을 일으켜 이스라엘과 유대로부터 독립되었다. 기원전 9세기 아람-다마스쿠스는 이스라엘과 유대에 끈질기게 전쟁했던 적국이었다. 다마스쿠스인들은 9세기 말까지 지속적으로 이스라엘과 전쟁했다.5) 제국과의 관계를 보면, 아시리아 제국은 8세기 중반에 시로-팔레스타인 지역에서 지배적인 힘으로 나타났다. 그리하여 북왕국을 패망시키고, 남왕국을 약 1세기 동안 속국으로 삼았다. 약간의 간격이 있은 후, 신 바빌론 제국이 이 지역의 지배자로 등장, 남왕국을 멸망시켰다. 이집트는 그 중간에 이스라엘을 침략했다(열왕상 14:25~28, 열왕하 23:29~35). 그러나 유대는 북왕국이 아시리아에 의해 멸망당하고 예루살렘마저도 아시리아의 점령 하에 놓여 있을 때, 그리고 신 바빌론이 예루살렘을 함락했을 때에 이집트의 힘을 빌리려고 했지만 실제로 이루어지지는 않았다(열왕하 18:21, 예레 37:5~10; 44:30). 또한, 국제관계와 전쟁이 남북조 각각에 매우 다르게 얽혀 있음을 볼 수 있다. 남왕국 아하스는 아시리아의 티글랏 필레셋의 도움을 요청하여, 시리아(수도 다마스쿠스)의 르신(Rezin)과 북이스라엘의 베가(Pekah)의 협공을 막는다. 이러한 내용은 열왕기하 16장 5절과 이사야 7장 1절 이하에 동시에 나온다.6)

우리나라는 중국, 일본, 러시아, 미국이 둘러싸여 있고 중국의 침략과 일본의 지배를 받았었다. 일본과는 수차례 전쟁을 했고, 중국과도 마찬가지였다. 한·일 간 화해의 신학을 형성하기 위해서는 평화와 정의 및 생명에 기초한 신학이 교류되어야 한다. 양국 간의 갈등의 요소들, 즉, 독도문제, EEZ 문제, 무역역조 문제, 야스쿠니(靖國) 문제, 과거사 문제, 북·일 간 문제 등도 평화와 정의 및 생명의 입장에서 풀어가야 한다. 신학이 여기에 기여하지 아니하면 양국의 신학인들이 함께 연대해 나갈 수 없을 것이다.

---

5) Norman Gottwald, *The Politics of Ancient Israel* (Louisville, Kentucky: West minster John Knox Press, 2001), 87.

6) 위의 책, 88.

제국의 애매모호성의 혼동을 넘어서

페르시아의 지배는 유대를 오히려 강화시켜 주었다. 페르시아는 유배된 유대인들을 다시 돌려보내 유대의 재건을 도왔다. 이때가 에즈라-느헤미야의 시대였다. 페르시아는 바빌론의 포로로부터 유대를 구해서 식민지 유대의 재건을 도왔다. 고레스(사이러스)는 해방자, 메시야로 간주되었다. 이것은 이사야 40~55장에서 잘 나타난다. 페르시아는 유대에게 재정적으로 지원하고 군사적으로 보호하기까지 하면서 유대의 종교, 문화, 군사, 시민적 삶의 구조를 재건하는 데 지원했다.[7]

여기에서 제국의 다양한 모습을 볼 수 있다. 즉, 제국은 자비로울 수도 있고 악하거나 잔인할 수도 있다. 제국 미국이 조선 사람들에게 어떤 존재인가를 놓고 많은 논쟁이 벌어지고 있다. 이사야 선지자가 보듯이 자비로운 페르시아일까 아니면 신 바빌론과 같은 극악한 존재일까? 간단히 흑백을 나누기는 어렵다. 분명한 것은 미국이 북한과의 적대적인 관계를 갖고 있으며, 남한에 군사, 정치, 경제적으로 절대적인 영향을 미치고 있다는 점에서 미국과 조선과의 관계는 예사로운 것이 아니다. 그렇다고 적대적인 관계를 갖기에는 제국들 사이에 끼어 있는 한국의 입장에서 불가하다. 한반도의 관점에서 보면, 미국과 일본의 연합적인 관계, 지구의 대부분 문제에 미국이 개입되어 있고 여기에 준(semi) 제국으로서 일본을 개입시키고, 동반자로서 참여시키고 있다는 점은 한반도에 큰 전조를 던져 주고 있다. 일본은 한국과 바다를 사이로 한 이웃 국가이면서도, 가끔 강력한 제국으로 등장하여 조선

---

7) Gottwald, 105.

을 침략하고 급기야는 20세기 초에 조선을 식민지로 지배했다. 한국 기독교는 종종 일제 강점기를 바빌론 포로기로 비유했다. 그리고 미국을 페르시아로 맥아더와 같은 사람을 고레스(BC 559~BC 529, 페르시아 제국을 건설)로 비유했다.

또 다른 제국 이집트는 강대국이었지만, 자기 나라의 문제에 골몰했다. 이집트는 이스라엘에 매우 가까운 나라였으므로 자연스레 관계가 많았다. 이집트는 이스라엘에 큰 영향을 주었는데, 적대적일 때도 있었지만, 이스라엘과는 친근한 관계를 가질 때도 있었다. 예수가 어렸을 적에 이집트로 내려갔던 얘기나 요셉 이야기, 야곱과 그 아들들의 이집트 체재 이야기로부터 이집트의 억압 속에서 모세가 히브리인들을 해방시킨 이야기 등 이집트는 이스라엘에 매우 중요한 작용을 한다.

미국을 로마로 보느냐 아니면 페르시아, 혹은 이집트로 보느냐 등도 제국의 애매모호함을 말해 준다. 아우구스투수의 로마와 팍스 로마나는, 미국의 팍스 아메리카나와 종종 비교된다. 이에 대항한 새로운 문명, 이것을 포스트 문명(post-civilization)이라고 볼 수 있는데, 이것은 곧 포스트 제국의 시대라고 할 것이다. 이것이 예수의 하나님의 나라 운동이며, 이것이 바울의 그리스도 주권사상이다. 어쨌든 제국으로서의 미국은 하나님의 경륜(經綸)에 어긋난다. 미 제국은 자신이 힘을 더욱 강화, 유지하기 위해 타민족과 민중의 희생을 요구하며 착취한다. 이러한 미국의 입장은 한반도에서 자주 드러난다. 미국은 한민족의 장래 문제를 자신의 기본 관심으로 삼지 않는다. 기본 관심은 미 제국의 이익이다.

일본이 야스쿠니 신사에서 참배하는 것은 일본을 아시리아나 신 바빌론으로 보게 한다. 아시리아나 신 바빌론은 모두 국가적, 민족적 신을 섬기고 이것을 다른 민족에게 강요했다. 그러나 성서를 보면 심지어 신 바빌론에 대해서도 긍정적으로 볼 때가 있었다. 예레미야는 바빌론에 친화적이었다. 무능한 왕권에게 유대민족주의를 내세워 바빌론으로부터 독립을 꾀하려고 했던 한나니아를 예레미야는 조롱했다. 예레미야는 당시의 정세를 정확하게 보았다고 하겠다. 예레미야는 민족주의적인 믿음만 가지고는 복잡한 정세에서 유대민족이 살아남을 수 없다는 것을 알았다. 예레미야는 민족이 아니라 민중의 입장에서 국제정세를 보았다. 예레미야의 입장에서 보면, 요즘 일본이 조선에 행한 역할을 긍정적으로 평가하는 사람들의 입장을 제대로 비판할 수 있다. 이들은 일본은 조선을 지배하면서 한국의 산업혁명을 일으켰고 조선의 부패하고 무능한 지배계층들을 몰아냈다고 주장한다. 이것도 전혀 틀린 말은 아닌 것 같지만, 민중의 입장에서 일제 강점기를 보면 그 시기는 결코 정당화하기 어려워진다. 일제의 지배 자체를 긍정적인 것으로 받아들인다면 나라를 잃고 유리방황하고 고생했던 민중의 고통을 어떻게 설명할 수 있겠는가? 박정희에 대한 평가도 민중 입장에서 내릴 때 정확하다.

예레미야는 유대 민족의 내부적인 개혁을 추구했고, 그것의 기초는 모세의 계약법 전통이었다. 그는 정의를 외쳤고, 민중의 보호를 가르쳤다. 예레미야는 정의에 기초한 내부적인 개혁과 정신적인 변화를 위해 노력하지 않고 주어진 현실 속에서 안주하며 민족을 지킬 수 있다고 하는 비현실적인 믿음이 갖는 한계를 꿰뚫어 보았던 것이다. 예레미야의 이러한 내부개혁적인 메시지는 제국의 지배 시내에 약소민족들이 경청해야 할 것이다. 만약에 사회운동이 의식의 변혁운동이고 문화변혁운동을 중요하게 포함하는 것이라면, 예레미야의 민족과 민중 전체의 철저한 회심, 돌아섬, 내적인 변화의 메시지는 여기에 적합하다고 하겠다. 그리고 이러한 민족 전체의 집단적인 회심의 요청은 모든 예언자들의 기본 메시지였다.

오늘날 사회운동은 이러한 예언자들의 입장에서 출발해야 한다. 예언자들은 민족과 민중의 영적인 상태의 변화를 요구했다. 이것은 의식의 변화를 말한다. 특히나 우리 민족은 안전하며 모든 것은 저절로 잘 해결될 것이라고 하는 거짓된 안전의식을 가지고 있다. 집단적인 개혁의 노력이 없이 다 잘되어 갈 것이라고 하는 거짓된 안심으로부터 벗어나는 것이 급선무이며, 이것이 사회운동의 필요성을 말해 준다. 예레미야는 바빌론의 침략이 유대에 대한 하나님의 심판이라고 보았다. 제국의 시대에서 고민하고 민중의 구원을 위해 고민하던 예레미야의 모습에서 오늘날 필요한 신학자적인 자세를 발견할 수 있다. 제국 세력 앞에서 위기에 놓여 있는 민족과 민중의 현실 속에서 하나님의 축복만을 설교하고 있는 한국 교회에 대해 우리는 어떻게 해야 하는가. 한국 교회는 제국의 애매모호성에 현혹되고 있는 것은 아닌가? 제국이 우리들을 잘 보호해 주고, 앞길을 잘 인도해 줄 것이라고 하는 허위의식에 빠져 있는 것은 아닌가? 신자유주의 정책 등 제국이 원하는 것을 모두 들어주고, 하라는 대로 하면 아무런 문제도 없게 되는 것인가? 한국의 조선, 중앙, 동아 등 신문들과 대형 교회들의 목자들이 외치고 있듯이 제국에게 우리의 운명을 맡기면 안전해질 것인가?

민중운동과 연결된 예수의 하나님 나라 운동

하나님 나라 운동이 가지는 의미는 첫째, 지배자들에 대한 심판의 의미와 둘째, 이스라엘 갱신의 상징으로서의 의미를 가진다. 셋째로, 위의 두 번째의 의미와 연결되어, 보다 적극적인 대안적 의미를 가지는데, 특히 제국과 그 예속에 대한 대안적인 의미를 갖는다. 예수의 하나님의 나라와 바울의 그리스도의 주권 사상은 모두 2차적으로는 로마 제국에 대해서 저항하지만(secondarily and negatively), 1차적으로 그리고 긍정적으로는 지역적, 일상적, 매일의 차원에서의 지구적 정의를 추구하는 신적인 프로그램이라고 하겠다.8) 하나님의 나라 운동은 구체적으로 다음의 의미를 가진다. (1) 이것은 무엇보다도 의식개혁운동이다. 하나님의 나라 운동은 진정한 민족운동의 원형이다. 정의에 기반한 민족운동은 곧 사회운동이며 이것은 곧 하나님 나라 운동이다. (2) 의식개혁운동으로서의 하나님의 나라 운동은 여기에서만 멈추지 않는다. 의식개혁은 곧 사회제도적 개혁을 동반한다. 의식개혁은 보다 근본적이고 출발적인 것이며, 그 결과는 항상 제도적인 변환을 수반한다. 그렇다고 제도적인 개혁이 운동의 전체가 아니다. 보다 근본적이고 전체적인 것은 의식의 변화, 문화의 변화다.

예수는 유대의 경직된 종교와 싸우고 유대의 지배체제와 싸웠으며, 그것이 결탁하고 있는 로마 체제에 반대하는 운동 즉 하나님의 나라 운동을 벌였다. 구체적으로는 피폐한 민중들의 삶을 다시 세우는 일이었다. 이를 위해서 병약자들의 병을 고쳐서 정상적인 생활을 하게 도와주었고 굶주린 자들을 보호했다. 그가 했던 일 중에 많은 부분은 병자들을 고쳐 주는 것이었다. 병자들이야말로 가장 무기력한 존재였기 때문이다. 예수는 사물을 문제의 뿌리까지 들여다 볼 수 있는 눈을 가지

---

8) John Dominic Crossan and Jonathan L. Reed, *In search of Paul* (N.Y.: Harper, 2004), 412.

고 있었으므로 이러한 병자들과 가난한 자들을 낳는 체제에 대해서 자연스럽게 저항하는 의식을 가지지 않을 수 없었고, 그것이 바로 종교와 지배질서를 묶은 성전 지배 질서였음을 발견하여 이것의 정화를 시도했다. 그리고 이것의 옹호세력들, 바리새인들, 사두개인들, 제사장들, 그리고 헤롯 당원들에 대해서 강하게 비판을 가했다. 이것의 결과로 예수는 로마와 유대 지배 체제에 의해서 사형당했다.

바울은 주로 유대계 크리스천들과 투쟁했다. 이것은 주로 좁은 유대주의가 크리스천 신앙 안에 들어오는 것을 막고, 크리스천 신앙이 보다 보편적인 가치, 보편적인 사랑과 정의의 가치를 옹호하는 것이 되기를 원했다. 좁은 유대민족주의와 제국의 보편적인 현세적 문명에 대신하여 새로운 보편적인 문명이 필요하다고 보았고 그것이 예수가 말한 복음의 실체라고 생각했다. 그리하여 예수와 바울은 공통적으로 제국주의적인 힘에 의한 평화의 문명을 대신할 수 있는 보편적인 평화, 힘에 의한 승리에 기반한 평화(peace by victory through force)가 아니라 사랑과 겸손한 봉사를 수반하는 믿음에 의한 평화를 추구했던 것이다.

예수의 근본적인 메시지와 실천은 하나님의 나라와 하나님의 지배를 위한 것이었다. 이것은 대부분의 성서학자들을 포함한 신학자들의 공통된 의견이다. 복음서들은 예수가 하나님 나라, 하나님의 통치의 화신이라고 할 정도로 하나님의 통치를 위해 전념하고 있었음을 보여준다. 그가 전한 하나님의 통치를 위한 복음의 메시지는 그가 십자가가 달리며 그 극점에 이르렀고, 그가 부활하며 완성되었다. 여기까지는 대부분의 신학자들이 합의하는 부분이다. 그러나 그 다음부터는 그 해석에서 차이를 보여 왔다. 그러나 민중신학자들은 정치적 해석을 선택한다. 민중신학은 하나님의 통치가 가지고 있는 정치적인 함의를 중시한다. 복음서를 정치적인 상황에 근거하여 해석하며, 예수의 메시지를 당시의 지정학적인 상황 속에서 읽는다. 유대를 둘러싼 로마 제국의 상황 속에서 유대의 지배 계급은 로마 제국에 의존하여 자기들의 지위를 유지하면서, 로마 제국의 체제를 유지하는 데에 도움을 주었다. 하나님의 통치는 가난한 민중의 해방과 긴밀하게 연결되어 있다. 이것은 직·간접으로 지배계급에게 위협이 되었다.

제국의 질서에 편입된 민족 국가

1990년대 초 소련과 동구 사회주의권 등 현실 사회주의권이 붕괴된 이후 세계 질서는 미국을 정점으로 하는 제국의 질서에 편입되었다. 미국은 월등한 경제력과 군사력으로 세계를 지배하며 민족국가들의 방어벽을 무력하게 만들어 세계를 하나의 시장으로 통합했다. 미국은 유럽연합이나 중국 및 일본 등 준 제국들과 일정한 협력관계를 맺으며 약소국가들을 다양한 강요 방법에 의해 제국의 질서 속에 편입시켰다. 이러한 질서에 순응하지 않는 민족국가들은 도태되고 희생양이 되고 만다. 북한, 쿠바 등이 미국으로부터 경제 제재, 군사적 제재를 받았고, 특히 북한은 기아로 인해 수백만의 희생자를 냈으며, 미국의 선제공격의 위협에 놓이게 되었다. 이리하여 오늘날 신자유주의 정책을 기조로 하지 않는 국가는 거의 없다. 그러한 정책을 통해 노동의 유연화를 실현하지 않으면 곧 경제적 파산 위기에 당면하게 된다. 노동자들, 농민들 등 민중을 통제하는 것이 신자유주의의 요체다.

오늘의 세계질서는 민중과 자연의 희생 위에 세워졌다. 오늘날에는 민족이나 국가가 더 이상 민중을 보호하는 외피(外皮) 노릇을 하기 힘들게 되었다. 민족과 국가가 제국의 논리를 좇아가고 제국의 질서에 참여하고 있기 때문이다. 지식을 만들고 퍼뜨리는 학계나 언론계도 같은 제국의 논리를 정당화해 주고 있다. 이들도 제국의 질서에 순응하지 않으면 도태되기 때문이다.

민중과 자연을 희생양으로 삼는 세계에 대한 심판과 구원

제국은 자신들의 힘을 유지하고 제국의 질서를 유지하기 위해서 희생양을 필요로 한다. 제국은 인간이 집단적인 욕망의 최대한의 표현이다. 이것은 신을 대신하려고 하는 인간의 반신적(反神的)인 욕망이며 일정하게 희생양을 요구하는 악마적인 존재이다. 구체적으로 말하면, 제국의 신자유주의 정책은 민중을 희생양으로 삼아 고난의 영속적 순환 구조 안으로 묶어 놓는다. 특히 제국에 의해 '악의 축'으로 낙인찍힌 북한은 희생제의 대상이 된다. 제국은 북한이라고 하는 희생양을 만들어 모든 잘못을 그 희생양의 머리에 올려놓고 광야로 내보내면서 자신의 허물을 정화시키려고 한다. 미국의 침략을 받은 이라크는 제국에 의해 희생된 한 예라고 하겠다. 제국의 잘못으로 이라크와 미국의 민중들(이라크에 파병된 미군들은 대부분 민중 출신의 젊은이다)이 죽어 가고 있다. 제국을 위한 대리전쟁이었던 한국 전쟁도 제국들이 마련한 희생 제사였다. 희생 제사에는 대신 죽는 존재들이 있다. 이들은 아무 죄 없이 죽는 희생양이며 민중들이다. 죄 없는 민중이 희생당한다는 것은 희생양을 만드는 사회체제의 죄악과 모순이 존재한다는 것을 입증한다. 오늘날 죄의 구조는 이러한 희생양을 만드는 체제다.

제국의 시대에는 월등한 무기체계를 확보하기 위한 무한 경쟁이 일어난다. 정교한 방어체계와 공격 무기체계를 개발하기 위해 첨단기술 확보 경쟁이 치열하다. 세계 제일의 기술력 확보를 위한 교육연구체계의 경쟁도 뜨거우며 이를 뒷받침하는 천문학적인 숫자의 재원 확보 경쟁에도 일고 있다. 이것은 가히 강력한 경제력의 우위를 확보하고 있는 제국이 되지 않으면 불가능하다. 경제력 우위를 확보하려면 석유와 광물 등 자원 확보에서 우위를 유지해야 하며, 이를 위한 초강대국 간의 경쟁이 끊임없다. 약자를 도태시키는 신자유주의 정책은 제국인 미국에서부터 시작하여 전 세계, 각 나라에 강요되고 있다. 세계적 경쟁구조 속에서 살아남으려면 무한 경쟁에 뛰어들어야 하는데 그러기 위해서는 신자유주의 정책을 채택하지 않을 수 없고, 무한 경쟁 속에서 생존하는 자만이 살아남는 새로운 세계가 등장하게 되었다. 그러다 보니 인간 삶의 다방면에서 예전보다 경쟁이 더 치열해졌다. 이러한 상황 속에서 수많은 낙오자들이 발생했지만 이들을 보호하는 복지사회 시스템과 정책들은 점점 사라져 가고 있다. 오늘날 세계는 약자들을 희생양으로 내모는 세계가 되어 버렸다.

지구적 신자유주의 시장 체제의 무한 경쟁구조 속에서 낙오되는 사회적 약자들, 특히 아시아, 아프리카, 남미의 사회적 약자들이 가장 큰 희생을 당하고 있지만, 이에 못지않게 큰 피해를 입는 것은 자연이다. 우리의 자연환경은 무차별적으로 착취당하고 있다. 에너지 소비가 갈수록 증대되고 있으며 이로부터 발생하는 매연은 삶의 질을 악화하며, 지구에 온실 효과를 가져와 기후 변화를 일으켜 자연재해, 생명파괴를 야기하고 있다. 이제 지구 안의 생명은 점점 더 큰 위협을 받고 있는데 이러한 추세는 억제되어야 한다. 지구 기후 변화 등 환경파괴에 의해 가장 피해를 보는 사람들은 지구촌의 사회적 약자들이다. 이들은 빈곤과 기아 그리고 자연재해에 가장 취약한 사람들이며, 구조악에 의해서 희생당하는 희생양들이다. 이들은 자연재해에 의해서뿐만 아니라 신자유주의적 체제 속에서 희생당하고 있다. 이들은 죄를 저지르는 존재가 아니라, 죄의 구조에 의해서 죄가 저질러지는(being sinned against) 존재들이다. 이러한 구조악의 추세를 억제하는 노력으로부터 구원의 가능성이 시작된다.

오늘날 제국과 민족국가는 동반관계 속에서 신자유주의를 확대하고 받아들이고 있다. 그렇지 않으면 경제적으로 발전할 수 없고 지구적 경쟁에서 낙오될 것으로 믿고 지금의 지구적이고 경쟁적이고 착취적인 구조 속에 스스로 편입되고 있다. 제국은 말할 것도 없고, 민족(국가)은 민중에게 항상 선하지 않다. 많은 경우, 민중에게 해를 끼친다. 특히 민족과 국가가 신자유주의의 정책을 앞장서서 택한 결과는 민족의 지배계층(경제적 강자들, 특히 재벌들)을 살찌우는 것으로 나타나고 있다. 민족은 곧 지배계층이라는 등식이 역사 속에서 반복되어 왔다. 약소민족이 가지는 적극적인 가치를 과신할 수 없다. 제국과 민족은 힘을 합쳐 오늘날 희생양들을 영속적으로 만들어내는 구조를 만들어 놓았다. 희생양인 민중이 이러한 구조들을 고발하고 변혁시킬 수 있다. 이들은 이러한 구조들을 변혁하려고 하는 신의 선교에 동참하는 존재들이다. 이 구조로부터 상대적으로 바깥에 존재하는 존재는 민중이며 신은 이러한 구조로부터 절대적으로 바깥에 존재하는 존재이며, 이 구조로부터의 해방은 이 구조에 동의하거나 참여하지 않는 절대적 초월자로부터 온다는 사실을 발견하게 된다.9) 이 구조에 동의하고 참여하여 혜택을 보는 어느 누구나 이 구조가 희생양을 생산하는 일에 참여하는 공범이기 때문에 이들 안에서는 진정한 해방이 나올 수 없다.

본 연구자는 네그리와 하트의 다중들이 가지고 있는 새로운 사회를 형성하는 잠재력의 적극적인 인정에 동조한다. 본 연구자는 네그리와 하트가 다중들은 이러한 새로운 사회 속에서 지금의 고난보다는 더 나은 사회를 형성할 수 있을 것이라고 하는 적극적인 기대와 평가로부터 신선한 충격을 받았다. 네그리와 하트는 자신의 책,『제국(*Empire*)』에서 가난한 나라의 다수의 민중들은 더 노동 조건이 좋은 나라들로 활발하게 이주하면서 자신의 삶을 개선해 나가고, 세계를 바꿔 나간다고 본다. 이 책에서 저자들은 제국과 잘사는 나라들은 이들의 유입을 막지만 다중들이 세계의 생산성을 높여 주는 계층이기 때문에 어쩔 수 없이 이들에게 의존하게 되며 이주자들이 국경을 넘는 이동을 완전히 억누를 수 없다고 본다. 그러나 제국과 제국의 네트워크를 형성하는 하위의 나라들은 이러한 국경을 넘는 이주자들을 차별대우하며 온갖 방식으로 노예화하거나 추방할 것이다. 왜냐하면 이들은 근본적으로 기성 질서와 어울리지 않는 세력, 혹은 반제국적인 세력으로 간주되기 때문이다. 이에 대해 네그리와 하트는 모든 이주 노동자들이 이주의 자유와 권리를 주는 "지구적 시민권(global citizenship)"을 요구할 것을 제안한다. 이동의 자유를 통해서 지구적 자본이 노동자들의 삶을 통제한 것을 넘어설 수 있게 된다. 이것은 세계의 노동자들의 생산과 삶을 제국이 통제하는 것으로부터 벗어나게 하는 것이라고 보았다.[10]

---

9) Walter Wink, "The Gladsome Doctrine of Sin", *The Living Pulpit*, the electronic edition, Oct-Dec, 1999, 4-5에서 Wink는 구원은 절대 초월자로부터 올 수 있다고 한다. 여기에서 절대 초월자란 다름 아니라, 불의한 구조를 초월한 존재를 가리킨다.

10) Michael Hardt and Antonio Negri, *Empire* (Cambridge, Mass.: Harvard Univ. Press, 2000), 396-400.

또한, 저자들은 모든 사람들이 다양한 사회적 노동에 참여하고 있고 따라서 사회적 임금을 받아야 한다고 주장했다. 동일 노동의 동일 임금이라는 옛 슬로건이 아니라 새로운 관점 즉, 사회적 부(social capital)는 다중의 협력 안에서 생기는 창조적인 활동에 의해서 창조되는 것이지 공장이나 회사에서 일하는 노동자들의 노동에 의해서만 창조되는 것이 아니므로 임금도 '가족임금'(family wage)을 넘어서 '사회적 임금'(social wage)의 개념으로 이해되어야 한다.11) 그리하여 가사노동과 출산을 하는 가정주부들, 이들을 뒤에서 돕는 노인들을 비롯한 가족 성원들, 환경보호 도우미, 쓰레기 치우는 사람 등에 이르기까지 이러한 협력관계 속에 있는 다중 전체가 사회적 부를 창조하는 성원이고 사회적 노동을 하는 자들므로 이 모든 사회적 협력관계 속에 있는 다중들 모두에게 '사회적 임금과 보장된 수입'(a socal wage and a guaranteed income)을 제공해야 한다. 네그리와 하트는 '사회적 부'(capital)의 창조에 공헌하는 모든 협력관계 속에 있는 모든 다중들을 오늘날의 새로운 프롤레타리아라고 보아야 한다고 주장한다. 오늘날의 피착취 계층은 이전의 산업노동자가 아니라 협력관계 속에서 창조적인 잉여를 생산하는 일에 협력관계에 있는 모든 다중이며 이들이 오늘날의 프롤레타리아라고 했다.12)

---

11) 가족임금은 가족의 남성 가장의 노동에 대한 임금을 부인과 자녀들의 재생산적 노동을 한 가족전체를 위한 임금으로 보는 것으로서 후자의 노동은 원래 임금화할 수 없지만 가장의 노동을 위해 필요한 것이므로 가족 단위를 생각하여 임금을 준다는 뜻에서 나온 말이다. 이러한 관점은 가부장제를 강화하고, 재생산노동을 생산적인 것으로 보지 않으려는 경향이 있다. 위의 책, 403.

12) 위의 책, 401-403. 산업혁명 이후의 산업의 부흥기 동안의 낡은 사회사상에는 오직 산업노동자들의 노동만을 생산적(productive)이라고 보았다. 그리고 나머지의 노동은 재생산적이거나 비생산적인 것으로 보였다. 오늘날의 "제국의 삶~정치적(bio

다음으로, 생산 수단을 누구나 자유로이 활용할 수 있는 권리를 요구하자는 주장이다. 이것은 포스트모던 시대의 생산은 과거와 같이 물질의 생산만이 아니라, 비물질적인 생산 즉 지식, 감정(affects), 정보의 생산이며 이것들은 동시에 생산 수단이 되는 상황에서의 생산 수단의 자유로운 활용이 더욱 가능하게 되었음을 전제한다.[13]

포스트모던 시대에서 다중은 이제 제국에 대응하는 세력으로 등장하고 있다. 세계적인 현상으로서의 다중은 오늘날의 민중이다. 민중신학도 이러한 다중의 긴밀한 연대 속에서 새로운 대안적 세상을 형성하는 과정을 목격하고 그것을 증언하며 그 운동의 맹아들과 성과들을 알리고 기념해야 한다. 다중의 고난과 승리를 보고해야 한다. 다중의 들리지 않는 목소리를 대변해야 한다.

오늘날의 세계를 결정적으로 설명할 수 있는 언어들을 나열하면 다음과 같다. 즉, 제국의 시대, 지구화의 시대, 그리고 신자유주의적 세계가 그것이다. 이러한 세계 속에서 민중은 지속적으로 희생양으로 내몰린다. 오늘의 이 세계 안에는 잘 되는 사람들은 계속 잘되고 잘살며 건강을 누리며 산다. 잘사는 미국인들은 미국 바깥의 못사는 나라 사람들이 어떻게 살고 있는지 모르며 사치스럽게 살고 있다. 한국의 잘사는 사람들은 더 잘살게 되며 존경받고 산다. 그러나 그 속에서 민중은 아무리 노력하고 발버둥 쳐도 못살고 존경은커녕 멸시당하지 않으면 다행

---

political) 상황 하에서는 점점 더 자본의 생산은 사회적 삶 자체의 생산과 재생산과 합일되고 있으며, 따라서 점점 더 생산적, 재생산적, 비생산적 노동을 구분하기가 어려워진다." 이리하여 착취는 이러한 전체적 노동에서 일어나고 있는 것이지 단지 좁은 의미의 산업노동의 현장에서만 일어나고 있는 것은 아니다. 이렇게 볼 때 우리는 프롤레타리아의 개념을 확대할 수 있다. 같은 책, 402.

13) *Empire*, 406-407.

이다. 이 세상에서는 유전무죄, 무전유죄가 통한다. 그래도 옛날에는 아무리 못살아도 공부를 열심히 하면 좋은 대학을 가고 잘살 수 있었다. 요즘에는 못사는 사람은 좋은 대학에서 좋은 교육을 못 받는 세상이 되었다. 빈익빈 부익부, 세대를 넘어 가난과 부가 대물림되는 세상으로 고정되어 가고 있다. 오늘의 세상은 아래위가 완전히 바뀐(upside down) 세상이 되었다. 이러한 사정에 대해서 욥은 저항하고 있다.

> 어찌하여 악인이 생존하고 장수하며 세력이 강하냐
> 그들의 후손이 앞에서 그들과 함께 굳게 서고 자손이
> 그들의 목전에서 그러하구나
> 그들의 집이 평안하여 두려움이 없고 하나님의 매가
> 그들 위에 임하지 아니하며
> 그들의 수소는 새끼를 배고 그들의 암소는 낙태하는 일이 없이 새끼
> 를 낳는구나.

- 욥기 21:7~10

미국에서 활동한 프랑스인 문화학자 르네 지라르는 욥을 전형적인 희생양으로 보았다. 욥의 세 친구는 욥에게 그에게 닥친 모든 불행과 재앙은 욥의 잘못 때문이지 결코 사회구조 때문은 아니라고, 그 잘못을 신이 벌하신 것이라고 설득했다. 이 설득이 통한다면 무죄한 자의 고난과 희생은 응당한 것이 된다. 그의 잘못의 대가로 얻은 당연한 결과가 된다. 이렇게 통하게 되면 희생양을 양산하는 체제는 유지되고 만다. 욥은 이것의 부당함을 고발했다.14) 성서에는 욥 외에도 희생양들이 많이 나온다. 레위기의 희생 제사를 논외로 하더라도, 여성신학자들이

부각시킨, 잔인하게 희생 제물로 바쳐진 레위인의 첩, 입다의 딸 이야기 등을 들 수 있다. 예수의 이야기 중에 예수 주위에 몰렸던 많은 사람들이 당시의 사회의 희생양들이었다. 우리가 무엇보다도 주목할 대상은 그 시대의 희생양 체제에 의해서 희생되었던 예수다. 그는 희생양이 된 민중의 대표였다. 이와 같이 희생이라는 주제는 기독교에서 가장 중요한 주제가 되었다. 희생양을 어떻게 이해해야 하느냐는 민중신학에서 가장 중요한 주제이기도 하다.

희생양으로 내 몰고 있는 경제·정치적 구조에 덧붙여서 이러한 구조에 대한 철학적·신학적·종교적 정당화가 동시에 진행되고 있다. 희생양의 구조는 고난당하는 민중들의 자발적인 동의를 구한다. 이러한 동의가 굳건히 자리 잡힌 사회일수록 겉으로는 안정되어 보이지만 속으로 갈등과 불의가 판을 친다. 예수는 반복되는 예배 의식보다는 먼저 형제들과 화해하라고 했고(마태 5:23~24), 호세아의 말을 빌려서 신은 희생 제사보다는 자비를 원하신다고 선포했다(마태 9:13). 예수의 정의는 사랑과 자비의 정의인 것에 반하여, 강자의 정의는 심판적 정의 즉, 잘못에 대한 응분의 대가를 치르게 하는 정의였다. 전문적인 용어를 사용하면, 전자를 'distributive justice'(분배적 정의)라고 하고, 후자를 'retributive justice'(응보적 정의)라고 부른다.

오늘날 희생양을 양산하는 지구적 구조는 응보적 정의에 기반하여 성립되어 있다. 즉 민중이 사회에서 버림받는 희생양으로 전락하게 된 것은 민중이 뭔가 잘못했고 흠이 있기 때문이라는 것이다. 그렇기 때문에 그 값을 치른다는 것이다. 이러한 관점에서는 그들을 도와줄 필요가

---

14) René Girard, Job, *the Victim of His People* (Stanford, CA: Stanford University Press, 1987).

없지만 만약 도와준다면 시혜적인 수준에서 할 수는 있을 것이라는 것이다. 응보적 정의는 심판과 징벌을 필수적인 과정으로 간주한다. 그렇다면 오늘날의 민중이 무엇을 잘못했는가? 무엇을 잘못했기에 운명의 신으로부터 이러한 징벌을 받는 것인가? 도덕적인 해이? 부지런하지 않은 것? 사실, 가진 자들이 더 그러하지 아니한가? 욥이 탄식한 것처럼 강한 자들은 편히 쉬고 노는데 더욱 강해지고 더 부자가 되는 것이 오늘의 현실이 아닌가? 가난한 자, 약한 자는 그들의 가난과 사회적 약함 때문에 고통을 받고 있다고 발언하는 것이 더 정직한 것은 아닌가? 강자들은 이렇게 말할 수 있을 것이다. 민중은 이 사회적 구조 속에서 적응할 수 있는 능력을 가지고 있지 못하기 때문에 희생양으로 내몰리는 것이라고. 그러나 그 적응능력이라는 것을 갖지 못하는 것도 사실은 그들의 약함과 가난함에서 비롯된다. 민중은 오늘의 신자유주의적인 강자 중심의 교육체계 아래에서 교육의 혜택을 받을 수 있거나 자신의 사회·경제적 적응능력을 키울 형편이 아니다. 민중이 사회부적응 때문에 운명(신)으로부터 벌을 받는다고 말할 수 있겠는가? 만약 그러한 신성이라면 예수가 섬겼던 자비의 하나님과는 너무나 거리가 먼 것은 아닌가?

오늘날의 세계는 이러한 희생양을 만드는 구조를 영구화하려는 강한 집념을 보이고 있다. 이것은 지구화 과정 속에서 제국의 세계 지배 정책과 신자유주의 정책에 의해서 강화되고 있다. 이 정책들은 철학적·종교적·신학적인 정당화를 동원하여 이에 저항하는 모든 세력들을 무능력자 혹은 부적응자로 내몬다. 사람들은 낙인찍는 일을 쉽게 모방한다.15) 지구화와 제국의 시대에 낙오자로 몰린 민중은 사회에 대해 아무런 발언권을 가지지 못한다. 한국의 민중, 아니 아시아의 민중은 죽었다는 발언이 나올 정도다. 그러나 이러한 희생양을 양산하는 체제가 항상 절대적으로 강고한 것은 아니다. 이러한 희생양의 체제(the scapegoat mechanism)의 틈새에서 약자들의 연대인 민중과 다중은 성장하고 있다. 그들은 새로운 꿈을 꾸고 있다. 그들은 희생양을 생산하는 체제의 맥을 끊는 새로운 삶의 질서를 꿈꾼다. 오늘날의 민중과 다중은 이것을 예수가 보여 준 활동과 말씀, 특히 그의 하나님의 나라 운동에서 발견한다. 약자들은 자신들의 보호자로서 신을 찾는다. 그 신은 그의 아들인 예수를 보냈다. 예수를 통하여 약자들을 보호했다. 요한복음에서는 예수가 자신과 성령을 변호자(the Paraclete, Counsellor)로 불렀다고 보도하고 있다. 예수와 성령은 억압적인 세계 질서 속에서 민중의 입장을 변호하는 변호자인 것이다.

그럼에도 우리는 민중의 미래 역사에 대해서 낙관할 수는 없다. 예수께서 성령을 보내셨고 성령이 우리와 함께한다는 것을 믿고 경험하고 있더라도 현실을 쉽게 낙관할 수 없다. 민중의 희생을 강요하고 있는 세력과 체제는 여전히 강고하다. 그러나 예수를 사랑하는 그 하나님은 우리를 사랑할 뿐 아니라 이 우주의 모든 생명을 사랑하신다. 하나님은 성령 속에서 민중과 자연의 고난에 함께하시며 우리에게 힘을 주시며 새로운 미래를 보여 주신다. 그 힘에 의지하며 우리는 절망과 고난을 딛고 일어나서 하나님이 허락하시는 희망과 기쁨에 동참한다.

---

15) 대중들이 소위 '왕따시키기'라고 하는 희생양 만들기를 모방(mimesis)하려는 욕망 때문에 이러한 부정적인 모방이 쉽게 전염된다는 점을 Renê Girard는 그의 여러 저서에서 분석했다. 이러한 부정적인 모방이 일어나는 사회는 그만큼 희생양을 양산해 내며, 이러한 사회를 그는 '원시적'(primitive)이라고 했다. Job, 122. 이외에 *Things Hidden since the Foundation of the World* (Stanford, CA: Stanford University Press, 1987) 등을 참조할 것.

맺는 글: 희생양이 구원의 메신저이다

오늘날 이 세계는 지속적으로 희생양을 만들어내고 있다. 이 논문에서는 이 세계를 희생양을 만들어내는 것은 제국의 질서라고 진단했고, 구원은 이러한 희생양을 만들어서 모든 세계의 모순을 이들에게 덮어 씌워 희생 제사를 지내는 이 세상의 질서에 종지부를 찍고, 모든 피조물이 신이 주신 풍성한 생명을 더욱 풍성하게 누릴 수 있는 새로운 질서를 만드는 것을 말한다. 이것은 곧 하나님의 통치, 즉 하나님 나라의 전조라고 하겠다. 구원은 신에 의해서 이루어지는 것이지만, 구원의 신의 메신저 역할은 민중이 담당한다. 희생양인 민중들로부터 구원의 메시지가 나온다.

이것은 요한 계시록에 나오는 말씀에서도 확인된다. 제국의 시대에는 정도의 차이가 있지만 각국의 모든 민중이 함께 고난을 당한다(계시록 7:9). 이들은 하나님과 그리스도의 구원을 선포하는 메신저 역할을 한다. 유대·기독교 전통에서는 하나님의 구원의 메신저는 메시야가 담당한다. 민중신학자들은 이들의 소리를 대변해 줄 뿐이다.

제국의 폭력에 맞서는
해방을 위한 신학

김 민 웅 | 성공회대학교 NGO 대학원 초빙교수

들어가는 글

이 글은 오늘날 미국의 세계적인 패권체제로 압축되고 있는 '제국의
억압과 지배구조'를 정당화하는 일체의 윤리적 기초에 대한 비판과 극
복 전략을 중심 과제로 삼았다. 그 방법론적 틀은 (1) 미국 역사에 대
한 수정주의 사관의 진보적 접근, (2) 자본주의의 역사적 모순을 조명
하는 정치경제학, 그리고 (3) 예수운동의 관점에서 실천적 인간해방
의 영역을 추구하는 기독교 윤리의 결합으로 이루어진다. 그로써 이
땅에 인간이 인간다운 존엄성과 자유와 권리를 가지고 서로 더불어 협
력하며 살아갈 수 있는, 하나님 나라로 표상되는 대안체제[1]를 확보해

---

1) 2001년 브라질의 포루토 알레그레(Porto Alegre)에서 열린 세계 사회포럼은 "다른 세
   계가 가능하다(Another World is Possible)"이었다. 이는 자본주의 이외의 세계는 가
   능하지 않다는 이른바 TINA(There is No Alternative) 현상에 대한 반론적 대안의

나가는 작업에 이론적, 윤리적 그리고 신앙적 추진력을 강화하려는 목
적을 가지고 있다.

미국, '선의(善意)의 제국' 인가?

미국이 대외적으로 주장하는 도덕적 명분과 그 현실의 괴리는 이제
더 이상 숨기기 어려운 모순을 드러내고 있으며, 그 야만적 면모는 특
히 최근에는 이라크 침략전쟁의 과정에서 적나라하게 폭로되고 있
다.2) 사실 이와 같은 미국의 제국주의적 행태는 이미 오래전부터 존속
해 왔던 것이나3) 2차 대전 이후, 과거의 제국들과는 다른 '선의를 가
진 강대국'이라는 위선적인 수사(修辭)에 감추어져서 이에 대한 비판적

제시를 의미했다. William F. Fisher & Thomas Ponniah ed. *Another World is
Possible: Popular Alternative to Globalization at the World Social Forum*
(New York: St. Martin, 2003). 이와 마찬가지로 "하나님 나라의 선포"는 현실적 한
계를 뚫고 전혀 다른 차원의 세계를 꿈꾸며 기존 질서의 틀을 넘어서는 선택과 이어지는
작업이다.

2) 2004년 5월 24일자 《뉴요커New Yorker》지에는 탐사전문취재기자 세이무어 허쉬
(Seymour Hersh)가 쓴, 이라크 아부 그라이브 포로수용소에서 일어난 미군에 의한
이라크인 고문과 각종 가혹행위가 도날드 럼스펠드(Donald Rumsfeld) 국방장관을 정
점으로 한 미국의 대 이라크 전쟁전략 기본지침의 결과라는 기사가 실렸다. 세이무어 허
쉬는 베트남 전쟁 당시 미라이 양민 학살 사건을 폭로하여 미국의 베트남 전쟁 추진 동력
을 약화시킨 계기를 만든 명성 높은 중견 언론인이라는 점에서, 그의 기사의 파장은 적지
않았다. 문제의 본질은 이러한 수용소가 존재한다는 사실 자체이며, 미국의 제3세계권
민중 학살과 억압이 매우 체계적으로 이루어졌다는 사실이 점점 더 구체적인 증거를 통
해서 밝혀지고 있다는 점이다.

3) 아메리카 인디언 출신의 지식인 와드 처칠(Ward Churchil)은 미국의 아프가니스탄
과 이라크 침공에 대한 역사적 연원을 밝히면서 미국의 대외 침략사와 관련한 매우 상
세한 기록을 책으로 펴냈다. 이 책을 통해서 우리가 확인하게 되는 것은 미국은 기회가
되기만 하면 서슴없이 자신의 군사력을 제3세계 지역에 대한 지배, 정복, 점령을 위해
사용해 왔다는 사실이다. *On the Justice of Roosting Chickens: Reflections on
the Consequences of U.S. imperial Arragance and Criminality* (Oakland: AK
Press, 2003).

언급을 하는 것은 신학적 규범으로부터 벗어나는 일로 받아들여져 오기조차 했다.

더욱이 미국이 기독교 국가라는 종교적 정체성을 내세워 온 상황에서, 미국의 선의를 전제하지 않는 일체의 논의는 반 기독교적 논리라는 낙인까지 감수해야 했다. 이는 특히 냉전시대의 현실에서 강화되어 온 인식으로 정치 신학적 논쟁은 이러한 기존의 틀에서 충분히 자유롭지 못했다. 그 결과 미국에 의해 반인류적 착취와 폭력, 파괴가 거대한 규모와 가공할 강도로 진행되고 있음에도 기독교 신학은 이에 대하여 명백한 입장과 발언을 집단적으로 표현하거나, 또는 교회적 고백으로 완성시켜 나가는 데 한계를 보여 왔다. 이는 바로 이 제국의 지배로 인해 직·간접으로 희생당하는 민중들이, 압도적인 위력을 행사하는 제국의 통치에 그대로 굴복하고, 이를 대체할 하나님 나라 운동의 역동적 힘에 대한 믿음을 갖지 못한 패배주의적이고 운명주의적인 자세를 취하도록 하는 데에도 중대한 영향을 끼치는 결과를 낳았다.

특히 한국교회와 신학이 이에 대해 정면으로 마주해 제국의 기만과 폭력을 고발하는 신학적 선언을 하거나 이를 극복할 논리를 전개하는 데 뚜렷한 모습을 보이지 못한 것은 절박한 성찰이 요구되는 대목이 아닐 수 없다. 하나님이 인간에게 주신 생명의 존엄성을 지켜내는 일에 물러섬이 없어야 할 기독교 신앙이 거대한 제국의 폭력체계에 의해 무수한 민중들이 병들고 죽고 사라지고 있는 현실을 선교와 신학, 그리고 신앙고백의 현장으로 삼지 않는다면, 그것은 인간의 탐욕과 오만을 신격화시킨 제국이라는 절대체계를 극복해야 하는 예언자적 책무에 대한 포기가 된다.

그런 의미에서 오늘날 잔혹한 전쟁국가로서의 모습을 보이고 있는 미국에 대한 정치 신학적 논의는 미국의 대외적 행태와 그 내면적 본질을 포장하고 있는 각종 이념적, 윤리적 껍데기를 벗겨 내고 진실을 직시하여, 그로 인해 죽음의 위협 앞에 놓여 있거나 죽어 가고 있는 생명을 구하는 중대한 구도적 선택이 된다. 이것은 신부 출신으로서 베트남 전쟁 이후 반전 평화운동에 앞장서면서 자신의 국가가 제국주의적 억압과 파괴, 학살과 착취의 현실을 만들어 내고 있는 것에 항거했던 필립 베리건(Philip Berrigan)이 갈파했듯이, "희생자들을 망각하는 것은 그 현장이 베들레헴이건 다락방이건 하나님, 그리고 그의 그리스도를 망각하는 일"이 되며 그렇지 않기 위한 선택은 곧 자기희생을 딛고 나가는 "어린 양의 투쟁"이 될 것이다.[4]

어떻게 인식이 변해 왔고, 또한 변해 갈 수 있겠는가?

그렇다면, 이러한 미국에 대한 필자의 인식은 어떤 경로를 통해서 변화해 갔는가? 이를 짚어나가는 것은 미국을 둘러싸고 있는 정치 신화적 요소에 대한 각성 과정의 한 경우를 보여 줌과 동시에, 이 글의 인식론적 기초가 형성되는 틀을 부분적으로나마 드러내 줄 수 있을 것이다. 여성신학의 인식론이 강력하게 일깨웠듯이, 힘을 가진 자의 논리에서 해방된 자신의 체험적 관점에서 출발하지 못한 논의[5]는 현실

---

4) Philip Berrigan, *Fighting the Lamb's War: Skirmishes with the American Empire* (Monroe: Common Courage Press, 1996). 필립 베리건은 베트남 전쟁 당시 징집영장을 받은 청년들의 징집영장을 불태우는 사건으로 수감되는 등, 전쟁반대를 외치며 전쟁 참여가 국가적 강요로 이루어지는 현실에 정면으로 마주하여 투쟁했다.

5) Elisabeth Schussler Fiorenza, *In Memory of Her: A Feminist Theological Reconstruc-tion of Christian Origins* (New York: The Crossroad Publishing Company, 1986). 남성 중심의 언어와 논리 속에 집필된 성서의 전달체계를 헤치고 그에 파묻힌 여성들의 체험적 고백과 삶의 내용과 의미를 복원하는 작업은, 오늘날 미국을 중심으로 세계

에 대한 변화와 접목되지 못하는 추상적 논의로 그치게 되기 때문이다.

오늘날에는 상황이 많이 달라지긴 했어도 1970년대와 80년대 초반에 걸쳐 한국 지식인들 대부분의 미국에 대한 이해는 친미적인 것이었다. 미국이 한국 민주화 운동에 대하여 우호적인 정책을 가지고 있으나 현실의 구체적인 정황을 충분히 알지 못하든지 또는 우리 내부의 권력관계가 미국의 그러한 민주화 지원 정책을 강력하게 가로막아 왔다고 보았던 것이다. 친미적 지식인들의 대거 양산은 미국 유학이 중요한 고리를 형성하고 있기도 했으며, 이 시기 한국은 미국에 대한 역사적 이해의 수준이 대체로 낮았고, 미국과 제3세계 민중들의 관계에 대한 인식에 심각한 한계와 무지가 존재하고 있었다.

1990년 후반기 금융위기를 겪는 과정에서조차, 이미 그보다 앞선 시기에 미국의 독점적 투기금융자본의 약탈적 지배가 제3세계권에서 어떤 결과를 낳았는지에 대한 비판적 인식이 충분히 성숙되어 있지 못했다. 따라서 미국의 역사적, 현실적 실체를 각성하는 능력의 수준은 한국사회가 별로 인정하지 않고 있는 제3세계 지식인들의 인식에 사실상 훨씬 못 미치는 단계에 처해 있었다고 하겠다.

지금도 여전히 그러한 인식의 흔적이 다소 남아 있기도 한데, 1970년대 한국 지식인들은 미국의 공화당과 민주당 사이에 대(對) 한반도 정책을 둘러싸고 중대한 차이가 존재하고 있는 것으로 생각했다. 한반도와 동북아시아 전반에 걸친 미국의 패권정책에 이 두 당이 본질적으로 결정적 차이가 없다는 것을 알게 된 것은 훨씬 뒷날의 일이었다. 그것은 1980년 5월 광주민중항쟁의 과정과 미국의 역할에 대한 이해가

인식의 틀이 주도 되고 있는 상황을 뚫고 나가 희생자들, 잊힌 자들의 자리에서 세상을 바라보는 작업과 직결되는 일이 된다.

심화되면서 비로소 전면적으로 가능하게 되어간 사태였던 것이다.

1980년 광주항쟁을 결정적 계기로 하여, 한국 지식인 사회는 한반도와 미국 사이의 역사적 관계에 대한 총체적 재검토에 들어가게 된다. 그러한 역사적 탐구의 과정을 통해서 미국의 대 한반도 정책 자체가 한국의 민주화와 통일을 근본적으로 가로막아 온 중심세력이라는 사실이 드러나고, 미국이 명분으로 내세웠던 일체의 정치 윤리적 명제가 그 실천적 실체와는 모순되는 기만과 위선임을 인식하게 되었던 것이다. 말콤 X가 날카롭게 갈파한 것처럼 '희생자의 안목'에서 미국을 바라보면 민주주의와 자본주의적 번영의 허상적 인식을 뒤흔드는 '미국의 악몽'(American nightmare)이 드러나게 되는 것이다.6) 그가 '백인 지상주의'(white supremacy)가 가져온 억압의 현실을 희생자의 입장에서 고발했듯이, 오늘날 '백색의 미국'(white America)이 세계적 패권을 쥐는 것은 윤리적으로 의문의 대상이 되고 있고 그로 인한 '악몽의 현실'에 대하여 인류적 저항은 이전과는 다른 각성을 이루어 가고 있다.

현대 기독교 윤리의 발전사라는 관점에서 보자면 극소수의 경우를 제외하고는 지난 세기와 오늘에 걸쳐 미국의 제국주의적 면모와 관련한 폭넓은 논의가 전개되지 못해 온 것을 발견하게 된다. 이것은 미국 문제에 대한 기독교 전반의 인식, 신학적 논의의 장을 협소화해 온 것만이 아니라 왜곡해 왔으며 교회가 제국에 대한 투쟁, 반전 평화운동의 현장으로서 기능하는 것을 상당한 정도로 가로막는 결과를 가져왔다.

---

6) Malcolm X는 백인들이 아메리칸 드림을 이야기하자, "그대의 꿈이 내게는 악몽"이라 말하며 그 모순적 위선에 직격탄을 날린다. James Cone, *Martin & Malcolm & America* (Maryknoll: Orbis Books, 1998). 이러한 그의 통찰은 미국의 정체성에 대한 혁명적 도전이자 그 윤리적 기초에 대한 진정한 인식의 출발점을 보여 준다.

정치·경제적 현실에 대한 기독교 윤리의 인식은 무엇보다도 근본적으로 강자에 의해 지배받아 노예화되어 온 자의 자리에서 제국의 문제를 바라보는 성서의 윤리와 일치해야 한다. 구약 성서의 중심 테마를 제공하는 '출애굽'은 고대 이집트 제국의 권세와 마주하여 투쟁한 노예들의 해방투쟁과 관련된 기록이다. 다니엘서는 바빌론 제국에 포로된 히브리 백성들의 집단적 체험이 담겨 있으며, 예수시대 당시 십자가 처형은 로마 제국의 지배와 이에 항거하는 식민지 이스라엘 민중 간의 대립과 갈등을 드러내고 있다. 가령, 뛰어난 예수 연구가 존 도미니크 크로싼(John Dominic Crossan)은 게릴라 전쟁의 형태로 진행된 로마 제국에 대한 혁명투쟁이 예수운동의 역사적 현실에 얼마나 중대한 정치·사회적 조건을 마련했는가를 보여 주고 있다.[7]

이렇게 성서 공동체의 제국에 대한 인식은 하나님 나라와의 대척점에 있는, 반드시 극복하고 승리해야 할 억압과 폭력, 탐욕과 죽음의 체제를 의미하고 있다. 그런 점에서 볼 때 성서의 핵심은 "제국의 종국적 패배와 하나님 나라의 궁극적 승리를 확신하는 해방공동체의 자기 고백적 선언과 실천전략"이라고 할 수도 있다.

현대 기독교 정치윤리의 발전과정에서 1960년대 존 베넷(John C. Bennet)이 미국의 대외정책에 대한 비판적 접근[8]을 내세웠던 이후로 해방신학의 출현에 이르기 전까지 이러한 관점과 인식을 바탕으로 미국 문제를 정치 신학적 성찰과 고뇌의 대상으로 본격화하는 경우를 찾

---

7) John Dominic Crossan, *The Historical Jesus: The Life of a Mediterranean Jewish Peasant* (New York: HarperSanFransico, 1991), 207-210.

8) John C. Bennet, *Foreign Policy in Christian Perspective* (New York: Charles Scibner's Sons, 1966).

는 것은 어려운 현실이었다. 이에 대한 반성적 성찰에는, 민중들의 현실을 바탕으로 사랑과 생명으로 살아가는 하나님 나라와 인간을 끊임없이 노예화하는 제국 사이의 대결이 존재한다. 바로 이 대결을 어떻게 파악하고 풀어나갈 것인가가 이 글 전반에 걸쳐 있는 주제인식이다.

기독교 윤리의 정치신학적 과제는 당연히 제국의 윤리가 내세우는 허상과 기만을 폭로하고, 그것이 가지고 있는 신화적 포장을 뜯어내어야 하며, 하나님 나라의 윤리적 정당성을 증언하고, 그 승리를 확신시키는 일에 집중해야 할 것이다. 따라서 기독교 정치윤리는 하나님의 의(義)에 대한 믿음으로 성장하는 혁명적 의지, 용기와 꿈을 강화하는 동시에, 민중적 현실을 지속적으로 주변화하고 억압하는 '권력의 중심'을 전복시켜 근본적 변화를 이루어내는 작업에 공헌해야 한다.

이는 당연히 흔들리지 않는 일관된 정치적 결단과 선택을 요구하며, 이에는 제국의 사슬에 사로잡힌 인간을 해방시키려는, 억압당한 자들과 하나로 연대하시는 하나님에 대한 굳건한 믿음이 그 핵심적 출발점이 됨은 물론이다.

이러한 인식을 전제로 한 방법론적 선택은 어떤 것인가? 우선 필자는 기존의 역사해석과 근본적 차이를 보이는 수정주의 사관의 미국 역사, 특히 그 외교사와 사회사에 대한 해석에 주목한다. 미국의 팽창주의적 현실의 내면적 요인, 그리고 특히 냉전시대의 외교사적 이해에 주력한 수정주의 사관의 통찰력은 제3세계와 관련한 미국의 제국주의적 본질의 형성 과정을 인식하는 데 중대한 도움을 공급받을 수 있었다. 이러한 역사인식의 탐구 과정에서, 미국의 현대사 전개 과정에서 미국의 좌파세력에 대한 정치적 억압과 진보적 지식인들에 대한 사회적 배제가 존재했던 것도 알게 되었고, 그러한 사실은 미국의 정신사 속에 담겨 있는 모순과 억압기제에 대한 이해를 심화시켜 주었다.

또한 오랫동안 한국사회에서는 금기처럼 되어왔던 마르크스 정치경제학은 세계적 규모로 성장해 온 미국 자본주의의 작동방식과 그로 인한 문제를 파악하는 데 중요한 인식론적 틀이 되었다. 이러한 접근은 미국의 문제를 추상적인 윤리 논쟁의 차원이 아니라, 세계 자본주의 체제 발전과 위기라는 내용을 담은 논의로 진행시켜 나가는 작업에 도움이 되었다고 하겠다. 이는 다시 말해서, 미국은 해외 식민지 체제를 유지하는 동시에, 끊임없이 자신의 자본주의적 요구를 충족시키기 위한 침략적 팽창을 구조화한 체계임을 드러낸다.

그리하여 민주주의나 인권, 번영과 자유 등을 내세우는 정치 윤리적 명분과는 다르게 제3세계 지역의 민주주의 발전을 위한 내적 동력을 파괴하고 빈부격차를 심화시키는 사회적 양극화와 빈곤의 세계화를 가져오는 현실을 각성하게 한다. 이러한 미국의 자본주의 작동방식은 이에 그치지 않고, 지난 시기 미국의 토착주민인 아메리카 인디언과 노예로 부린 흑인들뿐만 아니라 이후, 그 세계적 지배체제를 유지하기 위해 주변부 지역의 민중들에 대한 일련의 학살을 초래해 온 것을 직시하게 했다.

자본주의 성장의 관점에서 파악하는 제국 아메리카(미국)는 오늘날도 여전히 힘없고 가난한 민중들의 권리를 짓밟고 박탈하고 있으며 그 내부적 계급구조는 소수의 물질적 독점을 위해 다수를 배제하는 형태를 유지하고 있다. 이는 결국 독점자본의 지배체제를 위해, 저임금과 순응의 노동을 강요하는 정치적 통제를 강화하면서 자본축적을 구조화하는 체제의 존속을 의미한다. 따라서 이러한 현실의 청산과 극복이 없는 상태에서 미국의 윤리적 명분은 내부의 피지배계급 내지는 소수자 세력을 포함한 제3세계 민중들에 대한 체계적 폭력과 파괴, 박탈과 억압을 통한 지배와 착취를 정당화하는 명백한 위선과 기만이다. 또한 그 목적은 언제나 약탈적 제국의 유지에 있음을 간과할 수 없다. 이러한 체제의 유지는 인간의 존엄성과 생명을 유린해야 가능하다는 것은 움직일 수 없는 사실이다. 제국의 야만은 그러기에 가감 없이 폭로되어야 한다.

아메리카 제국의 역사적 뿌리에 대한 연구 과정에서 필자는 특히 19세기 후반인 1890년을 고비로 민중들에 대한 폭력과 이를 정당화하는 이념적 기만이 제도화되어 왔으며, 이로써 이러한 현실은 제국의 내면적 정체성으로 굳어져 갔음을 발견할 수 있었다. 그리고 이로 인한 당연한 결과는 주변부 민중들의 가난과 억압적 현실이었다. 이러한 현실은 당사자 민중들 자신의 개인적 차원의 문제가 아니라 제국의 독점적 위계질서와 불가분의 관계를 가진 것이며 이 피라미드형 위계질서는 타민족에 대한 정복, 차별적 인종주의, 경제적 박탈, 군사적 지배 등의 논리를 합리화해 왔던 것이다.

다시 말해서, 미국의 지난 역사적 전개 과정은 자본의 독점적 지배를 정점으로 하여 폭력과 기만을 윤리적으로 정당화해 왔고 그로써 내부의 민중과 제3세계권의 민중들이 누려야 할 인간적 존엄과 물질적 권리, 정치적 자유와 주권적 선택을 소멸시켜 왔던 것이다. 그러나 제국의 지배가 그대로 관철되어 왔거나 앞으로도 아무런 저항을 받지 않고 실현될 수 있는 것은 아니다. 도리어 그 제국의 권세를 강화하고 과시하면 할수록 모순은 심화되어 이에 대한 저항의 저변은 확대되고 그 결집력은 높아지며, 그에 반해 윤리적 정당성의 최후보루까지 상실해 가게 될 제국의 쇠락과 패배는 장기적으로 예정되어 있다고 하겠다.

그리고 그 제국의 파멸 과정과 동시에, 하나님 나라의 실천적 기반은 성장해 나가게 되는 것이다.

구체적으로 무엇을 다룰 것인가?

이러한 일련의 작업을 위해 이 글은 먼저 미국의 팽창주의적 역사 발전과정을 비판적으로 점검하고, 그를 기초로 하여 냉전시기에 제도화되어 간 '폭력의 시스템'을 특히 주시할 것이다. 이 폭력의 시스템에는 제3세계 반혁명 전략(counter-insurgency programs)과 미 중앙정보국 CIA(Central Intelligence Agency)와 정보기관의 비밀활동(Covert Action) 등이 포함된다. 지배를 위한 윤리적 명분과 저항을 통제할 실질적 폭력수단의 결합은 아메리카 자본주의 체제의 근간을 이룬다. 자본주의가 보장하고 있는 부와 권력에 대한 독점적 소수의 접근에 대한 민중들의 혁명적 도전을 막아내기 위해서는, 거대한 군사주의의 성장과 경제적 종속구조의 형성, 그리고 이념적 선전과 비밀정보활동에 의한 권력관리의 총체적 결속이 불가결한 요소가 되기 때문이다.

제국의 지배체제를 떠받치고 있는 틀을 성역화하는 윤리적 명제와 관련하여 여기서는 네 가지를 검토한다. 그 네 가지는 (1) 인권의 수호와 문명 (2) 민주주의 (3) 시장의 자유 (4) 위대한 나라의 위대한 사명 등이다. 이 네 가지 명제는 모두 이데올로기화되어 있는 윤리적 주제로서, 그 실질적 목표는 미국 자본주의의 자본축적 전략과 직결된 것이다.

가령 간략하게 짚고 넘어가 보자면, 냉전시기와 그 이후 '인권의 수호와 문명'이라는 주제는 곧 반공과 반테러 전쟁과 동일시되었고 권력이 정한 논리 이외는 배타적으로 대했으며 자본주의 체제 이외의 대안에 대한 논쟁과 가능성의 추구를 차단하는 기능을 발휘했다. 또한 미국이 강조하는 '민주주의'는 사회 구성원 대다수에게 필요한 물질과 이들에게 권리로 돌아가야 할 권력에 대한 공적 관리와 지배를 거부한다. 이는 자본주의적 패권의 유지에 모순되기 때문이다. 따라서 민중들의 민주적 권리를 극대화하는 진정한 민주주의와 자본주의는 대립을 피할 수가 없다. 미국이 민주주의를 말할 때 그것이 자본주의의 계급적 지배력에 도전하는 것을 억압하는 현실로 나타나는 것은 이상한 일이 아니다.

이른바 '시장의 자유'라는 논리도 시장에 참여하는 주체 모두에게 공정한 권리를 보장하는 것을 의미하는 것이 아니라, 이미 패권적 지위를 가지고 있는 '독점자본의 배타적 자유'에 한정된다는 점에서 진정한 자유는 아니다. 이 '시장의 자유'를 관철해 나가는 과정에서 미국은 구조조정전략(structural adjustment policy)을 내세워 빈부의 격차를 분명히 하는 박탈구조를 강제화한다. 이에 따르지 않으면 시장에 대한 참여가 제한되거나 봉쇄되게 함으로써 민중들과 제3세계 국가들의 생존권을 위협하는 것이다. 자본의 독점체계를 확보하기 위한 '신자유주의적 세계화'(neo-liberal globalization)에서 쓰인 그 '자유주의'(liberalization)는 "시장이 국가의 규제에서 해방된다"는 논리를 내세우지만, 실상은 국가권력을 자본의 배타적 권리에 봉사하도록 하는 전략임이 이로써 드러난다.

'위대한 국가의 위대한 사명'은 그야말로 제국의 선의에 대한 윤리적 절대성을 부여하는 수사로서 억압적 대외정책에 대한 종교적 확신에 이르는 논리가 된다. 이것은 연원을 따져보면 유럽의 구 제국주의가 지배윤리의 근거로 삼았던 '백인들의 부담'(white man's burden)에 대한 미국 수정판이라고 할 수 있다. 이 '위대한 국가의 위대한 사명' 논리는 아메리카 백인 지배의 인종적 우월성에 대한 세계적 정당성에 대한 주장임과 동시에, 주변부 민중들의 주체적 자기결정력을 부인하고 능멸하는 가운데 이들에 대한 억압과 학살을 허용하는 결과를 가져온다. 부시 정권 등장 이후 21세기 식민지 전쟁의 양상을 보이고 있는 이라크 침략전쟁도 '대 테러 전쟁에 대한 미국의 위대한 사명'이라는 논리로 추진되고 있는 현실은 이러한 논리의 야만적 면모를 보여 주고 있다고 하겠다.

이러한 논의들을 토대로 하여 한반도의 역사적 현실이 어떻게 미국이 주도하는 세계 자본주의의 패권적 지배체제 아래 편입되어 갔는지를 살펴보고, 특히 분단체제의 성립과 유지 과정에서 한반도 민중들의 권리와 자유가 어떻게 유린당해 왔는지에 대한 문제제기를 한다면 제국의 세계적 억압과 폭력체제가 드러날 것이다. 그리고 이에 대한 반패권적 저항을 통해 새로운 해방공동체의 성립을 위한 윤리적 지침과 전략에 대한 논의 전개가 가능해진다.

이 작업의 기초가 되는 윤리적 지침은, "제국에 의해 유지되는 죽음의 권세를 거부하는 생명 운동적 윤리"라고 할 수 있다. 이는 재론하건데, 인간을 노예화하는 피라미드형 위계질서로 유지되는 제국에 맞서서, 인간의 존엄성을 지켜내고 함께 더불어 살아가는 하나님 나라의 현실적 모델을 관철해 나가는 해방투쟁의 핵심 출발점이라 할 수 있다.

이 글은 제국에 대한 필자 연구의 최종 결산이라기보다는 그 시작이라는 편이 옳을 것이다. 실로 이 작업에 가장 결정적으로 요구되는 것은 하나님 나라의 의에 대한 용기 있는 헌신이며 소수의 배타적 강자와 부한 자들이 영구화하려는 인간의 존엄성에 대한 훼손과 불의의 문제를 끊임없이 진지하게 파헤쳐 나가는 꺾이지 않는 의지라고 하겠다. 그리고 이 모든 과제의 기본 전제는 하나님 나라의 궁극적 승리에 대한 동요하지 않는 믿음일 것이다.

해방의 윤리를 위한 해석학적 기초
-반 패권 투쟁(counter-hegemonic struggle)과 기독교 정치윤리

'출애굽'과 같은 성서의 증언은 제국에 대한 억압받은 민중들의 저항을 구체적으로 보여 주고 있다. 그리고 바로 이러한 성서의 주제의식은 하나님 나라를 목표로 삼는 해방투쟁을 위한 기독교 정치윤리의 해석학적 기초를 구성한다. 모세가 실질적으로 주도해 나간 고대 이집트 제국과의 혁명적 대결과 투쟁은, 민중들의 반패권적 도전과 저항이 진정한 해방자이신 하나님의 이름을 건 정의를 바탕으로 한 공동체의 뼈대가 되고 있음을 증언해 주고 있다. 출애굽의 기록에 등장하는, 제국을 괴롭히게 되는 각종 재앙은 그 재앙을 일으키는 미물과 다를 바 없이 여겨졌던 민중들의 굴하지 않는 줄기찬 도전에 결국 후퇴하고 마는 제국의 종국적 쇠락을 상징적으로 나타내고 있기도 하다.

누가복음 4장 16절에서 21절은 또한 나사렛 예수가 자신의 사명을 어떻게 이해하고 있는지, 그리고 하나님의 뜻에 따른 해방투쟁의 윤리적 기초가 무엇인지 생생하게 보여 주고 있다.

예수는 여기에서 이사야서 6장 1절~2절을 인용한다:

"주의 영이 내게 내리셨다. 주께서 내게 기름을 부으셔서, 가난한 사람들에게 기쁜 소식을 전하게 하셨다. 주께서 나를 보내셔서 포로된 사람들에게 자유를, 눈먼 사람들에게 다시 보게 함을 선포하고 억눌린 사람들을 풀어 주고, 주의 은혜의 해를 선포하게 하셨다."

이 대목은 예수운동의 출범을 알리는 선언이자, 가난한 자를 억압하고 약한 자들을 투옥하며 사랑이 없는 지배를 유지하는 권력에 대한 도전을 하겠다는 강력한 의지의 표명이다. 즉, 이 선언은 하나님의 생명과 자유의 영으로 가득 찬 예수운동이 강자들의 오만하고 불의한 기득권 질서를 정면으로 비판하면서, 억압받고 있는 민중들과 하나로 연대할 것을 명확히 알리고 있다.

에스겔서(34장 15~16절)는 이 예수운동을 채우고 있는 정신적 기반인 하나님의 영으로 인도된 '선한 목자'의 원천적 근거를 이렇게 예언적 관점에서 증언한다:

"내가 직접 내 양 떼를 먹이고, 내가 직접 내 양 떼를 눕게 하겠다. 나 주 하나님의 말이다. 헤매는 것은 찾아오고, 길 잃은 것은 도로 데려오며, 다리가 부러지고 상한 것은 싸매어 주며, 약한 것은 튼튼하게 만들겠다. 그러나 살찐 것들과 힘센 것들은, 내가 멸하겠다. 내가 이렇게 그것들을 공평하게 먹이겠다."

여기에서도 알 수 있듯이, 하나님 나라 운동은 불의한 권력 또는 권력자들과의 정면대결을 피하지 않는다. 그것은 오늘의 개념으로 접근하자면 반 패권투쟁이며 이에는 대안까지 포함되어 있다. 그것은 '배타적 소수의 독점체제'로부터, '약자를 위한 포괄적 평등공동체'로의 전격적, 혁명적 이행을 뜻한다. 그리고 이는 이 땅의 생생하고도 구체적인 현실의 변화와 적극적인 관련을 맺는 하나님의 영의 존재를 증언해 주고 있는 것이다. 따라서 '하나님의 영이 육신이 되시고'라는 성서의 중심논지는 일관해서 이 땅의 삶에 변혁적 차원을 여는 하나님 나라의 실제적 동력에 대한 일깨움이다.

그와 같은 관점에서 보자면 '성령의 육화'(incarnation)는 기독교 정치윤리의 해석학적 기초와 목표를 담아내고 있는 개념으로서, 예수 운동으로 대표되는 해방을 향한 역사적, 공동체적 투쟁의 실질적 내용에 대한 성찰을 가능하게 한다. 해방신학자 메다르노 에르네스토 고메즈(Medardo Ernesto Gomez)는 역사에 대한 이해는 바로 이 성령의 육화가 이루어지는 과정으로 파악할 때, 해방투쟁의 민중적 동력이 소멸되지 않는 길을 발견해 나갈 수 있다고 강조하기도 한다.9) 이는 달리 표현하자면, 인간이 살아가고 있는 역사적 현장을 성령의 의지가 현실적으로 관철되어 가는 자리로 파악하고 다가가는 것이 다름 아닌 하나님 나라 운동의 요체임을 뜻하는 것이다.

그렇다면 그 하나님 나라 운동의 정치적 지향점은 어떤 것일까V 사무엘의 모친 한나의 기도(사무엘상 2:1~8)와 마리아의 찬가(누가 1:46~55)는 각기 억압받는 민중들의 해방투쟁에 대한 공동체적 기원을 대변해 주고 있다. 즉, 이 두 여인의 기도는 단지 이 여인들 개인의 내면적 기도로 그치는 것이 아니라, 불의가 지배하는 역사의 현장에 대한 해방투쟁의 전복적(subversive) 의지와 정치적 결단, 그리고 확신에 찬 헌신이 집단적으로 각성되면서 이에 대한 하나님의 절대적 지원과 행동

---

9) Medardo Ernesto Gomez, *And the Word Became History* (Minneapolis: Augsburg, 1992). 이는 역사를 절대정신의 완성으로 본 헤겔의 역사철학과 일맥상통하는 듯하면서도, 정치·경제적 현실의 모순과 그 극복에 보다 비중을 둔 관점이라는 점에서 유물론적 변증법의 신학적 수용에 가깝다고 하겠다.

이 있게 됨을 고백하는 행위인 것이다.

"주께서 나의 마음에 기쁨을 가득 채워주셨습니다. 이제 나는 주님 앞에서 얼굴을 들 수 있습니다. 원수들 앞에서도 자랑스럽습니다. 주께서 나를 구원하셨으므로 내 기쁨이 큽니다. …… 너희는 교만한 말을 늘어놓지 마라. 오만한 말을 입 밖에 내지 마라. 참으로 주님은 모든 것을 아시는 하나님이시며, 사람이 하는 일을 저울에 달아 보시는 분이시다. 용사들의 활은 꺾이나, 약한 사람들은 강해진다. 한때 넉넉하게 살던 자들은 먹고 살려고 품을 팔지만, 굶주리던 자들은 다시 굶주리지 않는다. 자식을 못 낳던 여인은 일곱이나 낳지만, 아들을 많이 둔 여인은 홀로 남는다. 주님은 사람을 죽이기도 하시고 살리기도 하시며, 스올로 내려가게도 하시고, 거기에서 다시 돌아오게도 하신다. 주님은 사람을 가난하게도 하시고, 부유하게도 하시고, 낮추기도 하시고 높이기도 하신다. **가난한 사람을 티끌에서 일으키시며 궁핍한 사람을 거름더미에서 들어 올리셔서 귀한 이들과 한 자리에 앉게 하시며 영광스러운 자리를 차지하게 하신다**……."(사무엘상 2:1~8)

"내 마음이 주님을 찬양하며 내 영혼이 내 구주 하나님을 높임은 주께서 이 여종의 비천함을 돌보셨기 때문입니다……. 주께서는 그 팔로 권능을 행하시고, 마음이 교만한 사람들을 흩으셨으니, **제왕들을 왕좌에서 끌어내리시고 비천한 사람들을 높이셨습니다. 주린 사람들을 좋은 것으로 배부르게 하시고, 부한 사람들을 빈손으로 떠나보내셨습니다**……."(누가 1:46~55)

한나가 자식을 갖지 못한 상태에서 능멸을 당하고 괴로워했던 것은 여인 하나의 불임(不姙) 사건으로 머무는 것이 아니라, 고단한 처지에 놓인 히브리 민중들이 내일의 희망을 잉태하지 못한 현실을 보여 주고 있다. 그리고 우리는 한나의 기도 속에서 그 민중적 희망이 담고 있는 혁명적 변화의 내용을 목격하게 되는데, 그것은 티끌과 거름더미에 파묻혀 있던 힘없고 가난한 백성들이 역사의 새로운 주역으로 등장하게 되는 것을 의미함을 알게 된다. 사무엘의 탄생은 바로 그 민중적 희망의 새로운 출발점이 가능해진 것을 상징한다. 에스겔의 '선한 목자'로 표상되는 반 패권 투쟁의 주체세력 형성이 실현되는 것이다.

게바라와 빈지머가 규정하고 나섰듯이, 마리아의 찬가는 한나의 기원을 한층 더 밀고 나간 "전승가, 즉 평등공동체를 이룩하려는 투쟁의 인간 역사 속에 드러난 하나님의 전투를 찬양하는 노래"10)의 면모를 지니고 있다. 따라서 이 마리아의 찬가는 예수운동이 선포하고 관철하려는 바, 즉 하나님 나라의 흔들리지 않는 의를 앞서 드러내 주고 있는 셈이다. 월쉬(J.P.M. Walsh)는 그의 책 『강한 자들을 그 권좌에서 몰아내어(*The Mighty form their Thrones*)』에서 강자와 약자의 대립 구도 속에서 갖게 되는 '심판' '정의' '계약' 등의 성서적 견해와 의미를 폭넓게 다루었다. 그는 강한 자들에 대한 하나님의 심판이 갖는 구원사적 의미, 그리고 압제자의 손에서 풀려나는 해방을 보장하는 계약의 형태

─────────

10) I. Gebara & M. Bingemer, Mary, *Mother of God, Mother of the Poor* (New York: Orbis Books, 1989). "……마리아의 찬가에서 우리는 여성들이 하나님 나라의 선포와 도래를 위한 예언자적 사명에 완벽하게 참여하는 것을 보게 된다." 71. 마리아가 자신을 가장 비천한 자들과 동일시했던 것처럼, 가장 억압받고 있는 존재가 하나님의 영에 충만해져서 스스로와, 그와 연대한 이들이 역사에서 적극적 주체로 나서서 권력의 기존질서를 바꾸는 정치적 결단을 하는 모습은 기독교 정치윤리가 바로 이러한 민중의 집단적 각성과 행동을 위한 작업에 봉사해야 함을 일깨우고 있다.

로 실현되는 종말론적 정의의 회복 등에 대하여 다음과 같이 갈파하고 있다:

"하나님의 정의의 범주 밖에 있는 악한 자들은 그런 자들의 운명에 예정된 고통을 통해서 하나님의 정의가 갖는 힘을 비로소 뼈저리게 알게 될 것이다. 그러나 의로운 자에게 있어서는, 이러한 하나님의 심판은 복음이 된다. 이들은 하나님의 심판 과정을 통해서 위로받으며, '그날 하나님의 오심'은 압제자의 손에서 해방되는 것을 뜻하게 된다. 그리하여 이들은 하나님의 성산에 올라 한껏 기쁨에 취하며 하나님의 주권이 가진 풍요함을 누리고 그 계약의 은총에 감격해 한다. 의로운 자들에게 하나님의 심판은 공포가 아니라 구원이요, 민중들의 연대와 옳고 그름의 확정, 그리고 생명이 충만한 새로운 시대의 출발이 된다."11)

하나님의 심판은 해방의 역사를 가로지르는 궁극적 승리에 대한 최종 확증이며, 하나님의 의는 바로 이 확증된 승리가 실현하는 가치라고 할 수 있다. 그리고 이러한 하나님의 의는 몰트만이 주시한 바처럼 불의한 현실에 있어서는 그것을 무너뜨리는 하나님의 전복적(顚覆的) 개입과 함께, 약자와 억압받고 있는 민중들에게 '새로운 존엄성과 강력한 역사적 행동력'12)을 부여하는 의미를 지니게 되는 것이다.

____

11) J. P. M. Walsh, S. J., *The Mighty from their Thrones: Power in the Biblical Tradition* (Philadelphia: Fortress Press, 1987), 148. "초대 기독교의 예수 이해의 핵심에는 '하나님의 정의와 심판'이라는 이스라엘 신앙 전통의 질문이 존재했다." 150. 이 하나님의 정의와 심판 개념과 전통이 주변화 되는 과정은 해방 전통의 소멸로 이어진다.

결국, 제국의 억압에서 민중들을 자유롭게 할 반 패권 투쟁과 이 과정에서 해방 공동체 건설을 위해 봉사해야 할 기독교 정치윤리는 억압받고 있는 민중들 자신의 '혁명적 자기 존중의 능력'을 회복하고, 그로써 자신들을 노예화하는 강자들의 불의한 권세와 권위에 두려움과 열등감 없이 도전하는 주체로 나설 수 있도록 하는 실천적 작업이 되어야 한다.

몰트만은 억압받은 민중들의 해방투쟁이 가져온 놀라운 결과에 대하여 다음과 같이 진술하고 있다:

"가난한 자들은 더 이상 억압과 능멸의 고난받는 대상이 아니다. 이들은 하나님의 첫 아들 예수의 권위와 존엄성을 가진, 자신의 운명에 대한 주체적 존재가 된다. 예수는 이들 가난한 자들에게 하나님이 이들에게 부여하신 파괴될 수 없는 존엄성을 확실하게 각성시킨다. 그리고 이러한 인식을 통해서, 그 스스로의 운명이 타자에 의해 좌우되었던 가난한 자들, 노예, 여성 등의 백성들은 진토에서 벗어나 스스로를 돕는 의지를 가진 존재가 되는 것이다."13)

결국 민중들의 전복적 결단과 행동은 이들 자신에게 있어서 스스로의 가치를 깨닫고 확인하며 이를 구현해 나가는 문제가 된다. 그 가치는 현실의 강자들에게 모멸과 억압의 대상이 되어왔던 것이며, 오랜 이념적, 정신적 세뇌의 과정을 통해서 이들 민중들에게조차도 저버림

---

12) Jurgen Moltman, *Jesus Christ for Today's World* (Minneapolis: Fortress Press, 1994), 17.

13) 몰트만 위의 같은 책, 17-18.

받아 왔던 하나님의 은총이다. 이런 점에서 기독교 정치윤리는 민중들 자신이 하늘로부터 받은 존엄한 가치와 생명의 능력에 대한 혁명적 개안(開眼)과, 이를 가로막고 있는 기존질서의 모순을 돌파하는 논리의 공급에 책임을 져야 할 것이다.

진보적 여성신학자 비벌리 해리슨(Beverly Wildung Harrison)은 혁명적 (여성) 기독교 정치 윤리의 과제를 다음과 같이 갈파하고 있다.

"기독교 윤리의 도전은 사회관계의 근본을 바꾸어 나가면서 기존의 모순에서 벗어날 수 있는 새로운 가능성을 열어 나가는 창조적 행동, 이 세상에 존재하는 새로운 양식을 발견하는 일에 있다."14)

그녀는 또한, "맹목적 순응을 요구하는 그 어떤 윤리도 거부하며, 이를 공동체적으로 함께 성찰할 수 있는 과정으로 교체"해야 한다고 강조한다. 이러한 논의들은 "억압에 희생당한 이들과 스스로를 일치, 연대하여 대안체계를 실현시킬 수 있는 기초 공동체"를 만들어 나가는 해방투쟁의 과제가 된다. 이는 신학적 명제로 따져보자면, 본 회퍼가 지적했듯이 "하나님과 인간 사이에 상실된 일차적 관계를 회복하는 일"15)이며 "비통해하며 고통받고 가난한 이들을 언제나 끊임없이 사

---

14) Beverly Wildung Harrison, *Making the Connection: Essays in Feminist Social Ethics* (Boston: Beacon Press, 1985), 40.

15) Dietrich Bonhoeffer, *Ethics* (New York: Collier Books, 1963), 21. 하나님과 인간 사이에 일치관계를 상실하는 것은 곧 하나님의 보호하심을 얻지 못하는 것을 뜻하게 된다. 그로써 인간은 벌거벗겨진 상태로 현실에 던져지는 것이다. 아무 것도 자신을 보호할 바를 걸치지 못한 인간은 바로 이 상실된 일치관계의 회복을 일차적으로 소망하게 되어 있다. 기독교 정치윤리는 이 회복을 향한 하나님의 사랑과 인간의 각성을 조명해야 하는 임무가 있다.

랑하시는 하나님에 대한 절대적 순종을 의미하게 되는 제자적 사명"16)
이라고 할 수 있다.

그런 차원에서 제국의 폭력과 기만에 맞서서 하나님 나라를 일구어
나갈 제자 공동체의 성장은 실로 중요하다. 기존질서에 대한 비판적
성찰과 그 권세에 집단적으로 도전할 수 있는 이 '제자 공동체'가 없으
면, 기독교 정치윤리는 억압받은 민중들의 삶 속에 뿌리내려야 할 혁명
적 영성의 동력을 강화하기 쉽지 않다.

초대 교회사가 레이몬드 브라운(Raymond Brown)은 예수 제자 공
동체가 기존의 주류사회와 대립하면서 성장해 온 것을 주목하고 있다:

"초기 예수 제자 공동체는 다음의 특징을 드러내고 있다.

(1) 농민투쟁의 전통

(2) 가족, 종교, 부, 신학적 논제 등에 걸친 기존 질서의 주장과 이것
    이 정당화하는 현실에 대한 거부

(3) 평등공동체적 전망

(4) 제자 공동체 내부의 특별한 사랑과 포용

(5) 자발적 조직

(6) 제자 공동체에 대한 구성원의 전면적 헌신 요구

(7) 기존 질서 붕괴와 새로운 시대 도래라는 종말론적 역사관"17)

이러한 예수 제자 공동체의 초기적 발전 형태는 오늘날 기존의 권

---

16) Dietrich Bonhoeffer, *The Cost of Discipleship* (New York: Collier Books, 1963), 63.

17) Raymond Brown, *The Community of the Beloved Disciples: The Life, Love, and Hates of an Individual Church in New Testament Times* (New York: Paulist Press, 1979), 14-15.

력질서가 주도하고 있는 부정의한 체제에 도전하는 일체의 해방투쟁 조직에도 여전히 적용되는 특징과 원칙이라고 할 수 있을 것이다.

이렇게 보자면, 반 패권 투쟁을 통한 해방 공동체 건설을 지향하는 예수운동은 힘없는 민중들에게 마침내 도래할 하나님의 은총에 대한 집단적 축제를 실현해 나가는 작업이며, 그 본질적 출발점에 있어서 민중적 현실에 헌신하려는 혁명적 선택이 된다. 그러기에 이를 위해서는 거듭 강조하듯이, "역사적으로 주변부화된 이들, 그리고 이들과 연대하는 기존의 위계질서 안의 세력들이 가진 희망과 존엄성을 확증하는 정치적 행동이 필요"18)하다. 말하자면 기독교 정치윤리는 중간지대에서 애매한 중립을 취하는 것이 아니라, 그 어느 편, 즉 부당하게 억압받고 본래의 존엄한 권리를 박탈당하고 있는 자들과 하나가 되어야 하는 선택의 문제가 되는 것이다. 그렇지 않으면 이는 이미 강자의 악에 암묵적으로 협력하는 일이 되고 만다.

성서학자 월터 부르그만(Walter Brueggemann)은 "진정한 하나님과 진정한 인간성의 역사에 대한 희망이 성서의 중심 주제"19)라고 갈파하고 있다. 성서에 근거를 둔 기독교 정치윤리의 해방 전통적 관점에서 보자면, 이러한 이해는 진정한 인간성 회복과 그것이 권리가 되는 시대를 목표로 하는 민중들의 역사적 투쟁에 대한 종말론적 희망을 증언해내는 일이다. 그와 함께, 지금과는 전혀 다른, 현실에서는 대안으로 쉽게 상상하기 어려운 하나님 나라의 실천적 전망을 밝혀내는 일과

---

18) Lee Cormie, "Revolutions in reading the Bible", *The Bible and the Politics of Exegesis: Essays in Honor of Norman K. Gottwafld on his Sixty-Fifity Birthday*, ed. by David Jobling et. al. (Cleveland: Pilgrim Press, 1991), 184.

19) Walter Brueggemann, *Hope within History* (Atlanta: John Knox Press, 1973), 1.

동일하다.

결국 이는 이 세상에서 부정의한 권력에 의해 그 생명적 가치가 박탈당하고, 주변부화되고 억압받으며 그 권리를 상실하고 존엄성이 짓밟힌 인류에 대한 사랑이며 이들에 대한 하나님의 '의로운 편애'에 대한 확고한 믿음의 문제로 귀결된다. 진정한 인간성에 대한 희망을 파괴하는 제국의 지배를 대체할 하나님 나라의 선포와, 이를 현실에서 이루어가는 고난과 도전에 찬 대안투쟁은 바로 이러한 정치 윤리적 신조와 신앙적 결단에 근거를 두고 있는 것이다. 그리고 이 과정에서 해방의 주체로 민중은 우뚝 서게 되는 것이다.

제국주의 침탈에 대한 저항과 해방의 신학

해방신학, 그리고 한국적 현실에서 태동한 민중신학의 관점은 제국의 윤리에 대한 기독교적 비판의 기초를 세우는 데 매우 중요한 역할을 해왔으며 또 앞으로도 그 활동이 기대된다. 이 두 신학은 기본적으로 제3세계 민중에 대한 제국의 지배를 거부하는 투쟁의 의미를 깊이 조명하고 있으며, 그로써 주변부적 상황에 처한 민중들의 역사적, 현실적 고난과 열망을 대변해 주고 있기 때문이다. 이는 예수 시대의 히브리 민중들이 처한 고난의 현장과 그대로 맥이 이어지는 문제의식이라고 할 수 있다.

여기서 한 가지 전제할 것은, 초기 민중 신학의 경우 지난 냉전 시기, 분단의 현실 속에 있는 한국사회의 이념적 제한 때문에 해방신학에 비해 자본주의적 제국주의의 분석과 비판 면에서 상대적으로 한계를 지녔었다는 점이다. 하지만 민중 신학이 3세대의 단계를 거치면서 자본주의 문제에 대한 보다 정밀한 사회과학적 인식을 심화시켜 왔다는 점에서는 해방신학과 방법론상 일정한 인식의 공감대를 가지고 있다.

한편, 미국에서의 흑인신학과 유사한 시기에 라틴 아메리카에서 태동한 해방신학은 '안보국가'(national security state)를 내세운 군사독재 체제에 대한 저항과, 서구 자본주의의 제국주의적 지배와 침탈에 대한 민중들의 투쟁에 그 인식론적 뿌리를 두고 있다.

그런데 이 두 가지, 즉 안보국가로 치장된 제3세계 군사주의 체제와 서구 제국주의는 서로 별개가 아니라 하나의 체제적 요구에 따른 현상이라는 점을 눈여겨볼 필요가 있다. 다시 말해서, 1960년대 제3세계에 만연한 이른바 안보국가는 더 큰 맥락에서는, "서구 제국주의의 '원시적 자본 축적'(primitive accumulation)과 관련된 정치적 소산으로서의 성격을 지니고 있는 것"이다. 즉, 서구 제국주의 국가들이 제3세계 내에 종속적 자본주의 체제를 형성하면서 이에 대한 저항을 억압, 제거하기 위해 정치권력을 수립하는 과정에서 등장한 것이 안보국가라는 것이다. 이는 매판성이 강한 자본과 제국의 보조 병력으로 기능하는 제3세계 현지의 군사주의가 결합한 '종속형 파시즘'으로 나타난다.

해방신학의 대부 구스타보 구티에레즈(Gustavo Gutierrez)는 라틴 아메리카 해방신학의 기본적인 인식 틀을 심도 깊게 규정해 나가는 가운데, 이렇게 외부의 체제적 요구에 종속되어버린 "가난한 민중들의 역사적 주체성을 새롭게 세워 나가는 작업"을 그 신학적 실천의 핵심으로 짚었다. 그것은 라틴 아메리카 민중이 그들의 노동과 땀과 권리가 그들에게 돌아가지 못하고, 자신들의 인간적 자기실현의 과정이 권력과 자본에 의해 부정당하고 소외되고 있는 상황에 대항하는 도전과 투쟁을 의미하며, 바로 이 해방투쟁의 과정이 곧 하나님 나라를 이 땅에 세워나가는 선교적 헌신이 되는 것을 포함한다.20)

이는 권력과 자본을 쥐고 있는 세력이 역사를 농단하는 것에 대한 정면대응이자, 한나의 기도 또는 마리아의 찬가에서 외친 하나님의 손길에 의한 "티끌과 거름덩이에 파묻힌 가난하고 미천한 자의 들림"을 신학화한 것이라고 하겠다. 구티에레즈는, 제3세계의 가난한 사람들은 제국주의 지배질서의 역사적 산물이라는 점을 주시하면서, 해방에 대한 자신의 생각과 그 실천적 의의를 다음과 같이 주장했다.

"우리 세대의 가장 중요한 현안, 특히 아직 발전하지 못하고 억압된 나라들의 현실에서 너무나도 절박한 과제는 인간이 존엄성을 가지고 살며 자신들의 운명에 대하여 주체적인 역할을 할 수 있도록 투쟁을 통해 정의롭고 형제애가 가득 찬 사회를 건설하는 것이다."21)

이런 전제 위에서, 구티에레즈는 '가난한 사람들의 인식론적 특권'(an epistemological privilege of the poor)이라는 개념을 방법론적 기초로 내세우고, 지구적 차원으로 확대하고 있는 자본주의를 지지하거나 비판하지 않는 서구 신학의 기본 틀에 대해 매우 전복적(subversive)인 '밑으로부터의 시각'에서 접근할 것을 요구한다. 또한 신학체계만이 아니라 현실세계도 주류 지배계급의 입장이 아닌, 가난한 사람들의 현실과 그 경험에 뿌리박은 관점에서 파악할 것을 강조했다.

---

20) Gustavo Gutierrez, *A Theology of Liberation* (Maryknoll: Orbis Books, 19 88), 17.

21) 같은 책, xiv.

가난한 사람들의 인식론적 특권의 문제

이러한 인식론적 선택은 주류 지배계급의 시각으로 규정되는 현실을 극복하기 위한 해방투쟁의 일환으로서, '식민지 정신구조'(colonial mentality)[22]를 해체하는 작업이 된다. 사실 이러한 의식구조가 주변부 민중의 뇌리에 깊이 박히게 되면, 제국주의 지배체제는 큰 어려움 없이 유지될 수 있다. 주변부 민중 자신이 스스로를 통제하는 현상이 나타나기 때문이다. 따라서 제3세계 민중들의 정신구조를 지배하는 이러한 식민주의적 요소에 대한 비판은 민중이 억압의 사슬에서 해방되는 첫 단계라고 할 수 있다. 또한 신학적으로 표현하자면, "일체의 비인간화를 강요하는 상황에 대한 예언자적 질타이자 하나님 나라의 오심에 대한 선언"[23] 행위라고 할 수 있다.

그리하여 라틴 아메리카 해방신학은 민중을 주변부적 존재로 만드는 정치적 억압과 경제적 착취의 현실에 대항하여 전선을 형성해 왔다. 해방신학은 라틴 아메리카의 현실이 무엇보다 '발전론'의 결과라는 점을 지적하고, 이러한 발전론이 담고 있는 모순과 환상의 진상을 폭로하는 작업에 몰두했다. 경제 발전을 통한 개발이라는 논리로 무장한 발전론은 군사주의적 요소를 강화시킨 케인즈주의의 이론을 정책화한 것으로, 안보국가론을 정당화하는 역할을 했다.[24] 즉, 경제적 역량이 낙후한 제3세계가 서구와 같이 급속한 발전을 이루려면, 정치적 통합이 1차적 과제인데 이는 군사적 응집력이 강화되지 않으면 불가능하다고 강조함으로써 군사주의 체제의 등장과 유지를 옹호한 것이었다.

---

22) 같은 책, 77.
23) 같은 책, 152-153.
24) 같은 책, 49-51.

그러나 현실은 정치적 억압과 경제적 착취, 그리고 부익부 빈익빈의 사회적 양극화를 더욱 심화시켰으며, 발전이 아니라 도리어 식민지적 상황으로의 전락과 진정한 발전의 지체로 나타났다. 해방신학은 이러한 현실에 대한 자각과 이를 극복하려는 의지가 신학적으로 정리된 결과라고 할 수 있다.

해방신학의 논리적 전제가 되는 '종속이론'(theory of dependency)은 발전론으로 정당화된 세계 자본주의 체제에 대한 비판적 대응이라고 할 수 있다. 종속이론은 발전론이 낳은 불의한 사회경제적 구조와, 세계 자본주의 체제 내에서 중심과 주변부 간의 극단적인 차별성 및 양극화25)를 이념적, 이론적으로 정당화하려는 시도에 대한 라틴 아메리카 지식인들의 혁명적 도전이었다. 종속이론이 그 지역의 자본주의적 발전가능성을 부인했다는 점은 이후 문제가 되지만, 종속이론의 반체제적 관점에 주목한 해방신학은 신학적 사유 속에 정치경제학적 방법론의 유용성이 갖는 의미를 고민하기 시작했고, 이를 기반으로 하여 신학과 역사적 현실의 접목에 대한 치열한 이론적 투쟁을 벌였다.26)

종속이론과 세계적 계급투쟁이 해방신학에서 차지하는 의미

그런데 종속이론이 세계 자본주의 체제 내에서 중심과 주변부 간에 존재하는 모순에 주로 관심을 보였다면, 구티에레즈의 신학은 보다 정통적인 마르크스주의의 입장에 서서 '세계적 계급투쟁의 틀' 속에서 계급 분석의 중요성을 강조했다. 다시 말해서, 구티에레즈는 종속이론이

---

25) 여기서 세계 자본주의 체제 내의 '중심(core)과 주변부(periphery)'라는 개념은 지리학적 개념이 아니라, 세계 자본주의 체제의 위계질서를 파악하고 분석하는 개념이다.

26) 구티에레즈, 51-54.

해명하기 위해 노력한 세계 자본주의 체제 내 중심과 주변부적 위계질
서의 문제의식을 받아들이는 한편, 주변부 내부의 강자와 약자, 또는
부자와 가난한 자로 대변되는 계급투쟁의 문제에 보다 깊은 관심을 기
울였다는 것이다. 이는 그가 결국, 해방투쟁의 주체를 세우는 문제가
결정적 관건임을 의식했으며, 세계 자본주의 체제의 위계질서를 바꾸
는 문제도 주변부 내의 계급적 지배체제의 변화가 원초적 전제가 되어
야 함을 강조하고 있다는 뜻이었다. 하여 그는 계급 분석의 이론적, 실
천적 의의를 다음과 같이 정리하고 있다.

"오직 계급 분석만이 지배국가와 그에 종속된 나라의 민중들 사이
에 벌어지는 대립과 갈등의 현실적 진상을 우리에게 보여 준다. 나
라와 나라 사이의 모순만 주목할 경우, 현실의 진정한 갈등의 원인
을 파악하는 데 오류를 범하게 되며 결국에는 실제로 어떤 문제가
있는지 제대로 알 수 없게 두루뭉술한 이해에 그치고 만다. 따라서
'세계적 계급투쟁이라는 틀'을 현실 분석의 기초로 삼지 않는 한, 종
속이론은 잘못된 결론에 도달할 뿐만 아니라 기만적 논의가 될 수
있다."27)

이렇듯 구티에레즈의 해방신학은 국가 폭력이나 사회적 양극화와
같은 종속 자본주의 내부의 모순에 있어서 계급적 이해(利害)의 차이
를 놓치고서는 문제의 정확한 분석이 어려움을 일깨우고 있다. 인간
사이의 집단적 대립과 갈등은 그 사회가 창출한 가치에 대한 계급적

---

27) 같은 책, 54.

이해를 둘러싼 투쟁이라는 점에서 구티에레즈의 지적은 옳다.

한편, 자본주의적 부의 축적 양식이 내포하고 있는 폭력성과 착취의 문제와 관련하여, 그 방법론에서 정치경제학과 신학을 결합시킨 프란츠 힝켈라메르트(Franz J. Hinkelammert)는 '시장의 자유' 또는 '자유시장'이라는 미국의 자본주의 이데올로기가 주변부 민중들에 대한 억압을 정당화해 왔다고 갈파했다.28) 그는 "자본을 떠받드는 물신주의(fetishism)"는 "죽음의 이데올로기적 무기"라고 규정하면서, 이는 '안보국가'라는 형태로 나타난 군사독재와 자유시장 이론을 서로 결합시켜 자신을 실현해 나갔다고 주장했다. 즉, 생명보다는 죽음의 세력이 민중들의 운명을 규정해 나갔다는 것이다.

힝켈라메르트의 라틴 아메리카 종속 자본주의에 대한 신학적 성찰과 비판은 민중의 삶이 자본의 지배와 그 정치적 기구에 의해 얼마나 '치명적으로' 희생당해 왔는가를 여실히 보여 주고 있다. 다시 말해서, 라틴 아메리카 해방신학의 문제 제기 앞에서 자본주의 문제는 다만 정치경제적 현안으로 그치는 것이 아니라, '삶과 죽음의 문제'로 조명되고 있는 것이다. 구스타보 구티에레즈 역시 자본주의 체제의 극복과 관련하여 해방 투쟁에 대한 신학적 논쟁의 영역에 '생명의 하나님'29)

---

28) Franz J. Hinkelammert, *The Ideological Weapons of Death: A Theological Critique of Capitalism* (Maryknoll: Orbis Books, 1985), 51. 그는 '시장의 자유'라는 이름 아래 자본의 독점적·지배적 지위를 정당화시킨 하이예크(Hayek)의 제자 밀턴 프리드만(Milton Friedman)이 자유주의라는 이름과는 모순되게 시장과 군사적 폭력의 결합을 옹호하면서 가령 칠레의 군사독재체제의 이론적 근거를 마련했다고 비판했다. 실제로 피노체트가 이끈 칠레 군사독재체제의 정책 입안자들과 이론가, 그리고 미국의 지원세력들의 뇌리에는 시카고학파의 태두 밀턴 프리드만이 그 중심에 존재했다.

29) Gustavo Gutierrez, *The God of Life* (Maryknoll: New York, 1991). '생명의 하나님'이라는 개념은 역사적 현실에서 죽음의 세력에 대한 승리를 확정짓는 해방 투쟁의 근원적 주체를 드러내 주고 있다. 힝켈라메르트도 바로 이러한 '생명' 개념에 그의

이라는 개념을 끌어들임으로써 이 땅에 생명의 나라를 일구어내는 것
이 목표라는 점을 분명히 하고 있다. 결국 이렇게 보자면, 해방 투쟁은
"생명의 땅으로 가는 고난과 투쟁의 여정"이라고 할 수 있다.

'생명의 하나님'에 대한 깊은 갈구

구티에레즈는 '생명의 하나님'이라는 신학적 이해를 전제로 하여,
하나님의 사랑이 갖고 있는 정의로운 능력을 가장 절박하게 필요로 하
는 "가난한 자와 연약한 자, 그리고 억압받는 민중과 그 사회에서 가장
작은 자들"에 대하여, 하나님이 특별히 편애하신다고 강조했다. 하여
그는 가난한 자에 대한 하나님의 마음과 그것이 역사의 현실적 투쟁에
서 어떻게 신학적으로 이해되어야 하는가를 이렇게 말하고 있다.

"복음을 전파한다는 것, 또는 좋은 소식을 선포한다는 것은 그리스
도의 해방에 대한 선포행위라고 할 수 있다. 이 해방은 총체적 해방
이다. 그것은 일체의 부정의와 착취의 근본에 직접 이르는 일이며,
인간과 인간 사이의 우정과 사랑을 분열시키는 문제의 근원에 곧바
로 들어서는 선택이기도 하다. …… 이것은 그 어떤 추상적 개념이
아니라 생생한 현실적 경험이며 또한 역사적 실천행위의 문제이다.
따라서 (복음의 근거인) 성서는 인간을 노예화하고 가난한 자를 능
멸하는 현실과 대적하여 해방과 정의를 부르짖고 있는 것이다."[30]

신학적 뿌리를 박고 있다. 한국에서 발생한 생명 운동도 해방신학의 생명 개념과 크게
다르지 않은 이해를 보이는바, 이는 인류 보편적 경험과 결합된 관점과 고백이라고 할
수 있다.
30) Gustavo Gutierrez, *The Power of the Poor in History* (Maryknoll: Orbis
Books, 1988), 18.

그는 또한 이러한 하나님의 사랑과 의로움은 좌절과 낙담에 깊이 빠져 있던 예수운동을 새롭게 일으켜 세운 예수 그리스도의 부활에서 그 진면목이 모두 실현되었다고 하면서, 종속적 자본주의 체제가 강요하는 죽음의 권세와 억압을 이겨내는 과정이 곧 역사에서 그리스도의 부활이 이루어지는 것[31]임을 명확히 밝혔다. 구티에레즈가 정리한 해방신학의 이러한 현실 인식과 해방 투쟁에 대한 역사해석, 신학적 규정은 기독교가 자신의 신앙 행위와 실천의 지평을 어떻게 넓혀 나가야 할 것인가를 도전적으로 묻고 있는 셈이다. 서구 신학의 흐름이 "역사적 현실과 무관하게 존재한다고 생각되는 인간의 보편적이고 내면적인 실존에만 국한"하려는 경향이 있는 것에 반해, 해방신학은 "인간의 가장 절박한 현실적 처지의 문제로부터 그 신앙의 관점과 실천의 지침을 출발"시키고 있다.

구티에레즈의 영향을 깊이 받은 성서학자 비르질리오 엘리존도(Virgilio Elizondo)는 고난의 역사와 마주한 현실에 대하여 '갈릴리적 상황'이라는 개념으로 오늘의 세계적 모순과 갈등에 접근하고 있다. 그에게서 '갈릴리적 상황'이란 특히 멕시코계 미국인들의 해방투쟁에 대한 공동체적 경험을 반영하는 것으로서, 미국 주류사회의 위계질서로부터 거부당하고 배척당하며 능멸당하고 있는 존재들의 아픔과 이를 극복하기 위한 집단적 투쟁을 모두 포함하고 있다.

예수는 주류사회를 거부함으로써 거부당한 위대한 거부자

구티에레즈는 예수를 '주류사회의 거부(拒否)를 거부한 거부자'(the

---

31) 같은 책, 115-117.

reject who rejects the rejection)로 파악하면서 예수는 자신의 선택과 행위를 통해서 기존 질서의 숨겨진 폭력적 면모를 세상에 드러냈다고 갈파했다.32) 폭력적 진상의 폭로 행위는 "폭력을 추방한다고 하면서 실제로는 그 자신이 폭력 행위를 저지르고 있는 구조와 정면으로 마주하는 결단"에서 가능해진다고 한 엘리존도는, 이 저항 행위의 결과인 자신의 죽음을 통해 예수가 이 세상의 진정한 모습을 고스란히 드러냈음을 주목했다.

즉, 예수는 기존 질서를 유지하려는 권력에 의해 거부된 자, 신성 모독자, 정치적 선동자로 낙인 찍혀 처형당하고 말지만, 사실상 그는 인간성을 짓밟는, "눈멀고 스스로를 절대화하며 억압적인 세계의 죄"에 희생당하는 '아무런 죄 없는 의로운 존재'임이 밝혀진다는 것이다. 말하자면, 예수의 죽음 속에서 세상의 가면은 벗겨지고 현실은 있는 그대로의 죄악상을 스스로 폭로하고 마는 것이다. 따라서 인간을 억압하고 속이며 그 존엄한 생명적 가치를 능멸하는 세계의 진상을 그대로 드러내는 것은 기독교 신앙의 당연한 과제가 되며, 그런 현실과 마주하여 극복하려는 해방 투쟁은 주류사회의 논리와 질서를 거부하고 새로운 질서를 창조해 나가는 예수운동의 핵심이 되는 것이다.

이와 같이 예수운동의 정치사회적 맥락 속에서 억압적인 현실의 의미를 해독해 나가려는 신학적 노력은 성서 자체를 해방적 관점에서 접근하는 작업과 직결되며, '제국'의 문제와 관련한 기독교 정치윤리의 매우 중요한 근거가 된다고 하겠다.33) 이렇게 해방신학이 현실에 대

---

32) Virgilio Elizondo, *Galilean Journey: The Mexican-American Promise* (Mary knoll: Orbis Books, 1985).

33) 성서에 대한 정치사회적 해석학의 모델은 다음의 책을 참고해 볼 수 있다. 특히 갓월드

한 사회과학적 이해와 성서해석학의 방법론적 결합을 추구하는 것은, 신학이 이제는 더 이상 공허한 교리적 논쟁에 사로잡히지 않고, 인간의 생명을 위협하는 현실에 바짝 다가가서 하나님 나라라는 대안을 구체적으로 내놓고 있기 때문이다.

'해방의 관점'에서 진보적 신학논쟁을 풀어나가게 된 그 연원을 보자면, 1968년 콜롬비아의 메들린 회의(Medellin Conference)를 주목할 필요가 있다. 이 회의에서 라틴 아메리카의 현실에 대한 신학적 논의와 성찰의 심화를 통해 발전론적 자본주의 체제에 대한 정교한 비판이 이루어지기 시작했으며, 해방투쟁에 대한 교회적 관심과 목회적 헌신이 촉구되었다.34) 즉, 라틴 아메리카 종속 자본주의 체제의 문제는 더 이상 세속적 좌파 운동과 민중투쟁의 대상으로 머문 것이 아니라, 민중에 봉사하는 것을 사명으로 하는 라틴 아메리카 교회의 중심 과제로 정리된 것이다.

이 역사적인 메들린 회의 이후, '해방'에 대한 신학적 개념은 해방투쟁의 실천적 과정에서 그 개념이 갖는 중요성이 주목되면서 더욱 심화되어 나갔다. 가령, 엔리크 뒤셀(Enrique Dussel)은 라틴 아메리카 해방신학의 역사적 발전 경로를 설명하면서, '사로잡힘'(captivity),

---

와 호슬리의 경우, 고대 히브리 사회의 정치사회적 모순과 갈등, 예수 시대의 농민전쟁의 전통 등 이런 맥락과 관련하여 성서의 의미를 재구성하고 있다는 점이 주목할 만하다. *The Bible and Liberation: Political and Social Hermeneutics*, ed. by Norman K. Gottwald and Richard A. Horsely (Maryknoll: Orbis Books, 1993); *The Bible and the Politics of Exegesis: Essays in Honor of Norman Gottwald on His Sixty-Fifth Birthday*, ed. by David Jobling et. al.(Cleveland: The Pilgrim Press, 1991).

34) Phillip Berryman, *Liberation Theology: The Essential Facts about the Revol -utionary Movement in Latin America and Beyond* (New York: Pantheon Books, 1987), 22-24.

'유배'(exile), 그리고 '해방'(liberation) 등의 신학적 개념에 대하여, 주
변부 지역에 대한 제국의 지배와 그에 따른 억압이라는 틀로써 그 의미
를 보다 심화, 발전시켜 나갔다. 즉 이러한 개념들이 담고 있는 역사적
상황을 보다 구체적으로 복원하고, 그 안에서 벌어지는 제국과 식민지
체제 간의 모순과 대립 등의 문제를 집중 조명해 나간 것이다.35) 해방
과 관련된 신학적 논의는 제국의 지배를 정당화하거나 이 문제를 비판
적으로 제기하지 않은 서구 신학의 지배 아래 있던 신학에 전례를 찾아
볼 수 없는 중요한 변화를 가져왔다.

1968년 메들린 회의의 혁명적 전환

그러나 라틴 아메리카 해방신학은 인종차별에 의한 부정의의 문제
에 대해서는 충분한 논의를 전개하지 못했다. 인종차별 또는 인종주의
의 문제는, 서구 제국주의가 제3세계 민중을 학살하고 노예화하며 식
민주의적 비인간화를 관철하면서 제3세계를 지배하는 근간의 하나라
는 점을 염두에 둔다면, 라틴 아메리카 해방신학이 서구의 정치경제학
적 관점에 한계가 있음을 알게 된다. 해방은 인간의 삶을 총체적으로
새롭게 만들어 가는 것이라는 점에서, 인종에 따른 차별과 부당한 지배
는 당연히 해방신학의 주된 관심 대상이 되어야 했다. 라틴 아메리카
해방신학은 이런 비판에 직면하면서 라틴 아메리카 토착 원주민들의
인권과 이들의 정치경제적 권리에 대한 논쟁도 보다 심화된 수준에서

---

35) Enrique Dussel, "The Political and Ecclesial Context of Liberation Theolog
　　y in Latin America," *The Emergent Gospel: Theology from the Developing
　　World*, ed. by Sergio Terres and Virginia Fabella (London: Geoffrey Chap
　　man, 1978), 184-187.

전개해 나가게 되었다.

서구 신학에 충격을 준 해방신학은 라틴 아메리카에서만 태동한 것이 아니었다. 1968년 메들린 회의와 유사한 시기에, 미국에서도 신학적 혁명이 싹을 틔우고 있었다. 제국의 내부에서 터져 나온 서구 백인 신학에 대한 반격이었다. '흑인신학'이 바로 그것이다.

흑인신학은 미국 사회의 오랜 인종주의와 그에 따른 차별에 저항하는 흑인 민중의 투쟁이 흑인 교회의 예언자적 전통과 합류하는 과정에서 그 모습을 드러냈다. 특히 미국의 흑인신학은 민권운동의 지도자 마틴 루터 킹 목사의 삶에 의해 구체화된 흑인 교회의 예언자적 맥락을 전제하지 않고서는 생각할 수가 없다.36)

흑인신학의 이론적 선구자 제임스 콘은 흑인신학이 태동하게 된 현실적 문맥을 다음과 같이 설명하고 있다.

"미국에서 흑인신학의 등장은 우선 무엇보다도, 백인 위주의 인종 차별적 사회에서 흑인이라는 이유만으로 겪어야 하는 고통과 예수의 복음을 서로 연결시키는 데 실패한 백인 기독교의 문제에서 비롯되었다. …… 흑인신학은 해방의 신학이다. 그 까닭은, 미국 사회에서 억압당한 흑인들이 자신들의 현실적 처지를 바탕으로 예수의 복음이 도대체 무엇을 의미하는가를 질문하고 그 답을 찾으려 하는 노력에 그 신학적 출발점을 두고 있기 때문이다."37)

---

36) James Cone, "Black Theology: Its Origin, Method and Relation to Third World Theologies," *Churches in Struggle: Liberation Theologies and Social Changes in North America*, ed. by William K. Tabb (New York: Monthly Review, 1986), 33.

37) James Cone, *A Black Theology of Liberation* (Maryknoll: Orbis Books,

제임스 콘은, 흑인신학 등 해방신학의 역할은 "억압당하고 있는 이들의 자유를 위하여 이 세상에서 활동하시는 하나님의 실천에 대한 언어"[38]를 명확히 해나가는 것이라고 강조했다. 이는, "해방을 향한 현실의 변화에 대한 신학적 성찰"을 의미하는 것으로서 억압당한 이들의 투쟁 속에 담긴 하나님의 뜻을 규명하는 작업과 일치한다. 이와 함께, "이 세상의 자유를 위해 하나님께서 억압받는 이들을 선택하여 세우셨다는 점과 관련되지 못하면" 해방신학의 윤리적 기초는 무의미해진다고 분명히 밝히고 있다.[39] 이러한 규정에 따르면, 신학이 현실의 억압을 정면으로 마주하여 하나님의 뜻으로 극복의 의지를 조명하고 강화하지 않을 때 그것은 윤리적 정당성을 가질 수 없음을 뜻한다고 하겠다.

흑인신학과 해방의 과제

흑인신학은 이후 한국의 민중 신학에도 중요한 영향을 미치게 되는데, 이는 양자 모두가 "민중적 고난의 경험을 공유"하고 있으며 "서구 백인신학의 패권적 논리에 대한 저항"을 통해 새로운 신학적 입지를 만들려는 점에서 일치하기 때문이다. 실로 미국의 역사를 파고들어 보면, 흑인 노예에 대한 대학살과 노예제도의 가혹성이 얼마나 비극적이었는지 드러난다. 그러나 서구 백인신학은 이러한 미국의 어두운 이면사를 신학적 성찰의 대상으로 다루지 않았고, 이러한 현실을 "하나님 나라와 그 의"라는 각도에서 사고하고 언급하지 않았다. 고난의 가장

———————
1992), 4-5.

38) James Cone, *Speaking the Truth: Ecumenism, Liberation and Black Theology* (Grand Rapids: William B. Eerdmans Publishing Company, 1986), 4.

39) James Cone, *God of the Oppressed* (New York: The Seabury Press, 1975), 206.

고통스러운 현장 하나를 외면했던 것이다.

흑인신학의 형성 과정에서 이슬람의 종교적 확신 위에 서 있는 말콤 엑스의 백인 지배 사회에 대한 급진적인 저항과, 백인사회에 대하여 상대적으로 유화적인 마틴 루터 킹의 유럽적 배경을 가진 기독교 신학은 매우 결정적인 의미를 가지게 된다. 말콤 엑스는 '흑인'이라는 자의식의 특별함과, 백인 지배가 이루어지고 있는 미국 사회에 그대로 통합되기를 거부하는 타협점 없는 자세를 통해서 '흑인의식'40)을 날카롭게 각성시켰다. 말콤 엑스의 이러한 영향에 의해 미국의 흑인신학은 백인 지배사회가 가하는 억압의 악몽 같은 현실의 진상을 드러내고, 그와 함께 대안이 될 수 있는 미래에 대한 종말론적 희망을 제시하는 작업에 관심을 주력하게 되었다. 그러나 흑인신학은 미국 자본주의에 대한 체계적 분석이 결여됨으로써 미국의 지구적 제국주의 지배체제에 대한 비판적 이해에는 한계를 보이고 만다.

흑인신학과는 별도로 논의되어야 하지만, 최초의 흑인노예 해방혁명 투쟁인 1791년의 산 도밍고 혁명은 억압받은 유색인종이 인종차별적 자본주의의 식민지 체제에 대한 저항을 성공시켰다는 점에서 흑인신학의 사상적 원류의 하나를 형성한다. 투쌍 루베르튀르(Toussaint L'Ouverture)가 이끈 산 도밍고 혁명은 앞서 언급했듯이 서구의 인종차별적 자본주의 착취 체제에 대하여 최초로 성공한 흑인 혁명이었다.

이 산 도밍고 혁명은, 흑인신학이 인종주의와 자본주의적 폭력에 대한 비판과 함께, 제국의 식민지배를 위한 위계질서에 저항한 민중들의 민주적 투쟁의 의미를 총체적으로 결합시켜 나갈 수 있는 하나의

---

40) James Cone, *Martin & Malcolm & America* (New York: Maryknoll, Obis Books, 1998), 152.

근거를 제시해 준다. 트로츠키주의자인 C.L.R. 제임스는 그의 책『검은 자코뱅(*The Black Jacobin*)』에서 아프리카 흑인들을 백인 지배자들에게 순종하는 재산처럼 만들어 버리는 인종주의적 자본주의로 나타난 제국의 잔혹성을 생생하게 표현해내었다. 그가 기록한 대목의 하나는 아프리카 민중들이 서구 자본주의의 노동착취 전략에 따라 얼마나 끔찍하게 희생당했는가를 그대로 보여 준다.

"이들 아프리카인들을 주인의 명령에 복종하는 존재로 만들기 위해서 치밀하게 계산된 잔혹한 폭력체제가 성립되었다. …… 몸의 일부를 절단해 버리는 일은 다반사였다. 가령, 손이나 발, 귀, 때로 성기 등을 잘라 버려 이들에게 삶의 기쁨을 누릴 수 있는 가능성을 박탈해 버렸다. 주인의 무서움을 절감하게 한 것이다. 그 주인들은 이들 노예들의 손이나 팔, 또는 어깨에 펄펄 끓는 초를 부어 버리기도 하고, 이들의 머리 위로 뜨거운 사탕수수 녹은 물을 쏟기도 하며, 산 채로 태워 버리거나 천천히 불에 익혀 버리든지 몸에 화약을 채워 성냥을 긋고는 그 자리에서 폭발해서 날려 버리기도 하는 만행을 저질렀다. 그뿐 아니었다. 목만 땅 위에 내놓은 채로 생매장을 하기도 했으며 머리 위에 설탕을 부어 파리들이 잔뜩 달라붙어 죽게 하는 일도 있었다. …… 도대체가 그 경우를 헤아릴 길이 없이 많지만, 문제는 이러한 잔혹한 행위가 노예체제의 일상에서 너무도 흔하게 벌어지는 일이었다."[41]

---

41) C.L.R. James, *The Black Jacobin* (New York: Vintage Books, 1989), 12-13.

미국 자본주의 체제의 성립 과정에서 전개된 이러한 야만적인 인간 살육과 억압 행위는 흑인신학이 이후 고발하게 된 미국 현실의 이면이 어떻게 시작되었는가를 여실히 보여 준다. 흑인신학은 이러한 문제를 자본주의 체제에 대한 분석과 결합시켜 나가는 데서 다소간 인식론적 한계를 보여 주었으나, 그 신학적 발전 과정에서 후기에 이르면 미국 자본주의를 그 중심에 놓고 접근하는 흐름을 형성하게 된다.

자본주의 문명 전반에 걸친 총체적 분석과 비판의 필요

이와 관련하여 해방철학자이자 흑인신학 논쟁의 중심에 서 있는 코넬 웨스트(Cornel West)는 흑인신학 발전 과정을 네 단계로 구별한다.

즉, (1) 흑인 노예체제에 대한 비판 (2) 제도적 인종주의에 대한 비판 (3) 백인우월주의 신학에 대한 비판 (4) 미국 자본주의 비판 등으로 전개되었다는 것이다.[42]

이와 같은 흑인신학의 발전 경로를 기반으로 하여 코넬 웨스트는 말하길, 이제 흑인신학은 제5단계로 접어들어야 한다면서 자본주의 문명 전반에 걸친 비판으로 확장, 심화되어야 한다고 강조했다.

그는 이 단계에 이르지 못한 흑인신학에는 (1) 체계적인 사회 분석의 결여 (2) 사회적 비전, 정치적 프로그램, 구체적인 실천전략의 부족 (3) 죽음, 질병, 절망, 공포, 절망 등의 실존적 현안을 중요시 여기지 않는 경향 등이 있다고 지적했다.[43]

실로 자본주의의 착취와 식민주의는 제3세계 민중에 대한 제국의

---

42) Cornel West, Prophesy Deliverance! (Philadelphia: The Westminster Press, 1982), 101-106.
43) 같은 책, 106.

인종주의적 지배와 동시에 진행되었으며, 따라서 흑인신학이 애초에 주목한 인종주의 문제가 자본주의 체제의 지배구조에 대한 분석으로 발전해나가는 것은 중요하다.44) 미국에서 발전한 흑인신학보다 아프리카에서 태동한 흑인신학이 식민주의에 대한 역사적 경험 때문에 이에 대한 문제의식이 더 날카롭고, 코넬 웨스트가 주목한 대로 자본주의 문명 자체에 대한 총체적 비판으로 전개되는 경향이 강하다.

이렇게 해방신학의 전체적인 흐름을 짚어보자면, 이는 자본주의 체제의 착취를 신학적으로 정당화하는 논리에 대한 반체제적 투쟁의 과정에서 발생한 것으로서 제국과 그 제국의 주변부 지배에 대한 저항과 해방의 윤리적 기반을 마련해 주었다고 할 수 있다. 한국에서 시작된 민중 신학은 여기서 따로 깊이 다루지 않겠으나, 이 또한 해방의 윤리를 밑바닥에 깔고 하나님의 해방의 영에 충만한 민중이 주체가 되는 역사를 지향했다는 점에서 해방신학 전반의 입장과 동일한 궤에 놓여 있다고 하겠다. 다만 민중 신학의 경우에는 '제국'의 문제에 대하여 여타 제3세계 해방신학의 경우에 비해서 충분한 신학적 비판의식을 보이지 못했으며, 이는 냉전체제의 압도적인 지배와 미국에 대한 정치이념적 자세에 따른 제약의 결과라고 할 수 있다.

제3세계 신학자들의 교회일치적 대화(ecumenical dialogue of third world theologians)에서 드러난 것처럼, 제국과 식민주의 문제에 대한 보다 치열한 논쟁은 해방신학 전반에 걸쳐 중대한 과제이며, 기존의 한계를 넘어서고자 한다면 특히 아프리카 신학자들의 문제제기에 더

---

44) Patrick Masanja, "Neocolonialism and Revolution in Africa", *The Emergent Gospel: Theology from the Developing World*, ed. by Sergio Torres & Virginia Fabella (London: Geoffrey Chapman, 1978).

욱 귀를 기울일 필요가 있다. 탄자니아의 신학자 패트릭 마사냐(Patrick Masanja)가 아프리카의 현실과 관련시킨 신학적 과제에 대한 1976년의 언급은 30여 년이 지난 오늘에도 중요한 의의를 갖는다. 그는 서구의 지배와 서구신학의 지배에 대한 대안으로서의 해방신학적 주제를 다음과 같이 요약하고 있다.

> "아프리카의 경제적, 정치적, 문화적 현실을 신학적으로 논할 경우, 우리는 제국주의, 신식민주의, 다국적 기업, 민족해방, 독립 이후의 국가 건설, 매판 자본가 계급 등의 문제를 다루지 않을 수 없다. 이러한 문제들은 모두 오늘의 아프리카를 형성하고 있는 구체적인 현안이자 앞으로도 계속해서 제기될 수밖에 없는 문제들이기 때문이다."45)

제국에 대한 저항과 인간해방의 신학을 위해

결국 인간을 짓밟고 노예화하는 일체의 역사와 문명, 정치와 경제에 대한 하나님 나라 운동의 투쟁은 그 정점에 제국의 문제를 피해갈 수 없다. 또한 그로 인한 비극적인 현실과 정면으로 마주하여 이와 관련된 일체의 신학적 논의를 얼마나 구체적으로 펼쳐나가고, 이를 극복할 실천적 지침을 얼마나 명확하게 마련해 나갈 수 있는가에 초점이 모아질 것이다. 해방신학의 문제제기는 그러한 점에서 매우 중요하며 여전히 낡지 않았다.

그 외양이 어떤 치장을 한다 해도 본질적으로 변하지 않은 세계 자

---

45) 같은 책, 9.

본주의에 대하여 기독교 신학의 정치경제 윤리학은 어떻게 구체적이
고도 역동적으로 다가갈 수 있을 것인지를 고민해야 할 것이다. 그로써
진정 인간이 하나님의 형상을 본받는 존엄한 존재로서 살아갈 수 있는
정신적 토대를 명료하고도 확고하게 만들어갈 수 있는 것이다. 르네
지라르가 그토록 주목했던 "희생자들의 문제"46)를 신학적으로 규명
하고, 정치경제적 차원에서 폭넓게 접근하는 노력이 필요하다.

그렇지 않아도 오늘날 인류는 신자유주의 세계화의 착취 및 양극화
구조와 신보수주의의 폭력 장치를 제거, 극복해야 하는 현실에 놓여있
다. 한국사회의 현실도 개방이라는 이름으로 사회적 약자에 대한 유린
이 진행되고 있으며, 이는 더욱 심각한 사태로 이어질 것이다. 뿐만 아
니라 여전히 한반도는 남북 군사 대립과 미국의 군사적 지배가 거대한
폭력체계를 구성하고 있다. 이런 점에서 볼 때 이 문제를 극복해야 할
신학이 그 직무 유기하는 상황은 더 이상 용납될 수 없다.

더군다나 세계자본주의 체제가 지구촌 각 곳에서 주도권을 행사하
는 가운데 인간과 자연, 공동체적 연대와 생명의 가치를 파괴하고 있는
현실은 이제 신학이 거대한 제국이 된 세계 자본주의 체제와 정면으로
맞서 하나님 나라를 이 땅에 이루는 사명을 실천해야 함을 일깨우고
있다. 제국의 착취와 폭력은 하나님 나라와 대적한다. 기독교 신학이
어느 자리에 어떻게 서야 할 것인지는 너무도 명백하지 않은가?

---

46) Rene Girard, *Scapegoat* (Baltimore: Johns Hopkins University, 1986)

제국과
혼합주의

양 권 석 | 성공회대학교 신학과, 선교신학/선교해석학

> 모든 제국은 세 가지 기둥 위에 서 있다. 권력(power), 돈(money) 그리고 종교(religion). 이 제국의 삼위(imperial trinity) 중에 어느 것이 특정한 제국을 지배하든지 상관없이 권력에의 의지는 항상 거기에 있다. 친절한 얼굴 뒤에는 항상 군대가 숨어 있다. 위대한 미국 제국 철학자 알 카포네(Al Capone)는 그것을 이렇게 말한다. "당신은 단지 웃음만으로 보다는, 총과 웃음으로 보다 많은 몫을 얻을 수 있다."[1]

근본주의와 혼합주의의 공생

앞에서 우리는 종교적으로 무장한 권력들, 또는 무장한 종교 권력들의 충돌을 근본주의적 신정정치론(theocracy)들 사이의 대결로 바라봄으

---

[1] F. Sanders Franklin Sanders, "The Imperial Road: Origins of The Pax-Americana", in The Money Changer, http://the-moneychanger.com/outside/imperial_road.phtml.

로써, 제국의 근본주의적 속성을 살펴보았다. 우리들의 상식 안에서는 근본주의와 혼합주의는 서로 공존할 수 없는 적극적으로 반대되는 두 현상으로 여겨질 수 있다. 근본주의나 정통주의라는 말은 언제나 본래성, 원리, 순결, 진정성 등과 함께 하는 개념으로 여겨져 왔고, 혼합주의는 파생성, 응용성, 잡종, 불순, 불신, 진실 은폐 등의 이미지를 동반해 왔다. 따라서 근본주의와 혼합주의는 생래적으로 함께 할 수 없는 것으로 간주할 가능성이 있다. 하지만 종교 문화의 역사에서, 특히나 제국의 종교문화 정치 안에서 근본주의와 혼합주의의 거리는 그렇게 먼 것이 아닐 뿐만 아니라, 상호 동반하거나 하나의 현상 안에 두 가지 속성이 동시적으로 드러나는 경우가 허다하다.

로버트 슈라이트(Robert Schreiter)는 기독교의 맥락화 안에서 일어나는 혼합주의에 대한 이중적 입장을 암시한 바 있다.2) 간단히 말하면, 정통주의를 고수하고 맥락의 영향으로부터 무해하다고 주장하는 정통주의가 때로는 문화 내의 특정한 영역과 혼합할 수 있는 가능성을 말하는 것이다. 아마도 한국의 보수 기독교가 한국 종교 문화의 수동적이고 기복적인 영역과 결합한 측면과 같은 것이 예가 될 수 있을 것이다. 이처럼 근본주의적이고 정통주의적인 주장이 그 이면에 혼합주의적 공모를 숨기고 있는 경우가 얼마든지 있을 수 있다. 특히 종교와 제국의 권력에의 의지가 만나서 만들어 내는 근본주의적 신정정치론은 엄밀하게 말하면 그 자체가 혼합주의의 산물이다. 제국의 권력에의 의지를 실현하기 위해서, 기독교 근본주의 신학과 미국의 자유와 민주의 이데올로기가 혼합하는 과정에서 제국의 근본주의적 주장이

---

2) Robert Schreiter, *Constructing Local Theologies* (New York, Orbis Books, 1985), 147-149.

만들어지고 있다고 말할 수 있다. 이는 가부장적 제국의 권력이 자신을 실현해 가는 과정에서 한편으로는 순수를 강력히 주장하고, 다른 한편에서는 혼합의 특권적 관용을 허락하는 속성을 드러낸다는 것이다. 백인 중심적 가부장적 체계로서 제국 안에는 순수의 원리에 대한 복종의 강요와 동시에 권력자신의 검열 받지 않는 혼합에의 특권이 공존하게 된다.

더 나아가 제국에 대항한 저항의 언어 속에서도, 근본주의와 혼합주의는 항상 이웃하고 사는 것처럼 보인다. 이슬람 근본주의를 포함한 우리 시대의 종교 근본주의에 대한 다양한 평가가 있다. 일부는 그것을 이 시대에 맞지 않는 전근대적 시도로 평가하는가 하면, 다른 사람들은 근대화를 위한 토착주의적 시도라고 보기도 하고, 또 다른 한편에서는 전형적인 탈근대적인 저항의 한 양상으로 보기도 한다. 사실 종교적 근본주의 안에는 전근대적·중세적 요소와 근대적 요소, 그리고 탈근대적 요소들이 공존하고 있다고 해야 옳을 것이다. 그러나 종교적 근본주의를 어떻게 보든 간에, 그것이 식민지 이후 시대의 근대화 노력의 실패, 구체적으로는 민족주의자들의 근대화론의 실패와 맞물려 있고, 나아가 오늘 지구적 자본주의와 세속주의의 압도적 공세 하에서 취해지는 저항적 노력이라는 점에는 대체로 동의할 것이라고 생각한다. 이렇게 볼 때 이 시대의 저항운동이 갖는 근본주의적 속성을 부인할 수 없다고 생각한다.

그런가 하면 저항운동과 혼합주의의 관계에 대해서는 차라리 보다 친숙하다고 할 수 있을 것이다. 민중의 저항운동과 종교 문화적 혼합주의가 결합한 사례를 얼마든지 찾아 볼 수 있고, 19세기 말에 시작된 조선의 민중종교 운동들, 그리고 제3세계 신학의 혼합주의적 시도들이 그 예가 될 것이다. 뿐만 아니라, 탈근대적, 탈식민적 저항 담론을 논하는 자리에서는 비록 혼합주의라는 말의 사용은 절제되어 있지만, 여러 가지 선입견으로부터 보다 자유롭다고 여겨지는 혼종화(hybridity), 크레올화(creolization)같은 용어들이 유행어가 되어 있다. 그렇게 보면 저항 담론 안에서도 근본주의와 혼합주의의 결합은 결코 낯선 것이 아니었다. 그래서 식민주의의 유산을 극복하는 과정, 곧 식민주의 오리엔탈리스트들이 만들어 준 정체성을 극복하는 문제는, 저항적 정체성을 시도함에 있어서 본질주의(essentialism)와 토착주의(nativism)를 어떻게 극복할 것인가, 그리고 내·외의 다양한 문화적 요소를 어떻게 하면 건강하고도 책임 있게 혼합할 것인가의 문제와 긴밀하게 관련되어 있다. 그것은 저항 담론 안에서 근본주의와 혼합주의는 결코 분리된 문제가 아니라 동반관계에 있어 왔음을 보여 주는 것이다.

이러한 인식의 바탕 위에서, 제국의 혼합주의를 비판적으로 검토하고 나아가 저항적 혼합주의의 건강하고 책임적인 방향을 상상해 보려는 것이 이 글의 목적이다.

우선 이 문제를 근본주의와 혼합주의의 충돌이 아니라, 혼합주의 간의 충돌로 바라보려 한다. 근본주의의 충돌이란 말도 결국 따지고 보면 혼합주의의 충돌이라고 말할 수 있을 것이며, 저항과 지배의 대결도 혼합주의의 대결이라고 말 할 수 있다고 보는 가정에서 출발한다는 뜻이다. 이러한 노력이 지금까지 기독교 신학의 맥락을 지배해 왔던 서구 대 비 서구, 보내는 자와 받는 자 등의 이분법을 넘어갈 수 있기를 기대한다.

혼합주의 논쟁

이미 우리가 알고 있는 것처럼 혼합주의는 다양한 부정적인 함의를 가진 것으로 취급되어 왔다. 순수한 전통에 그것과 부합할 수 없는 다른 전통에 속하는 상징들이나 의미들이 스며들어와 오염되어서, 더 이상 그 전통의 진정한 모습을 알아볼 수 없는 상태를 말한다든가, 아니면 특정한 전통이 다른 지역이나 맥락에 가서 그곳의 문화적 종교적 요소들과 혼합하여 본래의 모습을 잃어버린 경우를 혼합주의라는 말로 폄하해 왔다. 특히 종교와 기독교 신학에 있어서는 혼합주의는 오랜 동안 부정적인 함의를 달고 다녔다. 신학과 선교의 역사에서 혼합주의는 서구적 정통 신학의 파괴나 타락으로 여겨지는 경우가 많았고, 다른 종교나 문화 전통들과의 만남에 대해서 대단히 부정적이었다. 아마도 이는 종교와 문화에 관한 서구적인 단일 문화적(monocultural)이고, 단일 종교적(monoreligious)이며, 나아가 단일경전적(monoscriptural)인 가정에서 비롯된 바가 클 것이다.[3] 그래서 클리포드(Clifford)가 말한 바와 같이, 전통의 연속성, 완전성, 진정성 등을 가정하고 단일한 목표를 갖는 통일된 인간 역사가 있다고 보는 서구 중심적 역사관에서 혼합주의에 대한 다양한 부정적인 시각이 발전해 왔다고 볼 수 있다.[4]

하지만 종교와 신학의 영역을 벗어나 인류학의 영역으로 오면, 비록 혼합주의에 대한 부정적인 인식이 전혀 없는 것은 아니라고 할지라

---

3) 단일 경전적 전통에 대해서는 Stanley J. Samartha, *Religion, Language and Reality: Towards a Relational Hermeneutics, in Biblical Interpretation*, Vol. 2, No. 3, 1994 November를 참고할 것).

4) Clifford, J., *The Predicament of Culture: Twentieth Century Ethnography, Literature and Art* (Cambridge, MA: Harvard University Press, 1988), 14-15.

도, 그 말은 문화적 종교적 전통의 발명 과정(invention process)에 대해서 말하는 중립적인 개념으로 바뀐다. 특히 전통과 문화의 영속성에 관한 근대적 가정에 도전해 온 탈근대적 인류학은 혼합과정을 종교와 문화에 있어서 기본적인 것으로 전제한다. 이미 말했듯이 최근 혼종성(hybridity), 간문화(interculture), 파편화(fragmentation), 콜라주(col-lage), 크레올화(creolization) 등 다양한 신 개념들이 문화적 혼합과정을 말하기 위해서 만들어지고 있다. 그래서 혼합은 지금까지 그 어느 시대보다 찬양되고 있을 뿐만 아니라, 지구화 시대, 정보화 시대를 살아가는 사람들의 특권처럼 여겨지고 있다.

그런데 싱크레티즘(syncretism)이라는 용어가 있는데도 불구하고 이렇게 다양한 신조어들이 만들어지는 데는 그 나름의 이유가 있는 것 같다. 첫째, 인간의 삶의 다양한 측면에서 식민지 선교사 시대를 거치면서 쌓아 온 종교적인, 신학적인 의미들이 오히려 이 용어의 사용 가능성을 제약하는 측면이 있는 것 같다. 둘째, 싱크레티즘이라는 말에 연루된 수많은 부정적인 혐의들을 일단 털고 가야 되겠다는 생각이 또한 있는 것 같다. 하지만 여기서는 기독교 신학과 선교의 역사에서 끊임없이 문제가 되어 온 혼합주의 개념과의 연속성을 전제하면서, 혼합주의(syncretism)라는 말을 쓰고자 한다.

역사적으로 볼 때, 혼합주의라는 개념은 언제나 부정적인 의미로 사용된 것은 아니었다. 오히려 19세기와 20세기에 와서 대부분의 부정적인 함의들이 만들어졌다고 보는 것이 타당할 것이다. 특히 이 용어의 어원에서는 보다 적극적이고 긍정적인 의미를 가지고 있었다고 전해진다. 희랍어로 혼합(synkrasis)이란 말은 '함께'를 의미하는 syn과 '서로 섞음'을 의미하는 krasis의 합성어 인데, 혼합주의(syncretism)

와 직접적으로 관계 되는 synkretismos라는 말이 처음으로 문헌에 나타나는 것은 플루타크(Plutarch, AD 45~125)의『교훈집(*Moralia*)』의 '형제적 사랑에 관하여'라는 제목이 붙은 장에서 처음 나타난다고 한다.5) 여기서 플루타크는 크레타인들의 실천 관행을 본받아, 평소에는 사로 싸우고 다투고 또 서로 간에 차이를 만들지만, 외부로부터 적이 공격해 올 때는 하나로 연합하는 경우를 두고 '혼합주의'라는 말을 쓰면서 형제간의 사랑을 교훈하고 있다는 것이다. 일종의 방어적 정치적 동맹에 관해서 말하고 있는 것이며, 여기서 결코 그 의미는 부정적이지 않다. 그 이후에는 르네상스 시대에 혼합주의가 적극적으로 고려되는 시대인데, 이때에도 혼합주의는 매우 긍정적인 의미를 가지고 있었다고 한다. 아리스토텔레스나 플라톤의 철학을 재발견하면서 이들의 철학을 기독교 신학이 수용하고 있음을 발견하게 되었고, 이러한 혼합은 에라스무스를 포함한 당시의 인문주의자들과 기독교 신학자들에게는 매우 긍정적이고도 적극적인 의미를 갖는 것으로 보였다.

그렇게 보면 신학의 역사에 있어서도 혼합주의는 부정적인 함의만을 가졌던 것이 아니다. 결정적으로 부정적인 함의를 얻게 된 것은 종교개혁 시대 개신교 정통주의자들의 후예들 가운데 개혁교회의 장점과 로마 교회의 장점을 혼합하려는 시도들이 나타나면서, 혼합주의는 격렬한 논쟁의 대상이 되었고, 오늘날까지 이어지는 일탈 또는 혼란의 의미를 갖게 되었다. 종교개혁 시대 혼합주의 논쟁과 그 논쟁의 주역 George Calixtus에 관해서는 교회사 사전을 참고하라.6) 그러나 그

---

5) Rosalind Shaw and Charles Stewart, "Introduction: Problematizing Syncretism", in Rosalind Shaw and Charles Stewart, eds., *Syncretism and Anti-Syncretism* (London: Routledge, 1994), 3-4.

이후에도 혼합주의 자체가 심각한 논란이 되지는 않았던 것 같다. 오히려 19세기 종교역사학에 관한 연구, 특히 로마와 헬라 세계와 이방 세계의 종교와 문화에 관한 연구들이 등장하면서 혼합주의는 이방 세계의 문화와 종교를 말하는 부정적인 의미를 더욱 강하게 갖게 되었다고 생각된다. 이러한 19세기의 연구들이 제국주의 문화인류학으로 발전하고 나아가 식민지 시대, 그리고 선교사 시대 신학에서 중요한 논쟁의 대상이 되었다고 생각할 수 있다. 그리고 식민지 이후 시대 제3세계 신학의 발전과정 속에서도 혼합주의는 교회와 신학의 토착화와 상황화 시도를 정죄하기 위한 중요한 개념으로서 악역을 담당했던 것이다.

특정한 종교나 문화 또는 특정한 의식 행위에 대해서 그것이 혼합주의적이라고 말하는 것은 사실상 큰 의미가 없다고 할 수 있다. 왜냐하면 모든 종교나 문화는 오래 혼합의 과정의 산물이라고 보기 때문이다. 따라서 혼합주의 개념 그 자체가 문제가 되는 것이 아니라, 오히려 혼합의 과정을 놓고 긍정적이고 부정적인 측면을 따져야 할 일이고, 나아가 혼합주의라는 말을 사용하는 언술 행위들, 곧 혼합주의 담론들에 대해서 비판적으로 검토하는 일이 더욱 중요하다. 다시 말해 혼합의 과정과 혼합주의 담론들 안에 작용하고 있는 정치 행위들을 비판적으로 검토하는 일이 무엇보다도 중요한 일이다.

혼합주의에 반대하는 주장은 불순물이 섞이지 않은 순수한 것만이 본래적이고, 그래서 유일무이하고, 그래서 진정하다는 전제가 있다. 그러나 따져 보면, 순수한 것만이 본래적이라고 말할 수 없다. 오히려 혼합적인 것이 훨씬 더 본래적일 가능성이 많다. 독특한 혼합의 양상이

---

6) F.L. Cross, *The Oxford Dictionary of Christian Church* (London: Oxford University Press, 1958), 218.

훨씬 더 본래적인 것을 만들어 낼 수 있다는 뜻이다. 나아가 순수한 것만이 유일무이하다고 할 수도 없다. 순수한 것이나 섞인 것이나 모두 다 유일무이할 수도 있고, 그렇지 않을 수도 있다. 결국 진정하고, 가치 있고, 의미 있는 것이 되는 것은 사실상 순수하냐 아니냐의 문제와는 관계없는 것이다. 대체로 순수에 대한 주장은 배제를 위한 주장이다. 특정한 종교·문화적 요소들을 거부하기 위한 노력이 순수에 대한 주장으로 나타난다. 어떤 종교나 문화에 대해서도 순수함을 주장하기 어렵다는 것이 일반적인 인식이라고 할 때, 혼합주의에 반대하여 순수를 주장하는 것은 사실상 자신의 순수를 말하기 위한 것이기보다는 타자로부터 오는 간섭을 의도적으로 배제하기 위한 노력이다. 이처럼 혼합주의에 대한 반대가 특정한 형태의 간섭이나 영향을 배제하기 위한 의도적 노력이라는 면에서 생각해 보면, 그것은 사실상 혼합주의 그 자체에 대한 반대라기보다는 특정한 형태의 혼합에 대한 반대라고 할 수 있을 것이다. 이점은 종교적 근본주의나 토착적이고 근본주의적인 문화 민족주의에 대해서도 적용될 수 있는 설명이다.

혼합주의 논쟁에 관련된 또 하나의 문제는, 혼합주의를 주체들의 의도적 정치적 개입의 결과가 아니라 자연스러운 문화적 과정이라고 생각하는 경향이 있다는 것이다. 물론 혼합주의는 기계적인 과정도 아니고, 원인과 결과가 직선적으로 산출되는 과정도 아니다. 그러나 그렇다고 해서 의도가 개입할 여지가 없는 자연스러운 과정이라는 말은 전혀 아니다. 오히려 의도하지만 의도된 결과 이상을 가져올 수 있는 문화적 발명의 과정이라고 보아야 할 것이다. 이미 혼합주의의 어원과 역사적 용법에서 충분히 보았듯이, 혼합은 지극히 정치적이고도 의도된 과정이었다. 지구화 시대의 지배 담론과 저항 담론에 공히 혼합주의가 복권되고 있다는 점도 생각해 보면, 혼합주의가 사실은 각각의 이해 관계에 따라 이루어지는 지극히 의도된 정치적 노력이라는 점을 말해 준다. 때문에 혼합주의에 대한 논의에서 가장 중요한 것은 누가 무엇을 위해서 어떻게 혼합의 과정을 만들어 가는지 물어야 하며, 책임적이고 건강한 혼합주의적 노력은 어떤 것인지 진지하게 고려해야 한다는 것이다. 나아가 혼합주의와 반혼합주의, 또는 혼합주의와 근본주의적 주장들이 교차하는 지평에서 권력의 작용들을 또한 읽어 낼 수 있어야 할 것이다.

제국의 혼합주의

앞에서 근본주의와 혼합주의가 제국 안에서 공생하는 특성에 대해서 말한 바 있다. 여기서는 혼합주의가 제국의 중요한 한 특징임을 말해 볼 것이다. 서두에서 인용한 샌더스(Sanders)의 글에서 나타나듯이 돈과 권력과 종교는 제국을 이루는 삼위일체다. 그리고 그중에서 종교는 제국을 위해서 자신의 근본주의적 속성뿐만 아니라 혼합주의적 속성까지 필요에 따라 사용해 왔다. 제국의 혼합주의적 특성은 오늘의 제국에만 해당되는 이야기가 아니다. 역사 속세 사라져 간 제국들의 중요한 특징 중 하나이기도 하다.

19세기 중반에 비교종교학자들은 이미 로마와 그리스의 종교 문화 상황을 혼합주의적인 것으로 설명한 바 있다. 이들은 로마와 그리스의 종교문화를 무질서와 혼란 그리고 공통된 척도의 부재라는 혼합주의적 상황으로 설명했다. 비록 기독교의 확장을 정당화하기 위해 혼합주의를 매우 부정적으로 설명한 측면이 있긴 하지만, 이들이 매우 중요한 점을 지적했다고 생각한다. 그것은 혼합주의가 로마 제국의 지배 전략과 결부되어 있다는 점이다.[7] 제국의 황제는 그가 정복한 지역의 제의들을 끌어들여 황제의 종교문화적 보물창고의 재산으로 삼았다는 것이다. 지방 제의들이 제국의 제단에 절하며, 황제를 주(主)로 고백하는 한에 있어서 그들의 종교적 자유뿐만 아니라, 혼합하고 새로운 종교를 창조하는 것까지도 허락되어 있었다는 것이다.

그보다 앞선 아시리아 제국(Assyrian Empire)에서도 혼합주의는 제국의 중요한 특징이었다. 아시리아 역시 자신들의 군사적 침략을 신학적으로 정당화하고 지역 지배자들을 복종시키기 위해서 혼합주의를 사용했다. 제국이 침략해서 무질서의 세계를 위해 새로운 질서를 세우는데, 그것은 부시가 자유의 질서는 미국이 세계에 주는 선물이 아니라 하나님이 세계에 주는 선물이라고 했듯이, 아시리아 제국도 그 신질서는 그들의 신이요 신들의 왕인 아슈르(Ashur)가 주는 질서라고 선언했다. 역사학자들은 아시리아가 군사적 국가였으며, 왕이 바로 군사적 지도자였고, 왕과 군대가 전쟁을 위해 나아가는 행진은 수많은 사제들과 신들의 호위를 받는 종교적인 예식이었다고 한다.[8] 그래서 모든 전쟁은 아슈르 신의 의지를 담은 전쟁이고, 전쟁의 승리는 곧 그 아슈르 신이 다른 신들을 굴복시키는 일이었다. 아시리아는 지역 국가들을 침공하여 조약을 맺고, 그 지역의 지배자들을 아슈르 신과 그 지역 신들에게 맹세하도록 했다. 만약 그들이 배반하거나 조공을 거부하면 그것

---

7) Bryson T. "The Hermeneutics of Religious Syncretism: Swami Vivekananda's 'Practical Vedanta'", unpublished Ph. D Thesis, University of Chicago, 8.

8) Peter Bedford, "Empire & Exploitation: The Neo-Assyrian Empire", www. stanford.edu/group/sshi/empires2/bedford.pdf.

은 곧 아슈르와 그들 자신의 신에 대한 배반이라고 보았고, 그야말로 신과 인간을 거역하는 악의 축, 또는 전쟁범죄자로 간주되었다. 열왕기하 19장 14절에서 19절로 이어지는 히스기야 왕의 기도는 바로 이러한 아시리아의 정복적이고 공격적인 혼합주의의 배경에서 이해될 수 있을 것이다.

아시리아가 군사적이고 상업적인 측면이 강했다고 한다면, 페니키아 제국은 상업적, 종교적 측면이 훨씬 강한 제국이었다. 페니키아 제국의 성전은 자원을 축적하는 은행의 기능과 그 자원을 분배하는 기능까지 맡고 있었다고 한다.9) 아합과 이세벨의 결혼은 제국의 중요한 상업적 통로 한 가운데를 차지하고 있는 이스라엘과 동맹하기 위해서 이루어진 것이었다. 알려진 대로 이세벨은 450명이나 되는 바알의 예언자들을 이스라엘에 끌어들였고, 또 아세르(Astarte) 신의 목상을 세우고, 그들의 최고 신 멜카트(Melqart)를 위한 제의를 장려했다. 그야말로 이스라엘의 하나님 제의와 바알의 제의를 혼합했던 것이다. 풍산과 권력의 신, 멜카타와 그의 아내 아세르는 페니키아 제국이 필요로 하는 돈과 권력과 흥행을 포함한 모든 것을 제공하는 기초였으며, 또한 모든 종교 문화적 전통들을 끌어들여 혼합하는 기반이었다.

이처럼 과거의 제국에서도 종교는 제국을 정당화하는 데 이용되었고, 이런 제국의 종교들의 중요한 특징이 혼합주의라고 할 수 있을 것이다. 자신의 종교와 자신들이 정복한 사람들의 종교를 혼합한다. 물론 피정복민의 입장에서 보면 그것은 제국의 군사적, 상업적 권력에 의한 혼합의 강요다. 그러나 제국이 가는 군사적, 상업적 권력에의 길

---

9) Sanders, "The Imperial Road: Origins of the Pax Americana".

에 남아 날 것이 별로 없다. 결국 이 혼합의 과정에서 지역의 종교적, 문화적 전통은 서서히 그 가치를 잃어 가게 되고, 제국의 정체성이 지역적 정체성을 대체하는 과정으로 나아갔을 것이다. 그와 같은 진행 과정은 제국을 하나로 묶어 통일시키고, 거기에 제국의 평화를 선언해야 하는, 제국의 종교의 존재 이유에 비추어 볼 때, 당연히 예상할 수 있는 과정이다.

우리 시대의 제국은 어떠한가? 지구화 시대 제국의 혼합주의적 특성에 대해서는 더 말할 필요가 없을 정도로 분명하다. 지배와 저항의 담론 전반에 걸쳐 혼종화(hybridization)는 무슨 주문 같은 것이 되어 버렸다. 여기서 길게 그것을 논의할 생각이 없다. 다만 지구화 시대 신학의 맥락에 대해서 언급하는 로버트 슈라이터(Robert Schreiter)의 이야기를 비판적으로 읽어 보는 것으로 대신하려 한다.

로버트 슈라이트는 지구화하는 세계 속에서 상황 신학의 맥락은 세 가지 측면에서 과거와 다르다고 본다. 탈 영토화(deterritorialization), 차이의 과도화(hyperdifferentiation), 그리고 혼종화(hybridization)가 그것이다.[10] 과거의 상황 신학은 맥락은 영토적 경계에 의해서 정의되는 측면이 있었는데, 지구화 시대에 맥락은 영토적 경계가 아니라 차이(difference)의 경계에 의해서 정의된다는 것이다. 이 차이의 경계는 전통적인 영토적 경계를 가로지르면서 형성되는 경계이다. 쉽게 말하자면 지역적, 국가적 영토 경계 내에서의 정체화가 아니라, 오히려 같은 영토 내에서 그 공통성보다는 처한 위치의 차이들이 더욱 강조되고, 그래서 그 서로 다른 위치에 속한 사람들이 지역이나 국가의 영토

----

10) Robert J. Schreiter, *The New Catholicity: Theology Between the Global and the Local* (New York: Orbis Books, 2002), 26-27.

적 경계에 속박당하지 않고 그것을 넘어 다른 영토 내에 있는 동일한 관심을 갖는 집단과 만나면서 자신의 정체성을 찾아가는 과정을 두고 하는 말이다. 한 마디로 영토에 구속받지 않고 동일한 이해를 갖는 사람들은 지구적으로 만난다는 것이다. 차이의 과도화라는 것은 과거의 상황 신학에서 맥락이란 대개는 이원론적이거나 아니면 비교적 단순하게 구별되는 맥락이었다. 말하자면 식민주의자와 피식민지, 자본가와 노동자, 권력가와 민중 등의 단순한 구별에 의존했다. 하지만 지구화 시대에는 그 차이가 예측할 수 없을 만큼 다양하고도 복잡하게 확대되고 있어서 한 사람이 하나의 구별되는 이해 집단에 속하는 것이 아니라, 때로는 상충하기도 하는 다양한 이해 집단에 동시에 속하는 현상이 벌어진다는 것이다. 그러므로 이런 상황에서 자기 정체의 발견은 차이들이 서로 만나고 충돌하는 과정에서 이루어진다는 것이다.

그가 말하는 세 번째 현상은 혼종화다. 이는 과거의 상황신학이 자신의 문화적 맥락을 이해함에 있어서 그 고유성이나 순결성에 집착한 측면이 있다는 것을 전제하는 말이다. 하지만 실재에 있어서는 어떤 문화도 섞임이 없이 순결하다고 말할 수 없을 뿐만 아니라, 시·공간의 압축이 가속화 되는 지구화 시대에 어떤 문화도 순결한 채 남아 있지 않으며, 더욱 가속적으로 혼종화되고 있다는 것이다. 상황신학의 맥락이 이렇게 세 가지 측면에서 달라지고 있다는 점을 설명하면서, 로버트 슈라이터는 문화 간 해석학(Intercultural Hermeneutics)과 혼합주의(Syncretism)를 지구화 시대의 신학 방법론으로 옹호하고 있다.

슈라이터의 분석은 상당히 설득력이 있어 보인다. 하지만 지구화는 자연스러운 과정이 아니다. 제국의 기획과 의도에 의해서 움직이는 현상이다. 혼종화의 필연성은 저항의 주체들만 주장하는 것이 아니고,

자본주의 시장경제를 이끌고 있는 중심 세력들의 주장이기도 하다. 때문에 지구화 시대 변화된 맥락과 혼종화의 요구가 제국의 의도된 기획이라는 측면을 보고, 또한 그것들을 지구화의 희생자의 관점에서 비판적으로 바라보는 일이 무엇보다 중요하다. 이런 점에서, 슈라이터의 지구화 맥락에 대한 분석은 지나치게 낙관적이거나 중립적이다. 지구화는 분명히 탈영토화하는 측면이 있다. 심지어는 지구화에 대한 저항조차도 영토적 경계를 넘어서서 지구화하는 측면이 곳곳에서 발견된다는 점에서 그렇게 말할 수 있을 것이다. 하지만 반대편을 보면 재(再)영토화하는 측면도 분명히 있다는 것을 우리는 말해야 한다. 지구화되는 측면이 있는가 하면, 지역의 영토적 경계에 더욱 속박당하는 사람들이 있다는 사실을 상기시켜야 할 필요가 있다. 상층부에 속한 사람들은 영토적 경계를 자유롭게 넘나들지 몰라도, 이동하거나 다른 지역과 의사소통할 수단을 많이 갖고 있지 못한 훨씬 더 많은 사람들이 지역에 묶여 있다는 것이다. 이들에게는 탈영토화가 아니라 사실은 재영토화가 일어나고 있다. 이 재영토화된 지역은 사회적 약자들에게 더 이상 고향이 아니라 감옥이다. 감옥이 된 지역으로의 재영토화가 지금 일어나고 있는 것이다. 이들처럼 자신의 지역에 유배당한 사람들에게 지역의 족쇄를 풀고 자유롭게 이동할 가능성을 주어야 할지, 아니면 그 지역에서 자신들의 삶을 의미 있게 만들어 가라고 해야 할지 결정해야 할 것이다.

차이의 과도화에 대해서도 우리는 반대편에서 바라볼 필요가 있다. 지역의 경계가 아니라, 서로 다름 또는 차이의 경계가 지역을 가로 질러 만들어지고, 그러한 차이들이 매우 다양하고 복잡해서 한 사람이 여러 개의 차이의 경계들에 속하는 현상이 벌어진다는 것인데, 이는 사회적 약자들에게는 거의 해당 사항이 없는 이야기로 들린다. 이미 앞에서도 보았듯이 사회적 약자들은 차이의 과도화가 아니라, 자신들의 차이 또는 타자성을 전혀 인정받지 못한 채, 배제당할 위험 가운데 있다. 지구화의 무대를 장식하고 있는 다양한 차이들의 세계에 속할 가능성이 아니라, 그 무대 밖으로 밀려나고 격리당할 가능성이 더욱 현실적이라는 것이다. 그럼에도 불구하고 이들 배제당할 위험 가운데 있는 사회적 약자들마저도 동일한 정체성을 나누는 집단이 아니라고 말할 수 있다. 그 안에 다양한 차이들이 있을 수 있고, 그 차이들이 전체 집단의 정체성보다 더욱 중요한 의미를 갖게 되는 상황을 생각해 볼 수 있을 것이다. 이는 제3세계 해방신학의 중요한 논쟁 주제 중의 하나였던 것이 사실이다.[11] 하지만 지금 배제의 위협 앞에 서 있는 사회적 약자들 안에 있는 차이들이 정말로 자신들의 영토적 경계를 넘어서 지구화하는가? 그들이 다양한 차이들의 세계에 복수적으로 속할 수 있는가? 사회적 엘리트들이 자신들의 차이를 지구화하는 것과는 결코 비교할 수 없을 것이다.

혼종화에 대해서도 같은 방식으로 생각해 볼 필요가 있다. 현실에서 순결한 문화라는 것은 없다는 데 동의할 수 있다. 그리고 사회적 약자들은 문화적 혼종화와 무관하다는 이야기를 하려는 것이 아니다. 오히려 혼종화에 대해서 '누가' '어떻게'라는 질문을 물어야 한다는 것이다. 지금 지구화하는 세계에서 벌어지는 혼종화 과정에 누가 주도권을 가지고 있으며, 그것이 무엇을 위한 어떤 혼종화인가 하는 것이다. 이런 질문을 가지고 문제를 바라보면 해답이 그렇게 간단하지 않다. 사회

---

11) Kwok Pul-lan, *Discovering the Bible in the Non-Biblical World* (New York: Orbis Books, 1995), 18, 40.

적 약자의 편에서 보면 사실은 그들이 주체적으로 혼종화하고 있는 것이 아니라 지구화의 강자들에 의해서 혼종화당하고 있다고 해야 옳을 것이다. 자신들이 속한 지역의 문화가 자신들의 의도와는 관계없이, 탈영토화할 뿐만 아니라, 탈맥락화(Decontextualize)하여, 문화적 상품이 되고, 문화적 혼종화를 위한 한 요소로 전락하는 모습을 힘없이 바라보고 있는 것은 아닐까? 그리고 이런 혼종화를 통해서 만들어지는 맥락적 연관성이 전혀 없는 문화 상품의 소비자가 되어, 주체 상실의 무기력 상태에 계속 빠져들고 있는 것은 아닐까? 사회적 엘리트들에게는 혼종화가 자신들의 새로운 정체 발견의 적극적인 과정이 될 수 있을 것이다. 하지만 혼종화하기보다는 혼종화당하는 사회적 약자들에게, 지금 지구화하는 세계, 특히 자본주의 상품화 논리와 결합한 혼종화의 열풍은 정체 상실의 위기로 볼 수 있을 것이다.

이렇게 설명해 놓고 보면 지구화하는 세계라는 새로운 맥락이 갖는 의미는 상당히 달라진다. 교통과 통신기술의 발달에 따라 시·공간의 압축이 가속되고, 상호 연결성이 점차 강화된다는 지구화에 대한 통상적 진술의 이면에 있는 지역화의 실상을 충분히 검토하지 않고서는 지구화에 대한 균형 잡힌 설명에 도달할 수 없다. 그 통상적인 진술에 기초해서 탈영토화, 차이의 경계들이 영토를 가로질러 복잡화하는 현상, 그리고 문화적 혼종화 현상을 지구화 시대 새로운 맥락의 특징이라고 한다면 그것은 반쪽의 실상을 반영하는 것이 될 것이다. 그리고 자연스러운 논리적 결론으로 지구화 시대의 사람들이 관계 맺는 가장 중요한 특징은 문화 간 만남(Cross-cultural encounter)이라고 판단하고, 그에 따라 혼합주의적인 문화 간 해석학(crosscultural or intercultural hermeneutics)의 방법이 새로운 상황 신학의 방법론이 되어야 한다는 생각은 지나치게 단순한 설명이다.

오늘의 제국에게도 혼합주의는 지배 전략이며, 상업적 상품 생산의 논리이며, 이윤 추구의 전략이고, 동시에 세계 지배라는 권력에의 의지를 실현하기 위한 전략적 수단이다. 그리고 그것들을 이 시대 제국의 희생자들의 관점에서 보면, 제국의 지배 이데올로기를 향한 동화과정이며, 자신들의 정체성을 위한 소중한 문화적 자산들을 상품경제 속에 편입시켜 찬탈해 가는 과정이다. 혼합주의와 혼종화와 크레올화를 통한 저항적 정체와 담론의 가능성을 말하기 전에, 제국의 혼합주의가 가진 지배적 본성을 꿰뚫어 보는 것이 무엇보다 중요할 것이다.

저항의 혼합주의를 향하여

희생자들의 입장에서 본 강요된 혼합주의, 그리고 제국의 지배 전략으로 혼합주의를 바라보는 것이 오늘 이 시대의 상황에 대한 보다 정확한 진단이라 생각한다. 이처럼 제국의 혼합주의의 공격 하에 있는 희생자들에게는 선택의 폭이 그렇게 많지 않다. 지그문트 바우만(Zygmunt Bauman)은 지구화 시대에는 선택의 폭이 거의 없는 약자들이 근본주의 경향으로 나아갈 가능성이 크다고 보았다.[12] 거기에 '제국의 혼합주의의 공격 앞에서'라는 말을 첨가한다면 그 뜻이 더더욱 분명해질 것이다.

그러면 제국의 혼합주의에 대항한 저항의 혼합주의를 위한 길은 어디에 있는가? 나는 여기서 담론의 공허함을 절실히 느낀다. 담론의 차

---

12) Zygmunt Bauman, *Globalization: the Human Consequences*, 『지구화: 야누스의 두 얼굴』, 김동택 역(서울: 한길사, 2003), 36.

원에서 저항은 얼마든지 가능할 것처럼 보인다. 그리고 풍부한 자원들을 활용할 가능성을 이 시대는 제공한다. 하지만, 바우만을 포함한 많은 지구화 비판론자들이 말하듯이, 오늘날 영토적 경계를 가로질러 자유롭게 만나고 떠날 자유는 사실상 무책임한 자본의 자유다. 한 지역에 들어가 필요한 만큼 활용하고, 더 이상 용도가 없다고 판단되면, 엄청난 폐기물과 절망을 원주민들에게 남겨둔 채, 감당해야 할 어떤 책임감도 느낄 필요 없이 유유히 떠나가는 자유다. 이런 자본의 자유에 의한 희생자들에게 혼합주의는 어떤 가능성일 수 있을까?

아직은 분명하게 보이지 않는 이 전망을 위해서 다시 아시아와 아프리카와 라틴 아메리카의 해방신학의 전통으로 되돌아갈 필요가 있다고 생각한다. 민중신학과 해방신학의 실천적 신학을 다시 한 번 되살려 낼 필요가 있다고 생각한다. 식민지 시대 이후 이들 지역에서 토착화와 저항을 위한 혼합주의의 논쟁은 결코 짧은 것이 아니었다. 아시아 신학의 전통에 빛나는 거의 대부분의 선배 신학자들이 저항적 혼합주의를 위해 개신교 근본주의와 정통주의, 그리고 로마 가톨릭의 권위에 대항해서 투쟁해 왔다. 그리고 민중신학에서도, 서남동의 합류의 모델은 대표적인 혼합주의적 저항 모델이다. 하지만 우리 시대 탈식민지 저항의 혼합주의 모델은 힘을 잃어 가고 있고, 때로는 근본주의로 토착주의로 폄하 당하기도 한다. 상황을 예민하게 주시해야 할 필요가 있다. 식민지 이후 아시아·아프리카·남미 민족주의 기획의 실패라는 서구 학계의 주장은, 아시아·아프리카·남미에서 이루어진 토착화 상황화의 시도들에 대해 폄하하는 풍조와 결코 무관하지 않다. 이런 평가 절하의 바탕 위에서 지구화 시대를 위한 보편성(catholicity)을 내세운 위로부터의 혼합주의가 오히려 주도권을 장악하고 있다. 이들의 입에서는 연일 혼종화와 그것을 통해서 다시 한 번 기독교의 보편적인 의미를 회복할 것을 주장하고 있다. 하지만 지구화 시대 희생자들을 위해서는 아시아·아프리카·남미 신학의 아래로부터의 저항적 혼합주의를 다시 한 번 깊이 검토할 필요가 있다. 단순한 복권을 주장하는 것이 아니다. 새로운 시대 새로운 눈으로 그 유산을 비판적으로 검토함으로써 변화된 시대의 저항의 혼합주의를 가능하게 해야 한다는 뜻이다.

끝으로 이런 생각을 해본다. 제국의 희생자가 되어 지역에 유배당하고, 고립당한 사람들을 위해서 혼합주의가 어떻게 새로운 가능성일 될 수 있을까? 지치고 버려진 그들의 삶에서 적극적으로 다름을 찾고 만나는 에너지는 어디서 오는 것일까? 그들은 어떻게 혼합의 무대에 적극적으로 뛰어들어 자신들의 삶의 실현을 위한 주체가 될 수 있을 것인가? 혼합이 있어서 저항이 있는 것이 아닐 것이다. 오히려 저항을 통해서 혼합이 가능할 것이다. 라틴 아메리카 해방신학의 가르침을 다시 음미할 필요가 있다. 가난한 자들에게 다가가는 겸손한 교회와 기독교인들 그리고 일어서는 가난한 자들이 만나는 접점에서 해방신학은 가능했다고 하였다. 교회와 신학이 다시 겸손해지지 않고, 그리고 일어서는 민중의 호흡을 발견하지 못하고서는, 제국의 시대 혼합주의에 대한 모든 찬사는 오히려 공허하다.

제3부
제국의 신을 넘어

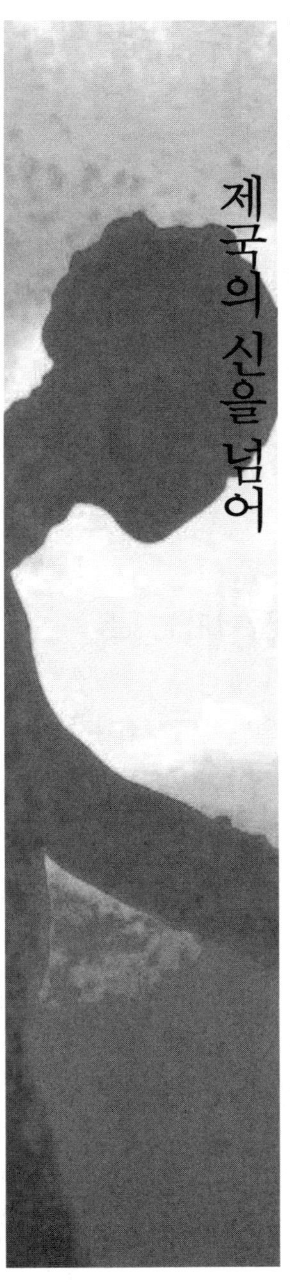

예수, 민족,
제국

최 영 실 | 성공회대학교 신학과, 신약학

들어가는 글

일반적으로 신학자들은 예수의 선교지는 이스라엘 민족에게 국한된
것이 아니라 온 세계만방이었다고 말하면서, 예수는 유대 민족주의와
같은 선민의식이나 민족의식을 전혀 갖지 않았다고 말해 왔다. 또 제국
의 문제와 관련해서는 '가이사의 것은 가이사에게 바치라'는 말로, 로
마 제국의 체제와 질서를 그대로 인정했다고 말하며, 예수는 정치적인
것과는 무관한 '하나님 나라'를 선포했다고 보았다.[1] 뿐만 아니라 예
수는 그의 제자들에게 '보복 금지'와 '원수 사랑'을 말하며, 로마 제국

---

[1] 그리스도교 해석자들은 본문의 이 말을 두 개의 분리된 의무 영역을 가리키는 것으로
간주해 왔다. 즉 한편으로는 국가에 세금을 바쳐야 하며, 다른 한편으로는 하나님에게
신실해야 할 의무가 있다는 것이다. 리처드 호슬리는 이러한 전통적 해석은 종교를 정치
질서로부터 분리시키는 생각에 기초한 것이라고 비판한다. Richard Horsley, 『예수와
제국』, 김준우 역(고양: 한국기독교연구소, 2004), 33.

에 맞서거나 보복하지 말고, 도리어 그들을 '사랑'하라고 명했다고 주
장해 왔다. 예수는 과연 자신의 민족이 로마 제국에 의해 억압을 받는
상황에서도 민족의 문제에 전혀 관심하지 않았는가? 로마 제국의 황
제 숭배와 세금 징수에 맞서서 일어났던 수많은 민중항거와 투쟁의 현
실 속에서도 예수는 로마 황제에게 세금 바치는 것을 정당한 것으로
말하고, 자신을 따르는 자들에게 세금을 바치라고 권유했는가? 예수
는 그의 제자들에게 로마 제국의 불의와 억압에 대해서도 그 어떤 경우
에도 맞서거나 보복하지 말고, 민족의 원수인 제국의 지배자들을 '사
랑'하라고 요구한 것인가?

이 글에서는 첫째, 마태복음을 중심으로 예수와 민족의 문제를 고
찰해 볼 것이다. 왜냐하면 마태복음에는 예수가 민족주의와는 무관하
게 모든 인류를 위한 보편주의적 입장에 서 있는 것처럼 보이는 본문이
들어 있는가 하면, 다른 한편 철저히 민족주의적 입장에서 오직 '이스
라엘 집'을 회복시키는 것을 자신의 사명으로 말하는 본문이 서로 상충
되어 있기 때문이다.

둘째, 예수와 제국의 문제를 우선 '가이사의 것은 가이사에게'라는
내용이 들어 있는 본문을 통해서 고찰해 볼 것이다. 예수는 왜, 어떠한
상황에서 '가이사의 것은 가이사에게'라고 말했는가? 그것은 과연 제
국의 질서를 그대로 인정하는 말인가 하는 것인가? 다음으로 산상설
교에 들어 있는 보복 금지와 원수 사랑에 대한 예수의 말을 사회사적
연구를 통해 고찰해 볼 것이다. 보복 금지와 원수 사랑에 대한 예수의
말은, 언제, 어떤 상황에서, 누구에게, 왜 그렇게 말해졌는가? 보복 금
지와 원수 사랑에 대한 예수의 말은 실제로 예수가 그의 제자들에게
로마 제국의 불의에 대해서도 맞서지 말고, 아무 조건 없이 그들을 용

서하고 사랑할 것을 요구하는 말인가?

셋째, 복음서를 중심으로 예수의 '하나님 나라' 선포와 예수의 행적을 고찰해 볼 것이다. 왜냐하면 예수가 자신의 민족과 로마 제국에 대해서 어떤 입장을 취했는지를 알려면 위에서 언급한 몇 구절만이 아니라, 예수가 선포한 '하나님 나라' 소식과 그의 행적을 보아야 하기 때문이다. 그리고 예수의 '하나님 나라' 선포는 피안적이며, 신비적인 어떤 것이 아니라, 로마 제국 하에서의 유대 민족의 상황과 깊이 관련되어 있기 때문이다.

예수의 민중적 민족주의

"나는 하늘과 땅의 모든 권세를 받았다. 그러므로 너희는 가서, 모든 민족을 제자로 삼아서 아버지와 아들과 성령의 이름으로 세례를 주고, 내가 너희에게 명한 모든 것을 그들에게 가르쳐 지키게 하여라. 보아라. 내가 세상 끝 날까지 항상 너희와 함께 있을 것이다." (마태 28:18~20)

이것은 예수가 부활한 후에 제자들에게 한 말이다. 이 본문에 의하면 분명히 예수가 관심을 갖은 것은 유대 민족만이 아니라 모든 민족인 것처럼 보인다. 그러나 이와는 달리 마태복음 15장 21~28절에서 예수는 이방 여인인 가나안 여자가 자신의 딸을 고쳐줄 것을 요청하자 그 여인의 요구를 단호히 거절하고 이렇게 말한다. "나는 오직 이스라엘 집의 길을 잃은 양들에게 보내심을 받았을 따름이다"(마태 15:24). 예수는 그럼에도 불구하고 무릎을 꿇고 "주님 나를 도와주십시오" 하고 간청하는 이방 여인을 향해 혹독할 정도의 말을 더 내뱉는다. "아이들이 먹을 빵을 집어서 개들에게 던져 주는 것은 옳지 않다"(마태 15:26).

당시 유대 민족주의자들은 이방인들을 '개'라고 부르며 멸시하고 천대했다. 예수는 지금 딸을 위해 무릎 꿇고 간청하는 가나안 여인을 향해 '개'라고 부르면서, 그녀의 간절한 간청을 한마디로 거절해 버린 것이다. 이와 같은 예수의 편협한 민족주의적 태도는 그의 제자들을 파송할 때에도 그대로 나타난다. 예수는 제자들에게 이렇게 명한다. "이방 사람의 길로도 가지 말고, 또 사마리아 사람의 도시에도 들어가지 말고 이스라엘 집의 길 잃은 양 떼에게로 가거라"(마태 10:6). 이 본문에 의하면 예수가 본래 선교지로 삼은 것은 이방 민족이나 사마리아 지역이 아니라, 오직 '이스라엘 집의 길 잃은 양들'이 있는 곳이다.

그야말로 편협한 민족주의적 시각을 그대로 보여 주는 것 같은 예수의 말과 행동을 우리는 어떻게 이해해야 할 것인가? 학자들 중에는 '오직 이스라엘 집의 길 잃은 양에게 가라'는 예수의 이 말은 본래의 예수의 사상과는 무관한 것이며, 마태의 신학에서 비롯된 것이라고 주장하는 자들이 있다.[2] 그러나 로핑크는 "이스라엘 집의 길 잃은 양들에게로 가시오." 라는 말은 예수의 말임이 확실하다고 했다.[3] 왜냐하면 예수의 이 말은 그의 열두 제자 파견의 역사적 상황에 영락없이 맞아 들어가기 때문이라는 것이다. 즉 '열둘'은 종말에 회복될 이스라엘 열두 지파를 뜻하는 것으로서, '열둘'이라는 숫자에는 파견된 제자들이

---

2) Eduard Schweizer, 『국제성서주석 마태오복음』(서울: 한국신학연구소, 1986), 247-251.

3) G. Lohfink, 『예수는 어떤 공동체를 원했나』, 정한교 역(왜관: 분도출판사, 1996), 27.

이스라엘만을 상대로 한다는 것이 분명하게 조건 지워 있다는 것이다.[4] 그리고 '길 잃은 양'도 흔히 말하듯이 일반적인 의미에서 죄인, 혹은 어떤 특수한 집단을 지칭하는 것이 아니라, 이스라엘 민족을 뜻한다고 말한다. 즉 마태에서 예수는 에스겔서의 목자의 장(34장)에 나타난 것처럼 이스라엘 민족을 '길을 잃고 흩어진 양 떼'에 비유하고 있다는 것이다.[5]

예수가 그의 사역을 이스라엘 민족에 집중하고 있다는 로핑크의 연구는 주목할 만하다. 그러나 로핑크가 예수가 '이스라엘 집의 길 잃은 양'을 이스라엘 민족 전체를 뜻하는 것으로 말한 것은 문제가 있다고 생각한다. 왜냐하면 '이스라엘 집'의 '길 잃은 양'은 이스라엘 민족 내에서의 어떤 특수한 그룹과 관련되어 있기 때문이다. 에스겔은 이스라엘의 거짓 목자들이 양들을 착취하고 돌보지 않은 것을 질책하고, 하나님 자신이 종말에 자신의 양 떼를 모을 것이라고 예언한다. 그런데 그날에 '살진 양들'이 아니라 거짓 목자와 살진 양들에 의해 '헐벗게 되고', 세계 각처로 '흩어지게 된' '야윈 양들'만 불러 모아서 치유하고 돌볼 것(겔 34:17~20)[6]이라고 말한다.

에스겔이 말한 것처럼, 실제로 마태복음에서 예수가 언급한 '이스라엘 집의 길 잃은 양들'은 이스라엘 민족 전체가 아니라 어떤 특수한

---

4) 위의 책, 같은 쪽.

5) 위의 책, 28.

6) "그날에 주께서 불러 모을 양들은 거짓 목자들의 강압과 폭력에 의해 병들고 버려졌으며, 세계 각처에까지 흩어져서 들짐승의 먹이가 되고, 살육당하고 굶주리게 된 양들이다. 반면 그날에는, 초원에서 먹다 남은 풀을 발로 짓밟고 마시고 남은 물을 발로 더럽혀 놓을 뿐 아니라 병들고 야윈 양을 어깨로 밀어내고 뿔로 받아서 밖으로 내보내어 흩어지게 한 '살진 양들'은 심판을 받을 것이다." (겔 34:17~20)

그룹에 속한 양들이다. 이 양들은 당시 로마 제국과 로마에 의해 임명된 헤롯 가문이나 로마 제국의 지배 질서의 대행자가 되었던 예루살렘의 제사장이나 율법학자와 같은 지배 그룹이 아니다. 이 양들은 제국의 지배와 불의한 통치자와 거짓 목자들에 의해 착취와 억압을 당하여 결국 '흩어지게 된' 헐벗은 양들이다. 마태복음에서 이 양들은 특별히 '길을 잘못 가게 된 양들'[7]로 묘사된다. 그리고 이 양들은 '가장 작은 자', '죄인'으로 암시된다(마태 18장). 이들은 구체적으로 누구를 말하는가? 필자가 볼 때 '이스라엘 집의 길 잃은 양들'은 본래는 이스라엘 민족에게 속해 있었지만, 지금은 흩어지게 되고, '가장 작은 자' '죄인'으로 멸시 당하던 갈릴리 지역의 가난한 사람들이다. 이들은 '이스라엘 집'에 속해 있던 유대인으로서 '동족'이며 '형제'[8]이었다. 그런데 이들은 왜 동족인 유대인들에 의해 '이방인' '죄인' '가장 작은 자들'로 멸시를 당한 것일까? 여기에는 역사적인 이유가 있다.

솔로몬 이후 남쪽 예루살렘 지역과 북쪽 갈릴리 지역은 실질적으로 갈라져서 서로 반목했다. 이후 갈릴리 지역이 앗수르 제국에 의해 점령된 후 이주정책에 의해 이방인의 피가 섞이게 되자 남쪽 예루살렘의 지배자들은 갈릴리 사람들을 '이방인의 개'라고 부르며 '별 볼일 없는 놈(라카)', 율법을 어기는 '죄인'으로 규정했다. 주후 6년 이후 로마 제국의 총독에 의해 직접 통치를 받으며 세금을 착취당하고, 동족인 예루

---

7) 마태복음 18장 10~14절의 '길 잃은 양($\pi\lambda\alpha\nu\acute{\alpha}\omega$)은 누가복음에서처럼 '잃어버린 양'이 아니라, '길을 잘못 간 양'을 뜻한다. 마태복음 18:15~35절의 본문에 의하면 '길을 잘못 간 양'은 '죄를 지은 형제'로 나타난다.

8) 타이센은 마태복음의 본문에서 언급되는 '형제'가 이스라엘 민족의 '동족'을 의미한다고 말한다. Gerd Theissen, "마태오 복음의 사회사적 배경 연구", 안병무 편, 『사회학적 성서해석』(서울: 한국신학연구소, 1983), 159.

살렘 사람들로부터도 멸시와 착취를 당하던 갈릴리의 가난한 사람들은 결국 주후 67~70년, 민족 독립 운동인 '유대독립전쟁'을 일으켰다.9) 전쟁 말기에 예루살렘의 권력자와 종교가들이 동족인 갈릴리 사람들을 죄인과 폭도로 매도하여 로마에 밀고하자 갈릴리의 젤롯당들은 민족의 반역자들을 단도로 살해했다. 유대사가들은 갈릴리의 젤롯당들을 '폭도' '강도' '살인자'로 지칭했다.10)

이러한 상황에서 예수는 갈릴리에서 그의 하나님 나라 복음 선포를 시작한다. 마태는 예수의 복음 선포와 함께 '이방의 갈릴리'로 멸시받던 지역에 큰 빛이 비치고, '어두움의 그늘 아래 앉아 있던' 갈릴리 사람들이 큰 빛을 보게 되었다(마태 4:15~16)고 증언한다. 예수는 갈릴리 지역에서 그의 첫 복음을 선포하며 모든 병든 자와 고통을 겪는 사람들을 고쳐 준다. 그리고 갈릴리에서 가장 '별 볼일 없는' 직업을 가진 비천한 자들을 제자로 삼았다. 부활한 예수는 '갈릴리로 갈 것'임을 알려주고, 제자들에게 '갈릴리로 가라'고 명한다(마태 28:7,10). 예수가 볼 때 '갈릴리' 사람들은 이방인이 아니라 '이스라엘 집'에 속해 있었던, 그러나 지금은 거짓 목자들 때문에 '길을 잃어버리고' '잘못 가게 된' '이스라엘 집의 길 잃은 양들'이다.

이 점에서 예수는 당시의 법 체제에 의해 '죄인'으로 취급당하던 가난하고 힘없는 자들을 옹호한다. 예수는 안식일에 밀 이삭을 따먹은 사람을 안식일 법을 어긴 죄인으로도, 남의 것을 훔친 도둑으로도 말하지 않는다. 예수는 그들이 '아무 죄도 없는 자들'이며, '하나님의 자비

---

9) W. G. Kümmel, (1983), 『신약정경개론』, 박익수 역(서울: 성광문화사, 1988), 122-123.

10) Gerd Theissen, 앞의 책, 177-181.

를 받아야 할 사람들'이라고 옹호한다(마태 12:1~8). 반면 예수는 당시에 의인으로 자처하던 율법학자와 바리새파 사람들이야말로 불의한 법 체제로 가난한 사람들의 어깨에 무거운 짐을 지우고, 아무 죄도 없는 힘없는 사람들을 '걸려 넘어지게 만드는' 불의한 자들이라고 책망한다(마태 18:6~9). '살인하지 말라'는 계명을 내세우면서 생존을 위해 투쟁하는 자들을 '살인자'로 매도하고 욕하는 율법주의자들을 향해, 예수는 그들이 먼저 형제를 '무가치한 놈'이라고 욕하며 형제의 마음에 한이 쌓이게 만든 것을 돌이켜 회개하고, 착취한 것을 한 푼도 없이 되돌려주라고 명한다(마태 5:21~26).

마태복음 5장 21~26절에서 예수가 언급하고 있는 '형제'는 일반적인 형제를 의미하는 것이 아니라, 철저히 이스라엘 민족과 관련된 것이다.[11] 예수는 동족이며 형제인 갈릴리 사람들을 '이방인'과 '죄인'으로 멸시하며 억압하는 예루살렘의 지배자들을 향해서, 갈릴리 사람들이야말로 '이스라엘 집의 길을 잃어버린 양들'임을 일깨워 준다. 그리고 거짓 목자들과 살진 양들에 의해 굶주리게 되고 길을 잃고 헤매고 있는 동족과 형제를 불러 모아 치료하고, '이스라엘 집'을 회복하는 일이야말로 이방 선교나 사마리아 선교보다 더 우선해야 할 중요한 사역임을 제시한 것이다. 아니, '이스라엘 집의 길 잃은 양'에게로 가라는 예수의 말은 그 양들을 착취하고 억압한 예루살렘의 통치자와 거짓 목자와 살진 양들을 심판하며, 철저한 회개를 촉구하는 말이다. 예수는 이렇게 이스라엘 민족의 비운의 역사 속에서 '길을 잃고 헤매며' '길을 잘못 가게 된 양들'인 갈릴리 동족의 회복을 위해 그의 모든 사역을 집중시킨다.

---

11) 최영실, "마태복음에 나타난 화해의 길", 『성서와 평화』(서울: 민들레책방, 2004), 39.

그런데 여기에서, 우리는 한 가지 문제에 부딪치게 된다. 즉 마태복음 28장 20절에서 부활한 예수가 제자들에게 한 말이다. "너희는 모든 민족을 제자로 삼아서, 아버지와 아들과 성경의 이름으로 세례를 주고, 내가 너희에게 명한 모든 것을 그들에게 가르쳐 지키게 하여라……." 예수의 이 말은 지금까지 앞에서 예수가 제자들에게 오직 '이스라엘 집의 길 잃은 양들'에게로 가라는 자신의 명령을 철회하는 것처럼 보이지 않는가? 대부분의 학자들은 마태복음 28장 20절의 이 본문은 사실상 교회의 산물로서 후대에 첨가된 것이라고 말한다.[12] 즉 "아버지와 아들과 성령의 이름으로 세례를 주는" 것은 역사적 예수와는 상관이 없는 후대 교회의 교리라는 것이다.

그렇다면 우리는 마태복음 28장 20절을 예수의 본래 의도와는 무관한 후대 교회의 산물로 간주해 버리고 말 것인가? 필자는 이 본문에 대한 로핑크의 해석을 주목해 보고 싶다. 그는 마태복음 28장 20절의 예수의 말은 결코 이스라엘 민족과 무관한 것이 아니라고 주장한다. 도리어 이 본문은 구약의 예언자들처럼 이스라엘 민족의 회복을 요구하고 있다고 말한다.[13] 실제로 구약의 예언자들은 종말에 이스라엘이 하나님께로 돌아옴으로써, 이스라엘의 빛이 온 만방에 비치게 되는 구원 사건을 증언했다. 이스라엘 민족이 '세상의 소금'으로서 세상을 부패하지 않게 만들고, '세상의 빛'으로서, 모든 사람에게 환히 비칠 때, 그때에 온 세상 만민도 빛을 얻게 될 것이라는 것이다.

이 점에서 마태복음의 이 본문에서 예수가 언급하는 '만민'은 단순히 이방 민족을 뜻하는 것이 아니라, 예수가 명한 모든 것을 배우고 지

---

12) Eduard Schweizer, 앞의 책, 555-564.
13) G. Lohfink, 앞의 책, 223-231.

키는 자로서, 궁극적으로는 참 이스라엘 공동체에 속할 하나님의 백성으로서의 '만민'이다. 그러므로 이 '만민'에게 비치는 빛은 이스라엘 민족의 회복과 결코 무관하지 않다. 아니, 이스라엘 민족이 참된 해방과 평화를 얻게 됨으로써만 비로소 만민이 빛과 구원을 받을 수 있게 되는 것이다. 그러므로 이스라엘 민족의 회복이야말로 예수의 첫째가는 사명이다. 그러나 이스라엘의 회복을 촉구하는 예수의 민족주의는 결코 지배자들의 입장에서 말하는 배타적인 민족주의가 아니다. 그것은 로마 제국과 동족에 의해 착취와 억압을 당하며 '이방인'과 '죄인'으로 정죄 당하던 갈릴리 민중들을 회복시키고, 궁극에는 모든 민족에게 빛을 비쳐 주는 민중적 민족주의다.

예수와 제국

가이사에게 세금을 바쳐야 하는가?

슈라게는 '가이사의 것은 가이사에게'라는 예수의 말을 그리스도인이 제국의 질서에 대해서 근본적으로 어떤 입장을 가져야 하는지를 말해 주는, 제국에 대한 예수의 근본적인 입장이라고 주장한다.[14] 그러나 우선 밝혀야 하는 것은 이것이다. 예수는 왜, 누구에게 어떤 상황에서 "가이사의 것은 가이사에게 돌려주라"고 했을까? '황제에게 세금을 바치는' 것은 어떤 의미를 가지는가? 예수의 이 말은 제국의 질서에 복종하라는 말인가? '가이사의 것은 가이사'에게라는 예수의 말은 독자적으로 제국에 대한 예수의 근본 입장을 밝힌 것이 아니다. 그것은

______

14) Klaus Wengst, 『로마의 평화』(천안: 한국신학연구소, 1994), 128, 주 11에서 재인용함.

예수의 적대자들이 예수를 책잡으려 했던 상황 속에서, 그들에게 책잡히지 않고 자신의 하나님 나라 사역을 하려고 했던 상황에서 한 말이다. 말하자면 세 복음서에 모두 들어 있는 예수의 이 말은 '시험 사화'라는 특수한 정황과 연관하여 해석되어야 한다.[15]

마가와 마태, 누가는 모두 예수를 책잡아서 로마의 법정에 세우려고 했던 일련의 무리들이 '황제에게 세금을 바쳐야 하는지 아닌지'를 예수에게 물었다고 말한다. 마태는 이 사람들을 바리새파 사람들로 말하고, 그들이 자기 제자들과 헤롯 당원들을 보내어 예수를 시험한 것으로 말한 반면, 누가는 율법학자들과 대제사장들이 정탐꾼들을 보내어 예수를 책잡으려 했다고 보도한다. 마가복음은 '대제사장과 율법학자들과 장로들'이 예수가 포도원 소작인 비유를 통해 자신들을 비난하고 있는 것을 알아차리고 예수를 잡으려고, 바리새파 사람들과 헤롯 당원 가운데서 몇 사람을 예수께 보내어 예수를 시험한 것으로 보도한다.

뱅스트는 이 본문들에서 언급된 '바리새파 사람들'이나 '헤롯 당원'을 역사적 인물로 보지 않는다. 그리고 비록 이들이 언급되었다고 할지라도 이들을 반 로마적으로도, 친 로마적으로도 볼 수 없다고 말한다.[16] 그러나 예수를 시험한 자들에 대한 언급은 단순한 편집구로 처리해서는 안 된다. 리처드 호슬리는 '예수와 제국'에 관한 연구에서 지금까지의 연구들이 예수나 예수 당시의 종교 지도자들, 그리고 로마 제국을 정치 경제의 문제와는 별개의 것으로 탈 정치화시켜 버렸다고 비판한다. 그는 우선 사회사적 연구를 통해 당시의 종교가 오늘날처럼

---

15) Joachim Gnilka, 『국제성서주석 마르코복음』(서울: 한국신학연구소, 1986), 201-209.

16) Klaus Wengst, 앞의 책, 129.

정치와 분리되어 있었던 것이 아니라 하나였다고 밝힌다. 그리고 헤롯 가문과 예루살렘 종교가들은 로마 제국으로부터 그 통치와 지위를 부여받은 자로서, 로마 제국과 후견인−의뢰인 관계로 결합되어 있었다고 밝힌다. 말하자면 이들은 로마 제국의 황제 숭배의 후견인 체제의 피라미드를 구축하는 '제국의 사제'로서 자신들의 우월한 지위를 확보했다는 것이다.17)

그렇다면 로마 제국에 의해 지위와 부를 보장받았던 자들이 왜 황제에게 세금 바치는 문제를 예수에게 물었을까? 그들이 예수의 말을 들은 후에 로마 제국에 대해 어떤 입장을 취할지, 세금을 내야 할지 말아야 할지를 결정하려고 한 것은 분명히 아닐 것이다. 왜냐하면 그들은 예수의 대답을 듣기 전에 이미 로마 제국의 입장에 동조하며 세금을 내고 있었기 때문이다. 이것은 예수가 자신을 시험하러 온 바리새파 사람과 헤롯 당원들에게 로마 제국의 화폐인 '데나리온 한 닢을 가져다가 보여라' 하고 말했을 때, 그들이 그것을 가져왔다는(마가 12:16, 마태 22:19, 누가 24장) 사실에서도 분명히 드러난다. 여기서 명백한 것은 '시험하는 자'가 예수로부터 '아니다'라는 답을 기대했다는 것이다. 그들은 예수로부터 세금을 거부한다는 말을 유도해 냄으로써 예수를 점령군에 저항하는 폭도로 고발하려고 했다는 것이다.

그런데 문제는 왜 굳이 '세금 내는 문제'로 예수를 책잡으려 했는가 하는 것이다. 피 식민지 국가가 로마 제국에 '조세'를 바치는 행위는 단순히 자국 안에서 종교인들이 세금을 내야 하는지 아닌지의 문제와 같은 그런 것이 아니다. 황제에게 세금을 바친다는 것은 로마의 지배권

---

17) Richard Horsley, 『예수와 제국』, 김준우 역(고양: 한국기독교연구소, 2004), 66.

을 인정한다는 것이며, 로마 제국에 충성을 서약하는 것이었다. 그 때문에 로마가 기원 후 6년부터 갈릴리 지역에 로마 총독들을 통한 '직접통치'를 실시하고 세금 징수의 토대를 마련하기 위해 인구조사를 실시하고 지세와 인두세의 명목으로 세금을 징수하자 곳곳에서 조세 거부운동이 일어났다.[18] 왜냐하면 로마 황제에게 세금을 낸다는 것은 황제에게 복종하는 것을 뜻했기 때문이다. 이스라엘은 땅과 백성이 모두 하나님께 속한 것으로 믿었다. 그 때문에 이스라엘은 다른 주인을 섬길 수 없었다. 실제로 주후 6년 로마 총독에 의한 직접 통치가 이루어지기까지 비교적 자유를 누렸던 갈릴리 지역에서는 더 극심하게 조세 거부운동과 민중봉기가 일어났다.[19]

이러한 상황에서 만일 예수가 유대교의 유일신 사상에 입각해서 세금납부를 거부한다면, 그것으로 예수는 로마 제국의 질서를 거부하는 반역죄로 처형될 것이다. 시험하는 자들이 예수로부터 기대한 답변은 무엇이었을까? 그것은 분명 '황제에게 세금을 바치라'는 말은 아니었을 것이다. 그들은 예수로부터 세금을 거부한다는 말을 유도해 냄으로써 예수를 점령군에 저항하는 폭도로 고발하려고 한 것은 아닐까?[20] 예수는 그들의 의도를 간파했다. 예수는 질문을 받고 로마의 납세용 동전이었던 데나리온 한 닢을 가져오게 했다. 이 은화는 '로마의 힘과 주권의 상징'이었다.[21] 예수는 자신의 호주머니에서 데나리온을 꺼낸

---

18) 위의 책, 76-77.

19) 위의 책, 74.

20) 뱅스트는 '시험하는 자'들이 이미 세금을 내고 있음에도 불구하고 질문을 통해 예수로 하여금 '세금을 바치지 말라'는 답을 유도해 내려고 했다고 본다. Klaus Wengst, 앞의 책, 131.

21) Bo Reicke, 『신약성서시대사』(서울:한국신학연구소, 1986), 270-275.

것이 아니다. 예수와 제자들은 그 세금을 낼 능력이 없었다. 목수, 어부, 직장을 떠난 세리, 예수는 질문을 던졌던 자가 자신의 호주머니에서 가져오게 함으로써, 그들은 이미 황제의 돈과 관계를 맺고 있었고, 이미 그들이 황제에게 세금을 내도 좋으냐는 그들의 물음에 대해서 그들 스스로는 이미 대답을 했다는 사실을 일깨운다. 예수는 돈을 가져온 그들이 이미 로마 황제의 영역에 발을 들여놓았음을 일깨우고, '가이사의 것은 가이사에게 돌려주라'고 말한다.

여기서 사용된 '돌려주다'는 단어를 어떻게 생각해야 할까? 이 말을 로마 제국에게 세금을 바치라는 말로 해석하는 것은 너무나 성급한 일이다. 왜냐하면 예수는 이 말 다음에 곧 다음과 같이 말함으로써 '하나님의 것'을 착취한 로마 제국을 문제 삼고 있기 때문이다. "하나님의 것은 하나님께 돌려드려라"(마가 22:21). 당시 '가이사'는 단순한 '인간'이 아니라, '존엄한 자' '신'으로 숭배되었다. 그는 '구원자'로도 불렸다.22) 이러한 상황에서 예수는 '가이사'가 아닌 '하나님'을 말하고, 또 '하나님의 것'을 거론하며 그것을 돌려주라고 명한다. 유대적 신앙에 의하면 하늘과 땅과 모든 권세와 영광은 오직 '하나님'께 속한 것이다.

그러므로 하나님은 자신의 영광과 권세를 도적질하는 '인간'을 심판하고, 그들이 세운 '바벨탑'을 무너뜨린다. 예수가 볼 때 로마 제국이 약소국가와 약자로부터 힘과 무력으로 빼앗은 것들은 사실상 그들의 것이 아니라, 하나님의 것으로서, 하나님이 그의 백성 이스라엘에게 선물로 주신 것이다. 이 점에서 예수는 지금 '하나님'의 자리에 앉아서

---

22) John Crossan, 『역사적 예수』, 김준우 역(서울: 한국기독교연구소, 2000), 97.

약소국가를 약탈하는 로마 제국을 향해, 그들이 착취한 것을 되돌려 주라고 명하고 있는 것이다. 결국 예수를 책잡으려 왔던 자들은 예수의 말에 탄복하며 예수를 떠났다(마가 22:22). 그들은 예수의 답변으로부터 무엇을 들은 것일까? 그것은 결코 로마 제국의 만행을 그대로 인정하라는 것도, 황제에게 세금을 바치라는 것도 아니었을 것이다. 그들은 예수의 답변으로부터 '하나님의 것'을 생각해야만 하고, 또 '하나님의 것'을 되돌려야 한다는 예수의 말 앞에서, 로마의 황제를 신으로 추앙하며 부와 안정을 누리던 자신들의 부끄러운 삶을 돌아보지 않을 수 없었을 것이다.

여기에서 우리가 생각해 보아야 할 것은 다음의 것이다. 예수를 시험하는 자들이 아니라 예수의 복음 선포를 듣고 예수를 따른 '무리들'은 황제에게 세금을 바치는 문제에 대해 어떻게 행동했을까? 호슬리는 예수를 따랐던 무리들은 가난한 어부였던 자, 퇴직한 세리 등, 실제로는 세금을 낼만한 처지에 있지도 않았던 자들이라고 본다.[23] 조세와 관련하여 이 무리들은 어떤 행동을 취했을까? 누가복음(눅 23:2)에 의하면 예수를 따르던 이 무리들은 결코 황제에게 세금을 바치지 않은 것으로 나타난다.[24]

이러한 일과 관련하여 예수의 적대자들은 예수가 이스라엘 백성으로 하여금 황제에게 세금 바치는 것을 반대하고, 백성을 선동하여 로마 제국의 체제를 '전복시키려' 했다고 고발했다. 실제로 예수를 따르던 자들이 예수를 '그리스도' '왕'으로 믿었다면, 그들은 결코 로마 제국의

---

23) Richard Horsley, 앞의 책, 107-109.
24) 예수를 로마 제국에 밀고한 자들은 이렇게 고발한다. "우리가 보니 이 사람은…… 황제에게 세금 바치는 것을 반대하고, 자칭 그리스도 곧 왕이라고 하였습니다." (누가 23:2)

가이사를 '황제'와 '신'으로 승인했을 리가 없다. 그리고 제국에 대한 복종의 표지인 세금을 결코 내지 않았을 것이다. 왜냐하면 그것은 다른 '왕'을 숭배하는 것이며, 우상을 섬기는 것이기 때문이다. 만일 예수를 따르던 무리들이 '가이사의 것은 가이사에게'라는 예수의 말을 듣고 황제에게 세금을 바쳤다면, 그리고 예수 자신도 아무 거리낌 없이 황제에게 세금을 바쳤다면 예수는 결코 빌라도의 법정에 고발당하지도, 로마 제국에 의해 정치범들에게 가해진 십자가 형틀에 매달리지도 않았을 것이다.[25]

그러므로 '가이사의 것은 가이사에게 돌려주라'는 말만을 떼어내어서, 그것을 제국의 질서에 대한 예수의 입장을 해석하고, 더 나아가서 제국의 질서에 복종해야 한다는 식으로 설교하는 것은 예수의 선포와 사역의 의미를 오도하는 것이다. 예수는 시험하는 자들에게 맞서서 당시 지존한 신으로 칭송되던 '가이사'에 맞서 '하나님'을 언급함으로써 '가이사'가 '신'이 아닌 '인간'임을 지적하고, '하나님의 것을 되돌리라'는 말로 로마 제국이 '하나님의 것'이며 '하나님의 백성'인 이스라엘을 억압하고, 하나님께 속한 것들을 착취한 것을 되돌려야만 한다는 사실을 말하고 있는 것이다.

로마의 폭력에 대해 맞서지 말고, 도리어 사랑하라?

최근의 성서해석은 사회사적 연구에 기초해서 이루어지고 있다. 즉

---

25) 로마 세계에서의 십자가형이 정치범에게 가해진 것이라는 점에 대해서는 Martin Hengel, *Crucifixion, trans. John Bowden* (London: SCMn Press, 1977); 재판 with *The Son of God and The Atonement in The Cross of the Son of God* (London: SCM Press, 1986) 참조.

어떤 말을 이해하려면 누가, 왜, 누구에게 어떤 상황에서 말했는가를 먼저 밝혀야 한다. 그 때문에 보복 금지와 원수 사랑에 대한 예수의 요구를 올바로 이해하기 위해서는 예수가 언제, 어떤 상황에서 왜, 누구를 향해 요구한 것인가 하는 것을 밝히는 것으로부터 시작해야 한다.26) 왜냐하면 예수의 요구를 누구에게 적용할 것인가 하는 문제는 참으로 중요한 것이기 때문이다. 예를 들어 보복 금지와 원수 사랑에 대한 예수의 요구를 9·11사건을 겪고 흥분해 있는 미국을 대상으로 해서 말할 것인가, 그렇지 않으면 미국의 이라크 침략에 맞서서 보복하고, 원수로 삼고 있는 이라크 주민들을 향해 말할 것인가에 따라 전혀 다른 결과를 초래할 것이기 때문이다.

마태복음의 산상설교에서 예수가 대상으로 삼고 있는 사람들은 '제자들'이 아니라, 당시에 율법을 내세우며 자신의 의를 자랑하던 예루살렘의 율법주의자들이다. 이것은 산상설교의 서두에서 예수의 청중이 '군중들'과 '제자들'처럼 나타나지만, 산상설교의 마지막 단락에서 단지 '무리들'로 나타나고, 그 무리들은 '율법학자들로부터 가르침을 받은 자들'로 명시되는 것에서 분명하게 드러난다.27) 산상에서의 예수

---

26) 로핑크는 산상설교의 청중이 누구인가를 분명히 해야 한다는 점을 강조하면서, 그 청중은 예수의 제자들이나 오늘날의 그리스도인들 일반이 아니라, 오직 이스라엘 민족에게 국한되어 있다는 점을 밝힌다. G. Lohfink,『산상설교는 누구에게?—그리스도교 윤리를 위하여』(왜관: 분도출판사, 1990), 47-48.

27) 로핑크는 산상설교의 청중을 이스라엘 민족 전체로 본다. 그러나 최영실은 이와는 달리 이스라엘 민족의 어떤 특수한 그룹으로 본다. 마태복음 5장 1절의 보도에 의하면 예수가 산에 올라가 앉았을 때, 그에게 나아간 사람들은 '제자들'로 나타난다. 그러나 실제의 대상은 당시 로마 제국 하에서 부와 권력을 누리던 '율법학자들과 바리새파 사람들'이다. 마태복음 4장 23~25절의 보도에 의하면 예수의 복음 선포와 사역에 대한 소문을 듣고 갈릴리와 데가볼리와 예루살렘과 유대와 요단 강 건너편으로부터 많은 '무리'가 예수를 따라왔고, 그 '무리들'을 앞에 두고 예수가 산에서 가르치기 시작하고 또 제자들이 예수에게 나아온 것으로 되어 있다. 그런데 산상설교가 끝나는 마지막 단락은 그 대

의 말은 자신의 의를 자랑하는 율법학자와 바리새파 사람들에 맞서서 그들의 불의를 폭로하는 데 집중하고 있다. 예수는 "옛 사람이 말한 바, 너희는 ○○이라고 들었다. 그러나 나 자신은 너희에게 말한다"라는 대구 형식으로 마태복음 5장에서는 율법주의자들에 맞서서, 마태복음 6~7장에서는 바리새파 사람들에 맞서서 그들의 불의를 폭로하고, 본래의 율법에서 말하는 하나님의 뜻과 하나님의 의가 어떤 것인지를 말해 준다.

보복 금지에 대한 예수의 말도 '너희'로 언급되는 되는 자들이 한 말에 대립해서 한 말이다. 그들은 "눈은 눈으로, 이는 이로 갚아라" 하고 말한다. 본래 이 말은 함무라비 법전에 들어 있는 '탈리온의 법'으로서, 눈 하나를 상하게 한 경우에는 눈 하나만, 그리고 이빨 하나를 상하게 한 경우에는 이빨 하나에 대해서만 그대로 갚아 주어야 할 뿐, 더 이상의 보복을 하지 않도록 하는 일종의 '보복 금지법'이었다.[28] 그러나 율법주의자들은 주후 67~70년의 유대 전쟁의 상황에서 이 '보복 금지법'을 도리어 갈릴리의 동족에 대한 보복을 부추기는 것으로 이용했다.[29] 이러한 율법주의자들의 불의에 맞서서 예수는 "오른쪽 뺨을

상이 '제자들'이 아니라 당시 유대교의 율법주의자들에 의해 가르침을 받았던 '무리들'로 명시된다. 그 '무리들'은 산상에서의 예수의 가르침을 다 들은 후에 놀란다. 왜냐하면 "예수께서 자신들의 율법학자들과는 달리, 권위 있게 가르치셨기 때문"(마 7:29)이었다. 이러한 주장에 관해서는 최영실, "마태복음에 나타난 화해의 길", 앞의 책, 32-33 참조.

28) '눈에는 눈, 이에는 이'라는 탈리온의 법은 본래 극심한 보복을 막기 위한 법이었다. Eduard Schweizer, 앞의 책, 135.

29) 정양모는 '원수를 미워하라'는 명제는 병행문인 누가복음 6:27~28절과 32~36절에도 없다고 말하며, 이는 구약성서에도, 어록에도 없었던 것이라고 말한다. 정양모, 『마태오 복음 이야기』(서울: 성서와 함께, 1999), 48. 타이센은 '원수 증오'에 대한 사상은 유대 전쟁과 전후의 시기를 거치면서 형성된 것이라고 밝힌다. Gerd Theissen, "마태오복

치는 자에게 왼쪽 뺨을 돌려대라"(마태 5:39)고 말하고, "고소를 해서 속옷을 가지려는 사람에게는 겉옷까지도 내어 주라"(마태 5:40)고 말한다. 뿐만 아니라 더 나아가서 "억지로 오 리를 가자고 하면 십 리를 같이 가 주고, 달라는 사람에게는 주고, 꾸려는 사람을 물리치지 말아라"(마태 5:41~42) 하고 명한다.

'오른쪽 뺨을 치면, 왼쪽 뺨마저 돌려대라'는 예수의 말은 예수가 처음으로 한 말이 아니라 이미 유대교 문헌에서도 보복을 금지하는 말들에서 나타난다. 그런데 여기에서 예수가 보복하지 말라고 말하는 대상은 억울함을 당한 약자가 아니라, 율법을 이용하여 보복심을 부추기는 자들이고, 속옷과 겉옷을 가지고 있으며, 무언가 달라는 사람에게 꾸어 줄 것을 가지고 있는 강자들이다. 주후 67~70년, 제국의 질서의 대리자가 된 예루살렘의 지배자들과 종교가들의 법체제와 교리에 의해 수탈당하던 갈릴리의 가난한 농민들은 생존을 위해 투쟁하며, 유대 독립 전쟁을 일으켰을 때, 유대 사가 요세푸스는 이들을 폭도와 강도, 살인자로 매도했다.

그러나 예수는 굶주림 때문에 안식일에 밀 이삭을 따먹고 지배자들의 법질서를 어길 수밖에 없었던 갈릴리의 가난한 자들을 불의한 지배자들이 만든 법 체제에 의해 '걸려 넘어져서' '죄인의 멍에'를 메게 된 '자들로서, 아무 죄도 없는 자들'이라고 선언한다.[30] 반면 예수는 '하

음의 사회사적 배경연구", 『사회학적 성서해석』(서울: 한국신학연구소, 1983), 178-179.

30) 마태복음 5:29~30절에서 예수는 다음과 같은 비유로, 힘없는 사람을 '걸려 넘어지게' 만들고, '죄짓게 만드는' 지배 권력자를 질책하며 회개를 촉구한다. "네 오른 눈이 너로 죄를 짓게 하거든, 그것을 빼어서 내버려라, 신체의 한 부분을 잃는 것이, 온몸이 지옥에 던져지는 것보다 더 낫다. 또 네 오른손이 너로 죄를 짓게 하거든, 그것을 찍어서 내버려라, 신체의 한 부분을 잃는 것이, 온몸이 지옥에 던져지는 것보다 더 낫다."

나님의 법'을 '불법'으로 만들어서[31] 가난한 이들을 '걸려 넘어지게 만
들고', '죄를 짓게 만드는' 지배자들이야말로 불의한 자들이라고 폭로
한다. 그리고 이 불의한 지배자들을 향해서 갈릴리의 가난한 동족을
적대시하거나 보복하지 말고, 도리어 그들이 먼저 착취한 모든 것을
한 푼도 남김없이 되돌려 주고, 굶주린 형제자매에게 먹을 것과 입을
것을 주라고 명한다.

이 본문에서 문제가 되는 구절은 5장 41절이다. 마태는 보복에 대
한 금지를 말하면서 누가는 말하지 않은 내용, 곧 '누가 너더러 억지로
오 리를 가자고 하거든, 십 리를 같이 가 주어라'는 내용을 덧붙이고
있다. 제1세계 신학자들의 경우 이 본문은 당시 로마가 부역을 시키는
사람들에게 강요한 것이라고 말하면서, 마태가 이 본문을 통하여 불의
한 제국주의자나 권력자들의 불의에 대해서도 대적하지 말 것을 요구
했다는 식으로 해석하곤 했다.[32] 그러나 우리는 이 한 구절만을 가지
고 그렇게 해석할 수는 없다. 왜냐하면 마태복음 5장 38~42절에서
예수가 말하고 있는 대상은 유대인들이나 갈릴리 사람들이 아니라 율
법을 이용하여 불의를 저지르고 있던 예루살렘의 율법주의자들이며,
이 단락에서는 그 어디에서도 로마 제국이 주제로 등장하지 않기 때문
이다.

'억지로 오 리를 가게 한다'는 말이 비록 로마 제국이 강제부역을

---

31) 산상설교에서 예수는 율법학자들을 '불법을 행하는 자들'이라고 부르며, 이렇게 말한다.
"나는 너희를 도무지 알지 못한다. 불법을 행하는 자들아, 나에게서 물러가라"(마 7:23).

32) 슈바이처는 예수의 이 말은 길 안내자나 또는 운반자로서 유대인들에게 동행할 것을
강요하는 로마 수비대의 권리에 대해서 다루고 있다고 본다. 그리고 이 말은 당시 로마
수비대에 대항하는 젤롯당의 지하 운동이 요구했던 것과는 정 반대의 입장에 서 있다고
말한다. E. Schweizer, 앞의 책, 137.

시킬 때 사용되었던 말일지라도, 분명한 것은 예수가 이 말로 로마 제국의 불의한 요구에 그대로 순응할 것을 촉구한 것은 아니라는 것이다. '오 리가 아니라 십 리를 가 주라'는 말은 부당한 요구를 하는 제국을 능가하는 행위이며, 이 말은 보복이 아니라 더 큰 것을 행하라는 말과 결부된 것이다. 그것은 곧 '달라는 사람에게 주고, 꾸려는 사람을 물리치지 않는' 구체적인 행동이다. 예수의 이 말을 듣고 있는 사람들은 분명히 무언가 가진 것이 있는 자들이며, 꾸어 줄 것이 있는 '강자'들이다. 이 단락에서 강조하고 있는 것은 제국에 대한 무조건적인 굴복이나 보복 금지가 아니다. '이에는 이, 눈에는 눈'이라는 탈리온의 법을 이용하여 동족인 갈릴리 사람들에게 보복하려는 예루살렘의 불의한 강자들을 향해, 예수는 보복할 것이 아니라 굶주리는 자들에게 주라고 말한다. 아니 보다 더 분명하게 한다면, 예루살렘의 불의한 강자들은 갈릴리의 동족을 살인자와 폭도로 매도하며 그들에 대한 보복심을 부추기는 모든 불의를 회개하고, 그들 자신이 먼저 착취한 것을 한 푼도 남김 없이 되돌려 주어야 한다(마태 5:21~26).

보복 금지에 대한 말 다음에 나오는 원수 사랑에 대한 예수의 말도 예수의 제자들이 아니라, 산상설교의 청중인 유대 율법주의자들에게 한 말이다. 그들은 "네 이웃을 사랑하고, 네 원수를 미워하라" 하고 가르치던 자들이다. 구약 학자들은 성서 어디에서도 '원수를 미워하라'고 말한 법은 없다고 말한다.33) 그럼에도 불구하고 예루살렘의 율법주의자들은 순수한 유대 혈통을 가지지 못한 '이방인'들은 모두 유대인들의 '적'이며 '원수'로 보았다. 그리고 율법을 어기는 자들을 하나님을 대적하는

______

33) 레위기 19:18절에서는 결코 원수에 대한 미움을 말하지 않는다. 도리어 "원수를 갚지 말며 동포를 원망하지 말며 이웃 사랑하기를 네 몸과 같이 하라"고 말하고 있을 뿐이다.

자들로 보았으며, 곧 하나님의 원수이며 자신들의 원수로 규정했다. 그리고 자신들은 '하늘에 계신 아버지의 아들들'(마태 5: 45)로 자처했다.

그런데 예수는 '아버지의 아들'로 자처하면서 '원수'에 대한 미움을 조장하는 자들을 향해서 '하늘의 아버지'가 어떤 분인지를 말해 준다. 그는 '악한 사람에게나 선한 사람에게나 똑같이 해와 비를 주시는 분'(마태 5:45~46)이다. 그런데 이러한 아버지의 뜻을 외면하고 자신을 사랑하는 사람만 사랑하면서 원수에 대한 미움을 조장하는 사람들은 사실상 그들이 멸시하고 있는 '세리'와 '이방인'보다 하나도 나을 것이 없는 자들이라고 예수는 말한다. 자기 형제에게만 인사를 하고 지내는 사람, 세리와 이방인을 멸시하고 원수로 삼는 사람들은 예수가 볼 때 악한 사람들일지라도 사랑하는 '하늘 아버지의 완전하심'을 깨닫지 못하는 자들이다. 그러므로 예수는 제자들을 향한 보편적 원리로 '원수 사랑'의 계명을 말한 것이 아니라, 스스로를 '아버지의 아들'로 자처하면서 이방인과 세리를 멸시하고, 동족인 갈릴리 사람들을 '이방인'과 '죄인'으로 규정하고 원수로 삼은 예루살렘의 율법주의자들을 향해 '그들이 원수로 삼은 자들을 위해 기도할 것'을 촉구하고 있는 것이다.

마태복음에서 '원수 사랑'과 '용서'에 대한 예수의 요구는 철저하게 당시 사회에서 지배 권력을 가진 '강자들'에게 요구되었다. 그 때문에 마태복음 18장에서 "몇 번이나 용서해야 하는가?"라는 베드로의 질문에 대해, 예수는 아무 조건 없이 "일곱 번을 일흔 번씩이라도 용서해 주라"고 명한다. 그러나 누가의 경우는 다르다. 누가에서 예수는 무조건적인 용서가 아니라, 불의한 자가 돌이켜 일곱 번 돌아와서 회개하면 용서해 주라고 말한다(누가 17:1~4). 여기에서는 '회개'가 용서의 전제 조건이다. 이렇게 된 것은 누가에서는 억울함을 당한 약자의 입장에서 용서의 문제를 거론하고 있기 때문이다.

오늘날의 현실에서, 원수 사랑과 용서의 문제를 말하려면, 그것들이 누구를 향한 말인지를 먼저 분명히 해야 한다. 예수는 그 어떤 경우에도 그의 제자들이나 그리스도인, 약자들에게 불의한 강자들을 거저, 무조건 용서해야 한다고 말한 적이 없다. 원수 사랑의 요구도 제국에 의해 어려움을 당하고 있는 약소국가나 약자들에게 요구하지 않았다. 그것은 자신들의 이익을 위해서 동족을 '이방인'과 '원수'로 규정하고 미움을 조장시키는 불의한 '강자들'에게 요구된 것이었다. 그럼에도 불구하고 '원수 사랑'과 '용서'에 대한 말은 불의한 제국을 무조건 용서해야 한다는 식으로 잘못 해석되어 왔다. 그 때문에 예수가 정치범으로 몰려 십자가 처형을 당하기까지 불의한 제국에 맞섰던 그 투쟁의 역사는 잘못된 몇 구절에 대한 해석들 안에 파묻혀 버리고 말았다. 이 점에서 우리는 보복 금지와 원수 사랑이 어떠한 정황에서 누구를 겨냥한 말인지를 올바로 밝혀야 하고, 더 나아가서 예수의 하나님 나라를 위한 선포와 사역을 주목해 보아야 한다.

제국의 지배에 맞선 예수의 '하나님 나라' 선포

예수의 하나님 나라 소식은 로마 제국을 위협하는 소식이었다. 당시 로마 제국은 신에 의해 통치되는 유일한 왕국으로 자리매김하고 있었다. 이러한 현실에서 '하나님의 나라'를 선포하고, 그 하나님의 나라가 지금 이미 시작했으며, 어두움의 악령들과 귀신들이 예수에 의해 쫓겨났다는 보도는 신적인 자로 군림한 로마 제국의 권세에 도전하고, 로마 제국의 평화를 위협하며, 제국의 멸망을 예언하는 반역적 행위였다.

귀신들린 자를 내쫓았을 때, 그 귀신이 자신을 '군대 귀신'이라고 밝히고, 돼지 떼에게로 들어가서 죽게 된 사건에 대한 보도는 예수가 축출한 귀신이 사실은 유대 민족을 괴롭히던 로마 제국임을 상징적으로 말해 준다.34)

복음서의 증언에 의하면 예수는 결코 불의한 제국주의자들이나 통치자들에 대해 침묵하거나 묵인하면서 '로마의 평화' 체제에 안주하지 않았다. 예수는 당시의 정치·사회적 현실을 외면하는 내면적이거나 신비적이고 초월적인 평화를 말하지도 않았다. 예수는 그의 하나님 나라 복음을 통해, '로마의 평화'가 결코 참 평화가 아니라는 점을 폭로한다. 예수는 '민족들을 통치하는 사람들'과 '고관들'을 거론하면서 그들을 '민족들을 마구 내리누르고 세도를 부리는 자들'로 묘사한다. 그리고 자기를 따르려는 자들은 결코 그러한 길을 걸어서는 안 되며, 다른 사람을 지배하는 자가 아니라 섬기는 자가 되어야 한다"고 말한다(마태 20: 25~27).

본래 구약의 예언자들이 선포한 평화는 하나님이 불의한 강대국들을 심판하고 그들에게 억눌려 신음하는 이스라엘 민족을 해방해 줄 것이라는 민족적이며 정치적인 개념이었다.35) 예언자들은 종말의 메시아를 통하여 이스라엘을 억압하던 강대국들이 심판을 받고 그들이 사용하던 칼은 쟁기와 보습이 되고, 이스라엘 민족은 참된 평화를 누리게 될 것이라고 예언한다. 신약성서에서 이 예언은 예수에 의해 성취된다.

---

34) Klaus Wengst, 앞의 책, 148-149: Warren Carter, *Matthew and the Margins: A Sociopolitical and Religious Reading* (Maryknoll, N. Y.: Orbis, 2000), 212 -213.
35) Richard Horsley, 앞의 책, 138.

마태는 예수의 탄생 사건을 처음부터 이스라엘 민족이 바빌론으로 끌려간 민족 비운의 사건과 결부시킨다(마태 1:17). 그리고 예수를 "자기 백성을 그들의 죄에서 구원할 자"(마태 1:21)로 명시한다. 예수는 구약에서 예언되었던 베들레헴에서 탄생하고, 민족의 해방자였던 모세처럼 이집트에 피신했다가 '이스라엘 땅'(마태 2:20)으로 돌아온다. 마태복음서 저자는 이 예수에 의해 이방인으로 멸시받던 갈릴리 사람들이 죽음의 그늘 아래에서 벗어나 빛을 얻는 참된 평화의 사건이 일어날 것을 예언한다(마태 4:15~16).

예수가 선포한 하나님 나라의 평화는 결코 불의한 기득권자들의 안녕과 평화를 위한 것이 아니었다. 도리어 그것은 부자를 빈손으로 되돌리고 불의한 권력자를 그 권좌에서 끌어내리며, 그들로부터 억압당하는 약소민족과 약자들을 해방시켜 주는 평화이다.[36] 그 때문에 예수는 불의한 권력자들과 율법주의자들에게 굴종한 것이 아니라 그들과 맞서 싸우며 그들이 만든 법 체제를 흔들고 그들이 만들어 놓은 거짓 교설들을 깨뜨려 버린다. 이 점에서 예수는 그 자신이 "평화를 주러 온 것이 아니라 칼을 주러 왔다"(마태 10:34)고 말하고, 또한 "세상에 불을 던지고 분열을 일으키러 왔다"(누가 12:49~51)고 선언한다. 예수의 이 말은 로마 제국에게 있어서 얼마나 체제 전복적으로 들렸을까? 결국 예수는 이렇게 로마와 결탁한 유대 율법 기득권자들과 맞서 싸우다가 미움을 받고, 결국은 로마에 밀고를 당하고 죽임을 당했다.

이렇게 볼 때 예수의 하나님 나라의 평화 소식은 무력으로 힘없는 약소국가와 약자에게는 심판을 내리고, 억압받는 민족과 민중에게는

---

36) 최영실, "마태복음에 나타난 화해의 길", 앞의 책, 41.

해방을 주는 사건이다. 누가의 증언에 의하면 예수의 이 평화의 사건은 먼 미래가 아니라 예수에 의해 '지금' 시작되고 있다. 예수는 이렇게 말한다. "너희 가난한 사람은 복이 있다. 하나님의 나라가 너희의 것이다. 너희 지금 굶주리는 사람은 복이 있다. 너희가 배부르게 될 것이다. 너희 지금 슬피 우는 사람은 복이 있다. 너희가 웃게 될 것이다……. 그러나 너희 부요한 사람은 화가 있다. 너희가 너희의 위안을 받았기 때문이다. 너희 지금 배부른 사람은 화가 있다. 너희가 굶주릴 것이기 때문이다. 너희 지금 웃는 사람은 화가 있다. 너희가 슬퍼하며 울 것이기 때문이다……."(누가 6:21~25)

누가는 예수의 하나님 나라의 도래 소식을 통해, 유대교에서는 미래적으로 기대되었던 종말적 평화사건이 지금 이 역사 현실 안에서 이미 일어나는 있다고 선포한다. 그리고 그 평화는 내면적이거나 신비적이며 초월적인 어떤 것이 아니라, 정치, 경제, 사회적인 해방의 사건임을 분명히 한다.37) 이스라엘의 하나님은 '우리를 원수들에게서 구원하시고 우리를 미워하는 모든 사람의 손에서 건져내시는'(누가 1:71) 분이다. 그리고 이스라엘의 조상 아브라함에게 하신 맹세를 따라 원수들의 손에서 건져 주어…… 평화의 길로 인도하실 것'(누가 1:79)이다.

'어떻게 해야 오고 있는 징벌을 피할 수 있을 것인가'하고 묻는 자들을 향해서 세례요한은 구체적으로 이렇게 말해준다. '옷을 두 벌 가진 사람은 없는 사람에게 나누어 주고 먹을 것을 가진 사람도 그렇게 하여라. 세리들은 정해 준 것보다 더 받지 않아야 하며, 군인들은 남의 것을 강탈하거나 거짓 고발을 하지 말고 그들의 봉급으로 만족해야 한다'(눅

---

37) 최영실, "누가복음을 통해 본 희년의 성취",『성서와 평화』, 54-55.

3:11~14). 예수는 로마에 빌붙어 가난한 갈릴리 사람들을 억압하는 헤롯을 향해 '여우'라고 폭로한다(누가 13:31~35). 그리고 로마 체제와 그 대리자인 헤롯 가문과 결탁해 있던 예루살렘의 제사장과 바리새파 사람들, 율법학자들에 대해서는 독사의 자식들, 위선자, 불법자, 심판을 받게 될 자라고 말한다. 그리고 무엇보다 예루살렘 성전 숙청과 파괴에 대한 예언을 통해서, 로마의 황제 체제의 대리자인 헤롯과 종교 지도자들에 대한 심판을 예고했다(마태 23, 24:1~2; 마가 13:1~2; 누가 21:5~6).[38]

예수의 말과 행동은 로마와 그 대리자들이 이루어 놓은 제국 시스템 전체를 무너뜨리는 위험한 '칼'이었고, 그 모든 것을 태워 버리는 '불'이었다. 당시 헤롯이 어떻게 잔인무도하게 그 권력을 지키기 위해 많은 사람들을 학살했는지를 감안한다면, 이러한 예수의 선포는 목숨을 바칠 각오 없이는 할 수 없는 말이었을 것이다. 왜냐하면 예수의 이 말은 당시의 기존 체제를 완전히 뒤엎어 버리는 무서운 말이었기 때문이다. 결국 누가에 의하면 예수는 유대 기득권자들에 의해 '백성을 선동하고 국가를 전복시키려 했다'는 죄목으로 밀고를 당해 처형되었다. 학자들이 밝힌 것처럼 '십자가 형틀'이 정치범들에게만 사용된 형틀이었다는 사실은 예수가 신비적이며 내면적인 하나님 나라 소식을 선포하면서 정치적으로는 로마 제국의 지배 체제를 그대로 인정하거나 묵인했던 것이 아님을 여실히 말해 준다.

<hr>

38) Richard Horsley, 앞의 책, 163-164.

맺는 글

지금까지의 고찰에 의하면 예수는 로마 제국의 식민통치 하에서 고난 받는 민족의 문제를 결코 외면하지 않았다. 도리어 예수는 그 어떤 문제보다 우선해서 로마 제국과 그 체제의 대리자인 유대 율법주의자와 제사장, 바리새파 사람들에 맞서 싸우며, 그들이 이방인, 가장 보잘 것 없는 자, 죄인으로 멸시하던 갈릴리의 고난 받는 민중의 해방을 위해 싸웠다. 예수는 갈릴리의 가난한 민중들을 '이스라엘 집'에 속해 있다가 '흩어져 버리게 된' '길 잃은 양들'로 보았고, 거짓 목자들에 의해 착취당하고 버림받은 그들을 '이스라엘 집'으로 불러 모으려는 것을 자신의 사역의 목적으로 삼았다. 흩어져 있는 '이스라엘 집'의 양 무리를 한 곳으로 불러 모으고, 이스라엘이 하나가 되어 세계만방에 빛을 비추게 될 때, 그때에 비로소 뭇 민족들도 빛을 받아 구원에 이르게 될 것이기 때문이었다.

오늘날 강대국들은 과거 로마 제국의 권좌를 꿈꾸며 약소민족을 억압하고 있다. 이러한 현실에서 우리는 예수가 보여 준 민중적 민족주의적 입장을 올바로 직시해야 한다. 마태복음 28장 19절의 한 구절만을 내세우며 '세계 선교'를 교회의 제1과제로 삼고, 제국주의적인 선교를 그대로 답습하고 있는 교회들은 예수가 명한 것처럼 오늘 한국의 역사에서 소외당하고 멸시받는 지역인 '갈릴리'의 현장으로 가야 한다. 그리하여 제국과 지배자들에 의해 '더러운 죄인' '사상이 다른 놈' '악의 축' '테러범'이라는 욕을 먹고, 굶주림에 시달리며 먹을 것을 요청하는 동족의 요구에 응답해야 한다. 지배자들이 만들어 놓은 법 체제와 반공 이데올로기로 가난한 형제와 동족을 '원수'로 매도하고, 그들에 대해 보복심을 부추기는 자들에게 그대로 동조해서는 안 된다. 도리어 불의한 지배 권력자들이 원수라고 가르친 자들이 사실은 흩어진 우리의 형제자매임을 올바로 인식해야 한다. 더 나아가서 그들이야말로 하나님이 우리와 똑같이 해와 비를 내려주며 사랑하는 그의 '자녀'임을 알아야 한다.

그렇다면 오늘날 새로운 세계 제패의 꿈을 키우며 무력으로 이라크를 침략하고 북한을 '악의 축'으로 규정하고, 그럴듯한 협정과 동맹을 내세우며 한민족을 지배하려는 강대국에 대해서 그리스도인들은 어떠한 태도를 취해야 할 것인가? '가이사의 것은 가이사에게'라고 말하며, 강대국의 불의한 지배 체제를 묵인하고 침묵하며 동조할 것인가? 그렇지 않으면 '하나님'의 자리를 차지하고 하나님의 백성과 땅과 소유를 착취하고 있는 자들에 맞서서 '하나님의 것을 하나님에게 되돌리라'고 외칠 것인가?

예수는 '하나님과 물질을 겸하여 섬길 수 없다'고 분명하게 말했다. 우리는 하나님과 제국을 겸하여 섬길 수는 없다. 더욱이 제국이 하나님의 것을 착취하고 있는 현실에서, 제국의 불의에 침묵하며 복종할 수는 없다. 제국의 무력에 의해 빼앗기고 착취당한 '하나님의 것'을 되찾아 내야만 한다. 보복 금지와 원수 사랑에 대한 예수의 말에서 우리는 분명히 인식해야 한다. 예수의 그 말은 결코 억울함을 당한 약소국가와 약자들에게 한 말이 아니라는 것을. 그것은 '이는 이로, 눈은 눈으로'라고 말하며 동족에 대한 보복심을 부추기고, 동족을 원수와 적으로 가르치는 강대국과 강자들에게 한 말이다. 불의한 강자의 경우, 일곱 번 잘못했다면, 일곱 번 돌아와서 회개할 때에만 용서의 은총이 주어질 수 있다. 거짓 교설과 교리로 동족에 대한 보복과 미움을 조장한 지배 권력자들은 동족에 대한 보복 대신에 도리어 굶주리는 동족에게 먹을 것을 나누어 주고, 꾸려고 할 때에 거절하지 말고 꾸어 주어야 한다. 아니, 그들은 착취한 것을 한 푼도 남김없이 되돌려 주어야만 한다. 그러한 회개의 행위 없이는 불의한 지배 권력자들은 결단코 심판을 면할 수 없다. 그들은 권좌에서 끌려 내려오게 되고, 굶주리게 되고 울게 될 것이다.

이 점에서 예수가 선포한 하나님 나라 도래의 선포는 정치적인 것과는 무관한 내세적이며 신비적인 어떤 것이 아니라, 로마의 지배 권력자를 심판하며 제국의 체제를 위협하는 것이었다. 예수가 '로마의 평화'에 맞서서 선포한 '하나님 나라의 평화'는 이 세상을 초월한 신비한 어떤 것이나 내면적인 평화가 아니라, 불의한 제국의 질서에 칼을 던지고 불과 분열을 일으키는 정치적인 것이었다. 그 때문에 예수는 로마 제국에 의해 정치범으로서 십자가의 형틀에서 죽임을 당했다. 그럼에도 불구하고 오늘날의 교회들은 '가이사의 것은 가이사에게'라는 구절과 보복 금지와 원수 사랑에 대한 예수의 말을 마음대로 해석하여, 불의한 제국주의자들과 맞서 싸우며 정의를 수립해야 할 그리스도인들을, '원수 사랑'과 '용서'라는 그럴듯한 이름으로 제국의 불의에 침묵하고 동조하며 지지하는 나약하고 비겁한 사람을 만들어 버렸다.

이제 우리는 분명히 보아야만 한다. 예수는 결코 로마 제국의 황제 가이사를 신으로 섬기지 않았다는 분명한 사실을! 약소국가와 약자를 억압하는 불의한 제국의 법질서를 추종하지 않았으며, 제국에 빌붙어서 동족을 멸시하고 억압한 예루살렘의 종교 지도자들과 정치 권력자들의 눈치를 보면서, 그들을 위한 조찬기도회를 열지도, **값싼 축복**을 빌어주지도 않았다는 것을!

그러므로 예수의 길을 따르려는 우리 그리스도인들은 오늘날 또다시 로마의 옛 영광을 꿈꾸는 제국들의 동요와 우상을 깨뜨려야 한다. 제국을 추종하면서 분단된 민족의 현실을 외면하고 굶주리는 북의 형제를 적대시하는 남한의 통치자들과 종교가들의 불의를 폭로해야 한다. 체제에 순응하고 침묵하면서 안일을 추구하고 형제자매의 고난을 외면한 우리 자신의 죄를 고백하고, 돌이켜 억압받는 자들이 해방되는 하나님 나라의 참 평화를 일구어 내야 한다. 제국의 권력자와 지배자들에 의해 무고하게 '죄인'으로 매도당하고, 범법자로 몰려 죽임을 당할지라도 두려움 없이…….39)

---

39) 그리스도인들은 지배자들에 의해 고난을 당하고 죽임을 받을지라도 두려워하지 않는다. 왜냐하면 그리스도인들은 예수의 십자가 사건에서 제국의 통치자들이 심판을 받고(고후 15:24~25), 억압받는 자들이 풀려나는 하나님 나라의 새 역사가 이미 이 땅에서 시작되고 있음을 보기 때문이다.

아시아 상황과
기독교

서 광 선 | 이화여자대학교 기독교학과, 명예교수

아시아: 오늘의 화두

아시아는 오늘날 우리의 화두가 되었다. 우리의 길고 오랜 역사 속에서 우리 조상들은 한 번도 동북아시아를 의식하지 않은 때가 없었다. 그것은 자의 반 타의 반이었다. 거슬러 올라가 서북으로부터는 몽고와 당나라, 한나라와 명나라, 그리고 청나라의 침략으로 점철되는 그 많은 전쟁을 치러야 하는 쓰라린 역사를 가지고 있다. 우리 승려들과 학자들과 외교관들은 그 옛날부터 중국 땅을 넘나들면서 아시아의 종교와 학문과 문화를 받아들이고 학습하며 연구했고, 그리고 발전시켜 왔다. 그 오랜 세월, 우리 민중들은 전쟁 포로로, 중국 궁중 시녀로 강제 동원되어 이국땅에서 한 많은 세월을 살아야 했다.

또한 우리 백성들은 바다 건너 일본의 사무라이들의 침공을 겪어야 했고 노예로 잡혀 가서 노동을 강요받았다. 일본제국주의 식민지로 온 나라 백성들이 노예생활을 감내해야 했던 식민지 시절, 우리는 동북아 공영권이라고 하는 일본 제국주의 아시아 침략 야욕의 틀 안에서 아시아가 무엇인지 조금씩 알게 되었다. 학도병으로, 정신대 위안부 성 노예로, 강제 징용 노동자로, 전쟁 피난민으로, 한국 사람들은 동북아시아와 동남아시아의 낯선 땅에서 아시아 민중의 삶을 살았다. 우리는 아시아의 피압박 민족으로서의 한과 설움을 역사 책 속에서만이 아니라 우리의 골수 깊은 곳에서 아프게 경험했다.

오늘날, 아시아의 민중들 —중국과 필리핀과 타일랜드와 인도네시아와 방글라데시 파키스탄과 스리랑카와 인도 사람들—은 아시아 속의 한국 사람들을 매일 만난다. 그들은 LG와 현대와 삼성과 대우의 간판이 걸린 건물과 공장에서 저임금에 땀 흘려 일한다. 그리고 밀려오는 한국의 관광객들의 주머니를 노리는 장사치들이 우리말을 배우고 환영의 소리를 외친다. 하지만 우리 이웃 아시아 사람들은 한국의 졸부들이 달러를 뿌리면서 오만한 행동으로 가난한 현지 사람들을 무시하는 '어글리 코리안'들을 아니꼽게 본다.

그러면서도 한편 '한풍' 혹은 '한류'로 불리는 한국 TV 드라마에 열중하면서 우리 젊은 남녀 배우를 우상화하고 영웅시한다. 한국은 불가사의의 나라라고 하는 것이 아시아인들의 일반적인 평가다. 반으로 쪼개진 세계 최후의 분단국가를 바라보는 아시아 이웃의 눈은 경이로움과 두려움과 함께 부러움으로 당황해 하는 눈치다. 그럼에도 불구하고 '우리도 남한처럼 민주화를 이룩할 수 있을까' '어떻게 하면 짧은 시일 안에 경제성장을 달성해서 부자 나라가 될 수 있을까' 하는 것이 우리 한국을 바라보는 아시아인들의 생각이다. 그래서 그토록 많은 중국과 동남아시아 나라들의 젊은이들이 한국 공장에 취직해서 일확거금 돈을 벌기 위해 한국 땅으로 밀려들어 오는 것이다.

아시아의 특징

우리는 아시아라고 할 때, 지도상으로 어디서 어디까지를 말하고 있는 것일까? 북으로는 러시아의 시베리아를, 남으로는 뉴질랜드와 오스트 레일리아, 동쪽으로는 일본, 서쪽으로는 인도까지. 아니면 중동을 포함하고 이스라엘과 팔레스타인을 포함할 것인가. 아시아와 유럽의 경계선에 대해서 아리송해진다. 어떻든 중국과 인도의 인구를 포함하여 아시아의 인구는 세계 인구의 3분의 2를 차지한다. 인종으로 말하자면 백인 이민자들이 차지한 오스트레일리아가 있고, 검은 피부를 가진 사람들이 인도와 인도네시아에 살고 있고, 남양의 섬나라에 살고 있는 폴리네시아 계통의 인종들과 우리와 같은 골격과 피부 색깔을 가지고 있는 몽고족, 중국 한족 등이 있다. 한마디로 '아시아인'이라고 할 수 있는 단일 인종이 없다는 말이다.

아시아를 말할 때 두 가지 특징을 제시한다. 그 하나는 가난하다는 것이고, 다른 하나는 여러 가지 종교를 가지고 있다는 것이다. 여러 가지 종교라고 할 때 우리가 기억해야 할 것은 오늘 날 이 세상의 가장 중요한 이른바 고등종교는 모두 아시아 지역에 그 발상지를 두고 있다는 사실이다. 기독교, 힌두교, 불교, 이슬람교, 유교, 도교 등 모두 아시아에서 시작했고, 온 세계로 퍼졌다. 그러므로 아시아 사람들은 풍요로운 정신문화와 전통을 이어받아 온 문화 민중이다.

아시아 사람들은 가난하다고 한다. 지금 대부분의 동남아시아 나라의 연간 소득은 200달러, 그러니까 1년간 평균 소득이 우리나라 돈으로 20만 원을 넘지 못한다. 일본과 홍콩이 한국보다 좀 더 잘 살고 있다고 할까, 다음으로 싱가포르, 대만 정도다. 아시아 사람들이 가난하다는 것은 지하자원이 부족해서도 아니고 게으르거나 일하기 싫어하기 때문도 아니다. 지난 500년 동안 ― 포르투갈 뱃사공 바스코 다 가마 (Vasco da Gama)가 인도 서해안 모래밭에 발을 들여 놓은 이후 ― 아시아의 거의 모든 나라들이 서구 제국주의 침략자들에게 침략당하고 착취당해 왔다. 인도, 인도네시아, 말레이시아, 필리핀, 라오스, 캄보디아, 베트남, 대만, 중국. 놀라운 것은 우리 한반도만이 유일하게 서구 식민지가 아니라, 같은 아시아인 일본의 식민지 노예생활을 했다는 것이다. 아시아 사람들이 가난한 것은 자원과 노동력을 서구 제국주의자들이 강탈해 갔기 때문이다. 아시아인들의 빈곤이 제2차 대전 이후, 해방이 되고 독립이 된 이후에도 역시 마찬가지인 것은 신자유주의나 지구화(Globalization)의 이름으로 미국과 영국 등 경제 제국의 신식민지 시장 확장과 경제 산업의 수탈 때문이다.

냉전시대와 아시아

가난과 다종교와 식민지 특징에 이어 아시아의 특징은 제2차 세계대전 이후 냉전의 싸움터였다는 것이다. 아니 아직 냉전은 아시아에서 진행형이다. 소련과 공산주의 세력과 이른바 자유주의 진영의 대립은 아시아에서 가장 첨예화되어 왔다. 동서 진영은 이념 대립을 이유로 아시아에서 전쟁판을 벌였다. 1945년 제2차 세계대전이 끝나서 해방이 된 지 5년도 되지 않아 한반도에서는 한국전쟁이 일어났다. 이 전쟁은 이념적으로 공산주의와 자본주의의 싸움이었고, 소련과 중국이 한

편이 되고 미국이 다른 한 편이 된 동서 대결이었다. 그동안 아시아 여러 나라에서 사상전(思想戰)이 일어났는데, 중국은 1949년 모택동이 중국을 공산국가로 출범하는 싸움을 5년 동안 치열하게 싸웠다. 그리고 월남은 프랑스와 마주 싸워서 프랑스를 축출했으나, 미국의 개입으로 그 치열한 싸움을 10년 넘게 더 이어갔고 결국은 승리했다. 그러는 동안 베트남의 주변 나라들은 공산주의 내전으로 수많은 양민들이 죽어 갔다. 아시아는 미국과 소련, 자본주의 제국과 공산주의 제국의 전쟁터가 되어 피로 물들었다.

아시아 여러 나라들은 아직도 식민지 시대와 냉전시대에서 벗어나지 못한 채 신자유주의와 세계화의 험한 물결 속에서 갈피를 못 찾고 경제적 빈곤과 정치적 불안에 허덕인다. 아시아 전역을 다니면서 경험한 이야기를 담은 박경서 인권 대사의 책 『한반도와 아시아』를 보면 아시아 여러 나라들을 다음과 같이 묘사하고 있다.

미얀마에 민주화의 봄을……

사회적 차별에 신음하는 인도 민중들……

무력으로 쟁취할 수 없는 파키스탄의 평화

생존권 위협받는 방글라데시 사람들

혼란과 아름다움의 네팔

전쟁의 상처 딛고 일어서는 베트남

캄보디아, 대량학살 그치자 인신매매 활개

자살 테러와 강간, 끝없는 스리랑카 종족 분쟁

수하르토의 인권 탄압 32년

종족 갈등 미봉책의 말레이시아

전쟁과 부패에 맞선 1만여 필리핀 NGO

식민지 경험 없는 식민지 타일랜드

독립을 쟁취한 동티모르의 혼란……

– 박경서, 울림사, 2002년

아시아 선교: 우리의 책임

아시아 민중을 향한 우리의 선교 책임을 생각하면 옛날 사도 바울의
전도 행각이 떠오른다. 이스라엘 서쪽을 향한 바울의 전도 행각은 그리
스의 철학적 수도 아테네로 향한다. 당시의 양대 철학파였던 스토아학
파와 에피쿠로스학파가 서로 철학적 논쟁을 벌이며 궤변가들이 거리
를 휩쓸고 다니는 외중에 유태-로마인 바울이 나섰다. 그 많은 신들을
섬기는 아테네 사람들이 '알지 못하는 신' '아직 이름이 밝혀지지 않은
신들'까지 섬기는 아테네 사람들에게, 그 신을 설교한다. 사도행전에
적혀 있는 대로, 아테네 사람들은 바울이 전도하는 부활하신 예수님에
대해서 많은 관심을 보였다. 사도 바울처럼 우리도 많은 종교를 가지고
있는 아시아 민중에게 부활과 부활의 희망을 말할 수 있을까? 부활은
죽음의 세력을 이기고 승리하는 것이다. 민중 신학자 서남동 목사님은
부활은 민중이 죽음의 세력에 눌리지 않고 일어나 싸우는 것이고 승리
하는 것이라고 힘주어 가르쳐 주셨다.

아시아 속에서의 우리의 선교적인 책임을 생각해 본다. 지금 수많
은 한국교회가 선교사들을 무수히 아시아 지역에 파송하고 있다. 나는
아시아 지역을 방문할 때마다 개인적으로 아시아의 친구들로부터 한
국 선교사들의 문제점에 대해 많이 들었다. 한마디로 말하면, '한국에

서 온 선교사들은 기독교를 전파하고 가난한 사람들에게 복음을 전하러 온 것이 아니라, 미국 자본주의 앞잡이 노릇이나 하면서 한국교회의 돈 자랑이나 하러 온 것 같다'라는 것이었다.

우리의 아시아 선교는 우리나라에서부터 시작해야 한다고 본다. 먼저 우리나라의 교회들이 각성하고 회개해야 한다. 제 눈의 들보를 못 보며, 남을 선교한다니 그것이 될 말인가? 돈과 맘몬을 섬기는 한국의 기독교가 아니라 참 하나님, 예수님의 참된 복음을 전하는 기독교가 되어야 진정한 복음을 전파할 수 있다는 말이다. 한국의 기독교가 거듭 나지 않고서는 아시아에 복음을 전한다는 것은 문제가 될 수밖에 없다. 아시아의 민중이 스스로 해방하려고 하는 그 치열한 운동에 가담할 때, 우리는 예수 그리스도의 해방의 복음을 선포할 수 있다.

한국의 기독교인은 수적으로 보아도 아시아에서 1위다. 아시아와 세계 사람들은 한국의 경제 발전은 기독교 세력이 주도했다고 생각한다. 그리고 한국의 민주화는 한국 기독교가 주도적 역할을 했고, 해 냈으며, 계속 이끌어 나갈 것이라고 기대한다. 세계 강대국가들 중심의 세계자본주의가 아시아의 빈곤을 가속하는 상황에서 아시아 민중들은 우리에게 희망을 걸고 있는 것이다.

제국의 상황에서
아시아적 성서해석 방법

– 정치·사회·경제적 해석과 종교관 대화적 해석

김 은 규 | 성공회대학교 신학과, 구약학

들어가는 글

성서해석의 연구 방법은 무엇인가? 필자는 두 가지 연구 방법이 있다
고 본다. 첫째는 성서에 대한 객관화 작업이다. 역사비평 방법을 통해
서 성서 시대의 각종 문헌들을 비교하고, 분석하고, 객관화함으로써
성서 본문의 사실성을 밝히는 작업이다. 이 작업은 기독교가 유럽을
중심으로 성장해 온 역사적 배경으로 18세기 중엽 이후 서구 신학자들
의 주도로 이루어져 왔다. 서구 성서학자들의 노력으로 서구의 역사학,
사회학, 고고학, 인문학, 자연과학 등의 다양한 영역의 발전과 궤를 같
이하면서 성서를 객관화하고, 고증하는 데 체계를 세운 것이다. 이 연
구 방법은 성서가 형성된 역사적 조건을 넘어설 수 없는 것이다.

　두 번째는 성서에 대한 해석 작업이다. 이것은 의미를 밝히는 것이
다. 성서 본문의 의미를 임의로 해석해서는 안 되지만, 시대에 맞는 새

로운 해석이 필요한 것이다. 성서 본문 시대의 가치관을 오늘날 그대로 옮겨놓을 수는 없는 것이다. 기독교가 다른 문화, 종교들의 세계관, 우주관, 인간관, 역사관 등과 만나면서 적극적인 의미의 해석을 보여줄 때, 기독교는 사상(Christian thought)으로서 자리매김을 할 수 있을 것이다. 그렇지 않고 여전히 성서 본문 시대의 사고 체계에 갇혀 있거나, 교단의 교회 권력과 교리 중심적 사고에 갇혀 있고, 지배 질서를 강화하는 방향에 있게 되면, 그것은 배타적인 기독교주의(Christianism)가 되며, 교조화되고, 화석화하는 지배 이념으로 자리를 잡을 수밖에 없게 된다.

따라서 위의 두 가지 성서 연구 방법은 반드시 함께 시도되어야 한다. 전자는 1백여 년이 넘게 많은 고증을 해왔지만, 후자는 성서 자체의 사고 틀과 교권에 갇혀 다양한 전개에 걸림돌이 되고 있어 매우 부진한 형편이다. 후자에 대한 활발한 논의를 위해서 과거 제국주의를 펼쳤던 유럽 중심의 신학에 대한 비판적 성찰이 필요하며, 피식민지 지배를 경험한 아시아, 아프리카, 남미의 눈으로 보는 새로운 시각과 해석이 필요하다.

그래서 서구의 기독교가 아시아, 아프리카, 남아메리카에 전해졌을 때 이들 국가에서는 어떻게 기독교를 받아들이고, 성서를 어떻게 해석하고 있는지를 살펴볼 필요가 있는 것이다. 그것은 서구로부터 기독교의 전래가 이들에게는 고유의 토착문화와 종교·사상에 대한 도전이요, 억압이 되었기 때문이다. 지난 16세기 이래로 유럽은 제국주의(imperialism)의 식민지 확장으로 이들 대륙으로 진출하면서 군사적 힘으로 통치하고, 자원과 유물들을 착취하며, 문화와 전통 그리고 종교를 '우상숭배 금지'의 명분으로 파괴하고, 노예제도 등으로 식민지 국민들의 인권을 유린하는 동안, 기독교는 식민지를 통치하는 지배 이념의 근거와 논리와 정당성을 부여해 주는 데 기여했다. 남아프리카공화국의 성공회 투투 주교는 "유럽 기독교가 아프리카에서 성경책만 주고, 사람을 비롯해 모든 자원을 빼앗아 갔다"고 말했다. 식민지배가 피지배 국가와 민족을 정치적으로 예속하고, 사회적으로 통제·억압하며, 경제적 착취와 문화, 종교에 대한 지배라는 상황들(contexts)을 만든 것이다. 따라서 유럽의 신학자들, 백인 신학자들이 성서를 보고 해석하는 시각은 아시아·아프리카·남미 세계와 공통점도 있겠지만, 기독교와 신학자들이 두 번의 세계대전을 치루는 동안에도 거의 침묵으로 일관한 것으로 볼 때 식민지 팽창과 자본주의의 우월의식이 의식적으로나 무의식적으로 그들의 사고에 영향을 주는 것으로 볼 수 있다.

세계대전이 끝나고 아시아, 아프리카, 남미의 피식민지 국가들이 정치적인 독립은 했지만, 미국과 유럽을 중심으로 한 세계자본주의 경제 체제에 여전히 예속되었고, 1980년대 이후 지구화(globalization)라는 신자유주의적 지배 방식으로 계속 속박을 당하고 있다. 더욱이 하나의 초강대국(미국)이 전 세계를 지배한 적은 역사적으로 없었던 일이며, 이 제국(empire)의 상황은 무기와 힘으로 약소국가들을 전쟁의 위협으로 몰아가고 있다.

지구촌의 이러한 역사와 현실에 대한 자각은 해방신학, 아시아 신학, 민중신학, 인도의 달릿(Dalit) 신학, 아프리카 신학 등을 낳았고, 유럽의 시각에서 벗어나려는 노력이 1970년대부터 나오기 시작했다. 아시아 신학은 대부분의 아시아 국가들이 피식민지 경험을 토대로 서구 기독교 신학과 성서해석에서 그들의 지배적인 논리와 시각을 극복하는 데서 출발했다.[1] 그래서 아시아의 상황 속에서 새로운 성서해석을 시도하는 것을 의미한다. 아시아의 지정학적 요인과 문화적 요인은 아시아 신학을 아시아적 관점으로 성서를 해석하게 하는 시각을 열어주었고, 이제는 서구신학에도 큰 반향을 불러일으키고, 오히려 적극적인 수용과 반응을 보이고 있다.

이 글은 아시아적 관점에서 구약 방법론과 해석학에 대한 규정과 범위를 세우고, 크게 사회·정치·경제적 해석과 종교 간 대화적 해석으로 구분하고, 그 해석의 방법론과 적용을 시도하고자 한다.

아시아적 성서비평 방법과 해석의 준거 틀

19세기 말 이후 역사비평은 고대 이스라엘과 주변 세계의 역사를 밝혀내고, 그 안에서 성서문학의 발전 과정의 상호 연관성을 고증하는데 관심을 가졌으며, 문학비평은 성서 본문이 보여 주는 문학 양식, 편집, 저자, 연대, 전승 등에 관심을 보였다. 사회학적 성서해석으로 당시의 사회적 상황을 밝혀내는 기여도 했다. 1980년대 이후 등장하기 시작한 신 문학비평은 문학적 표현 수단이 되는 수사학, 독자와 저자의 관계, 문학 구성(줄거리, 인물들 간의 관계를 비롯한) 등 보다 넓은 문학 구조에 주목하고 있다. 이 두 경향은 모두 역사비평을 근거로 하며, 본문이 당시에 있었던 상황에 대한 문학적 해석이라는 의미를 둘 수 있겠다. 그러나 역사비평과 문학비평의 공헌에도 불구하고, 오늘의 상황을 연결시키기에는 한계를 보이고 있다. 특히 북미와 유럽 중심의 성서학자

---

1) "제3세계의 신학: 아시아/아프리카,"《신학사상》 34집(1981); 변선환·박순경, "제3세계와 신학",《신학사상》 46집(1984); "아시아의 상황과 신학,"《신학사상》 56집(1987).

들이 보여 준 지난 1세기가 넘는 기간 동안 역사비평과 문학비평은 근
·현대 세계사의 현실과 상황을 외면한 부분이 크기 때문이다. 이들은
성서시대의 본문(text)과 상황, 그리고 오늘의 상황을 이분법적으로
분리시켜, '해석학적 가교'(hermeneutical arch)라는 용어를 통해서 연
결시키는 시도를 하고 있다.

하지만 필자가 보는 해석방법론, 즉 "성서 본문이 곧 상황이며, 오
늘의 상황도 곧 본문이 된다"라는 견해로 볼 때, 성서시대와 오늘을 일
치시킬 수 있다고 본다. 다시 말하면, 본문과 상황이 분리된 것이 아니
고 '하나'인 것이다. 여기서 말하는 '상황'은 일반적인 것을 말하는 것
이 아니고, 사회적 모순 등으로 인해 개인과 사회가 고통, 갈등, 모순
등을 겪는 사회적 상황을 반영하는 것이다. 하지만 그 출발은 오늘의
현실과 상황에서 문제의식을 만들고, 고대의 성서 본문과 상황을 해석
하여 오늘의 난제들을 해결해 나가는 해석학적 근거를 삼는 것이다.
이러한 관점을 견지할 때, 아시아적 성서해석비평 방법론은 오늘의 아
시아적 현실이 곧 본문이자 상황이며, 여기서 출발하여 성서시대의 본
문과 상황을 분석하여 과거를 오늘의 현실에서 재조명하는 방법이다.

필자는 이러한 신학적 반성을 토대로 아시아의 시각에서 성서를 바
라보는 해석학적 준거 틀을 만들어 보고자 한다.

첫째, 아시아적 성서비평과 해석은 오늘의 아시아적 현실 상황에서
출발하며, 그 관점에서 성서의 주제를 찾아낸다. 아시아적 상황이 제
국, 지구화, 인권, 가난, 여성 차별, 가부장제, 계급, 인종 차별, 외국인,
노동자, 농민, 정치적 억압, 종교 간 갈등, 종교 권력, 전쟁, 평화, 생태
등의 문제들에 노출되어 있다. 여기 현장에서 나온 외침과 구호, 호소,
주장, 탄원 등이 바로 본문(text)이 되는 것이다. 그리고 오늘의 주제들

과 고대 이스라엘이 제국들에 둘러싸여 경험한 내용들을 찾아내어, 오늘의 본문에 적용시킨다. 그 근거는 이러한 모순들이 현대화된 오늘에도 고대의 국가, 사회와 비교해 볼 때 동일하기 때문이다. 곧 오늘의 상황이 본문이 되고, 과거의 본문과 상황을 오늘에 재해석하는 것이다.

둘째, 아시아적 성서비평과 해석은 본문이 만들어지던 때의 사고의식에 제한받지 않으며, 오늘의 다양한 가치나 사상과의 접촉을 통해 새롭게 재해석하는 유연성을 갖는다. 정경(正經, canon)의 절대성에 집착하여 문자에 제한받기보다는 보다 확대된 해석으로 보다 탄력적인 관점을 갖는다. 오경, 예언서, 성문서 등의 형성이 최소 수백 년에서 최대 천 년에 걸쳐 수정, 가감, 편집의 과정을 거치면서 그 시대에 맞는 사상들과 자유로운 교제가 있었듯이, 오늘 이 시대에도 많은 사상들, 종교사상들과 폭넓게 교류할 수 있는 것이다. 필자가 보기에 기독교 역사에서 가장 불행한 사건인 일점일획도 고치지 못한다는 선언이 구약은 기원후 195년 얌니야 회의에서, 신약은 397년 카르타고 공의회에서 정경(canon)으로 선포된 이후 현재까지 계속되고 있다. 다시 말해서 성서 본문의 내적인 역동성은 없어지고, 오직 종교권위 속에 제한된 해석만이 정통으로 남아 있는 것은 아닌가 하는 의구심을 갖게 된다. 그것은 로마 제국으로부터 기독교가 공인을 받은 후 기독교는 로마의 지배종교가 되었고, 중세시대에 십자군 전쟁의 전쟁 이데올로기로 활용되었고, 근세에 식민지 팽창 시대에는 약소국가들의 종교, 문화, 사상들을 물리치는 지배 이데올로기의 역할로 전락했으며, 현재에도 미국의 세계전략에서 기독교 국가가 전 세계를 지배하는 데 정당성을 부여하는 이데올로기로 활용되고 있기 때문이다.

그러므로 구약의 신명기적 사고(유일신, 우상 숭배 금지)를 재해석할 필요가 있다. 그 당시 제국과 제국의 종교에 둘러싸여 야훼 종교의 정체성을 지키기 위한 엄격한 규정으로서 의의가 있었지만, 오늘날 종교 간 대화 시대에 있어서는 종교들과의 상호 사상적, 신앙적 교류를 통해 성서, 나아가 기독교의 정체성을 찾기 위해서 아시아의 눈으로 재조명할 필요가 있는 것이다.

셋째, 아시아적 성서비평은 사회학적 성서비평과 차이가 있다. 사회학적 해석은 본문 안에서 단지 계층, 남녀, 사회지배와 피지배 등의 관계를 기능적으로 분석하는 경향이 있다. 자본주의의 논리로 지향하는 지구적 상황, 제국과 피지배 국가의 관계 등을 고려할 때, 아시아적 성서해석은 단순히 분석하는 차원이 아니라, 이러한 억압과 갈등의 모순을 운동적으로 해결하자는 것이다. 예언자들의 예언 운동이 당시의 사회에 대한 현학적 지식을 보여 주는 것이 아니라, 그 사회의 권력 모순들에 대해서 비판하는 운동적 성격을 갖고 있기 때문이다. 또한 성서의 저자나 편집자, 서기관들 역시 주체적인 신학자로서 당시의 사회 모순을 개혁해 나가는 의지를 볼 수 있다. 남미에서 해방신학은 남미가 미국의 종속적 국가로 전락하는 것을 막는 데 큰 역할을 했고, 민중신학은 군사독재정권과 맞서며 민주화를 이루어내는 데 기여했고, 강대국들에 둘러싸여 있는 분단의 상황에서 통일의 주제를 이어가고 있다. 인도의 달릿 신학이 인도의 계급과 신분 차별, 빈곤에 맞서는 신학운동으로 전개되고 있다.

넷째, 아시아적 성서비평과 해석은 인간, 자연, 우주에 대한 인간의 보편적인 관심에 근거하여, 고대 이스라엘이라는 시간과 공간을 넘어 아시아의 다문화와 다종교 상황과 직접적이고 능동적인 만남을 필요로 한다. 이 같은 주제들에 대해서 경전간 해석(inter-scriptural hermeneutics)이 필요하다. 아시아의 기본 종교인 힌두교, 이슬람, 불교, 유교 등과 적극적인 만남을 통해서 기독교는 과거의 식민지적 사고를 버리고, 아시아의 문화와 종교 전통을 존중하는 자세를 견지함으로써 새로운 자기 정체성을 자리매김할 수 있는 것이다.

이러한 아시아적 성서비평과 해석의 준거 틀(frame work)은 본문을 과거의 경전으로 제한하는 해석의 틀을 극복하고, 지구촌에서 서로 공존하며 평화를 이루는 새로운 관계를 정립하는 데 기여할 것이다.

정치·경제·사회적 해석(비평)과 적용

오늘 아시아의 정치·경제·사회적 현실은 유럽과 일본의 식민지 시대 이후 국가의 독립은 이루었지만, 미국과 유럽의 자본주의식 경제의 재편 과정에 따라 정치·경제적 종속 구조에서 벗어나지 못하고 있다. 아시아 인구의 절대 다수가 빈곤과 실업, 질병으로 고통을 받고 있다. 지구화의 근간을 이루는 신자유주의(WTO, IMF, IBRD 등 국제경제기구)는 국가 간 경제의 벽을 없앰으로써 금융자본, 노동, 농수산물, 문화 등에 이르기까지 선진 국가들이 아무런 규제 없이 아시아를 비롯한 아프리카, 남미에서 막대한 자원을 빼앗아가고, 또 이들 국가에게 다시 엄청난 돈을 지불하고 되사들이도록 하는 불평등 구조를 심화시키고 있다. 과거에 유럽이 군사적인 힘으로 식민지국가를 점령했던 때가 제국주의(imperialism) 시대였다면, 현재는 미국이라는 하나의 국가가 군사력과 고기술(high-technology)의 바탕 위에 초강대국으로 부상하면서 전 세계를 정치적으로, 경제적으로 지배하는 제국(empire) 시대가 된 것이다. 따라서 성서해석 역시 본문을 둘러싼 정치·경제·사회적 배경을 읽어냄으로써, 오늘의 현실과 연결 지을 수 있다.

민중신학

민중신학은 서구신학에 대한 반성과 이를 극복하려는 1970년대 상황에서 한국에서 태동했다. 당시 남미의 해방신학의 출현과 함께 아프리카의 토착종교와 기독교의 연결, 아시아에서 필리핀과 한국에서 독재에 맞서면서 나온 이들 신학적 사조는 서구 신학의 관념적인 틀에서 벗어나, 실제로 사람들이 겪는 고통의 현장, 곧 정치적 억압과 왜곡된 경제구조, 이로 인한 빈곤의 악순환 등의 사회적 현실에 의식을 갖고 사회운동을 이끌며 나왔다.

민중신학은 군사독재정권이라는 국가권력과의 직접적인 민주화 투쟁, 서구신학에 대해서 무조건 따라가는 경향에 대해서 비판적 시각을 시도했다는 점, 지배적인 이념에서 벗어나 역사 발전의 주체를 민중으로 보았다는 점과 민족을 강조하는 방향으로 나아갔다. 이러한 목표는 아시아, 아프리카, 남미를 비롯한 약소국가와 민족들이 자주적이고 실질적인 독립을 이루려는 시도였다.

특히 '민중'이라는 계급적 특징에 초점을 맞추고, 가난하고, 소외되고, 억압받는 사람들에 관심을 갖고, 이들에 대한 인권을 위해서 현장교회를 세우고, 함께하는 실천적인 모습을 보였다. 민중 신앙을 역사변혁의 중요한 요인으로 본 것이다. 하지만 1990년대 이후 한국에서 군사정권이 퇴진하고 민주화를 이룩하고, 현장교회들이 현장을 떠나면서, 민중신학의 구심력이 약화되는 현상을 보이고 있다.

21세기가 시작되면서부터 신자유주의 정책으로 인해 유럽·북미와 아시아·아프리카·남미 사이에 경제적 양극화는 더 벌어지고, 아시아의 민중은 더 고통스러운 현실에 노출되어 있다.[2] 이제 민중신학은 동북아시아를 둘러싼 강대국들의 힘의 논리를 이겨 내며, 민족의 통일을 대비하고, 아시아의 민중에 관심을 가져야 할 것이다. 이에 따라 성서에 대한 접근과 해석 역시 오늘의 상황에서 본문을 바라보고 해석하는 경향을 만들어 냈다.

달릿(Dalit) 신학

인도는 수천 년 넘도록 카스트 제도에 갇혀 착취와 억압을 받아왔다. 그런데 이 계급에도 들지 못하는 천민 계급이 있으니, 그들이 달릿(Dalit)이다. 주로 인도의 남부지역에 거주하는데, 오늘날 9억의 인도 전체 인구 중 2억이나 될 정도로 다수를 차지한다. 이들 달릿은 농촌에 살면서도 토지를 소유하지 못하기 때문에 소작 일을 하거나, 도시로 떠나지만 도시 빈민으로 살아간다. 달릿 여성들은 성차별은 물론이고 성폭행에도 노출되어 수많은 희생을 낳고 있다.

힌두교는 지배종교로서 신분제도를 고착하는 종교 이데올로기를 유지시키고 있다. 인도 기독교가 1960년대 해방신학과 1980년대 민중신학, 아시아 신학의 영향을 받고 달릿에 대한 관심을 갖기 시작했다. 달릿 신학은 최하층 민중의 고통에 동참하고, 이를 극복하기 위한 투쟁과 선교의 궤를 같이한다.

달릿 신학은 수천 년간 이어져 온 최하층 달릿에게 민중의식을 불어넣어 주고, 인간으로서 살아야 할 기본 권리를 이해시키며, 카스트 신분제도와 인종 차별 철폐, 불의한 사회적 편견과 불평등한 제도에

---

2) 심현주, "지구화 시대의 민중신학,"《신학사상》126집(2004); 임태수, "제2종교개혁을 지향하는 민중신학",《신학사상》127집(2004).

대한 저항, 그리고 식민지 유산을 청산하고, 서구신학으로부터 탈출을
시도하면서 기독교 해방운동을 전개하고 있다.

탈식민주의(post-colonialism) 신학

서구 유럽의 제국 확장으로 아시아·아프리카·남미 국가들은 수백
년 동안 식민지를 경험했고, 이로 인한 정치적, 경제적, 종교적, 문화적
후유증은 현재까지도 계속되고 있다. 기독교가 제국 확장 논리에 일조
했으며, 그 반성으로서 탈식민주의(post-colonialism) 신학을 만들어
냈다.3) 아시아·아프리카·남미에서 기독교는 자기의 정체성을 찾지
못하고 여전히 서구 기독교의 지배 이념에 지대한 영향을 받고 있는
상황에서, 탈식민주의 신학은 현재의 자본주의와 제국의 요소를 분명
히 인식하고, 이 같은 요인들이 신학 안에 들어와 있는 것을 찾아내고,
학문의 종속성을 비판하는 연구를 하고 있다. 하지만 서구 신학에 대한
무조건적인 거부가 아니라 지금까지 그들의 시각으로만 바라본 것들
에 대한 신학적 반성이며, 아시아적 시각으로 다시 바라봐야 한다는
것이다.

---

3) Sugirtharajah, R. S. "Inter-faith Hermeneutics: An Example and Some Implications",
in R. S. Sugirtharajah ed., *Voices From the Margin* (London: SPCK, 1991), 353. 수기
르는 이 책 서문에서 A Dictionary of Biblical Interpretation에는 아시아, 아프리카, 흑인
성서학자가 단 한 명도 들어가 있지 않으며, 남자 유럽-미국 학자들로만 구성되어있다고
지적한다. 2; *The Bible and the Third World* (Cambridge: Cambridge University Press,
2001); *Asian Biblical Hermeneutics and Postcolonialism* (New York: Orbis Books,
1998). 아시아를 낮추어 보는 오리엔탈리즘을 지적하고 있다; *Postcolonial Criticism and
Biblical Interpretation* (Oxford: Oxford University Press, 2002); *Postcolonial
Recon-figurations* (New York: Orbis Books, 2003); *The Bible and Empire*
(Cambridege: Cambridge University Press, 2005), Ch. 4 "Texts and Testament:
the Hebrew scriptures in colonial context", 145-191.

탈식민주의 해석은 서구의 개인주의, 비정치적 논리, 가부장주의, 기독교 팽창주의 등의 이데올로기가 신학은 물론 성서해석의 바탕에 깔려 있음을 지적하고, 이를 극복하는 새로운 시각을 열고 있다. 또한 탈식민주의 신학은 '오직 성서'에만 집착하는 것에서 탈피하여, 다양한 경전들, 불교, 유교, 이슬람, 힌두교 등의 경전들 사이에서도 교류(interscripture)가 가능하다고 보는 견해를 갖는다.[4]

적용: 이사야의 반제국 사상

이러한 정치·경제·사회적 접근의 내용을 이사야서를 예로 적용해 보기로 하겠다.

이사야서는 BC 8세기 시대의 예언서로 보지만, 40장~66장을 2세기가 지난 포로기 시대와 그 이후의 시기로 본다면, 이사야서 1장~39장이 저작으로 남는다. 1장~11장이 이사야의 초기 예언으로 웃시야의 죽음으로부터 시리아-이스라엘의 동맹 시기까지 약 10년(BC 742~732), 13장~23장이 이방 국가들에 대한 신탁, 24장~27장을 소묵시록, 28장~32장은 후기 예언으로 유대 왕 히스기야의 즉위로부터 산헤립의 유대 침공까지 약 14년(BC 715~701) 동안의 사건을 반영하고 있다. 36장~39장은 열왕기하 18장 13절~20장 19절과 비슷하다는 이유로 1장~35장의 부록으로 후에 첨가된 것으로 간주한다. 제1 이사야서는 아시리아를 배경으로 하고 있는데 반해, 13장~14장은 6세기의 바빌론을 언급함으로써 시대적인 일치가 되지 않기 때문이다.

이사야서의 내용이 다양하고, 시대적 간격이 넓고, 불일치하는 곳

---

4) 양권석, "경전간 해석학", 『종교갈등시대의 삶과 해석학』(광주: 호남신학대학 해석학연구소, 2002), 155-191.

도 발견되지만, 차일즈(B. S. Childs)는 개별적인 본문들의 기원에 상관없이 이사야서를 한 저자의 통일성이 아니라, 편집의 통일성으로 보는 견해를 밝히고 있다.5)

이사야는 도시 출생으로 야훼의 성전이 있는 예루살렘을 중심으로 활동했다. 웃시야 왕은 권력이 강력했지만, 그가 죽고 나자 그의 아들 요담이 무력하게 통치하는 불안한 시기였고, 아시리아 제국의 위협은 더욱 커져 있을 때였다.

제1 이사야서의 중심 주제에 대하여 대부분 학자들은 이스라엘의 거룩한 하나님, 구원자, 신실한 남은 자 사상, 열방에 대한 신탁 등에 관심을 갖는다. 하지만 이사야서의 중심 주제는 명백하게 '제국'에 대한 심판이라고 말할 수 있다.

지리적으로 이집트와 메소포타미아 제국 국가들에 둘러싸여 있는 이스라엘은 정치적으로, 경제적으로, 종교·문화적으로 종속적이고 굴욕적인 입장에 있을 수밖에 없는 현실이다. 다윗 왕 때 잠시 주변 국가들을 정복하고 독자적인 힘을 발휘할 수 있었으나, 솔로몬 왕이 죽은 뒤 북이스라엘과 남유대로 분열되고 국력이 더욱 쇠퇴했다. 북이스라엘은 계속되는 왕들의 쿠데타로 국력이 소진되어 722년 멸망했으며, 이것은 남유대의 국가 존립에 부담이 더욱 가중되었다. 남유대 역시 제국들에 대해 정치적으로 독립적이지 못한 상황에서 그 어려움을 백성들에게 전가하고, 지도층의 권력은 부패하며, 경제적인 부익부 빈익빈 현상은 심화되고, 뇌물, 종교의 타락, 사회적 약자들의 고통, 도덕적 타락이 심화되는 실정이었다.

---

5) B. S. Childs, *Introduction to the Old Testament as Scripture* (Philadelphia: Fortress Press, 1979), 324-337.

이러한 현실에서 이사야는 개별적이고 분리적인 사고를 하지 않고, 전체적이고 종합적인 사고를 한 예언자였다. 다시 말해 한 사람 개인의 도덕성, 그리고 사회의 부패, 빈부 격차, 소외된 사람의 문제 등도 주변의 제국 국가들과의 관계 속에서 보았던 것이다. 이것은 그가 국제질서와 국내사회의 종속적인 연결고리를 읽어낼 줄 아는 탁월한 인물이었다는 것을 시사한다. 그리고 사회 모순의 원인과 병폐를 정확히 보았고, 그 원인을 일으키는 사회 상부 지도층을 지적하고 그 핵심 고리가 되는 중앙권력에 대해서 비판을 가했다.

이사야는 먼저 유대 내부 사회의 불의함, 도덕성 결여를 지적한다.

"너의 지도자들은 주께 반역하는 자들이요, 도둑의 짝이다. 모두들 뇌물이나 좋아하고……."(이사야 1:23)

"주께서 지도자들을 세워놓고 재판을 시작하신다. 나의 포도원을 망쳐 놓은 자들이 바로 너희다. 가난한 사람들을 약탈해서, 너희 집을 가득 채웠다. 어찌하여 너희는 나의 백성을 짓밟으며, 어찌하여 너희는 가난한 사람들의 얼굴을 마치 맷돌질하듯 짓뭉갰느냐?"(이사야 3:14~15)

"불의한 법을 공포하고, 양민을 괴롭히는 법령을 제정하는 자들아, 너희에게 재앙이 닥친다. 가난한 자들의 소송을 외면하고, 불쌍한 나의 백성에게서 권리를 박탈하며, 과부들을 노략하고, 고아들을 약탈하였다."(이사야 10:1~2)

이사야의 사회정의에 대한 목표의식은 분명하다: "옳은 일을 하는 것을 배워라. 정의를 찾아라. 억압받는 사람을 도와주어라. 고아의 송사를 변호하여 주고, 과부의 송사를 변론하여 주어라"(1:17). 사회적 약자이며 가장 힘없는 대상인 고아와 과부, 곧 여성의 인권을 보호하고, 사회의 한 구성원으로 포함시키고 있다.

이사야는 이러한 국내 문제를 따로 분리해서 보지 않고, 반드시 국제관계 속에서 바라보고 있다. 그는 유대 주변의 강대국가들이 제국의 성격을 갖고 있고, 유대가 항상 군사적 침략의 위험에 노출되어 있으며, 정치적, 종교적으로 종속되어 있는 상황을 정확하게 바라보고 있다. 이사야는 하나님이 아시리아와 주변 제국 국가들을 이용해서 유대 내부의 부패를 경고하고 침략할 것을 말한다. 하지만 그 후에 다시 하나님이 이들 제국들에게 심판 내릴 것을 전한다. 이것은 제1 이사야서 1장~39장의 편집에서도 볼 수 있다. 주변 제국과 주변의 국가들에 대한 비중은 8장~31장, 34장, 36장~37장에 이르기까지 3/4 이상의 비중을 할애하고 있다. 그리고 서론에 해당하는 1장~6장은 사회의 불의를 고발하는 내용, 그리고 32장에서 정의를 회복하고 심판으로부터 회복을 다룸으로써, 유대의 내부 문제와 제국의 문제를 직접 연결시키고 있다.

이사야는 거대한 제국들의 멸망에 대해서도 서슴지 않고 예언한다. 북이스라엘을 멸망시킨 아시리아 제국과 이집트 제국에 대해서 거침없이 멸망을 예언한다.

"만군의 주께서 오렙 바위에서 미디안 사람을 치신 것 같이 채찍을 들어 아시리아를 치시며, 또한 이집트에서 바다를 치신 것 같이 몽둥이를 들어서 그들을 치실 것이다."(이사야 10:26~27, 참고 19:4)

"주께서 몽둥이로 치실 것이니, 아시리아는 주의 목소리에 넋을 잃

을 것이다."(이사야 30:31)

"만군의 주께서 그들(제국들)을 나뭇가지 치시듯 요란하게 치실 것이니, 큰 나무들이 찍히고, 우뚝 솟은 나무들이 쓰러지듯이, 그들이 그렇게 쓰러질 것이다."(이사야 10:33)

한편 아시리아 제국이 무너지기도 전에 제2 이사야의 시기로 보는 바빌론 제국에 대한 심판도 언급을 하고 있다(이사야 13장~14장, 21장).

"만군의 주께서 말씀하신다. '내가 일어나 바빌론을 치겠다. 내가 바빌론을 멸하겠다. 그 명성도 없애고, 살아남아서 바빌론의 이름을 이어갈 자도 하나도 남기지 않고 멸종시키겠다.'"(이사야 14:22, 참고 13:19)

제국 침략과 정복이 약소국가들에게는 심한 억압으로 고통을 받았던 것으로부터 벗어나는 환희의 소리도 나온다.

"웬일이냐, 폭군이 꼬꾸라지다니! …… 주께서 악한 통치자의 권세를 꺾으셨구나……. 화를 내며 백성들을 억누르고, 또 억눌러 억압을 그칠 줄 모르더니, 정복한 민족들을 억압해도 막을 사람이 없더니, 마침내 온 세상이 안식과 평화를 누리게 되었구나. 모두들 기뻐하며 노래 부른다."(이사야 14:4~7)

바빌론 제국을 물리쳤을 때의 감격을 보여 주는 것이다.
이렇게 이사야는 유대의 운명이 그리 밝지도 않고, 강한 힘을 갖기는커녕, 오히려 더 쇠락해 가는 때에도 과감하게 제국들에 대한 심판을 선언하고 있다. 바빌론에 대한 심판을 기술한 본문이 후대의 첨가라고 볼 때, 제1 이사야서와 제2 이사야서는 바빌론 제국을 심판하는 공통적인 신학적 사상을 볼 수 있다. 한편 제국은 아니지만, 이스라엘을 괴롭히는 가나안 주변국가들, 블레셋(14:28~32), 모압에 대한 심판(15장~16장), 시리아에 대한 심판(17:1~6), 에티오피아에 대한 심판(18장)을 계속해서 선언하고 있다.

이사야가 원하는 것은 제국의 멸망을 통해서 평화를 지향하는 것이다. 평화에 대한 희망은 이사야서 서문에서 그 목표점을 분명히 언급하고 있다. 곧 제국 국가들의 침략을 막고, 궁극적으로는 전쟁을 막자는 것이 그 목표인 것이다. "그들이 칼을 쳐서 보습을 만들고 창을 쳐서 낫을 만들 것이며, 나라와 나라가 칼을 들고 서로를 치지 않을 것이며, 다시는 군사훈련도 하지 않을 것이다"(2:4). 이 선언의 기조는 이사야서 전체의 핵심 주제가 되고 있다. 막연하고 추상적인 평화 개념이 아니라, 제국이 사라지고, 전쟁이 사라지는 세상을 바라는 것이다. 이사야의 이러한 국가질서 간의 평화도 유대 내부 사회의 정의와 반드시 연동되어 있다. 그것이 한 문단에 비유를 통해서 잘 표현되고 있다:

"가난한 사람들을 공의로 재판하고, 세상에서 억눌린 사람들을 바르게 논죄한다. …… 그때에는, 이리가 어린 양과 함께 살며, 표범이 새끼 염소와 함께 누우며, 송아지와 새끼 사자와 살진 짐승이 함께 풀을 뜯고……."(이사야 11:4~6)
"암소와 곰이 서로 벗이 되며, …… 사자가 소처럼 풀을 먹는다. 젖 먹는 아이가 독사의 구멍 곁에서 장난하고, 젖 뗀 아이가 살무사의

굴에 손을 넣는다."(이사야 10:7~8)

이사야는 이러한 식견을 갖고, 제국을 무너뜨리고 평화를 이루시는 분은 하나님이시라는 것을 선언한다.

결론적으로 제1 이사야서는 유대 내부 사회적 모순(불의, 부패, 인권 등)을 주변 제국들의 문제와 연동지어 사고하는 역사의식을 보이고 있다. 이러한 이사야서의 상황은 오늘날 아시아 상황에서도 적용된다. 아시아의 국가들과 민중이 여전히 세계자본과 세계 강대국 군사력의 기세에 눌려 있고, 독립적이지 못하며, 이로 인해 내부 사회들도 여전히 권력의 부패와 경제적 불평등, 인권, 여성 차별, 매춘 등의 문제가 동시에 연결되어 있다. 오늘날 제국의 본질은 겉으로는 잘 드러나지 않게 서서히, 하지만 안으로는 급물살을 타며 신속하게 아시아·아프리카·남미 국가들을 옭아매어 진행하고 있다. 그러므로 아시아 국가들의 사회 내부의 문제를 반드시 세계자본의 흐름, 국제정치라는 큰 틀 안에서 조망하며, 그 타깃도 정확하게 설정하는 것이 중요하다.

종교문화적 해석(비평)과 적용

종교문화적 해석 지평의 확대

40억 인구를 가진 아시아에는 많은 민족과 인종들이 다문화(multi-culture), 다종교(multi-religion)를 배경으로 살고 있다. 아시아는 크게 유교 문화권, 이슬람 문화권, 힌두 문화권, 불교 문화권, 일부 기독교 문화권이라고 말할 수 있으며, 이들 문화와 종교는 천 년, 이천 년을 내려오면서, 예술, 건축, 음악, 관습, 제도, 교육, 정치, 의식 등 모든 분야에 깊숙이 뿌리내리고, 또 이어 온 정신적 유산을 지니고 있다. 기독교가 아시아의 정신적·문화적 유산들에 대해 과거 제국주의 시대처럼 21세기에도 아시아의 문화와 종교들에 대해서 배타적이거나 지배하려는 태도를 보이는 것을 우려하지 않을 수 없다. 이것은 기독교가 자신을 제외한 모든 종교들에 대해서 우상숭배로 보고, 개종에만 초점을 맞추기 때문이다. 하지만 1970년대 이후 아시아 신학자, 그리고 아시아를 경험한 유럽 학자들이 종교 간 대화에 많은 기여를 하고 있다.[6] 인도의 레이몬드 파니카,[7] 아로이시우스 피어리스,[8] 대만의 송천성 (C. S. Song)[9], 스텐리 사마르타(Stanley J. Samartha), 존 힉(John Hick)

---

6) "특집: 그리스도교와 타종교의 대화", 《신학사상》 39집(1982); 차옥숭, "종교 다원주의 사회에서 종교 간 대화와 협력 연구", 《신학사상》 69집(1990); 김진, "현심과 요청−종교다원사회에서 최고선", 《신학사상》 75집(1991); "심포지엄: 종교다원론, 무엇이 발제인가?" 《신학사상》 79호(1992); 이상윤, "아시아 민중성서 읽기−종교다원주의, 해방영성, 민중권력", 《신학사상》 81집(1992); 김경재, 이찬수, 최인석, 정희수 "특집: 종교다원주의 논쟁의 새로운 지평", 《신학사상》 93집(1996); 민경석, "종교다원주의의 역할과 해방의 실천", 《신학사상》 103집(1998).

7) R. Panikkar, "The Church and the World Religions", in *Religion and Society*, XIV (1967); *The Trinity and the Religious Experience of Man* (New York: Orbis Books, 1981). 인도의 가톨릭 신학자인 레이몬드 파니카(Raymond Panikkar)는 가톨릭 신앙과 힌두교 정신세계 안에서 성장했다. 그는 서구신학에 대해서 토착화 신학으로 포괄적인 신학적 논쟁을 불러일으켰다.

8) Aloysius Pieris S. J., *Irruption of the Third World: Challenge to Theology* (New York: Orbis Books, 1983). 스리랑카의 예수회 신학자인 피어리스(Aloysius Piereis) 신부는 그의 저서 『아시아의 해방신학』(1986)에서 아시아에서 종교 간 대화는 빈곤과 불의 그리고 착취 등 사회 경제적 불의구조를 해결하자는 해방신학적 이데올로기를 바탕으로 전개하고 있다.

9) 송천성, 『대자대비하신 하느님』, 이덕주 역(왜관: 분도출판사, 1985); 『아시아 모태신학』, 이덕주 역(왜관: 분도출판사, 1990); 『아시아 이야기 신학』, 이덕주 역(왜관: 분도출판사, 1988); 『아시아인의 심성과 신학』, 성염 역(왜관: 분도출판사. 1982); 『아시아의 고난과 신학』, 주재용·이정희 역(서울: 대한기독교출판사, 1982). C. S. Song은 "인간의 영성이 고대 이집트의 피라미드에서, 중국의 만리장성에서, 아테네의 성전에서, 그리고 현대의 과학적 시대에 우리가 시간과 공간의 제약을 극복하고 대면하게 된다."(『아

이나 폴 니터(Paul F. Knitter), 홍콩의 이치충, 라이판치우, 한국의 변
선환,10) 유동식, 이찬수, 이정배, 정양모, 김경재, 김승혜, 오지섭, 양
권석, 권진관, 그리고 필자 등은 종교 간 대화를 통해서 기독교의 정체
성을 다시 찾는 시도를 하는 대표적인 학자이다. 아시아 신학에서 기독
교와 다른 종교들 또는 전통 사상들 간의 대화가 중요한 것은 바로 이
러한 아시아의 학문적, 종교적, 문화적 배경이 오래되고 넓고 깊기 때
문이다.

신학에서 종교 간 대화와 다른 경전들의 주제를 비교해서 다루는
연구들이 국내외에서 나오고 있다. 하지만 성서신학과 다른 경전들을
비교하거나 연결 짓는 것은 쉬운 일이 아니다. 그것은, 고대 이스라엘
은 고대 이집트와 메소포타미아 문명의 영향권 안에 있었기 때문에 직

시아의 고난과 신학』, 1979, 14)에서 말한다. 종교는 이 세계를 넘어서 존재하는 세계의
신비를 관통하려는 인간 정신의 종합적인 노력으로, 이것은 기독교만이 아니라, 불교,
힌두교, 이슬람교도 마찬가지로 본다는 것을 전제하며 그의 종교 간 대화를 시작하고 있
다(『아시아인의 심성과 신학』, 1979). 송천성은 신학이 이차원적 차원에서 머무는 것은
한계가 있으며, 제3의 눈(일본 선불교의 스즈끼鈴木大拙가 미혹과 미망의 구름이 사라
질 때 자신의 본래적 존재를 깨닫는 무한한 세계가 전개된다는 데서 사용한 용어)으로
직관해야 한다고 말한다. 송천성은 도덕경, 아프리카 원시종교, 공자의 사상 등과 신학의
교류를 했으며, 고난받는 하나님의 모습, 십자가 고통의 그리스도, 사도 바울의 신비주의
를 붓다의 사성제, 신비주의와 연결시키고 있다. 송천성은 그리스도 신앙의 최대 상징인
십자가와 불교의 종교적 헌신과 영적 열망의 상징인 연꽃이라는 두 이미지의 가르침을
말하고 있다.

10) 변선환은 탈 서구신학의 가능성으로 칼 야스퍼스와 불트만, 존캅과 아베마사오 등의
    신학자와 선불교와 대화를 시도한 것에 동기를 갖고, 종교 간 대화의 길을 열었다. 그의
    해석학적 지평은 자아와 무(無), 절대 무, 혹은 공(空)이라는 실존적 개념과 신개념을
    연결하여 전개하고 있다. 그 역시 1970년대라는 한국적 상황에서 민중신학과 토착화 신
    학에 영향을 받았으며, 불교와 대화를 통해서 사회적 역사적 책임을 강조했다. 한편 그는
    한국교회의 보수적 풍토에서 대학 강단은 물론 교단으로부터 출교를 당하는 수모를 겪었
    지만, 그의 사후 10주기인 2005년에 그의 종교 간 대화의 신학은 후학들로부터 재평가
    를 받고 있다.

접적인 관계가 있지만, 동시대 아시아의 사상과 불교의 사상들은 교류의 직접적인 흔적이 없기 때문에 서로 비교하기에는 제한이 있다. 또한 역사적 문헌들을 다루는 데 있어서 역사비평 방법은 이러한 시간적, 공간적 한계를 뛰어넘을 수 없는 한계를 보이고 있기 때문이다.

그러나 종교의 경전들과 사상 저서들 간에 활발한 연구가 되는 시점에서, 오직 한 가지 역사비평 방법론에만 매달릴 수는 없다. 비록 교류가 없었던 환경이라 하더라도 종교나 사상의 보편성, 진리의 보편성이라는 것에 근거한다면 상호 이해할 수 있는 영역은 크게 확대될 수 있다. 인간이 우주의 원리를 이해하고, 자연 안에서 살고, 인간이 지녀야 할 기본 덕목의 지혜를 깨닫고, 삶과 죽음의 이치를 아는 것은 어느 지역에 살거나 공통된 내용으로 표현되었기 때문이다. 성서시대의 저자들과 편집자들이 고민했던 이 주제들은 중국, 인도, 한국뿐만 아니라 아프리카, 남미 등에서도 같은 고민들을 했기에 상호 공통점을 찾을 수 있는 것이다. 그리고 이것은 단순히 종교 간에 객관적인 비교를 통해서 어느 종교의 우월성을 찾아내는 것이 목적이 되는 것이 아니다. 종교 간의 상호 존중과 예의를 갖추며, 여러 시대와 여러 지역에 있었던 종교 사상들의 내용과 정서를 공유하는 것이다.

그래서 서로 다른 언어와 서로 다른 종교문화권 안에서 각기 자기의 종교적 심성과 영성을 표현하는 것을 이해하는 자세를 가져야 할 것이다. 물론 경전들 간에 문화와 전통, 언어, 삶의 방식 등이 다르기 때문에, 각 경전의 특수성과 차별성이 있고, 이 점은 분명히 부각되어야 할 것이다. 또한 종교에서 중요하게 보는 영성은 각 종교의 의식, 수행, 노래, 춤, 평화사상 등을 통해 공통적으로 볼 수 있는 요인들이 많다.

하지만 경전들 간에 교류는 활발하지 못하다. 그것은 기독교의 교리, 신학, 선교 등의 영역이 교회의 권력에 속해 있으면서 학문적 제약을 받고 있기 때문이다. 특히 구약의 '유일신'과 '우상숭배 금지' 등의 배타적인 규정에 근거하여 종교와 문화 간의 교류를 원천적으로 차단시켰기 때문이다. 사실 이 규정은 이제 교권에 깊숙이 자리를 잡아 이를 어기는 논의들에 대해서 제재를 가하는 종교 권력으로서 힘을 발휘한 지 오래되었다. 아시아 신학이 이러한 제한과 벽을 넘어서 종교 간 대화에 적극 나설 때 진정한 자리매김을 할 것이다. 이를 허용하는 것이 기독교 기반 자체를 흔드는 것으로 보는 사고는 수동적 태도이다. 아시아 신학과 성서해석이 이를 극복하지 않고는 다종교 문화를 이해하지 못할 것이며, 여전히 유일신론과 구원론으로 그 우위를 점하려 할 것이다. 여기서 서양 중심의 성서해석 방법을 다시 보면, 중세와 근대를 거쳐 현대에 이르는 서양철학과 서양의 문학비평들의 방법과 해석의 전통을 도입하여 성서에 적용시키는 시도를 했다. 이와 똑같이 기독교가 동양에 전래된 지 1~2세기를 조금 넘는 짧은 기간이지만, 이제는 동양의 종교, 철학과 문학을 도입하여 성서를 얼마든지 바라볼 수 있으며, 이들과 성서의 해석학적인 공통의 내용들을 모색해 볼 수 있다.

이제 성서는 '서양의 틀', 곧 서양의 문화와 철학, 인문학의 틀로만 해석될 수 있는 그들의 독점물이 아니라, 아시아의 틀, 곧 아시아의 문화와 철학, 인문학, 더 나아가 아시아 종교의 틀로서도 얼마든지 해석이 가능한 온 인류의 책이요 경전인 것이다. 서양에서 기독교의 역사가 진행되는 동안, 기독교가 들어오지 않았던 아시아, 아프리카와 아메리카 대륙에서 살아온 수없이 많은 인간은 결국 '그리스도 예수' 한 분을 몰랐다는 이유로 모두가 구원의 대상에서 제외되어야 하는가? 이것은 서양 기독교의 독선적이고 일방적인 시각이라고밖에 볼 수 없다. 아시아의 종교에도 인간과 자연 그리고 우주를 향해 자신의 덕을 쌓으며, 악을 멀리하며 중생을 구제하기 위해 살았던 많은 선인들, 나아가 성인들이 있으며, 이들의 가르침을 따라 살아온 수많은 평범한 사람들이 있는 것이다. 이들의 존재는 서양 기독교에 의해 무가치하고 우상숭배를 한 인물들에 불과한 그런 취급을 받는 것은 기독교의 편향된 시각에 따라 올바른 평가를 못 받고 폄하된 것이다. 이것을 극복하지 못한다면 아시아에서 기독교는 항상 서양 기독교의 학자와 교회, 선교사들의 시각에 따라 아시아, 아프리카, 남미의 상황(context)은 무시되고 제외되면서 항상 열등한 위치에 있을 수밖에 없다.

이제 기독교는 불교사상과 노장사상, 유교사상 등 동북아시아의 사상들과 대화를 시도해야 한다. 그래서 불교는 배척되어야 할 대상이 아니라, 십자가 고통의 구원과 불교의 고통을 통한 해탈을 연꽃과 대비하고, 민중의 삶의 현실에 기반을 두고 공통점을 찾는 시도가 필요하다.

적용: 하나님 나라와 정토사상

구약의 '하나님 나라'에 불교의 '정토사상'을 적용해 보자. 둘 사이에는 지리적으로 연결점이 없지만, 인간이 꿈꾸는 이상적인 세상, 사후 세계에 대한 영원한 동경심은 공통적으로 나타난다. 시대와 공간을 넘어 인간은 인간의 불완전한 본성과 사회, 국가의 불완전함으로 인해 수많은 시행착오를 겪었기 때문에, 어느 시대에나 완벽한 이상적이고 평화로운 사회와 세계를 동경했다.

구약에서 '하나님 나라' 개념은 오늘의 상황에서 다음 네 가지 방향에서 재해석하고자 한다.

첫째, 하나님 나라는 구약 전체 맥락을 관통하고 있는 유일신론과 우상숭배 금지 사상을 재검토하여 조명해야 한다. 이스라엘은 주변 국가들이 다신론을 배경으로 하고, 자연의 대상을 신으로 삼는 것과는 대조를 보인다. 이스라엘은 지리적으로 동과 서로는 사막과 지중해가 펼쳐지고, 남과 북으로는 이집트와 아시리아, 바빌론 같은 강대한 제국이 있어 사면초가에 처해 있는 상황이다.

종교가 정치·사회·문화·자연에 이르기까지 전 영역을 지배하는 시대에, 제국의 정치와 군사적 힘은 약소국가를 점령하거나 봉신 국가로 만들며, 이때 제국의 종교 역시 주변의 봉신 국가들의 종교를 지배하는 것은 일반화되어 있었다. 이스라엘의 왕정 역사도 역시 제국들에 봉신을 할 수밖에 없었다. 제국은 자기 종교의 지배를 통한 봉신 국가들의 통제가 곧 봉신 국가 사람들의 의식을 통제할 수 있고, 제국을 신봉할 수 있게 했다.

또한 비가 거의 내리지 않는 척박한 사막의 자연환경에서 유목문화나 농경문화는 어느 것 할 것 없이 자연에 의존적이 될 수밖에 없다. 가축과 농사에서 다산(多産)의 물질적인 풍요는 어느 시대를 막론하고 종교의 근간을 이루고 있다. 다산은 생존을 위해서 제일 중요한 가치 중에 하나이다. 초기 이스라엘 종교는 그 발전사에서 가나안 지역과 바벨론, 이집트 등지의 종교, 문화, 건축, 제사, 축제, 문학양식, 법 등에 대해서 이미 받아들인 상태이다. 이스라엘의 야훼가 가나안의 풍요와 다산의 상징인 바알종교에 대해서 민감하게 거부하는 것 역시 새로운 조명이 필요하다.

이렇게 주변 정치와 자연의 현실은 이스라엘을 자유롭지 못하게 하며, 언제나 국가적 존망을 위협하게 하는 위기의 요인이었다. 이러한 상황에서도 이스라엘이 제국 국가들의 종교들과 신들에 굴복하지 않고, 유일신 선언과 우상숭배 금지를 선언했다는 것은 제국들에게 국가적인 독립을 선언하는 것으로 약소국가로서 국가와 민족의 존립에 관한 중차대한 주제였다. 약소국가의 신인 하나님은 주변 국가들과 제국들의 신에 맞서서 자신을 최고의 신 자리에 올려놓고, 약소국가 이스라엘을 이끌어 가고 있다. 그러면서 이스라엘 백성들이 강대국과 그들 종교들에 원심력으로 빨려나가지 않도록 언제나 이스라엘 백성과 줄다리기를 하고 있다. 그러므로 이스라엘 종교에서 '하나님 나라'의 중심 토대가 되는 유일신 사상과 우상숭배 금지 개념은 그 시대에 제국에 맞서는 정치적, 종교적 저항이라는 관점에서 이해해야 할 것이다.[11] 과도하게 모든 종교와 사상에 대한 거부와 우상숭배 식의 배타성은 자제되어야 할 것이다.

둘째, 하나님 나라는 사회정의를 말한다. 이스라엘이 국가를 만든 후 왕 중심의 권력이 남용되고(미가 2:1~2), 귀족이 생기고, 부익부 빈익빈 현상이 나타나면서(아모 6:4~5), 사회적 약자를 억압하고(미가 3:2~3), 법은 강자들의 편이 되고(아모 5:12), 제사장들이 타락하는 모습(호세 3:7~8)은 이스라엘의 왕조 역사 전체를 통해 나타난다. 이러한 불의한 사회구조와 의식을 개혁하려는 예언자들은 '새로운 세상'에 대한 비전을 갖고 현실에 직접 뛰어들어 개혁에 나서고 있다.

> "내가 평화를 너의 감독자로 세우며, 공의를 너의 지배자로 세우겠다."(이사야 60:17)

---

11) Eun-Kyu, Kim, "The Prohibition of Idolatry and the Rejection of Empire", *Interreligious Insight*, vol 3, no.3, (2005), 41-48.

"나 주는 공평을 사랑하고, 불의와 약탈을 미워한다."(이사야 61:8)

사회비판, 정치권력에 대한 비판, 종교비판은 항상 같이 진행되고 있다. 여기에 제국들의 억압에 대한 비판도 큰 축으로 가고 있다. 따라서 하나님 나라는 현실의 개혁을 통해서 이 땅에 이루려는 의지를 반영하고 있다.

셋째, 하나님 나라는 제도적 평화를 말한다. 기원전 1280년경 이스라엘 백성은 이집트 제국으로부터 노예 생활을 하면서 탈출에 성공하여 해방의 감격을 가졌으며(출애 1~14장), 이 정신은 이스라엘의 십계명 법(출애 20:2, 신명기 5:6) 정신의 근간이 되며, 이스라엘 종교 정신의 근간을 이루게 된다. 전쟁이 없는 평화를 기대하며, 사회적 약자인 이방인, 과부, 고아(출애 22:21~24, 레위기 19:33)에 대한 인권을 존중하는 사회적 평화를 만들려고 노력한다. 종에 대한 인권(출애 21:1~11), 폭력 금지(출애 21:12~27), 근친 성관계 금지 및 성윤리(레위기 18장), 경제 정의(레위 19:36) 등 법과 제도, 윤리의식의 개혁을 통해서 현재 사는 사회에서 하나님 나라를 이루려는 노력을 한다.

넷째, 하나님 나라는 마음의 지혜를 말한다. 십계명의 후반부는 인간 사회에서 가장 기본적인 도덕성을 요구한다. 부모 공경, 살인 금지, 간음 금지, 도둑질, 이웃에게 거짓 증언 금지, 이웃의 소유물을 탐내지 않도록 하고 있다(출애 20:12~17). 또한 지혜문학에 속하는 잠언, 전도서에서 도덕성, 윤리의식, 삶의 지혜를 언급하고 있다.

다섯째, 신약성서는 예수의 첫 선포가 "때가 찼다. 하나님의 나라가 가까이 왔다. 회개하여라. 복음을 믿어라"를 언급한다(마가 1:14~15). 인간에게 얽혀 있는 모든 죄들에 대해서 회개하여 깨끗한 사람이 되는 것이 하나님 나라라는 것을 강조한다. 마태복음 5장~7장에서 하늘나라를 언급하는데, 예수는 마음이 가난한 사람, 슬퍼하는 사람, 온유한 사람, 의로운 사람, 자비한 사람, 마음이 깨끗한 사람, 평화를 이루는 사람 등에게 복이 있을 것을 말하며, 하늘나라가 이들의 것이라고 말한다(5:1~12). 역시 살인하지 말고, 성내지 말고, 모욕을 주지 말도록 하며(5:21~22), 고소하는 사람은 법정에 가기 전에 화해하며(5:25), 음욕과 간음 금지(5:27~30), 보복 금지(5:38~42), 원수를 사랑(5:43~48), 남모르게 자선을 베풀며(6:1~4), 남을 심판하지 말며(7:1~6), 좁은 문, 곧 지혜를 깨닫고 생명으로 가는 문(7:13~14)을 언급한다.

이상에서 구약성서와 신약성서의 맥락을 보면, 하나님 나라는 내세보다는 현세에서 이루기 위한 사회 제도의 개선, 국가와 국가 사이의 평화, 개인의 내면의 평화 등을 언급하고 있다는 것을 보게 된다. 그리고 이를 이루기 위해서는 끊임없는 변화와 개혁을 요구하며, 사회 지도층과 기득권 세력, 종교 권력에 대해서도 비판을 가하며, 부패하고 타락하지 않도록 경고한다. 개인의 깨달음과 윤리와 도덕성과 훈련도 제국의 상황에서 사회 정의와 평등 그리고 평화를 이루려는 모습을 보인다. 곧 개인과 사회 그리고 영원한 내세를 하나로 통합해서 보고 있는 것이다.

이제 불교에서 하나님 나라 개념인 정토에 대해서 살펴보자.

석가모니의 가르침인 사성제(四聖諦)는 고(苦), 집(集), 멸(滅), 도(道)를 말한다. 인생의 고통을 멸하는 것은 오랜 수행과 자각과 이타를 통해서 해탈에 이르는 것인데, 그 경지는 바로 정토, 혹은 불국토를 말한다.

불교에는 예토(穢土)와 정토(淨土, pure land)라는 용어가 있다. 예토란 업과 고통이나 괴로움이 있는 더러운 곳이요, 정토란 깨달은 자인 부처나 깨닫기 위해 수행하는 보살이 사는 세계로서, 맑고 깨끗하기 때문에 어떠한 고통이나 괴로움도 없이 영원히 평안하고 안락하다. 그래서 깨끗한 세계라는 뜻이다. 정토는 극락정토(極樂淨土), 미륵정토(彌勒淨土), 약사정토(藥師淨土), 화엄정토(華嚴淨土) 등을 들며, 해탈열반의 세계가 다 정토다.[12]

정토사상이 등장하기 시작한 것은 1세기 후반에서 2세기경 인도 쿠산 왕조 무렵에 서북 인도로 보는데, 쿠산 왕조는 로마나 헬레니즘 세계와 무역이 활발했고, 상업자본이 비약적으로 발달했던 시기다. 이 당시 초기 대승불교가 퍼지기 시작할 무렵에 정토사상을 언급하는 〈아미타경〉〈무량수경〉 등의 경전을 그 기원으로 본다.[13] 이 경전들에서 극락세계를 설명하고 있는데, "여기에서 서쪽으로 십만억 불국토를 지나간 곳에 극락이라는 세계가 있으니, …… 거기에 있는 중생들은 아무런 괴로움이 없으므로 극락이라고 한다."[14] 여기서 '서쪽'은 실재 존재하는 세계라기보다는 무한대의 이상적인 불국토를 말한다. 이에 대해서 장휘옥은 "본래 공간을 초월한 세계를 일부러 공간적으로 한정해서 나타낸 것"으로 해석한다(219). 그리고 십만억 국토는 십악의 극복으로 해석하고 있다. 곧 살생, 도둑질, 사음행, 거짓말, 아첨, 이간질, 욕설, 탐냄, 성냄, 어리석음의 열 가지 악을 극복하면, 내세에서만이 아니라 현세에서도 이를 수 있다고 한다. 결국 인간의 마음을 더럽히는 세 가지

---

12) 석지명, 『허공을 찾아서』(서울: 불교시대사, 2002), 582.

13) 장휘옥, 『정토불교의 세계』(서울: 불교세계사, 1996), 164; 정태희, 『인도철학과 불교의 실천사상』(서울: 민족사, 1998), 117~152. 이 책에서 정토교의 사상적 배경을 잘 설명하고 있다.

14) 석지명, 584.

번뇌를 탐욕 '탐'(貪)과 성냄 '진'(瞋)과 어리석음 '치'(癡)라 하고, 이것
이 우리의 마음을 나쁘게 하는 독극물과 같다고 해서 삼독(三毒)이라
하며 이를 없애는 노력이 깨달음에 이르는 길이고 수행하는 것이다.

극락세계를 '아미타불'로 말하는데, 그 뜻은 아미타바(Amitābha)
는 무량한 광명, 아미타유스(Amitāyus)는 무량한 수명을 말한다. 그래
서 무량한 수명은 시간적인 것이고 무량한 광명은 공간적인 것이다.
무량공간은 내적으로 얻어지는 무한여행, 무한자유 또는 해탈에서 얻
어지며, 시간도 찰나의 깨달음에서 영원을 보려고 한다.[15]

장휘옥은 정토를 두 종류로 나누고 있다.[16] 하나는, 고뇌로 가득
찬 이 사바세계를 떠나 사후에는 보다 나은 세계에 태어나기를 원하는,
아미타불의 서방정토 극락세계를 말한다. 다른 하나는, 자력 수행으로
깨달음을 얻는 것이 그 목적으로서, 자신의 수행을 위한 자리(自利) 정
신뿐 아니라 남을 돕는 이타(利他)의 정신도 요구된다. 이런 점에서 정
토란, 결코 서방에 있는 아미타불의 극락세계와 같은 외부세계에서 찾
는 것이 아니라, 이 현실 속에서 대승의 수행자가 스스로 쌓아 올려 만
들어 가야 하는 것이므로 이 현실을 떠나서는 정토란 있을 수 없다는
것이며, 따라서 이 두 종류의 정토는 둘이면서 하나가 될 것을 강조한
다. 정토는 문자 그대로 '밝고 깨끗한 국토'를 말한다. 이곳은 깨달은
자인 부처나 깨닫기 위해 수행하는 보살이 사는 세계로서, 맑고 깨끗하
기 때문에 어떠한 고통이나 괴로움도 없이 영원히 평안하고 안락하다.
현재 사는 세상이 고통과 번뇌로 가득 찬 더러운 곳이라 하여 예토(穢
土)라 부르고, 언젠가는 이 예토를 벗어나 영원히 안락하고 청정한 세

---

15) 장휘옥, 20.
16) 같은 책, 163.

계인 정토에 태어나기를 기대하는 이상적인 세계이다.[17]

법장비구는 수행하는 과정에서 "불국토는 한없이 넓고 청정미묘하며 비할 데가 없으며, 또한 그 나라는 영원불멸하여 모든 것이 변하지 않고 쇠미하지 않는 곳이다. 탐냄과 성냄과 남을 해치는 생각은 내지도 않고 일으키지도 않고, 감각기관의 대상인 모든 형상, 소리, 향기, 맛, 촉감, 분별하는 생각(법)에도 집착하지 않는다"고 표현한다.[18]

곧 남을 대할 때는 거짓과 아첨하는 마음이 없어 언제나 온화한 얼굴과 인자한 말로써 중생의 뜻을 보살핀다. 또한 모든 사물은 실체가 없고(空), 실체가 없으므로 차별의 상도 없고(無相), 실체도 차별의 상도 없으므로 그 대상이 되는 마음도 없기 때문에 바랄 것도 없다(無願)는 것을 말하는 삼매에 든다. 감정이나 감각적인 대상에 탐닉하거나 집착하지 않고, 인욕행을 닦아 적은 욕심에 만족할 줄 아는 소욕지족의 마음으로 삼독에 물들지 않고, 항상 온화한 얼굴과 인자한 말로써 중생들에게 육바라밀[19] 은혜를 베풀고, 삼보를 공경하며, 갖가지 수행을 한다.[20]

법장비구는 극락정토에 이르는 48가지 서원을 '법장비구의 48원'이라 한다. 이 가운데 일부를 설명하면, 극락정토에는 고통의 연속인 지옥, 욕심과 불만에 뒤섞인 아귀, 욕망에 지배되는 축생의 삼악도가 없는 세상(1원), 피부색이 다른 인종이 우월감이나 열등감을 갖지 않

---

17) 같은 책, 62.

18) 같은 책, 80.

19) 육바라밀—보시: 지식이든 재물이든 아끼지 않고 무엇이든지 나누어 주며, 지계는 살생 · 도둑질 · 불륜 · 거짓 · 술 금지, 인욕은 감정을 격하게 하지 않고, 정진은 선을 행하고 악을 피하며, 선정은 정신을 통일해서 목적에 일체가 되는 것이고, 지혜는 이상의 다섯 가지를 행하면서 정신을 순화하여 만유를 유지 · 통일하는 진리와 하나(一體)가 되는 것을 말한다. 같은 책, 82.

20) 같은 책, 81.

고, 정토에서 최고의 황금색으로 빛나는 신체(인종 차별 타파, 평등한 사회 구현)를 가지기를 서원(3원), 용모에는 잘생기고 못생긴 구별이 없다(4원). 죄나 고통이 없고(16), 지혜를 깨달으며(25, 29, 30), 여성 존중(35), 계속 수행(36), 모든 번뇌를 끊은 아라한(39), 불국토를 보며(40), 불도 수행(41), 아미타불(42, 43, 44, 45, 46), 깨달음의 경지에서 물러서지 않는다(47).[21]

이를 분석해 보면 정토란 인간이 가지고 있는 삼독을 없애고, 사회적인 차별과 편견을 없애며, 계속적인 수행으로 깨달음의 경지에 이른다는 것이다. 대승불교와 한국불교에서 정토사상 역시 이러한 맥락에서 있다.[22]

이상에서 기독교의 '하나님 나라'와 불교의 '정토' 개념을 살펴보았다. 양자는 공통적으로 인간 본질에 대한 깨끗함을 말하며, 이것이 사회와 국가에서도 궁극적인 평화가 이루어지길 기대하는 소망이 담겨 있음을 보았다. 이러한 평화는 강대국이 약소국을 지배하지 않을 때 가능하며, 한 개인이 진리를 향한 수행과 노력이 강대국의 지배질서와 무관하지 않음을 발견할 수 있다. 이러한 종교 간 대화에서 개념들 속에서 공통의식을 발견함과 아울러 종교 간 연대를 통해서 지구화 상황과 제국의 상황에 대해서 공동으로 연대하며 진행되어야 할 것이다.

---

21) 같은 책, 58-78.

22) 목정배, "한국불교학의 현대적 모색"(서울: 동국대학교출판부, 2000); 시즈타니 마사오. 스구로 신죠, 『대승불교』(서울: 도서출판 여래, 1995); 후지 요시나리, 『원효의 정토사상 연구』(서울: 민족사, 2001); 계환, 『대승불교의 세계』(서울: 운주사, 2005); 실천불교전국승가회, 『실천불교의 이념과 역사』(서울: 도서출판 행원, 2002); 폴 윌리엄스, 『서양학자가 본 대승불교』, 조환기 역(서울: 시공사, 2000).

맺는 글

유럽과 미국으로부터 대체적으로 보수적인 기독교가 들어오면서, 신학 및 교회 전반에 걸쳐 서구의 의식 혹은 무의식적인 논리가 아시아에 전해지는 현상은 비단 신학계만이 아니라 교회에도, 그리고 다시 역으로 아시아, 아프리카 등의 해외선교를 나가는 보수적이거나 근본주의적인 의식을 가진 한국 선교사들에까지 지대한 영향을 주고 있다. 이러한 상황에서 아시아인으로 살면서 갖는 자신의 정체성을 정치, 경제, 사회, 문화, 종교 등으로부터 찾지 않으면 안 된다.

신학의 근간을 이루는 성서해석은 매우 중요하다. 지금까지 성서해석의 목적은 본문의 본래 의미를 찾고자 고대 이스라엘에서 일어난 일(상황)들과 이에 대한 본문에만 관심을 가졌다. 이때 한 가지 놓치는 중요한 요소는 본문에 나타난 사상, 법, 종교의식, 심지어 신에 대한 기대와 역할, 그리고 인간의 책임까지도 고대 이스라엘의 역사적 정황을 반영하고 있기 때문에 그 당시에 의미가 있었다는 것이다. 이것을 오늘의 지구화(globalization)와 제국이라는 시각과 정황에서 해석하지 않고, 고대의 문자와 오늘의 교권과 교리체계 그리고 상업화된 자본주의 방식의 교회 확장 논리에 갇혀 있다면, 성서해석은 오히려 인간에게 굴레를 씌우고, 근본주의에 빠뜨리게 하고 다른 사람, 다른 종교, 다른 문화에 대해서 배타적이고 공격적인 태도를 갖게 하는 데 일조를 계속할 것이다. 오늘 지구 곳곳에서 일어나는 종교 간 폭력과 갈등에 대해서 기독교가 여전히 이웃 종교에 대해서 우상종교라는 고정된 관념을 갖고서는 문제를 해결할 수 없다.

성서해석의 목적은 무엇인가? 다시 한 번 근본적인 질문을 던지게 된다. 오늘의 지구촌 상황을 무시하고, 과거의 사고체계에 갇혀서 오늘에도 그대로 적용시킬 것을 강요한다면 그것은 성서해석이 갖는 또 다른 종교 권력과 종교 이데올로기가 되고 마는 것이다. 오늘의 상황이 곧 본문이 되어야 한다. 본문이 상황을 반영한 것이므로, 이분법적 구분을 극복하고, 본문과 상황을 일치시켜야 하는 것이다. 고대 이스라엘이 제국에 둘러싸인 피해자였지만, 기독교를 공인한 로마 제국 이후 오늘까지 기독교는 아시아, 아프리카, 남미 등 전 세계를 지배하는 지배 이념이 된 상황에서 유럽과 미국 중심의 종교적, 문화적 우월주의에 대응하는 아시아, 아프리카, 남미의 새로운 신학적 통찰과 패러다임이 나와야 한다. 종교 이념의 지배를 받는 것은 곧 정치, 경제, 문화 등 모든 영역에서 지배를 받게 되는 것이기 때문이다.

아시아가 수천 년 동안 가져온 다양한 역사, 전통, 종교, 문화에 대해서 존중하는 마음을 가질 때, 그리고 동시에 기독교는 지배 이념으로서가 아니라, 아시아의 상황을 이해하고 아시아의 시각으로 재해석하고 새로운 모델을 만들 수 있어야 한다. 한마디로 요약하면 한국을 비롯한 아시아 신학자들, 특히 성서신학자들이 맹목적으로 서구 기독교를 쫓아가는 식민지 의식과 잔영을 거두어 내는 일이 시급한 과제인 것이다.

끝으로 한국 기독교, 성서신학자는 더 이상 구약의 신명기 사고에 갇힌 폐쇄적이고 배타적인 태도를 버리기를 바란다. 기독교적 편견을 넘어선 바탕 위에 동양사상, 동양종교들과 마음껏 교류하고 사상적인 공감대를 이루어야 한다. 21세기는 상생의 태도를 요구한다. 이에 부응하는 새로운 패러다임을 세우고 책임 있게 새로운 도전을 받아들여야 할 것이다.

탈식민주의 관점에서
21세기 신학하기

김 혜 란 | 한신대학교 교목실, 실천신학

들어가는 글

이 글은 탈식민주의 관점으로 성서 읽기와 여성신학의 문제들을 간략히 다루면서 탈식민주의에서 제기하고 있는 해석학적 내용이 어떻게 21세기 신학하기에 도움을 줄 수 있을지 고찰하고자 한다. 그리하여 다양성과 차이, 공존과 화해를 지향하는 21세기에 기독교인으로서 어떻게 바른 신앙을 가지고 옳게(正義) 살아가야 할지 과제를 도출하고자 한다.

본론에 들어가기에 앞서 짚고 가야 할 방법론적 전제가 있다. 탈식민주의라는 복잡한 이론을 제한된 본 지면에 충분히 다룰 수 없는 한계를 인정하면서, 탈식민주의 비평에서 다루는 주된 이슈들, 오리엔탈리즘의 타자화[1], 언어와 문화, 그리고 장소의 개념을 통한 탈식민 정체성을 간략히 소개하고자 한다. 이렇게 일련적으로 소개하는 방식 자체가 서구적 학문 접근 방법[2]임을 인식하면서도 복잡한 주제들을 명료하고 간략히 소개해야 하는 본 글의 성격을 감안하여 3가지 이슈를 순차적으로 다루도록 하겠다. 다만 각 내용들이 독립적으로 분리된 것이 아니라, 내용 간 연관성, 심지어 중복되는 부분이 있음을 미리 지적하면서 이러한 중첩성과 연관성에 관심을 두는 학문적 태도 자체가 21세기 신학하기의 한 방법론임을 말하고자 한다. 3가지 문제들을 다룬 후, 탈식민주의 여성신학 성서비평을 다루면서 과제를 제안하고자 한다.

탈식민주의

탈식민주의에 대한 논의는 21세기가 식민주의라는 시기를 벗어났음[脫]에도 불구하고 서구 세계에 의한 비서구의 지배는 여전히 계속되고 있다는 점에서 출발한다. 즉 "소위 식민지 없는 제국주의가 지속된다"는 것이다.[3] 앤 맥클린토크(Ann McClintock)는 1940년대 이후 미국의 지배, '자본, 기업, 군사, 언론, 그리고 미디어에 대한 지배'는 식민주의 시대 통치보다 강도 면에서 훨씬 크다고 설명한다(296). 이러한 주장이 함축하는 바는 식민주의는 과거의 역사가 아니라 현 세계

---

1) 영어로 타자화는 'Others' 또는 'Otherness' 라고 표현되며, 이 그룹 또는 현상을 고유화한다는 의미에서 대문자로 표기한다.

2) Ashcroft, Griffiths, and Tiffin, *The Empire Writes Back: Theory and Practice in Post-colonial Literatures* (London and New York: Routledge, 1989), 12. 서구 학문 방식이 "중앙집권적, 체계적, 일련적"인 방식이라면, 탈식민주의 연구방식은 "모든 경험들은 비중앙집권적이고, 다원화되어 있고, 다각적"이라고 설명한다.

3) Ann McClintock, "The Angel of Progress: Pitfalls of the Term 'Post-colonialism'", in *Colonial Discourse and Post-Colonial Theory: A Reader*, eds. Patrick Williams and Laura Chrisman (New York: Columbia University Press, 1994), 295-296.

체제를 휘두르고 있는 힘의 지배이며, 이 힘은 각 지역과 상황마다 다르게 나타나지만 전 지구적으로 영향을 주고 있다는 것이다. 물론 탈식민주의(post-colonialism)라는 용어 자체가 문제가 없는 것은 아니다. 왜냐하면, 문자적으로 해석할 때, 탈식민주의는 식민주의를 탈출했다는 의미, 그 시대는 갔다는 의미를 내포하고 있기 때문이다. 또 한 가지 용어상의 문제는 바로 post〔탈〕라는 접두어, 수식어가 내포한 시간성의 문제인데, 이는 한 지역의 식민주의는 종식되었어도 다른 지역에서는 여전히 식민주의가 지속될 수 있기 때문이다.4)

엘라 쇼핫(Ella Shohat)은 미국, 캐나다, 호주, 뉴질랜드와 같은 유럽 정착민들에 의해 설립된 나라의 식민주의로부터의 독립 시기(18~19세기)와 앙골라, 모잠비크, 인도와 같은 비유럽 원주민들의 독립 시기(20세기 중·후반)는 차이가 있으며, 독립 후 파생하는 식민주의의 문제가 엄연히 다르다고 주장한다. 그러므로 어떤 공간(지역), 어떤 시기인지에 대한 특수성을 명확히 하지 않은 보편적 탈식민주의는 결국 탈식민 국가들의 차이점을 무시하는 오류를 범할 수 있을 뿐만 아니라, 이들 국가들 사이에 존재한 불평등한 힘의 균형의 문제를 간과하는 위험성이 있음을 염두에 두어야 한다.5) 비록 식민지였지만 백인들이 정착해서 만들어진 나라들(예를 들어 호주, 캐나다, 뉴질랜드)과 3세계 식민지 나라들(예를 들어 가나, 파키스탄, 바바도스) 사이의 차이점은 너무 커서 실제로 이들을 '탈식민 나라'로 묶는 것 자체에 문제가 있다고 슬레몬은

---

4) Ella Shohat, "Notes on the 'Post-Colonial'", *Social Text* 31/32 (1992), 103.

5) Stephen Slemon, "Post-colonial Critical Theories," in *Postcolonial Discourses: An Anthropology*, ed. George Castle (Oxford, Massachusetts: Blackwell Publishers, 2001), 102.

주장한다. 결국 탈식민주의 논의는 지리적으로, 연대기적으로 과거에 벌어졌고, 현재도 일어나고 있는 탈식민 문제들에 대한 차이점과 다양성들을 분별해내고 지적해내는 작업이자 동시에 탈식민 국가들에서 일어나고 있는 정치적, 사회적, 문화적 저항들에 대해 이론화와 실천을 책임적으로 담아내는 작업이다.

오리엔탈리즘과 타자화

에드워드 사이드의 식민주의 비평은 '오리엔트'라는 개념이 서구 식민주의 권력이 동양, 비서구 지역을 지배하기 위해 만들어낸 총체적 도구이자 논리임을 증명하는 작업이다.[6] 이 책에서 사이드는 오리엔탈들은 "비이성적으로, 타락하고, 유치하며, 무언가 다른" 반면에, 서구인들은 "이성적이며, 덕이 넘치고, 성숙하며, 정상적이며, 평화롭고, 가치를 지닌 자들"로 묘사하고 있다. 동양인, 비서구인들을 '오리엔탈'로 등치시키는 작업은 영토 점령을 통한 식민지 지배가 확장되던 19세기, 20세기였다. 이 시기 식민주의 지배의 대상이었던 비서구인들은, "열등하고, 이질적임으로 정복당해 마땅한 존재"로 그려졌으며, 자동적으로 서구의 우월성이 부지불식간에 강조되었다. 다시 말해서, '타자화'된 '오리엔트'는 "단지 정신적, 개념적 묘사가 아니라 역사적, 사회적, 학문적, 그리고 정치적 영역에서, 또 사적 영역뿐 아니라 제도화된 모든 공적인 영역에서 면밀히 수행된 작업"이었다고 사이드는 지적한다.[7] 물론 사이드의 이런 보편화한 오리엔탈리즘에 대한 주장은 상황적 차이라는 점을 염두에 두고 이해해야 한다. 즉, 미국에 살고 있는

6) Edward W. Said, *Orientalism* (New York: Vintage Books, 1978), 4-5, 40, 49.
7) 위의 책, 1994년 증보판 편집후기, 331-332.

팔레스타인 이슬람인이 경험하는 오리엔탈리즘의 타자화 영향과, 캐나다에 살고 있는 한국 기독교인이 경험하는 타자화의 영향은 분명히 다르게 이해되어야 한다는 것이다. 그럼에도 불구하고 사이드가 분석한 오리엔탈리즘의 타자화는 서구와 비서구 간 지배구조를 정당화하고, 이들 간 힘의 불균형을 극대화하는 데 성공적으로 이용되고 있다는 점을 설명해 주는 중요한 이론적 틀이자 개념이라고 본다. 이런 점에서 오리엔탈리즘은 "서구의 비서구 지배를 대변하는 체제로서, 서구 학문(예를 들어 문학, 신학) 이론과, 서구인들의 의식, 문화에 영향을 주는 총체적 사유체(思惟體)이며 서구 제국주의 지배를 가능하게 만드는 기제이다."8)

사이드는 더 나아가 어떻게 기독교 신앙과 실천이 오리엔탈리즘을 정립시키는 데 결정적으로 영향을 주었는지 검토한다. 서구 또는 유럽인들이 언급되는 곳이면 언제 어디서나 이는 기독교 서구이자 기독교 유럽인들을 말하고 있다는 점을 지적하면서, 그는 이렇게 말한다. "대체로 18세기 중반까지 오리엔탈리스트(비서구인을 오리엔탈로 만들어냈던 서구인들)는 성서신학자들이었다. …… 당시 많은 예수회 소속 성서신학자들이 새로운 중국학을 만들어 내면서 오리엔탈리즘 확립에 공헌을 했다."9)

현대 성서신학에 담겨 있는 오리엔탈리즘의 한 예를 요아킴 예레미야스가 쓴 책에서 찾아보자. 그의 글에서 오리엔트는 "덥고 거지로 가득 찬 곳"으로 묘사되며, 오리엔탈 여성들은 "아기를 잘 낳으며, 열등하고, 복종적"이고, 오리엔탈 부자 남자들은 "비열하고 잔인하다"고 기

<hr>

8) Said, *Orientalism*, 202-203.
9) 위의 책, 51.

술된다. 더 나아가 그는 동양인과 서양인들은 존재론적으로 차이가 있다고 주장하면서 서양인들의 철학은 과정 중심으로 삶과 배움을 변화 가능한 하나의 과정으로 보는 반면, 동양인들의 철학은 숙명론(모든 인간사는 이미 결정된 것이라는)이라서 자신들의 삶을 변화시킬 능력이 없는 (고로, 열등한) 자들임을 암시하고 있다.[10] 이러한 예는 성서신학 안에 식민주의에 입각한 오리엔탈리즘이 도사리고 있다는 것을 보여 주며, 이를 노출시키고 극복하는 작업이 바로 탈식민주의 신학의 과제라는 걸 보여 준다.

스리랑카 출신 신학자 수리따라자는 성서 읽기 안에 존재하는 오리엔탈리즘에 대해 이렇게 지적한다. 서구 성서 해석학은 동양 사회를 "영원하고 시간을 초월하고……, 고정적이고, 어떤 변화도 불가능한 세계"로 묘사하고 있다는 것이다.[11] 그러나 이러한 지적은 한국의 상황만을 살펴보더라도 얼마나 오늘날의 아시아 상황에 맞지 않는 주장을 하고 있는지 쉽게 증명할 수 있다. 한국, 일본, 대만 등 이들 아시아에 속한 사람들의 삶은 변화와 빠름, 과학기술을 통한 편리함을 추구하는 삶이다. 휴대폰의 보급과 사용을 보자. 굳이 기차역에 가서 예매를 하지 않아도 인터넷으로 예매할 수 있고, 그 차표를 휴대폰으로 받는 그렇게 빠르고 편한 시대에 살고 있다. 결국 이렇게 잘못된 동양에 대한 선입견은 유럽-미국 중심의 서구인들이 우월하다는 주장을 하기

---

10) Joachim Jeremias, *The Parables of Jesus* (London: SCM Press, 1963), 140, 148, 159, 195; *Jerusalem in the Time of Jesus* (London: SCM Press, 1969), 375.

11) R. S. Sugirtharajah, *Asian Biblical Hermeneutics and Postcolonialism: Contesting the Interpretations* (Sheffield: Sheffield Academic Press, 1999), 105.

위해 마련된 것일 뿐이다.

　남미 출신 신학자 페르난도 세고비아 역시 21세기 미국에서 벌어지고 있는 오리엔탈리즘의 타자화에 대해 지적하고 있다. 그는 타자화된 대상은 동양인만이 아니라 비서구인들, 즉, 백인이 아닌 소수인종들을 포함하고 있다는 점을 주시하면서 미국에 살고 있는 스페인계 남미인들의 타자화 문제를 주의 깊게 응시한다. 스페인계 남미 출신 미국인들은 "게으르며, 무식하고, 성적이며, 폭력적이고, 거지같고, 야만적이고, 열등하고, 문명화되지 못한 존재"로 미디어와 미국사회가 그리고 있다고 주장한다.12) 이러한 타자화는 영국계 백인 미국인들이 누리고 있는 경제적, 사회적 지위를 고수하고 스페인계 남미 출신 미국인들을 그들의 지배하에 두고자 하는 의도에서 만들어진 논리이다. 즉, 그들은 우리(영국계 백인)가 아닌 타자, 그러므로 우리가 누리는 부와 지위를 동등하게 누릴 수 없다는 불평등의 논리를 가능하게 한다는 것이다. 이렇게 북미 내 비서구인, 유색인종으로 대변되는 이들(원주민, 흑인, 스페인계, 아시아인)을 타자화하는 한, 이들을 향한 차별과 소외는 지속될 수밖에 없고, 심지어 정당화될 수 있다는 점을 인식해야 한다. 이러한 타자화는 경제, 정치적 영역에서 노골적으로 진행되기도 하지만, 문화와 미디어 영역에서 비가시적으로 교묘하게 진행되고 있다는 점, 그리고 타자화의 부정적 영향을 받는 이들이 어린이, 청소년이라는 점에 더 큰 위험이 있다.

---

12) Fernando F. Segovia, "Toward A Hermeneutics of the Diaspora: A Hermeneutics of Otherness and Engagement," in *Reading from this Place: Social Location and Biblical Interpretation in the United States Vol. 1*, ed. Fernando F. Segovia and Mary Ann Tolbert (Minneapolis: Fortress Press, 1995), 63.

필자가 한 발 더 나아가 제기하고 싶은 것은 과연 이러한 오리엔탈리즘의 타자화가 서구세계, 유럽과 북미에서만 일어나고 있는 것인가라는 점이다. 우리가 살고 있는 한국은 어떠한가? 혹시 한국에 살고 있는 비한국인, 특히 유색인종의 이주 노동자들에게 이런 타자화의 논리를 적용하고 있지는 않은가? 한국인으로서 우리가 누리는 경제적 이익을 위해, 문화적·사회적 기득권을 유지하기 위해, 그들에게 우리가 아닌 타자라는 오리엔탈리즘을 파급하고 있지는 않은가? 그들이 일하는 직장에서 쫓겨났을 때, 공정하게 보려는 노력보다 그들이 "게으르고 무식해서" 해고되었다고 쉽게 판단해 버리는 타자화의 죄를 범하지는 않았는지 우리 스스로 자문해 볼 필요가 있다.

이 점에 대해 홍콩 출신 신학자 곽퓰란은 이렇게 말한다. "타자는 결코 동질적 그룹이 아니다. 타자 안에는 항상 또 다른 타자가 있다."13) 그러므로, 탈식민주의 이론가들이 타자화를 논하면서 실제로 억압받는 자들 중에 가장 억압받는 자를 타자화하는 오류를 범하고 있지 않은지 자성할 필요가 있다. 동시에 대부분의 탈식민주의 이론가들이 미국에서 교수직을 하고 있는 인도계 출신 연구자라는 점에서 그들 스스로도 탈식민주의를 기득권을 유지하기 위한 도구로 쓰고 있지 않은지 비판적으로 볼 필요가 있다. 아지드 아마드의 지적처럼 미국에 이민 온 아시아 지식인들은 실제로 고향에 있을 때 상류층에 속했고, 유학생으로 미국에 와서 학위를 마치고, 교수가 된 기득권자들이라는 점이다.14) "어떤 면에서 이들은 제국주의의 본거지인 미국이라는 사회에

---

13) Kwok, *Discovering the Bible in the Non-biblical World* (Maryknoll: Orbis, 1996), 82.

14) Aijaz Ahmad, "Orientalism and After", in *Colonial Discourse and Post-Colo*

자신들을 배치하는 과정에서, 자신들이 피억압자들이라는 이론적 틀이 필요했고, 사이드의 오리엔탈리즘은 이 목적을 달성하기에 충분한 자료를 제공하고 있다는 것이다."

21세기 오리엔탈리즘은 서구-비서구라는 양분된 지배 도식을 벗어나 세계화라는 이름으로 신식민주의 지배 아래에서 전 지구적으로 일어나고 있다. 오리엔탈리즘의 타자화를 통한 지배는 경제적, 정체적, 종교적, 문화적 영역으로 지역마다 형태는 다르지만 모든 지역에서 지속되고 있다. 이러한 구조화된 부정의와 불평등의 타자화 문제는 연령, 성별, 교육, 계급, 언어에 걸쳐 한 사람도 빠짐없이 모든 이에게 영향을 주고 있다. 그러므로 21세기 탈식민주의 관점에서 신학을 한다는 것은, 어떻게 기독교인으로서 오리엔탈리즘의 타자화에 저항하고, 타자화되어 억압받고 차별받는 이들과 연대할 수 있을지 씨름하는 작업이라고 생각한다. 이러한 작업은 성서 안에 존재하는 오리엔탈리즘을 발견하고 비판하는 동시에 타자화에 반대하는 성서 안의 이야기를 발굴하여 힘과 지혜를 얻는 일을 포함한다. 이 점에 대해서는 탈식민주의 성서비평을 다루면서 보다 심화된 논의를 하도록 하겠다.

언어와 문화

사이드는 문학 비평가로서 언어의 문제를 깊게 숙고하면서 어떻게 언어가 식민주의의 지배에 저항할 수 있는 도구가 될 수 있을지 가능성을 찾는다. 왜냐하면 문학으로 표현된 언어는 "이야기를 기술할 힘, 반대로 만들어지고 떠오르는 이야기를 막을 수 있는 힘"을 가지고 있기

nial Theory: A Reader, edited and introduced by Patrick Williams and Laura Chrisman (New York: Columbia University Press, 1994), 166.

때문이다.15) 물론, 여기서 그 힘은 식민주의 지배를 강화할 수 있는 언어이기도 하고, 그 지배에 저항하는 '탈식민 주체'의 언어일 수도 있다.

여기서 간략하게 탈식민 주체에 대한 설명이 필요하다고 본다. 수기따라자는 크게 3부류로 탈식민 주체를 나눌 수 있다고 주장한다. 한 부류는 한때 유럽과 미국 제국주의에 의해 식민화 경험을 한 자들이고, 다른 한 부류는 선택이건 강요이건 간에 현재 1세계에서 소수 유색인종으로 살아가는 사람들이고, 마지막 부류는 세계화와 신식민주의 지배로 인해 희생당하고 있는 사람들이다.16) 물론, 이들 부류는 서로 연결되어 있기도 하고, 어떤 그룹은 이 세 부류에 다 속하기도 한다. 예를 들어 한 필리핀인의 경우, 미국과 스페인의 식민지 지배를 받았고(첫째 부류), 그 후 캐나다로 이민해서 살다가(둘째 부류), 다시 일을 찾아 한국으로 이주 노동자가 되어 온 경우(셋째 부류), 이 모든 부류에 속할 수 있다.

서구 문학 전통은 기본적으로 이 탈식민 주체들을 '타자'로 여기고 그들이 종속된 존재임을 확인시켜 주는 지배 언어로서 기능한 점을 인정한다. 즉, 식민주의 권력과 언어 사이의 연관성을 말하는 것이다. "제국주의 억압의 주된 특성은 바로 언어를 통제함으로써 이루어진다. …… 즉, 언어가 권력의 지배구조를 가능하게 하는 기제로 쓰인다."17) 다른 탈식민주의 비평학자들도 유사한 주장을 한다. 서구 문학과 미디

---

15) Edward W. Said, *Culture and Imperialism* (New York: Alfred A. Knope Inc., 1993), xiii.

16) R. S. Sugirtharajah, *The Bible and the Third World: Precolonial, Colonial, and Postcolonial Encounters* (Cambridge: Cambridge University Press, 2001), 247.

17) Ashcroft, Griffiths, and Tiffin, *The Empire Writes Back*, 7.

어가 언어이자 문화로써 비서구인들을 지배하고 있다는 것이다.18) 그의 연구 보고에 의하면, 1984년 전 아프리카 대륙을 통틀어 신문사는 150개인 반면, 미국 언론사는 1,900개(전 세계 25%)인데, 놀랍게도 1955년 탈식민주의 이전에 아프리카의 언론사는 더 많았다는 사실이다. 이 통계는 탈식민주의 시대에 들어 미디어에 의한 서구의 지배가 더 심각해졌다는 것을 암시한다.

한 예로 세계화의 대표기업 중 하나가 미국 월트디즈니 애니메이션 영화사다. 순수함이라는 이미지로 포장된 이들의 영화 산업은 국경을 초월하여 전 세계에 파급되어 있다. 영화라는 시각매체로 얻는 자본주의 수익(영화 캐릭터 산업, 광고, 장난감)에 대해서는 이 지면에서 다룰 수 없지만 그 영향은 막대하다. 그 영화 메시지 안에 존재하는 인종 차별, 성차별, 계급 차별, 즉, 타자화의 문제는 도전받아야 한다.

인도출신 여성인 케투 카트락은 문화를 탈식민화하는 과정으로 언어의 문제를 제기한다. 그는 이렇게 말한다. "언어와 문화 영역의 관계는 변증법적이다. 언어는 문화이며, 특히 식민주의 교육에 필요한 수사적, 담론적 도구의 다른 형태이다." 그러므로 언어의 문제를 심도 깊게 분석하고 비판하는 작업은 결국 문화의 탈식민화 과정에 직결되는 작업이다. 기록된 언어보다 구전 전승이 강했던 아프리카와 달리 기록 문자와 종교 경전의 권위가 강했던 인도에서 언어를 통해 원주민(인도) 문화를 말살하려는 정책은 좀 더 교묘하게 잔혹했다고 카트락은 설명한다.19) 영어와 영문학 교육의 강요를 통해 영국 식민주의자들은 인

---

18) McClintock, "The Angel of Progress", 297-298.

19) 케투 카트락, "문화의 탈식민화: 탈식민여성 텍스트의 이론화를 위하여", 유제분 엮음, 『탈식민페미니즘과 탈식민페미니스트들』(서울: 현대미학사, 2001), 133.

종적 우월성을 견지했고, 언어의 지배를 통해 정신적 통치를 가능하게 했다는 것이다. 이러한 정신적 통치는 결국 정치적, 군사적, 경제적 통치를 직·간접적으로 지원한다는 점도 지적할 필요가 있다.

문제는 이러한 언어를 통한 문화적, 정신적 지배가 이전 식민주의 시대보다 덜 노골적이며 덜 가시적이지만 더 강력하게 오리엔탈리즘을 파급하고, 서구의 우월과 지배를 정당화한다는 데 있다. 탈식민주의 시대인 오늘날 서구 미디어라는 언어와 문화를 통해 강화되고 있는 서구의 지배는 간과할 수 없는 현실이라는 점은 충분히 인식할 필요가 있다.

그러므로 이제 언어와 문화를 통한 서구 제국주의 지배는 이전 식민지 나라에서 일어나는 일만이 아니라, 서구 지역과 비서구 지역에서 광범위하게 일어나고 있는 일이라는 점을 확인할 필요가 있다. 필자는 이민 간 한국인들이 캐나다의 지배적인 언어와 문화 때문에 겪는 차별과 열등의식을 많이 보았다. 그러므로 21세기 탈식민주의 신학하기는 서구 언어와 문화가 파급되어 있는 세계 곳곳(한국 포함)에서 일어나고 있는 힘의 불균형을 어떻게 저항하고 해결할 수 있는지 씨름하는 일이다. 이 작업은 영어로 대표되는 서구의 언어와 미국 문화의 거대 물결에 휩쓸리지 않고, 각 지역의 언어와 문화를 들어 올리는 신학화 작업을 포함한다. 이곳에서는 자세히 다루지는 않지만 필자는 탈식민 주체들이 지닌 전통 문화, 예술, 구전 전승들을 찾아내고 토착화하는 신학의 과제는 21세기 탈식민주의 신학하기에 지대한 공헌을 할 수 있다고 본다.

장소의 개념을 통한 탈식민 정체성

탈식민주의 이론은 어떻게 한 개인 또는 집단이 형성되는가 하는 점을 중심으로 정체성의 문제를 광범위하게 다루어 왔다. 협소한 의미로 정체성은 한 그룹에 속해 있다는 연대감과 확실성의 필요이자 공동체적 소속감이다. 문화적 정체성이건 종교적 정체성이건 또는 이 둘다를 포함하건 간에 정체성이란 하나의 필요이자 소속감이다. 이러한 정체성이 '권위를 부여하고, 지배하고, 합법화하는 도구'[20]로 쓰일 때 문제는 발생한다. 즉, 정체성이 '하나의 정치적 도구로서' 쓰여 권위를 부여하고, 합법화하고, 한 그룹이 다른 그룹의 정체성을 규정할 때 문제가 생긴다는 뜻이다. 더불어 소수민족 정체성을 포함하여 정체성 간의 대립과 갈등에 대한 논의가 행해지는 시대가 바로 21세기 탈식민주의 시대라는 뜻이기도 하다.[21]

탈식민 정체성을 발견하고 확인하는 작업은 쉽지 않다. 왜냐하면 식민주의자들에 의해 박탈당한 정체성을 다시 찾는 일과, 원래 식민주의자의 것이었던 정체성의 요소들이 탈식민 주체들의 정체성으로 자리 잡은 일, 어찌 보면 정반대가 되는 이런 요소들이 이제는 하나의 정체성으로 엮어져 분리할 수 없기 때문이다. 또한 개인적 정체성을 정립함과 공동체적 정체성을 확립하는 작업 역시 탈식민 정체성을 발견하는 작업이기 때문이다.[22] 이러한 정체성을 형성하는 노력은 복잡한 경제적, 정치·사회적 이주와 통합의 과정을 필요로 하면서 연결된 지

---

20) Said, *The World, the Text, and the Critic*, 290.

21) Stuart Hall, "Negotiation Caribbean Identities," in *Postcolonial Discourses: An Anthropoogly*, ed. George Castle (Oxford/ Massachusetts: Blackwell Publishers, 2001), 281.

22) Said, *Culture and Imperialism*, 336, 339. "No one today is purely one thing", Said argues. The West's domination over the non-Western world "consolid ated the mixture of cultures and identities on a global scale."

점들을 찾아내는 작업이다. 그러므로 서론에서 지적한 것처럼, 탈식민주의 연구작업은 각 주제와 내용 사이 연관성과 중복성을 세심하게 고려하는 일을 포함한다. 다시 말해서 오리엔탈리즘과 제국주의, 제국주의와 기독교, 그리고 언어와 정체성, 문화와 정체성, 타자화와 정체성, 순차적으로 다루고 있는 본 주제들이 사실은 연관되어 있고 중복되어 있다는 점, 그러나 동시에 이들 간 차이점이 있음을 주의 깊게 살피는 일이 탈식민주의 연구라는 것이다. 이런 연관성을 염두에 두고 정체성의 문제를 다시 보면, 스튜어트 홀이 말하듯 "탈식민 주체의 정체성을 찾는 일은 과거의 것을 찾은 일이 아니라, 미래의 것으로 그들의 정체성을 만들어내는 일이다."23)

많은 탈식민주의 학자들은 정체성의 문제를 장소의 개념과 연관 지어 설명한다.24) 강제이주로 인해서, 노예로 팔림으로 인해서, 원주민 정복으로 인해서 탈식민주의자들은 고향을 빼앗기고 떠나야 할 정체성의 위기를 경험한다. 우리는 누구인가? 우리는 어디에서 왔나? 우리는 지금 어디에 속해 있는가? 속한 그곳에 어울리는가? 이러한 탈식민 주체의 정체성과 관련된 질문들은 우리가 기본적으로 문화와 문화 사이에 걸쳐 살고 있다는 점을 전제한다. 다시 말하면 탈식민 주체들의 정체성은 그들이 한곳에서 다른 곳으로 이주했고, 이주당했고, 이식되었고, 그리하여 한 문화권에서 다른 문화권으로 정착했고, 그 둘 이상의 문화권 사이에서 살고 있다는 점을 전제한다.

---

23) Hall, "Negotiating Caribbean Identities", 291.

24) E.g., Bill Ashcroft, Gareth Griffiths, and Helen Tiffin, Key Concepts in Postc olonial Studies (London and New York: Routledge, 1998); David Theo Gold berg and Ato Quayson, eds. Relocating Postcolonialsim (Oxford: Blackwell, 2002).

　　이러한 전제를 인정한다면, 장소의 개념은 탈식민주의 이론을 정립함에 있어 굉장히 중요한 개념이다. 이 개념을 제대로 이해하면, 역사관, 인식론적 관점이 바뀌게 된다. 즉, 역사를 이해하는 데 있어 '시간'이 아니라 '장소'가 중요해진다는 것이다. 여기서 새로운 인식론, '공간적 다양성'이 가능하게 된다. '공간적 다양성'이라는 인식론은 다원적인 문화, 다양한 전통들이 함께 공존하는 삶의 자리를 중요시한다. 더불어 이 장소 안에서 함께 살고 있는 다양한 탈식민 주체들의 문화와 전통 역시 존중된다는 것을 포함한다. 물론 현실은 그렇게 쉽지 않다. 장소 중심의 정체성이 이주당해 새로운 장소에 정착한 탈식민 주체들을 동등하게 존중하는 데 기여하고 있지만, 이미 그 장소에서 기존에 다수를 이루어 살고 있는 기득권자들과의 갈등이 없는 것은 아니기 때문이다. '공간적 다양성'이라고 하는 탈식민주의 인식론은 더 나아가 유럽 식민주의 인식론인 '시간적 순차성'을 비판하고 그 과거의 시간을 근거로 현재의 지배를 정당화시킬 수 없음을 지적한다. 예를 들어, 그들의 조상이 과거에 자신의 조상을 지배했다고 현재 후손들까지 지배할 수는 없다는 것이다.[25] 소위 시간에 의해 조상 전통, 그리고 과거의 역사가 조명되고 평가되며, 그 역사에 의해 정체성이 규정된다는 인식론적 전제를 거부한다. 이 의미는 과거 식민주의 역사에 기반하여 현재의 정체성이 규정된다는 점을 거부하는 것이기도 하다. 탈식민주의 이론가들이 서구 중심의 역사에 대한 이해에 대해 비판할 때, 여성해방주의자들은 남성 중심의 역사(his-story)에 대해 비판을 한다는 것이다. 그리하여 남성에 의해 규정되고 서구에 의해 규정된 정체성을 거부하

---

25) Ashcroft, Griffiths, and Tiffin, *The Empire Writes Back*, 36-37.

는 작업이 정체성을 찾는 작업의 하나라는 것이다.26) 21세기 탈식민 사회 안에서는 식민 시대(시간) 노예로 살았던 조상을 가진 탈식민 주체들과 자신의 조상들을 지배했던 식민 후손들이 삶의 터전(장소)을 공유하고 살고 있으며, 과거의 시간에 입각하여 그들의 정체성을 규정할 수 없다는 뜻이다. 결국 이러한 인식론은 식민의 과거로부터 해방되어 탈식민 주체들이 평등과 존엄성을 갖고 미래의 정체성을 확립하는 데 긍정적으로 기여할 수 있다.

다른 탈식민 이론가들은 이러한 인식론적 전환, 즉 시간에서 공간으로 바꾸는 관점의 정당성을 인정함에도 불구하고, 여전히 탈식민주의 인식론 자체가 식민화(장소)를 벗어나지 못하고 있고, 서구 제국주의가 규정한 진화론적 역사적 발전이라는 범주(시간) 안에 있음을 지적한다. 이는 앞서 지적한 탈(post)의 접두어가 지닌 문제점과 맥을 같이하는 비판이다. 맥클린토크는 이렇게 지적한다. "탈-식민주의라는 용어 자체가 이미 단선적 시간의 원칙과 이 시간관에 함축된 '발전'이라는 서구 제국주의 논리를 전제하고 있다."27) 그러므로 공간적 다양성이라는 탈식민주의 인식론이 제대로 역할을 하기 위해서는 전(前)식민주의, 식민주의, 탈(脫)식민주의라는 진화론적 발전의 서구 역사관을 탈피하려는 노력을 해야 한다. 이런 노력은 탈식민주의라는 개념적 틀, 용어 안에 내재해 있는 의미들을 복잡하고 모순적인 현실을 다각적으로 살피고 반영하는 작업을 포함한다.

---

26) Patrick Williams and Laura Chrisman, "Colonial Discourse and Post-Colonial Theory: An Introduction", in *Colonial Discourse and Post-Colonial Theory: A Reader*, eds. Patrick Williams and Laura Chrisman (New York: Columbia University Press, 1994), 12.

27) McClincock, "The Angel of Progress", 292.

탈식민주의 정체성과 관련된 또 다른 논의는 문화와 문화 사이에 걸쳐 살고 있는, 소위 섞여 있는 양서류적 삶에 대한 것이다. '양서류적 혼재화'(hybridization)라는 용어는 식민주의자들의 문화와 원주민들의 문화 사이에 공존하는 탈식민의 현실을 반영한다. 지배적인 유럽 문화가 식민화된 문화에 이식, 침투되는 과정에서 탈식민 문화는 양서류의 삶처럼 양 문화에 혼재되어 존재하는 문화를 지칭하는 것이다. 그러므로 탈식민 문화를 찾아가는 과정이 순수하게 식민주의 문화로부터 독립된 원주민 문화만을 창조하는 과정으로 이해될 수 없다는 것을 암시한다. 그러한 문화의 창조는 이론, 공상의 영역으로는 가능할지 모르지만, 현실과 실천의 영역으로는 도저히 불가능하다는 것이고 탈식민 문화를 찾는 일이 식민화 이전의 문화를 찾는 일과 동일시되어서는 안 된다는 것이다.28) 그러나 비록 식민화 이전의 문화를 회복할 수 없다고 해서 "식민주의자들이 자행한 원주민 문화의 말살에 대한 저항"을 포기한다는 의미는 아니다. 양서류적 문화(식민, 원주민 문화의 혼재)를 인정하면서도 원주민들이 정립한 '저항의 정체성'을 찾는 일은 탈식민주의 정체성을 창조하는 데 중요한 작업이다.29)

이 단락의 결론으로 지금껏 논의해 온 세 가지 이슈를 정리해 보자. 오리엔탈리즘은 서구식민주의자들의 이해를 대변하는 타자화를 통해 억압과 지배를 정당화해 준 사유체이자 지배 기제이다. 여기서 타자화된 타자는 서구 제국주의와 마찬가지로 단일한 그룹이나 현실이 아니라 복잡하고 중층적인 그룹들의 현실이다.30) 공통적인 것은 타자화를

<hr>

28) Ashcroft, Griffiths, and Tiffin, *The Empire Writes Back*, 195.

29) Shohat, "Notes on the 'Post-Colonial'", 109-110.

30) 찬드라 모한티, "서구인의 눈으로: 페미니즘 연구와 식민담론", 김지영 역, 유제분 엮음,

통해 지배하는 그룹과 지배당하는 그룹들의 힘의 불균형이 가속화되고 있는 현실이 21세기 탈식민 상황이라는 점이다. 이러한 오리엔탈리즘의 타자화의 이론 검토가 21세기 신학하는 데 중요한 이유는 바로 현실과 구체적인 문제는 다르게 보일지라도, 타자화를 통한 불평등한 구조적 지배가 신앙 공동체인 교회와 학문 안에도 일어나고 있기 때문이다. 탈식민 언어와 문화의 검토를 통해 우리는 성서, 기독교 신앙의 핵심이 되는 이 말씀이 서구의 지배 언어, 그 문화를 반영하고 대변하고 있다는 점이다. 결국 식민주의와 유럽 제국주의 이데올로기의 도구로 성서가 전해졌다는 점을 인식하면서 성서를 읽는 작업이 21세기 신학하기에 있어 중요한 일임을 주장하고 싶다. 더 나아가 성서 안에 존재하는 식민주의, 제국주의 지배의 내용을 탈식민주의 관점에 입각해서 해석하는 작업 역시 똑같이 중요한 작업이라고 생각한다. 마지막으로 장소의 개념을 통한 탈식민 정체성 찾기는 서구의 단선적 진보적 역사관이 지닌 문제를 비판하면서 장소, 지금 살고 있는 이 자리의 중요성을 부각시키는 역사적 인식론을 통해 도움을 받을 수 있다고 본다. 식민화의 과정에서 어쩔 수 없이 고향을 떠나 곳곳에 흩어져 살 수밖에 없는 디아스포라 탈식민 주체들의 정체성을 창조하는 작업은 양서류적 문화의 혼재, 다양한 문화의 공존들을 전제로 가능함을 확인했다. 이 모든 논의들을 진행하면서 꼭 염두에 두어야 할 점은 바로 탈식민주의, 타자화, 양서류적 문화, 그 어떤 내용도 단일한 개념, 보편화된 정의일 수 없다는 것이다. 탈식민주의 비평의 본질이 바로 여기 있다. 탈식민주의는 지리적, 역사적, 정치적, 문화적, 인종적, 기타 다양한 영

<hr>

『탈식민페미니즘과 탈식민페미니스트들』(서울: 현대미학사, 2001), 77.

역에서 일어나고 있는 현실에 대해 그 현실을 규정하고 표현하는 담론인데, 그 담론은 오직 차이성, 특수성, 복잡성, 다각성 들로밖에 표현될 수 없다는 것이다.

탈식민주의 여성신학 성서비평

탈식민주의 여성신학 성서읽기를 다루기에 앞서 전제할 점이 두 가지 있다. 하나는 성서가 식민주의에 대해 모호하고 모순적인 입장을 견지하고 있다는 점이다. 즉, 어떤 본문은 해방적이고 어떤 본문은 억압적이라는 것이다. 출애굽기를 예로 들어보자. 노예였던 미국 흑인 기독교인들에게 또한 일본제국주의와 군사독재 하에 억압을 받았던 한국을 포함한 아시아 기독교인들에게 출애굽기는 자유와 희망의 이야기다. 그러나 식민화 과정에서 조상 대대로 살던 땅을 빼앗긴 북미, 호주의 원주민들에게 있어, 가나안 땅을 정복하고 이스라엘로 하여금 그 땅을 차지하게 한 출애굽기는 억압적인 이야기다. 정복의 논리가 출애굽기, 여호수아서 등에 걸쳐 하나님의 이름으로 정당화되어 있고, 그 성서의 논리가 18세기 서구 식민주의 영토 확장의 논리로 작용하여 오랫동안 그 땅에 살았던 원주민들을 내쫓고 지배해 왔기 때문이다.[31] 미국의 국수주의와 백인중심주의가 출애굽기에서 기원한 것임을 증명하고 있는 조라 닐 허스톤(Zora Neale Hurston)의 글을 소개하면서, 도날드슨은 출애굽기가 식민주의자들의 입장과 반(反)식민주의자들의 입장을 둘 다 대변하고 있다고 주장한다. 그러므로 성서는 중립적일

---

31) Laura E. Donaldson, *Decolonizing Feminisms: Race, Gender & Empire-Building* (Chapel Hill: University of North Carolina Press, 1992), 102-117.

수 있으나, 결코 보편적인 이야기일 수는 없다. 오히려 언제 어느 삶의
자리에서 누가 읽는가라는 이해관계에 따라 다른 이야기로 해석될 수
밖에 없다는 것이 탈식민주의 성서읽기의 첫 단계이다.[32]

두 번째 전제는, 성서 안에 식민주의 요소들, 노예 매매, 주종 관계,
타자화 등을 정당화하는 요소들이 내재해 있다는 것이다. 가나안 땅을
정복한 이스라엘인(식민주의자)의 입장은 정의롭고, 정복당한 가나안
인들은 죄인이며, 유혹적인 존재라는 식의 표현을 통해 결국 정복은
정당한 것임을 내포하는 식의 논리가 그 예다. 이러한 현실은 오늘날
비기독교인들, 특히 이슬람인들에 대한 기독교인들의 배타적 우월의
식으로 이어진다. 즉, 유대-기독교 문화가 서구 문화의 근간이 되었고,
서구 제국주의의 입장에서 성서를 해석했고, 다시 그 성서 본문들은
서구 제국주의 정체성과 우월성을 강화하는 기제로 이용되어 왔다.[33]
이 전제들을 숙지한 상태에서 탈식민주의 여성신학적 성서비평과 논
의는 이루어져야 한다.

탈식민주의 여성신학 성서비평은 기본적으로 탈식민주의 비평이
여성의 문제, 성차별의 문제를 제대로 담아내지 못하고 있다는 문제의
식에서 출발한다.[34] 동시에, 북미·유럽 여성신학이 식민주의와 인종차
별의 문제를 제대로 다루고 있지 못한다는 문제의식에서 출발한다.[35]

---

32) Laura E. Donaldson, "The Sign of Orpah: Reading Ruth through Native
   Eyes", *in Ruth and Esther: A Feminist Companion to the Bible* (Second
   Series),ed. by Athalya Brenner (Sheffield: Sheffield Academic Press, 19
   99), 138.
33) Dube, "Go Therefore and Make Disciples of All Nations", 234.
34) Laura E. Donaldson & Kwok Pui-lan, ed., *Postcolonialism, Feminism, and
   Religious Discourse* (New York/ London: Routledge, 2002), 15.
35) Donaldson, *Decolonizing Feminisms*, 62.

서구 여성신학은 아시아·아프리카·남미 여성들이 지닌 다양성과 특수성을 무시한 채 그들이 모두 "무기력한 희생자들"인 것처럼 규정하면서 북미·유럽 여성들(독립적이고 해방된)에 의해 구원을 받아야 하는 것처럼 묘사된다.36) 그녀는 백인 여성신학은 보편적인 '제3세계 여성'을 지식과 연구의 대상으로 규정해 왔으며, 그 결과는 결국 식민화된 여성들을 소외시키고 타자화하는 오류를 범하는 것이었다고 주장한다. 이는 일반 여성학 분야뿐 아니라 서구 여성신학의 문제이기도 하다. 무싸 두베는 메리 데일리의 신학37)에 나타난 내용을 검토하면서, 가부장제로부터 여성을 해방한다는 명목으로 아프리카 여성은 음핵 제거의식의 희생물이며, 이를 해방시킬 주체는 서구 여성들이라는 점을 비판한다.38) 서구 여성신학이 비서구 여성들을 타자화하면서 서구 여성들보다 열등하고 의존적 존재로 바라보는 경향이 있다는 것이다. 아프리카 출신 탈식민주의 여성신학자인 무싸 두베는 대표적인 서구 여성신학자인 피오렌자(Elisabeth Schüssler Fiorenza)의 연구를 분석하면서 어떻게 서구 여성신학이 식민주의를 간과하고 있는지 지적하고 있다. 이러한 예는 피오렌자가 초기 기독교 기원을 설명하는 과정에서 로마 제국을 로마 세계로 부르면서 식민주의 상황을 제대로 노출하고 있지 않는 데에서 찾을 수 있다고 두베는 말한다. 두베는 피오렌자가

---

36) Chandra Talpade Mohanty, "Under Western Eyes: Feminist Scholarship and Colonial Discourses", in *Colonial Discourse and Post-Colonial Theory: A Reader*, edited and introduced by Patrick Williams and Laura Chrisman (New York: Columbia University Press, 1994), 196-220.

37) *Gyn/Ecology: the metaethics of radical feminism* (Boston: Beacon Press, 1990)

38) Dube, *Postcolonial Feminist Interpretation of the Bible*, 24-25.

책 전체에 걸쳐 로마 제국이라고 표현하지 않고, 로마 세계, 헬라—로마 세계라는 비정치적인 모호한 표현을 선택했다는 것을 지적한다.39) 심지어 여성신학적 대안인 기독교 공동체를 여성의 교회(ekklesia)로 제안하는 피오렌자의 주장도 그가 교회(ekklesia)를 "모든 우주의 주(Lord)"로 언급하는 데 문제가 있다고 두베는 주장한다.40) 왜냐하면 우주, 즉 세계를 보는 그의 관점이 지리적·문화적 경계와 특수성을 염두에 두지 않은 보편적, 단일한 하나의 세계로 보고 있기 때문이다. 이런 태도는 서구세계가 결국 세계를 대변하고 있다는 서구 우월주의 식민주의의 잔재로 볼 수밖에 없고, 마치 영어 men이 사람으로 대변되듯이 서구 근대 신학하기의 틀을 벗어나고 있지 못하기 때문이다41). 곽퓰란은 근대시대 인간, 즉, 초월적이고 단일화된 존재로 대변되는 'man'을 해체하는 작업이 중요하지만, 이러한 포스트모던 작업이 탈식민주의 주체인 아시아·아프리카·남미 여성을 재건하는 데 부정적일 수 있음을 지적한다. 왜냐하면, 아시아·아프리카·남미 여성신학자들은 이들을 보편화하고 본질화하는 데(universalized/essentialized) 관심이 없을 뿐 아니라, 그것 자체가 서구 남성 중심의 신학하기라는 점을 비판하고 있기 때문이다.

---

39) Fiorenza, *In Memory of Her: A Feminist Theological Reconstruction of Christian Origins* (New York: Crossroad, 1983), xxiii, 67, 73, 82, 99, 100, 103, 160, 164, 75, 176. 더 구체적인 피오렌자의 비판을 보려면 다음을 참조. Dube, *Postcolonial Feminist Interpretation of the Bible*, 26-39.

40) Fiorenza, *In Memory of Her*, 190-193. 여성 교회(ekklesia of women)에 대한 피오렌자의 연구를 보려면 다음을 참조. Fiorenza, "The Will to Choose or to Reject: Continuing Our Critical Work", in *Feminist Interpretation of the Bible*, ed. Letty Russell (Philadelphia: Westminster Press, 1985), 126-127.

41) Kwok Pui-lan, *Postcolonial Imagination and Feminist Theology* (Louisville: Westminster/John Knox Press, 2005), 36.

탈식민주의 여성신학적 성서비평은 왜 성서가 제국주의와 가부장주의의 도구로 쓰였는지 그 이유를 찾는 작업이다.[42] 두베는 이 이유를 찾는 과정에서 데이빗 리빙스톤(David Livingstone)의 아프리카 선교 사업을 평가하게 된다. 결국 리빙스톤은 선교사로서 성서를 서구 지배자의 언어로 소개했고, 그 성서가 식민화 과정에 동참하는 역할을 담당했음을 지적한다.[43] 성서 본문과 독자, 성서 저자와 제도적 지배 간의 연관성을 밝히면서 결국 성서 본문은 독립되어 존재하는 것이 아니라, 국제적 관계, 가부장적 관점과 식민주의 논리에 의해 해석된 것이라고 주장한다. 그러므로 성서를 현실에서 분리시키는 학문적 경향, 마치 고전으로 취급하는 고고학적 성서 연구 태도는 결국 식민화 과정에 동조하는 것으로 비판을 받아야 한다는 것이다.[44] 서구 제국주의와 가부장주의, 이 두 가지 억압의 형태 속에 놓여 있는 여성들의 문제에 관심을 두고 성서를 해석하는 작업이 바로 탈식민주의 여성신학 비평이자, 어떻게 두 지배 기제가 여성들을 타자화했는지 폭로하는 작업이다.[45] 두베는 『*Postcolonial Feminist Interpretation of the Bible*』에서 라합의 이야기를 예로 들면서 어떻게 가부장제와 제국주의가 그의 사회적 자리를 규정했는지 보여 준다. 그것이 아시아·아프리카·남미 남성들이 중요시하는 제국주의의 문제이건, 유럽·북미 여성들이 중요시하는 가부장제의 문제이건, 이 두 지배 형태는 아시아

---

42) Dube, *Postcolonial Feminist Interpretation of the Bible*, 4.

43) 선교 사역에 있어 성서의 역할에 대한 논의를 보려면 다음을 참조. Norman E. Thomas, ed., *Classic Texts in Mission and World Christianity* (Maryknoll, New York: Orbis Books, 1995), 68.

44) Dube, *Postcolonial Feminist Interpretation of the Bible*, 15-20.

45) Ibid., 36.

·아프리카·남미 여성들에게 똑같이 중요한 문제이자 뗄 수 없는 문제이기 때문이다.[46] 스피박은 식민주의자들과 탈식민 주체들 간 이론으로만 자리 잡을 때 탈식민주의에서 성문제를 보지 못하는 오류를 범하고 있다고 주장한다.[47] 안톤 역시 아시아 여성신학은 가부장제의 문제만을 다루어서도 안 되고 식민주의의 문제만을 다루어서도 안 된다는 점을 지적한다.

두베에 의하면, 탈식민주의 여성신학 성서해석의 목표는 상호의존 관계를 지향하면서 성, 인종, 민족, 국가, 경제, 문화, 정체, 동성애, 종교 간 관계를 해방시키는 것이다. 즉, 이 관계에 규정을 받는 어느 한 그룹이 다른 그룹들을 열등하게 보고 지배하는 그 지배구조를 끊고, 서로 돕고 살아가야 한다는 상호의존적 삶을 만들어 내는 것이 바로 탈식민주의 여성신학 성서해석이 바라는 바이다.[48] 여기서 '상호의존성'이라는 용어에 주목할 필요가 있다. 사이드도 지적하듯이, 탈식민 조건에서 어떤 나라도 어느 성도, 어느 문화도 진정한 의미에서 독립될 수 없고, 오직 서로 의존되어 있다는 것이다.[49]

그러므로 상호의존적이고 정의로운 관계를 이루기 위해 노력해야 할 탈식민주의 여성신학 성서해석의 과제는 크게 5가지로 요약된다. 첫째, 그는 구전 전승에 주목하면서 탈식민 주체들이 들려주고 쓴 글을

---

46) Gayatri Chakravorty Spivak, "Can the Subaltern Speak?" in *Colonial Discourse and Post-Colonial Theory: A Reader*, edited and introduced by Patrick Williams and Laura Chrisman (New York: Columbia University Press, 1994), 66-111.

47) Hope Antone, "Asian Feminism: Towards Partnership and Transformation," In God's Image 23:4 (December 2004), 57.

48) Dube, *Postcolonial Feminist Interpretation of the Bible*, 18-20.

49) Said, *Culture and Imperialism*, 262-336.

찾아내어, 그 이야기에 담겨 있는 성서와의 관계, 현 제국주의와의 연관성을 밝혀내는 작업이다. 둘째, 서구 여성신학자들의 글을 분석하면서 그 내용에 담겨 있는 가부장적 요소와 제국주의적 요소를 드러내는 작업이다. 셋째, 비종교적 문헌들을 검토하면서 그 안에 들어 있는 가부장적 요소들과 제국주의 이데올로기를 밝혀내는 작업이다. 넷째, 비서구, 비기독교인들의 여성해방 관점의 글들을 찾아내는 일인데, 이러한 서구 기독교 문헌들을 통해 배타적 기독교의 우월성을 탈식민화하는 데 기여할 수 있을 것이다. 마지막으로, 어떻게 이러한 과정들이 해방된 상호의존성으로 기여할 수 있는지 밝혀내는 작업이다.[50]

이러한 과제들을 위해 다음의 질문들을 한다. "본문이 당시 정치적 제국주의 현실을 어떻게 지적하고 있는가? 본문이 성(性) 문제와 신성(神性) 문제를 종속과 지배의 문제로 다루고 있는가? 본문이 상호의존적인 대안과 가능성을 보여 주고 있는가?" 결국, 기독교 경전을 포함하지만, 기독교 전통을 넘어서서 다른 종교와 세속적 영역들의 문헌과 비문헌들도 동등하게 연구의 대상이자 탈식민주의 신학을 정립하는 데 기여할 수 있다는 주장이기도 하다. 더불어 비서구 문헌, 아프리카, 아시아, 원주민들의 구전 자료들 역시 기독교 성서의 권위와 동등하게 탈식민주의 신학을 정립하는 데 공헌할 수 있다는 역설적 주장이기도 하다. 결국 두베의 주장은 기독교 경전이 유일한 경전(the canon)이라는 주장을 비판하면서, 다른 종교와 다른 문화와 상호의존적인 기독교 신학의 자세를 제안하는 것으로 볼 수 있다. 결론적으로 21세기 성서신학은 성서가 쓰인 초대 교회 시기에서 벗어날 필요가 있다. 성서 신

---

50) Dube, *Postcolonial Feminist Interpretation of the Bible*, 199-201.

학의 영역을 초대 교회 시기로 제한할 때 성서와 다른 역사적 시기에도 영향을 미쳤다는 사실을 간과할 수 있고, 결국 현시대적 상황과 연결시키는 데 실패할 수 있기 때문이다.[51] 성서가 우리에게 오늘날 신앙의 원천이자 권위 있는 자료로서 역할을 한다면, 1세기 초대교회의 역사와 삶의 문제로 그치는 것이 아니라, 21세기 지금 우리의 삶의 문제와도 연결된다는 사실을 잊지 말고 연구에 임해야 한다고 본다.

탈식민주의 여성신학 성서비평은 탈식민주의 성서비평과 서구 여성신학 성서비평에서 간과한 점을 지적하고 연관성을 밝힌 해석학이다. 이 해석학을 통해 제국주의와 가부장주의는 동전의 양면처럼 긴밀하게 연결되어 있지만, 한 문제로 동일화될 수 없는 지배 기제임을 밝혔다.[52] 그러므로 두 지배 기제가 미치는 각각의 영향들을 분리하여 고찰함과 동시에, 그 두 기제가 동시에 영향을 주는 상황, 아시아·아프리카·남미 여성들의 삶의 상황들에 대한 연구 작업도 심도 깊게 진행될 필요가 있다. 또한 다양한 종교와 문화가 공존하는 아시아 상황에서 기독교라는 종교 영역을 넘어서서 비종교적 문헌들을 탈식민주의 신학의 연구 작업으로 삼으라는 두베의 제안은 신학이 모든 것을 담고 있지 않다는 진리를 터득하면서 기독교의 우월성에 대해 겸허하게 자성할 수 있는 귀한 기회라고 본다. 또한 타 종교 안에 존재하는 억압적이거나 해방적 전통을 찾아내는 작업도 공존과 화해, 상호의존의 삶을 위해 필수적으로 행해야 할 과제라고 생각한다.

---

51) Dube, "Go Therefore and Make Disciples of All Nations," 236.

52) Kwok, *Postcolonial Imagination and Feminist Theology*, 83.

맺는 글

이 글에서 우리는 탈식민주의에서 제기하는 주된 문제(issues)들을 다루면서, 이 주제들이 21세기 신학하기라는 과제를 달성하는 데 얼마나 유용한지 고찰했다. 비판적 해석학으로서 탈식민주의 비평은 결국 21세기가 미국을 위시한 서구 세계의 비서구 세계에 대한 지배, 즉 정치적, 군사적, 경제적, 문화적 지배라는 현실을 바르게 직시하는 데 바른 관점을 제공하고 있다는 점을 확인했다. 탈식민주의는 단일한 이론이 아니라 복잡하고 다각적인 이론들이 담겨져 있는 이론, 그 안에는 모순되는 관점과 온전하지 않은 파편적인 개념들까지도 포함하고 있다는 점을 배웠다. 특히 기독교의 경전인 성서가 서구의 지배 언어로서 제국주의와 식민주의 지배를 옹호해 왔다는 점을 배웠다. 그러므로 탈식민주의 관점에서 21세기 신학을 한다는 것은 이런 연관성, 제국주의와 성서, 서구의 비서구에 대한 타자화와 가부장주의 등 다양한 지배 기제들 간의 복잡한 관계들을 탈식민 주체의 관점에서 읽어내고 분석하고 책임적으로 살아가는 일이라고 본다.

21세기 신학하기는 단순한 식민주의의 반대, 제국주의의 반대(反식민주의, 反제국주의), 파괴를 위한 반대가 아니라, 지배―피지배, 우월―열등의 구조를 벗어나서(脫식민주의) 어떻게 모두가 상호의존적으로 공존의 삶을 살아갈 수 있을지 대안과 비전을 제시하는 일이다. 이러한 건설적인 공생의 탈식민주의 논의는 항상 스스로의 비판에 열려 있으며 개념의 이론화를 넘어서서 실천과 성찰이라는 프락시스(praxis)로 이어져 있음을 기억해야 한다.

제국 시대의
대안 교육

임 희 숙 | 성공회대학교 기독교교육 겸임교수

들어가는 글

오늘 우리는 제국의 탄생을 운위하는 시대를 살아가고 있고, 이 엄청난 변화의 소용돌이 속에서 교육도 매우 새로운 특성을 띠고 발전되고 있는 것 같다. 만일 마이클 하트와 안토니오 네그리가 주장하는 바와 같이 제국이 네트워크 경제에 대응하는 네트워크 권력의 이름이라고 한다면, 제국 시대의 교육은 제국의 문화와 지배의 형식을 전제로 해서 편성되고 발전할 것이며, 바로 이 점에서 제국 시대의 교육이 갖는 고유한 특성이 이론적으로 설명될 수 있을 것이다.

제국 시대의 교육은 노동에 대한 자본의 포섭이 '형식적' 포섭 단계에서 '실질적 포섭'의 단계로 나아갔음을 반영하는 교육이며, 따라서 생체권력적인 '훈육'을 폐기하지 않으면서도 인간을 구성하는 지성과 감성과 의지, 더 나아가 공동체 능력에 대한 철저한 '통제'를 구현하는 교육일 것이다. 이러한 교육은 사회화 과정과 공교육을 통해 대중적 기반을 형성하며, 제국은 막대한 물질적 지원과 전략적 통제를 통해 이러한 교육이 효율적으로 유지되도록 뒷받침할 것이다.

그러나 교육은 시대적 요구에 부응하고 적응하는 수동적인 측면만을 갖고 있지 않고, 현실에 대한 비판적 성찰과 미래에 대한 비전의 제시를 통해 현실을 능동적으로 변혁할 수 있는 잠재력과 능력을 지닌다. 이런 점에서 교육은 제국을 위해 특정한 역할을 담당하는 것을 그치고 반제국(counter-empire)을 지향하는 새로운 역할을 맡을 수 있다. 이러한 일은 시대의 주류에 안주하거나 편승하지 않고 시대의 흐름을 바꾸려는 소수에 의해 시도되고 대중적 지지를 얻어 가면서 성취되기에 쉽지 않은 과정을 거쳐야 할 것이다.

이 글에서는 먼저 제국에 종속되는 교육의 특성을 분석하고, 그 다음 이에 대항하는 대안적 교육의 가능성과 과제를 살펴보고자 한다.

제국 시대의 교육의 특징

제국의 탄생

마이클 하트와 안토니오 네그리가 말하는 제국은 자본의 축적과 팽창이 도달한 마지막 단계에 나타난 주권의 형태를 이론적으로 설명하고자 하는 개념이다. 오늘의 세계에서 생산과 소비, 거래와 금융, 노동과 소유 등은 국지적으로 이루어지지 않고 지구적 네트워크를 통해 이루어지고 있고, 이 네트워크를 둘러싸고 여러 층위에서 새로운 형태의 권력이 형성되고 있는데, 마이클 하트와 안토니오 네그리가 말하는 제국은 바로 이러한 네트워크 권력을 최종 심급에서 전 지구적으로 아우

르는 새로운 형태의 주권이다.[1]

제국의 위계질서에 대한 마이클 하트와 안토니오 네그리의 설명이 갖는 다양한 의미에 대해서는 이 책의 다른 글들이 다룰 것이기 때문에, 이 글에서는 교육과 관련해서 주목되는 몇 가지 함의들만을 지적하고자 한다. 제국은 네트워크들의 네트워크로 나타나는데, 이러한 네트워크 구조에서는 어디가 중심이고 어디까지가 안이고 어디서부터가 바깥인지 인식할 수 없다. 마이클 하트와 안토니오 네그리가 말하는 제국의 탈중심성과 무장소성은 이러한 네트워크 권력의 성격을 드러내는 적절한 은유일 것이다. 이것은 제국의 현실에 절망하고 환멸을 느끼는 사람들이 제국을 공격하기 위하여 타격을 집중해야 할 곳을 인식할 수 없고, 제국 바깥으로 탈주할 엄두조차 갖지 못한다는 것을 뜻이다. 제국이 바깥을 갖지 않는다는 마이클 하트와 안토니오 네그리의 주장은 제국의 해체가 오직 제국의 내파를 통해서만 가능하다는 것을 시사한다.[2]

제국의 물질적 기반인 네트워크 경제는 노동에 대한 자본의 형식적 포섭을 넘어서서 실질적 포섭까지도 실현하기 때문에 인구의 대다수가 사회적 삶의 기회를 박탈당하게 될 것이다. 만일 이들이 단결하여 제국 네트워크의 약한 고리를 공격한다면 제국의 내부 분열선이 드러나고 이 홈으로 인해 제국이 내파되는 일이 벌어질 수 도 있다. 이러한 내파를 방지하기 위해 네트워크는 사회적 기회를 박탈당하는 사람들을 고립시키고 분산시키되 이들이 네트워크에 통합되어 정상적인 삶

---

1) 안토니오 네그리·마이클 하트, 『제국』, 윤수종 역(서울: 이학사, 2001), 403.
2) 내파의 성격과 조건에 대해서는 박상진, "제국의 내파, 그 징후와 가능성", 《문학과 경계》 2003 겨울호(통권 11호)(서울: 문학과경계사, 2003), 158-173을 참조하라.

을 살아가고 있다는 환상을 심어 주지 않으면 안 될 것이고, 한 사람 한 사람의 삶에 훈육의 코드를 새기는 데 그치지 않고 이들을 속속들이 '통제'하는 장치를 구축하지 않으면 안 될 것이다. 마이클 하트와 안토니오 네그리가 기 드보르의 스펙터클 사회3)를 인용하고 제레미 벤삼의 음산한 파놉티콘 구상4)을 끌어들여 제국 신민의 의식 세계와 이들에 대한 정교한 지배가 안팎으로 맞물려 있음을 지적한 것은 매우 의미심장하다고 할 것이다. 제국의 시대에 구현된 이와 같은 통제는 미셸 푸코가 근대 사회의 억압 구조를 설명하기 위해 고안한 '생체권력'5)이라는 코드를 훨씬 뛰어넘을 정도로 철저하고 정교한 지배를 가리킨다. 제국은 원자화된 개인들을 속속들이 지배하고 각각의 개인이 제국의 틀 안에서 살아가는 방식을 서로 다르게 할당한다.

이러한 제국을 위해 교육이 담당하는 순기능은 원자화된 개인들이 네트워크 경제의 틀에 편입하는 데 필요한 경쟁 능력을 기를 수 있도록 돕는 것이다. 개체화되고 고립된 개인들 상호간의 치열한 경쟁(학력 경쟁, 자격 경쟁 등)은 제국의 일상적인 질서이기에 이에 대해 의문을 품는 것은 인문학적 사치에 불과하다는 것을 강조할 것이며, 개인의 주도권을 조금이라도 약화시킬 수 있는, 이를테면 사회적 연대 같은 가치는 제국 체제에 대한 도전으로 간주할 것이다.

아래서는 제국을 위한 교육의 특성을 개발과 소비의 강박, 허구적 이미지의 내면화, 불의한 지배 문화의 은폐 등에 초점을 맞추어 설명하고자

---

3) 기 드보르, 『스펙타클의 사회』, 이경숙 역(서울: 현실문화연구 1996), 52.

4) 파놉티콘은 거대한 원형감옥처럼 보이지 않는 감시와 규율로 지배하는 권력을 상징한다.

5) 푸코에 의해 주장된 생체권력(bio-powers)은 몸에 대한 지식을 통해서 인간의 행위 전반을 통제하는 권력을 의미한다. 동시에 생체권력은 권력에 순응하는 주체를 생산해 내는 지식이다.

한다. 물론 그 이외의 여러 초점들도 설정할 수 있을 것이다. 그러나 여기서 모든 것을 다룰 수는 없기 때문에, 비록 자의적 선택의 성격이 강할지라도, 여기서는 위에서 말한 세 가지 초점에 집중하고자 한다.

개발과 소비의 강박

제국의 물질적 기반인 네트워크 경제는 지속불가능한 개발과 지구적 소비문화의 확산을 전제로 한다. 지구 전체에서, 그 가운데서도 특히 개발도상국에서 강조되는 '개발'은 제국의 에이전트들과 서구화된 지역 엘리트가 일방적으로 주장하는 과학기술의 편리함과 근사한 삶에 사로잡힌 채 진행되고 있다. 그러한 개발이 누구에 의해서 무슨 목적으로 이루어지고 있는지, 개발로 얻는 이익과 그것을 위해 치러야 할 대가가 무엇인지에 대한 성찰과 논의는 도외시되기 일쑤이다. 이를 잘 말해 주는 예를 하나 들겠다.

1975년부터 16년 동안 티베트 고원 위의 라다크에서 생활한 노르베리 호지는 『오래된 미래』[6]라는 책에서 세계의 한 작은 마을에 가져온 개발의 결과를 다음과 같이 요약한다.

"텔레비전이 갈수록 라다크 사회 내부로 깊이 침투해 들어오는 한편, 막대한 공공보조금의 혜택을 받은 가공식품들이 라다크의 자연적인 비가공 유기식품을 밀어내고 있다. 도시화가 장려됨에 따라, 농업체계가 붕괴되고 농사일이 존경받는 일일 수 있다는 생각이 사라지고 있다. 이러한 자기부정은 심각한 수준에 이르러, 다수의 라

---

6) 헬레나 노르베리 호지, 『오래된 미래』, 김종철·김태언 역(서울: 녹색평론사, 2003 증보판).

다크 십대들이 금발머리와 푸른 눈이라는 상투적인 서구인의 이미지를 본떠 '페어 앤 러블리'라고 불리는 유해한 피부 표백 크림을 사용하기 시작했다"[7]

이 인용문에서 주목되는 것은 '개발과 원조'의 명목으로 거대 자본이 세계 곳곳에서 취하는 이윤 독점의 방식만이 아니다. 보다 심각한 문제는 개발도상국에 지구적 소비문화에 대한 환상과 기대를 불러일으키고 그에 따라 이제까지 유지해 온 삶의 방식과 삶의 근거들이 거부당하고 주민들이 자신의 정체성을 스스로 부인함으로써 제국의 지배가 용이할 뿐 아니라 주민들의 자발적 복종까지 획득하게 되는 현상이다. 『오래된 미래』의 저자는 이 과정에서 산업화를 앞서 경험한 서구사회가 서구문화를 전 세계인들이 따라야 할 바람직하고 유일한 모델로 여기는 사고방식을 비판하면서, 이 위험한 세계관이 라다크의 학교교육을 통해 전달되어 학생들이 서구문화에서 형성된 가치관과 생활방식을 그대로 받아들이고 서구화된 도시 소비자가 되도록 훈련받고 있음을 지적한다.

"개발은 인공적인 결핍을 만들어 내고 불가피하게 더 큰 경쟁을 초래하며 사람들에게 그들이 흉내 낼 수 없는 표준적인 서구의 모델을 따르라는 압력을 가한다. …… 그것이 우리의 '지구촌'에서 떠받들어지는 이상적인 이미지인 것이다."[8]

---

7) 앞의 책, 12.
8) 앞의 책, 159.

서구식 개발과 소비 모델에 대한 모방과 맹종은 오늘날 동유럽에도 그대로 적용되고 있는데, 그 한 결과에 대한 다음과 같은 증언은 문제의 심각성을 보여 준다.

"야만스런 경쟁의식과 돈을 향한 탐욕이 우리의 공동체 의식을 파괴하고 있다. 거의 모두가 두려움, 우울증 혹은 불안감을 절감하고 있다."9)

마지막으로 소개하는 것은 오늘날 한국사회에서 살아가는 한 청년의 이야기이다. 이것은 자율적 선택의 여지를 고려하지 않는 무한 개발과 강요되는 소비의 전 지구적 현상이 개인의 일상에 초래하는 것이 무엇인지를 반영하고 있다.

"이제 20대의 후반에 오면서 지금까지의 삶을 돌아보고, 또 앞으로의 삶에 대해 고민할 때면 나는 항상 마음이 답답해지는 것을 느낀다. 현대문명은 내가 살아온 짧은 순간조차도 너무도 빠르게 발전하고 있으며, 그것들은 나에게 너무도 편안한 생활을 보장한다. 하지만 그것들이 정말로 나에게 행복을 주고 있으며, 우리 모두에게 가장 필요한 것인가를 생각해 보지 않을 수 없다. 아주 어릴 적 TV가 없었던 시절에는 우리 가족은 결코 그것이 불행하지 않았다. 오히려 지금보다도 더욱 많은 시간을 서로간의 대화에 쏟았다. 하지만 TV가 생긴 이후 지금은 밥 먹을 때조차 TV를 켜 놓고 그것에 전념한다.

---

9) 노암 촘스키, 『실패한 교육과 거짓말』, 강주헌 역(서울: 아침이슬, 2003), 63.

컴퓨터가 없었던 때, 나는 그것이 힘들지 않았다. 하지만 컴퓨터가
생긴 이후에 더 컴퓨터에 매달리게 되고, 이제는 컴퓨터가 없이는
지내기 힘들어졌다. 휴대폰이 없었던 때, 전혀 불편함이 없었다. 하
지만 이제는 휴대폰이 없으면 생활이 어렵게 되었고, 휴대폰이 없었
을 때보다 더욱 구속되고 바빠졌다. 이런 것들은 이제 나에게 없으
면 안 되는 것들이다. 내 생활에서 없으면 너무도 불편함을 느끼기
때문이다. 하지만 이런 것들로 인해 나의 마음은 좀 더 구속되는 것
을 경험하고 좀 더 조급하고 바빠지게 되었다."10)

이상에서 살펴본 대로 제국의 네트워크 경제는 개발과 소비의 강박
을 전 지구적으로 유포시키고 '생활세계의 식민화'를 확산시킨다. 이
과정에서 거대 자본이 제공하는 스펙터클한 이벤트와 거대 기업이 만
들어 내는 광고와 상품이 주체적인 생활세계를 자발적으로 포기하거
나 상실한 사람들의 무기력하고 지루한 일상을 채워 주고, 다수의 사람
들은 수동적인 구경꾼과 소비자가 되어 자신도 모르는 사이에 네트워
크 권력이 마련한 고도관리 시스템 안으로 편입되어 간다.11) 그런데
제국의 힘에 의존하고 그 지배 아래 있는 사람들은 왜 불안하고 우울한
것일까? 제국의 내부에서 불안과 우울이 발생하고 확대되는 것은 네
트워크 권력에겐 불길한 조짐이다. 이에 대한 대응으로 제국은 대중매
체, 광고, 관광 사업 그리고 교육을 매개로 개발과 소비에 대한 허구적
이미지를 생산하고 유포시킨다.

---

10) 이것은 성공회대학교 2008년 1학기 기독교교육사 강의에 참여한 신학과 4학년 천상화
　　씨의 리포트에서 부분 발췌한 내용이다.
11) 크리스 로젝, 『포스트모더니즘과 여가』, 최석호 역(서울: 일신사, 2002), 202-204.

허구적 이미지의 내면화

도시화가 진행되면서 초래된 소외와 단절의 인간관계는 전통적 공동체 생활에서 누렸던 안정감과 정체성을 상실하고 개인 중심의 자의식을 증대시키는 경향이 지배적이다. 그러나 급변하는 기술 개발과 끊임없이 새로운 이미지를 제공하는 대중매체의 공세는 개별화된 개인으로 하여금 나름대로 바람직한 가치관과 역사의식에 기초한 자의식을 형성할 시간을 허용하지 않는다. 개발과 진보의 상징으로 제시되는 온갖 소비상품은 상품의 필요성이나 소비자의 욕구와는 무관한 이미지를 만들어 냄으로써 상품의 구매와 소유를 강박적으로 요구한다. 결국 도시 생활에서 고립된 개인이 갖는 불안정은 광고에 나타난 상품의 이미지를 더 쉽게 받아들이고 물질적 소유와 소비를 통해서 자신의 존재가치를 확인하려는 동기를 부여한다. 사람들이 소비와 소유를 최우선으로 여기는 추세에 맹목적으로 의존하게 될수록 인간관계는 분열되고 분열된 사회적 조건은 개인을 더 외롭고 불안하게 한다. 산업화 과정에서 사람들은 개발을 위하여 가족과 공동체를 떠나고, 근사하고 나아지는 생활수준을 따라잡기 위해서 소비하고 구매할 수 있는 돈을 구하려고 자신과 서로서로에게 분리되어야 한다. 이러한 삶의 맥락을 도외시하면서 제국을 위한 교육이 경쟁과 공격성과 이기심을 필연적인 인간 본성으로 규정하고 강조하는 것은 비판되어야 한다. '개방, 경쟁, 시장'을 기본 원리로 한 교육정책은 그 압축판으로 볼 수 있다.

그런데 거대 자본에 의해 조작되는 지구적 소비문화의 이미지와 그 전달효과는 단순히 사람들의 감성과 심리적 욕구에 의해서만 좌우되지 않는다. 허구적 이미지의 내면화에 영향을 주는 것은 상징적 호소력이다. 예를 들면 지구화가 내세우는 '하나의 시장'이란 개념은 공동체

와의 협력을, '지구촌'은 관용과 상호교류의 공간처럼 들린다.12) 그러
나 오늘의 경제현실은 사람들을 결속하기보다 분열시키고, 하나의 자
유 시장은 다국적 기업을 이윤 추구를 위해 온갖 제약으로부터 자유롭
게 만드는 것이다. 자연자원뿐 아니라 인적자원까지 개발하여 기필코
달성해야 하는 '경제 성장'은 교육의 중요한 목표가 되고, 부단한 기술
혁신과 더 넓은 시장을 필요로 한다. 이러한 심리적 압박이 강박적인
소비문화를 조장하고 그것에 기초한 '경제 성장'의 개념은 그 대가로
요구되는 사회적 빈곤과 심리적 불안 그리고 문화적 결핍을 도외시한
채 기술 개발의 진보적 이미지를 유지한다.

교육은 이러한 허구적 이미지를 내면화하는 과정에서 중요한 역할
을 한다. 특히 학교는 국가의 교육정책에 따라 학생들의 훈육과 순종을
강조하는 통제와 억압의 장소가 된다. 지배 계급의 이익을 반영하는
교과 과정은 사전 검열에 의해 선택되고, 선택된 내용들은 반복과 시험
을 통해 학생들에게 주입된다. 이 과정에서 교육자들은 '과학적 탐구
의 중립성'과 교육의 객관적 가치를 주장하면서 지배 계급의 논리에 동
조하는 역할을 수행하기도 한다.13) 이들은 "물질적 혜택을 안겨주는
지배 계급의 질서를 재생산하고 합법화시키고 유지하는" 사람들이
다.14) 가령 경제학자들이 긍정적으로 주장하는 '노동시장의 유연성'
은 일자리를 두고 불안해하며 계약과 권리를 상실한 사람들에게는 다
른 의미를 갖는다. 학생들의 교화와 순종을 강조하는 교육은 학생들에

---

12) 헬레나 노르베리 호지, 앞의 책, 186.

13) 보다 자세한 내용에 대해서는 Paulo Freire, *The Politics of Education: Culture,
Power, and Liberation* (South Hadley, Mass.: Bergin & Garvey, 1985)를 참
조하라.

14) 노암 촘스키, 앞의 책, 45.

게 개개인의 자율성과 창의성과 비판적 사고를 허용하거나 진리의 다양한 측면을 제공하지 않는다.[15) 지배 계급의 질서를 유지하고 인정하는 획일적인 학습을 일방적으로 제공한다. 학생이 여기에 잘 적응하여 높은 성적을 얻게 되면 그에 따른 적절한 보상과 특권이 부여된다. 학교 성적은 입시 경쟁을 통하여 명문 학벌과 지배 계급의 일원이 될 수 있는 자격증이다. 학교는 이 자격증이 출세와 성공을 보장한다는 환상을 만들어 학생들을 길들이고, 교육의 획일화와 비인간화에 대한 저항을 약화시키면서 제국에 복속하는 '온순한 소비자'를 양산해 낸다.

불의한 지배문화의 은폐

지속 불가능한 개발과 강박적 소비의 허구적 이미지가 전 지구적으로 일상화된 시대에 소수의 이윤 독점과 다수의 경제적·사회적 불이익을 양산하는 불의한 지배 문화는 다양한 형태로 이루어진다. 그 가운데 성과 인종과 연령에 따른 억압구조와 차별의식은 복합적인 상관관계를 이루며 강화되고 있다. 제국을 위한 교육은 사회적 양극화를 통해 심화되는 사회적 약자들의 희생과 소외를 진지하게 다루지 않거나 왜곡하는 경향이 지배적이다.

지구적 네트워크를 통해 확산되는 경제적 가치에 대한 숭배문화는

---

15) "왜 학교는 우리에게 사고하고 의심하는 법을 가르쳐주지 않는가. 사람이 왜 사는가. 삶은 어떤 가치가 있는가. 추구할 만한 가치가 무엇인가. 왜 학교는 우리에게 남보다 앞서야 하고 성공해야 한다고 요구하면서, 어떻게 내재된 가치를 추구하고 어떻게 사랑하고 나눌 곳인가를 가르쳐주지 않는가." 이것은 학교생활을 배경으로 한 대만의 베스트셀러 소설에서 인용한 중학생의 물음이다. 오늘날 교육의 실상을 잘 말해주고 있다. 호우원용, 『위험한 마음』, 한정은 역(서울: 바우하우스, 2008).

성차별을 심화시킨다. 오늘날 다수의 여성들은 무임의 돌봄 노동과 저임금의 생산노동에 종사하고 있는데, 그들은 가난과 열악하고 불안정한 노동 조건으로 인해 노동에 대한 자부심과 자신감을 상실하고 소비 자본주의 문화에 과도하게 의존하는 경향을 보인다. 여성들의 교육 기회와 경제활동 참여가 과거에 비하여 증가하고 있음에도 빈곤의 여성화 추세가 식지 않는 현상은 주목되는 점이다. 이러한 결과에서 교육의 문제점을 찾아볼 수 있을 것이다. 무엇보다 '개방, 경쟁, 시장'을 기본 원리로 한 교육정책은 외형적으로는 성 중립적 이념을 내세우지만 실질적으로는 기존의 남성 중심적 관점과 전통적 성 역할을 유지, 강화하고 있다. 성 역할에 대한 고정관념은 남성에 대한 여성의 의존성을 정당화하고 여성들을 살벌한 경쟁으로부터 보호한다는 구실로 여성의 능력 개발을 저해한다. 여전히 남성 중심적 관행을 극복하지 못한 교육은 여성의 삶을 자기가 배운 지식과 분리시키고 교육받은 여성들이 주체적인 언어를 갖지 못하고 외부의 지적 권위에 의존하면서 교육을 단지 계층 상승의 도구로 여기도록 만든다. 이처럼 자신과 현실에 대한 진지한 성찰과 비판적 의식을 함양하지 못한 채 교육으로 길들여진 여성들은 소비 자본주의 사회에서 자존감의 결핍을 주로 소비로 대체하려는 환상을 갖게 되고 소비 강박에 속박되는 경향을 보인다. 반면 세계화 시대에 아시아·아프리카·남미 여성들은 개발로 인해 황폐해진 자연 환경과 싸우며 생존에 매달리고 있다.[16]

제국 시대의 인종 차별과 편견은 노동의 유동화에 따라 확대되는 이주 노동자 문제에서 잘 드러난다. 제국의 네트워크 권력은 인종을

---

16) 이에 대한 자세한 내용은 국제연대정책정보센터 편, 『세계화에 불만 있는 여성들을 위한 자료집: 여성적 사고, 지구적 저항』, 2001을 참조하라.

피부색은 물론 국가 경제력으로 분리시키고 위계화한다. 이러한 현실에서 제국을 위한 교육은 인종과 계급과 성 문제가 중첩되는 이주 노동자들의 인권과 국제적 연대에 대한 학습을 소홀히 다루거나 배제시킨다. 한국사회에서 급증하는 이주 노동자들과 성폭력으로 삼중으로 고통받는 이주여성노동자들에 대한 정책적 배려와 다른 문화에 대한 이해와 존중을 배우는 다문화 교육이 부족한 것도 이와 다르지 않다. 동시에 가난한 나라의 여성들이 한국 농촌으로 결혼하러 오는 현상도 주목해야 한다. 한국사회의 공교육이 사교육과 가족의 지원에 지나치게 의존적이라는 점[17]에서 다인종사회와 다문화가족에 대한 교육적 배려와 지원은 필수적이다. 이런 점에서 한국이주여성인권센터가 외국인 이주여성들의 인권보호와 권익신장을 위하여 상담, 모성보호, 쉼터 운영, 교육, 의료지원, 가족치유 프로그램 등의 활동을 전개하는 것은 주목된다. 역사적으로 혼혈의 차별관행은 제국적 성격을 적나라하게 드러내는 것이라는 지적은 시사하는 바가 적지 않다.[18]

연령차별 또한 효율과 업적을 중심으로 한 경쟁구조와 물질주의 가치관에 의해 인간관계와 사회적 연대를 분열시키고 불의한 차별의식을 심화시키는 현상이다.[19] 일상의 삶 속에서 다양한 연령층이 만나고 어울리면서 배움을 주고받던 전통적인 문화는 점차 사라지고 있다. 세대 간 학습은 연륜을 중시하고 존경하며 연륜을 통해 얻은 지혜와

---

17) 이에 관련한 자세한 설명은 김덕영, 『입시공화국의 종말』(서울: 인물과 사상사, 2007), 85-94를 참조하라.

18) 에두아르도 갈레아노, 『거꾸로 된 세상의 학교』, 조숙영 역,(서울: 르네상스, 2004), 57 이하.

19) 임희숙, "여성주의 관점에서 본 나이 듦", 『삶의 신학 콜로키움 생로병사 관혼상제』(서울: 대화문화아카데미, 2007), 133.

책임을 공유함으로써 같은 세대 사이에 이루어지는 상호 비교의 긴장이나 경쟁심을 완화시킨다. 이에 비하여 학교에서 이루어지는 연령별 학습은 또래 학습참여자들의 상호 비교와 경쟁을 쉽게 유발시키고 다른 사람이나 세대에 대해 배울 수 있는 능력을 감소시킨다. 이러한 현상은 급변하는 사회 변화와 세대 간 접촉이 점차 줄어드는 추세에 따라 상호 이해와 상호 관용의 기회를 상실하고

세대 간 소통과 연대를 단절시킴으로써 세대 갈등을 초래하기도 한다. 세대 갈등을 조장하고 부추기는 것 가운데 하나가 시장경제의 생산성과 효율성을 삶의 모든 영역에 적용하려는 문화 전략이다. 젊을수록 높은 업적과 이윤을 생산하고 낮은 고용 비용이 지불된다는 경제적 가치관은 나이 들수록 능력과 역할의 결핍을 실감하고 자신의 쓸모없음을 받아들이게 만든다. 대중매체가 만들어 내는 '젊은 우상'의 이미지 효과 또한 세대 단절과 세대 갈등을 심화시킨다. 그 결과 젊음에 대한 강박과 나이 듦으로 인한 일상적인 배제와 소외가 생겨난다. 세대 간 유대와 상호의존성의 경험을 통하여 불안하고 고립된 개인이 안정된 정체성과 긍정적인 자아 이미지를 형성하고 차이를 인정하고 관용을 배울 수 있도록 연령 차별은 극복되어야 한다.

제국 시대의 대안적 교육

앞에서 살펴본 대로 제국을 위한 교육이 개발과 소비에 대한 강박을 조장하고 그와 관련된 허구적 이미지를 내면화시키고 불의한 지배 문화를 은폐한다면 이에 대응하는 대안적 교육의 구상도 다양할 것이다. 여기서는 지면 관계상 유기체적 학습의 필요성과 소통과 연대를 모색

하는 교육문화의 창출을 중심으로 대안을 성찰해 보고자 한다.

유기체적 학습의 발견: 분리와 지배에 대한 저항

제국을 위한 교육은 배움의 목적보다 교육의 공학적 측면과 학습방법론의 개발을 강조하는 성향을 보인다. 그 가운데 통계와 수치는 학습효과와 교육의 질을 평가하고 판단하는 중요한 근거로 이용된다. 이것은 객관적이고 과학적이라는 인상을 주기도 한다. 이처럼 통계화된 교육 자료를 우선적으로 신뢰하고 맹목적으로 지지하는 추세는 경제적 가치를 중시한 교육관이 반영된 것으로 볼 수 있다.

수치계량주의가 객관적이고 합리적이라는 맹신을 조장하고 통계와 수치의 진실성을 묻지 않는다면 교육으로 획득하는 지식과 정보의 가치는 오직 가시적인 생산물과 잘 팔리는 상품으로 평가되고 만다. 그 단적인 사례가 교육의 결과를 점수로 제시하는 것이다. 성적 점수는 요구하는 정답을 제대로 맞추는 시험을 기준으로 산출되고, 우열의 '변별력'을 가르기 위한 점수의 세분화는 자율적이고 논리적인 사유능력을 평가하는 논술에서 조차 0.01점의 차이를 내야 하는 방식으로 이루어진다.[20] 이러한 점수 제도는 경쟁력을 높이는 가장 효율적이고 합리적이라는 점에서 강조되고 국가 권력으로 강요되고 있다. 정답을 요구하는 시험과 그 결과로 산출되는 시험 점수가 사람과 삶을 지배하는 사회에서 교육의 무비판성과 획일화는 당연한 결과일 것이다. 그와 관련하여 다음과 같은 김상봉의 언급은 시사하는 바가 많다.

---

20) 김덕영, 『입시공화국의 종말』(서울: 인물과 사상사, 2007), 265-267.

"이런 교육 속에서 학생은 스스로 생각할 수 없고 또 그래서도 안 된다. 주어진 모든 문제에는 하나의 정답이 있고 출제 의도가 있다. 수험생은 그 타자적인 진리, 소외된 지식에 노예적으로 굴종하지 않으면 안 된다. 그리하여 이 땅에서는 교육이 학생들의 자유로운 생각의 능력을 함양하기보다는 조직적으로 사유를 노예화시킨다."[21]

이처럼 교육의 도구적 합리성을 일방적으로 강조하는 현상은 학문 연구의 방식에서도 나타난다. 인문사회과학의 연구가 통계 위주의 실증주의적 방법에 지배당하는 과학주의 강박이 그것이다. 인류학자 조혜정은 일상성과 생활세계를 주제로 하는 학문이 편협한 실증주의적 과학에 머무는 것을 비판하고, 그 대안으로 일상의 관찰로 이루어지는 귀납법적 방법과 미시이론, 삶의 작은 이야기들과 다중적 주체에 주목할 것을 주장한다.[22]

현대사회의 분석적이고 단편화된 기계론적 사고는 생산성과 효율성을 강조하는 경제능력의 개발에 적합한 것으로 강조되고 있다. 그러나 이러한 사고방식은 무엇보다 학습자의 경험을 지식과 분리시킨다. 논리적 수준이나 정서적 차원에서 경험을 지식과 통합하려는 인식구조는 무엇보다 관계와 연관을 중시하는 태도와 관련이 깊다. 이런 유기체적 학습유형은 논리와 분석 위주의 교육에서 오랫동안 배제되어온 경험적 지식과 체험적 가치를 강조하고 남성보다 여성

---

21) 김상봉, 『학벌사회—사회적 주체성에 대한 철학적 탐구』(서울: 한길사, 2004), 237.
22) 조혜정, "생활과학, 일상생활, 그리고 일상성: 식민지적 근대화와 '일상'을 지운 학문을 넘어서기", 《대한가정학회지》 제44권 8호, 2006, 147.

의 인식단계에서 드러난 관계중심의 특성에 관심을 갖게 한다. 페미니스트 페다고지는 교육에서 오랫동안 배제되었던 여성의 경험을 지식과 관련을 맺고, 자신들의 발전 가능성을 발견하고, 그와 관련된 다양한 선택 가능성을 강조한다[23]. 이러한 유기체적 학습은 브라질의 교육사상가 프레이리가 말한 대로 "타인과 현실에 대한 호기심을 지니고 경험적으로 사고하는 것"으로 단순히 생각을 소비하는 것이 아니다.

경험을 통한 학습은 그 동안 현실과 유리된 상태에서 이미지와 개념들로 추상화된 지식의 전달과 축적을 극복하고, 역설적이고 혼란스러운 현실에서 배움의 기회와 삶의 지혜를 얻는다. 그것은 과학기술개발의 의미를 사회적, 문화적 맥락과 단절해서 추구하려는 현상을 비판적으로 판단하게 만든다. 정보화 시대에 정보를 더 많이, 더 빠르게, 더 편하게 제공한다는 점에서 기술혁신에 대한 관심과 기대가 증가하지만, 기술교육이야말로 유기체적 학습이 필요한 부분이다. 새로 개발된 자동차에 대하여 사람들이 배워야 하는 것은 단순히 운전기술만이 아니다. 그 자동차가 대기, 환경, 사회적 관계, 가족생활, 기업 구조, 사회 계층화 등에 미치는 영향에 대해서도 알아야 하고 그 영향에 대한 개인과 사회의 대응방식도 논의되어야 한다.[24] 기술만능학습은 사람들을 단순한 기술자나 기술의 노예로 만들지만 유기체적 기술학습은 기술로부터 해답만 얻는 것이 아니라 기술에 대한 질문을 하도록 만든다. 이것이 기술과 정보에 대한

---

23) 송현주, "여성주의 교육(feminist pedagogy)의 이론적 접근", 김재인 외 『여성교육개론』(서울: 교육과학사, 2001), 84.
24) 닐 포스트먼, 『교육의 종말』, 차동춘 역(서울: 문예출판사), 70.

맹신을 자제하고 학습의 주체적 역량을 키우며 기술, 계급, 문화, 교육을 동시에 파악하는 통합 학습이 될 수 있다.

제국 시대에 배움의 목적을 상실한 교육은 화려하고 세련된 외양을 갖고 확대되지만 그 결과에 대해서는 주목하지 않고 책임지지 않는다. 사람들은 교육을 통하여 출세와 고액의 연봉을 차지하기 위한 전력질주를 시작하지만, 마지막에는 소수의 승자와 실업과 비정규직으로 고통받는 다수의 패자들이 남는 것이 오늘의 현실이다. 증가하는 사회적 약자에 대한 배려와 대책은 필수적이고 시급하다. 이것은 돈으로만 해결되는 것이 아니라 공생의 가치관을 배우는 교육으로 이루어진다. 여기서 "생산의 궁극적인 목표가 상품의 생산이 아니라, 평등한 조건에서 서로가 연대하는 자유로운 인간의 생산"이라는 존 듀이의 말을 상기할 필요가 있다.[25] 동시에 높은 연봉으로 주어지는 물질적 풍요 때문에 자신을 거대 기업의 부속품으로 여기는 현실에 눈을 감지 않도록 배우고 가르쳐야 한다.

오늘날 제국에 저항하는 교육은 학교교육의 개혁을 요구한다. 학교라는 제도교육은 교육의 자율성을 인정하면서도 정치권력의 지배와 사회적 기대로부터 자유롭지 않은 경향이 있다. 이런 의미에서 "학교는 시민들의 사회적 신념을 반영하는 거울"이다[26]. 우리는 학교라는 거울에 비추어진 우리 사회의 모습을 본다: 교육의 사영화, 교육시장의 경쟁 구조, 교육을 상품화하고 시장화하려는 교육정책, 교육을 출

---

25) 노암 촘스키, 앞의 책, 61에서 재인용.
26) 앞의 책, 89.

세와 취업의 수단으로만 치부하는 사회의식 등이 그것이다. 오늘날 교육의 문제가 그 어느 시기보다 정치·경제적 차원과 소통하면서 문화산업에 주목해야 하는 이유가 여기에 있다. 그 가운데 학벌주의와 정보교육문화를 선택하여 성찰해 본다.

먼저 한국사회의 학벌 중시와 입시 체제는 성적 우열의 가르기와 경계짓기를 정당화하고 그 분열을 뒷받침하는 사회적 권력에 대해서는 침묵한다.27) 학벌은 공정한 시험에서 입증된 개인의 능력으로 획득된 것이고 그에 따라 소수 엘리트의 지배는 합당하다는 생각이 일반적이다. 그러나 자녀의 학업 성적 순위는 부모의 재산 순위와 비례한다는 현실은 학벌체계의 공정성을 부정하게 만든다. 여기에서 비판적으로 주목해야 하는 것은 계층상승의 과정에 개입하는 사회적 불평등이다. 그러나 높은 실직율과 어느 때보다도 경제적 욕망의 확대를 조장하는 현실에서 대다수 사회적 약자들은 교육을 통하여 사회적 불평등에 대한 저항을 배우는 것이 아니라 어떻게 하든지 경쟁에서 살아남아야 한다는 절박함과 막연한 계층상승에 대한 환상을 갖게 된다. 그 결과 지배층의 사고방식과 삶의 유형은 사회적 비판의 대상이 되기보다 부러움과 추종의 목표가 된다. 이런 점에서 학벌주의는 성적의 서열화를 통해 부와 권력을 획득한 소수 엘리트가 다수 사회구성원을 지배하는 것을 정당화하는 식민교육으로 볼 수 있다.

---

27) 한국사회의 학벌주의에 대한 비판은 내일을 여는 역사재단, 《내일을 여는 역사》 2008년 봄호(서울: 서해문집)를 참조하라. 이 책의 '정부 수립 60년, 병리현상의 역사'라는 특집에서 정진상은 학벌을 "근대적 개인에게 안기는 봉건적 낙인"으로 규정하면서 한국 근·현대사의 식민지적 구조에서 비롯된 결과라고 주장하고, 홍세화는 한국 교육이 개인의 자유, 창의력, 적성을 무시하고 타율적 질서의식과 안보 이데올로기를 주입하면서 학생들을 국가 경쟁력을 위한 인적 자원으로 여기는 국가주의 교육이라는 점을 지적한다.

다음으로, 정보 격차로 인한 정보 불평등은 빈부 격차, 세대차, 지식 격차, 장애 격차를 통하여 사회적 불평등을 심화시킬 수 있다. 정보 격차란 "경제적·지역적·신체적 또는 사회적 여건으로 인하여 정보통신망을 통한 정보통신 서비스에 접근하거나 이용할 수 있는 기회에 있어서의 차이"를 의미한다. 이것은 정보 접근과 정보 이용의 기회가 누구에게나 골고루 제공되지 않음을 시사한다. 이에 대한 조사 결과에 의하면 저소득층, 농어촌 지역, 장애인, 여성이 정보화 기회 균등에서 불리한 것으로 나타난다.[28] 이처럼 정보 접근과 이용의 차이가 계층, 지역, 성별에 의하여 좌우되는 현상이 문제인 것은 이것이 단순히 기회 불평등에 국한되지 않고 정보 선별과 활용 능력의 격차를 초래하여 결과적으로 사회적 불평등을 심화시킨다는 데 있다. 정보화 시대에 정보 격차는 빈부 격차, 지역 격차, 성별 격차와 밀접한 상관성을 지니고 사회적 양극화를 형성하는 동인이 된다. 동시에 정보를 독점하고 통제할 수 있는 능력은 정치적 목적으로 남용되어 지배 권력의 강화에 일조할 수 있다.

특히 고도정보사회가 될수록 정보 불평등은 경제적 불평등만이 아니라 교육 기회와 취업 기회를 제약함으로써 교육과 문화적 불평등을 확대 재생산시킨다. 새로운 지식의 생산이 빠른 속도로 증가하는 오늘날 이미 배운 지식의 유효기간은 갈수록 짧아지고 그에 따라 끊임없는 학습이 요구된다. 지식 생산과 유통의 변화가 가속화되면 무용지식도 증가하기 마련이다. 동시에 정보의 빠른 흐름은 불확실성을 초래하고 정보의 양이 증가할수록 정보에 대한 불신도 생겨난다.[29] 가령 인터

---

28) 한국정보문화진흥원, 「2006 정보격차 지수 및 실태 조사」, 「2006~2007 정보격차 해소 백서」를 참조하라.

넷을 통한 정보 홍수는 인간의 정보처리 능력을 초과한 나머지 정보 선택이 수월하지 못하고 그 결과 인간의 의식과 행위에 끼치는 영향도 감소한다. 선별되지 못한 잡다한 정보들은 사람들로 하여금 일상의 현실을 제대로 보지 못하고 피상적인 단편지식의 수준에 머무르게 만든다. 이러한 정보문화는 일시적인 욕망과 소비를 자극하고 부추기는 데는 효과적일지 모르나 현실을 파악하고 세상을 전망하는 데는 한계가 있다. 그런 점에서 정보 시대의 교육은 정보의 선별 능력과 선택한 정보를 기초로 새로운 가치를 만드는 정보 창출 능력을 함양하는 일에 주력해야 할 것이다.

대안적 교육문화의 뿌리내리기: 소통과 연대

자본과 권력을 독점한 소수 세력이 사회적 약자와 자연을 착취하고 지배하는 것을 옹호하는 교육은 한 사회의 소통과 통합을 저해하고 상호 적대와 분열을 가져온다. 인터넷과 매스미디어의 보급은 대면관계를 소홀하게 만들고 고립된 개별화를 증대시킴으로써 사람들의 사회성과 사회적 책임감을 저하시킨다. 또한 학교를 통해 주입되는 과학(지식)은 인간 이성의 실수를 교정하는 수단이 아니라 궁극적 진리를 추구하는 수단으로 과장되고 그 결과 확실성과 절대권위에 대한 강박적 추구가 생겨난다. 이것은 배움에 대한 겸손과 다양한 시각의 균형 잡기를 방해하면서 교육과 문화의 획일성을 조장한다.

제국은 "감정, 성공에 대한 환상, 강력한 힘의 상징들, 소비 명령, 폭력 예찬" 등을 동원하여 자신의 획일문화를 보급한다.[30] 그러나 생

---

29) 노르베르트 볼츠, 『보이지 않는 것의 경제』(서울: 문학동네, 2008), 87.
30) 에두아르도 갈레아노, 앞의 책, 295.

명 세계와 마찬가지로 언어나 예술의 경우도 다양성이 허용되지 않고 자신의 틀에만 한정되어질 때 스스로 도태되는 엔트로피의 운명을 맞는다. 다음과 같은 반다나 시바의 말은 이를 잘 지적하고 있다.

"단일문화는 항상 억압·통제·중앙집중화와 같은 정치적 폭력과 연관이 되어 있다. 중앙집중화된 통제와 강압적인 힘이 없었을 때, 풍부한 다양성으로 가득 찬 이 세계는 균질한 구조로 변형될 수 없었거니와 단일문화는 지속성을 가질 수 없었다. 자기조직적이고 분산화된 공동체와 생태계는 다양성의 근원을 이루고 있다. 반면에 세계화는 강압적으로 통제되는 단일문화를 발생시킨다."31)

"세계화는 다양한 사회들 간의 문화교류 작용이 아니다. 그것은 특정한 하나의 문화를 나머지 다른 모든 사회에 강요하는 것이다. 세계화는 또한 전 지구적인 규모에서 생태적 균형을 찾고자 하는 시도도 아니다. 그것은 하나의 계급, 하나의 인종 혹은 하나의 종의 한쪽성에 의한 나머지 모든 종의 약탈이다. 지배적인 담론에서 '세계적'이라는 것은, 우세한 지역이 생태적인 지속 가능성과 사회 정의라는 절대 명령이 불러일으키는 한계들에 대한 책임을 방기하면서 세계적인 통제를 추구하는 정치적 영역을 의미한다."32)

세계화를 배경으로 단일문화를 지향하는 교육의 특성은 보편성을 내세운 획일화에 있다.

31) 반다나 시바/ 한재각 외 역,『자연과 지식의 약탈자들』(서울: 당대, 2000), 188.
32) 앞의 책, 191.

제국은 그 보편성의 기준을 누가 어떤 관점에서 만들어 내는지에 대한 질문을 하지 않는다. 경제적 성공으로 더 많은 소유와 소비를 이루려고 하는 이 시대의 '보편적 욕망'은 교육의 목적에 대한 진지한 성찰을 대치하고 그 욕망의 실현에 가장 효율적인 교육정책을 요구한다. 세계화 시대에 교육의 시장화는 경쟁력 있는 인적 자원의 개발과 활용을 강조함으로써 교육을 자본 축적의 도구로 만들고 교육의 자율성과 주체성을 약화시킨다.33) 오늘날 한국사회를 포함해서 전 세계에 확대되는 영어교육의 편향성에서 그 실례를 엿볼 수 있다. 경제적 실용성을 내세우며 강요되는 영어 학습은 영어우상화를 통해 영어식민지의 언어(모국어)를 정복하고, 영미식 사고방식과 행동 양식으로 영어식민지 사람들의 생활세계를 지배·통제하고, 모국어의 상실로 인한 식민지 사람들의 정체성 혼란과 안전 강박에는 책임을 지지 않는다. 이것이 영어제국을 위한 교육의 전형이다.

이런 점에서 제국에 저항하는 교육이란 진리의 보편성에 대한 선전을 그치고 다양한 개별성과 특수성의 가치를 부정하면서 차별에 대한 두려움을 악용하는 전략에 맞서는 일과 다르지 않다. 이것을 위해서 새롭고 다양한 사회정치적 지식네트워크와 지역화를 기반으로 한 사회자본(social capital)을 형성하는 일이 필요하다. 여기서 중요한 것은 네트워크 저항의 조직화이다. 안토니오 네그리와 마이클 하트는 제국의 네트워크 체제에서 나타난 새로운 주체로 다중을 주목한다. 다중은 "모든 차이들이 자유롭고 평등하게 표현될 수 있는 개방적이고 확장적인 네트워크"34)를 의미한다. 다중은 개별적 존재들의 차이와 특성을

---

33) 이와 관련하여 김상봉, "교육과 권력", 《역사비평》 2006년 겨울호(통권 77호)를 참조하라.

평준화하는 획일화하는 민중이 아니다. 또한 다중은 차이를 제대로 성찰하지 못하고 무차별적으로 함께 움직이는 대중과도 다르다. 다중은 인터넷처럼 분리된 네트워크를 형성하고 소통과 협력을 이루어가는 사회적 주체이다. 이런 다중이 중심과 경계가 없는 권력의 네트워크인 제국의 지배를 극복할 수 있는 잠재력을 가진다고 한다. 그 실례로 우리 사회에서 나타났던 2002년 월드컵 응원전과 SOFA 개정을 위한 촛불시위, 그리고 2008년 미국산 쇠고기 수입 반대를 위한 촛불집회를 들 수 있을 것이다. 다중의 저항방식에서 주목되는 것은 공통의 목표를 위해 성별, 계층, 세대를 초월한 자발적 참여와 축제 양식의 소통 네트워크이다. 교육은 이러한 다중의 네트워크 소통과 자발적 연대에 주목하고 반제국의 저항능력을 기르는 일에 기여할 수 있다.

폭력을 동반한 획일화는 현실에서 이루어지는 구체적인 차이와 그로 인한 변화에 무관심하게 만든다. 현실에 참여하기보다 일정한 거리를 두고 관망하면서 실패한 결과에만 집착하는 냉소적인 이상주의도 생겨난다. 다양한 차이를 인정하지 않는 사회는 언제나 지배 권력이 제공하는 동일한 기준과 목표를 기반으로 줄서기와 경쟁을 합리적이고 과학적이라는 이름으로 강조한다. 이런 구조에서는 지배층과 다른 약자들의 차이가 무시되고 억압당하는 것이 일반적이다. 약자들의 다름은 특수한 구조나 원인의 결과로 여겨지기보다 약자 자신의 무능력과 게으름의 결과로 받아들여진다. 이런 점에서 획일화된 사회 구조와 삶의 방식에서 약자들이 자신들의 다름과 차이에 민감해지고 그 원인과 변화 가능성을 성찰하는 일은 매우 중요한 저항의 방식이 된다. 같

---

34) 안토니오 네그리·마이클 하트, 『다중』(서울: 세종서적, 2008), 18.

음보다 차이를 주장하고 인정하는 일은 성숙한 사고와 태도를 필요로 한다. 차이를 제대로 인식하는 능력은 저절로 이루어지는 것이 아니라 배우고 노력하면서 획득되는 힘이다. 오늘날 교육이 이 힘을 키우고 발전시키는 일에 어떤 역할을 하고 있는지 물어야 한다. 특히 차이가 분열과 차별을 초래하는 원인이 되지 않도록 서로 다른 사회구성원들이 공유하는 가치를 생산하고 학습하는 것이 중요하다.

차이를 인정하는 것이 분리를 의미하진 않는다. 오히려 차이는 다른 것의 도움을 필요로 하고 협력과 유대를 형성하는 조건이 된다. 여기에 비해 지배 권력의 통치 전략은 분리를 강조한다. 분할통치는 분리의 기준을 다양하게 제시하면서 지배층의 권력 독점을 은폐하거나 강화하는 데 유용하다. 정규직과 비정규직, 남자와 여자, 많이 배운 사람과 적게 배운 사람, 선진국과 후진국, 백인종과 유색인종, 젊은 사람과 나이든 사람 등 복합적인 분리 체계는 서로 다른 이해관계 안에서 약자들의 연대와 저항을 약화시키고 강자들의 요구에 자발적으로 순응하게 만든다.

다양성을 인정하면서 연대하는 일은 다름에 대한 배타성을 극복하고 다름을 다름으로서 받아들이고 존중하는 교육으로 이루어진다. 자기와 다른 것을 거부하고 공격하는 태도는 다른 것에 대한 두려움과 그것으로부터 자기의 정체성을 지키고자 하는 의지와 관련이 있다. 그러나 참된 정체성은 "다름을 다른 것으로 인정하고 존중하면서도 자기다움을 유지하는 것"[35]으로 형성된다. 타자로부터 영향을 받지 않는 고립성에서 벗어나 열린 정체성을 형성하기 위해 "생산적으로 차이를

---

35) 임희숙, "근본주의 연구의 최근 동향과 그 기독교교육학적 함의", 《신학사상》 2000년 가을호(통권 110호), 243.

경험할 수 있는 능력"[36]을 배우고 가르치는 일이 필요하다. 유대인 지도자 조너선 색스는 이러한 배움의 과정을 다음과 같이 잘 표현해 주고 있다.

"그건 마치 고향에서는 편안함과 안정감을 느끼고 낯선 이방의 고장에서 풍기는 아름다움에도 감동할 줄 아는 마음과 같을 것이다. 그곳이 나에게는 고향이 아니더라도 다른 누군가에게는 고향이고 나아가서는 우리가 사는 이 세상의 영예를 드높이는 곳임을 알기 때문이다. 또한 영어에 유창한 사람이 조금밖에 알아듣지 못하는 이탈리아 소네트의 리듬과 울림에도 전율을 느끼는 것과 같다. 나는 내 민족과 종교가 풀어내는 이야기 한 자락에 속하지만, 다른 이야기도 있음을 아는 것과 같다. 그 이야기들 역시 저마다 공동체로 묶인 사람들의 삶으로 쓰인 것이며 사람이 하나님을 찾고 하나님이 인간을 부르는 더 큰 이야기의 일부이기 때문이다. 제 신앙에 믿음이 확고한 사람들은 다른 사람들의 다른 신앙에 겁을 먹거나 두려움을 느끼는 대신 자신이 커지고 확장된다고 느낄 것이다. 여러 방면에서 불안한 상황이 가중되고 있는 오늘날 우리에게 필요한 것은 그런 자신감이다."[37]

소통과 연대를 위한 교육은 권위에 맹종하는 태도에서 벗어나 주체적으로 참여하고 행동하고 책임을 질 수 있도록 돕는 일이다. 권위에

---

36) A. Groezinger, Differenz-Erfahrung, *Seelsorge in der multikulturellen Gesellschaft*, Waltrop 1995, 26.

37) 조너선 색스, 『차이의 존중』, 임재서 역(서울: 말글빛냄, 2007), 118-119.

맹종하는 멘탈리티는 주체적 자유를 포기하고 권위로 도피하는 데서 비롯되고 굳어진다. 자유가 가져다주는 불안을 해소하기 위해서는 바로 그와 같은 처지의 사람들이 소통하고 연대하여 불안을 주체적으로 극복하는 방법을 학습하여야 한다. 이것이 네트워크 경제의 '훈육'과 '통제'를 받아들이도록 하는 강박에서 벗어나는 길을 제공한다. 그 길 위에서 "역동적이고 살아 있으며 또한 다양하고 개별적이며 의식적"[38] 인 저항이 가능하다.

맺는 글

제국 시대의 대안적 교육에 대한 구상은 지구 전체에 미만해 있는 제국에 대한 저항을 모색하는 일이다. 중심과 바깥이 없는 지구적 네트워크 권력의 지배력은 시공간의 경계를 뛰어넘어 우리의 삶 전체에 영향을 미치고 있다. 그런 의미에서 제국에 대한 저항도 우리의 삶, 구체적인 일상, 지역화에서부터 시작할 수 있을 것이다.

서구의 발전 모델에 대한 무비판적 모방과 맹목적 추종은 지역화의 붕괴를 초래한다. 지속가능한 자원의 분배와 사용을 위한 지역경제의 형성이 소수에 의한 권력과 자원의 집중화를 막을 수 있는 하나의 대안이다. 지역경제의 활성화는 지역의 조건과 필요에 기초한 개발과 기술을 독자적으로 선택함으로써 지구적 낭비와 중앙화를 거부할 수 있다. 여기에서 다양한 지역사회교육의 역할이 중요하다. 지역사회에 삶의 터전을 둔 주민들의 자발적인 학습공동체는 상호의존과 연대를 통하

---

38) 박상진, "제국의 내파, 그 징후와 가능성", 《문학과 경계》 겨울호(통권 11호), 2003, 172.

여 자의식을 강화하고 지역개발의 의지와 능력을 키움으로써 허구적인 이미지와 강요되는 소비욕구에 사로잡혀 특정 문화를 모방하고 자존감을 폄하하지 않도록 돕는다. 이러한 자생적 지역문화가 경제의 지구화와 제국에 대한 투쟁이고 미래에 대한 희망이 되리라 본다.

서구의 발전 모델이 20대 80으로 양극화되는 신자유주의 사회에서 초래한 결과는 서구 사회에서도 찾아볼 수 있다. 이와 관련된 한 연구는 선진국 사람들이 강력범죄, 우울증, 불안, 스트레스, 알코올 중독, 향정신성 약물 중독 등으로 고통을 받고 있으며 그 주요 원인으로 상대적 박탈감을 초래하는 불평등을 지적한다.[39] '승자독식'의 사회에서 소외되고 고통받는 사람들은 선진국도 예외는 아니다. 전 지구적으로 80에 속하는 다양한 사람들은 이제 소통과 연대를 통한 저항과 대안 만들기를 선택해야만 한다.[40]

끝으로 제국 시대의 대안적 학습사회는 "세계를 정말 돌아가게 하는 것은 돈이 아니라 보다 깊은 가슴 속의 힘이라는 사실"[41]을 깨닫고 사람들이 쉽게 잊어버리는 헌신과 사랑의 가치를 일깨우는 일이 필요하다. 자본주의는 발전할수록 결핍을 만들어냄으로써 자연적인 모든 것을 돈으로 대체해야만 하고, 혁신적인 과학기술이 만든 생산품도 그것을 활용할 시간과 능력이 우리에게 부족하다면, 진정한 삶의 의미와 가치를 어디서 찾아야 하는지를 새롭게 배우고 가르쳐야 하지 않을까.

---

39) 리처드 윌킨슨, 『평등해야 건강하다』, 김홍수영 역(서울: 후마니타스, 2008).

40) 이와 관련해서 새로운 사회를 여는 연구원, 『새로운 사회를 여는 희망의 조건』(서울: 시대의 창, 2008)을 참조하라.

41) 헬레나 노르베리 호지, 앞의 책, 20.

인간의 권력욕이 '신'을 제압한다

역사를 보면 기독교가 인류에 좋은 영향을 준 부분도 많다. 하지만 하지 말았어야 할 일들도 많이 저질렀다. 참혹할 정도로. 고대 이스라엘 국가 시절과 예수 시대, 그리고 기독교 박해 시대까지 이스라엘 백성들은 주변 제국들에 둘러싸여 힘없는 민족의 생존을 위해 끊임없이 몸부림쳤고, 그때마다 하나님에게 의지하여 절망스런 환경을 견디어 냈다. 하지만 로마 제국이 기독교를 승인한 뒤에는 180도 달라졌다. 기독교는 로마 제국의 정치와 종교 권력의 핵이 되었다. 나아가 인간의 탐욕스런 이기심과 밀착하여 지배질서를 구축하고, 전쟁을 일으키며, 약소국가들을 점령하는 데 기꺼이 '신'을 내어 주었다.

제국(empire)은 한 국가의 문제가 아니다. 기독교 로마 제국은 이슬람 국가들을 선교의 이름으로 살육하고, 영토를 빼앗았다. 서구 유럽의 기독교 국가들은 아시아, 아프리카, 남미의 거대한 영토를 점령하고 엄청난 자원을 약탈하여 오늘의 유럽을 구축하는 기반을 만들었다. 그런데 "왜 오늘에도 제국인가?" 하는 의문이 생긴다. 오늘의 자본주의는 과

거처럼 국가를 지배하고, 약탈하고, 노예를 끌고 가지는 않으나 그 지배 방식만은 그대로 잔존해 있다. 바로 '신자유주의 경제 개방'이라는 이름 아래 무역과 금융 지배를 통해서, 외국인 노동자를 통해서 똑같이 되풀이하고 있다.

오늘날 초 국가인 미국은 군사·정치·경제·문화 등 전방위적으로 전 세계를 지배하고 있다. 기독교 국가인 미국의 '신'은 자본주의와 함께 제국의 지배이념이 되었고, 미국을 중심으로 전 세계를 지배하여 '하나님 나라'를 건설하려는 의식이 팽배하다. 하나님, 곧 '신'은 제국을 정당화하고, 옹호하며, 반대 세력에 대해서는 악으로 몰아붙이고, 전쟁으로 제압을 하는데 매우 잘 이용되고 있다. 그래서 자본주의 시장이 확장됨에 따라 신의 세력도 강화되고 넓어지는 세상이 되고 있다. 한국의 보수 기독교는 이 논리를 맹목적으로 추종하면서 교회 권력을 강화하고 있다. 그리고 한국의 신학과 교회 대부분은 제국의 지배를 정당화하는 신학에 푹 빠져 있고 모방하는 데서 벗어나지 못하고 있다.

세계교회협의회(WCC)와 세계개혁교회연맹(WARC), 아시아교회협의회(CCA) 모임에서 '제국'을 신학적 의제로 채택시키고 논의를 확대시키는 데 김용복 선생이 많은 기여를 하였다. 국내에서는 2007년 성공회대학교 신학연구원이 중심이 되어 기독교를 반성하며, 기독교의 본질을 회복하기 위한 시도로 학술 모임을 십여 차례 넘게 갖은 끝에, 이 책이 결실로 나오게 되었다. 이 책에 참여해 주신, 모든 집필자 선생님들과 토론에 참여한 학생들에게 깊은 감사를 올린다.

이 책은 신학 안의 여러 분야에서, 제국의 문제를 심도 있게 다뤘다. 제1부는 기독교 역사 속에서 제국의 흐름을 살피면서 '제국의 신'의 본질과 오늘날 미 제국의 성격을 다루었다. 특히 문화와 찬송가, 과학 영역에서 제국의 현상들을 들여다봄으로써, 제국의 실체를 쉽게 이해하도록 하였다. 제2부는 '제국의 신'의 개념과 속성, 논의들, 그리고 종교 혼합주의의 본질을 다루면서 '민중의 신'과 대비하여 논의를 전개하였다. 제3부는 예수와 로마 제국의 관계, 아시아적 상황과 성서해석, 그리고 대안적인 교육 내용들을 제시하면서 '제국의 신'을 넘어서려는 대안적 시도를 도모했다.

이 책은 한국 기독교의 신학과 교회에 방향을 제시하는 것이며, 목회자와 평신도, 학생이 함께 고민해야 할 과제를 던져주고 있다. 아울러 한국 기독교에 대해 실망을 넘어 안티 기독교로 번지고 있는 현실에서 앞으로 이런 주제에 대해 함께 토론하는 열린 광장도 시급히 만들어져야 할 것으로 기대한다.

이 책이 출간되기까지 여러 분이 애쓰셨다. 성공회대학교 신학연구원 원장이신 최영실 교수님의 적극적인 지지와 호응과 열정에 각별히 감사를 드리고, 동연출판사의 김영호 사장님께 깊은 감사를 드린다.

편집위원 김 은 규

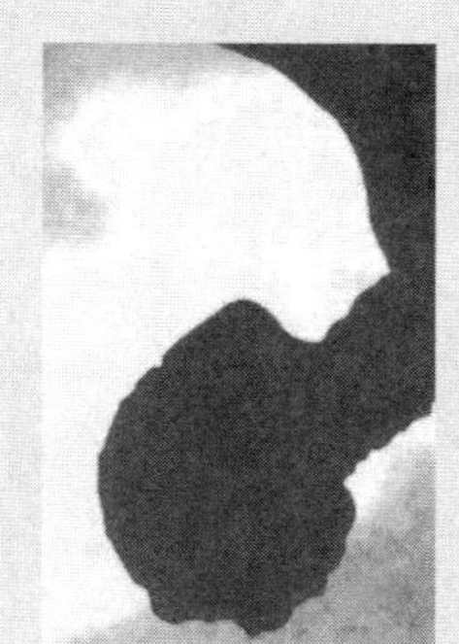